金融科技：信息技术前沿与领域应用

王崇骏　编著

西安电子科技大学出版社

内 容 简 介

本书以金融为研究对象，围绕“基本概念与场景研判→关键技术与应用路径→应用场景与技术选型”这一主线，顺序介绍和研判大数据价值实现路径涉及的关键技术、选型思路和典型应用案例。全书共 11 章，具体包括金融概述、从数字化到数智化、大数据汇聚、大数据分析、大数据处理、大数据管理、数据赋能技术路径、获客问题、风控问题、征信问题和金融大数据应用场景。

本书能够给“大数据与金融科技”相关工作者(比如政府部门主管、处于数字化转型期的传统企业领导或信息主管、大数据尤其是金融大数据项目研发工程技术人员)、普通院校数据与金融科技相关专业的研究生和本科生以及对大数据与金融科技感兴趣的读者等提供一些借鉴。

图书在版编目(CIP)数据

金融科技：信息技术前沿与领域应用 / 王崇骏编著. —西安：西安电子科技大学出版社，2023. 1

ISBN 978-7-5606-6638-9

Ⅰ. ①金…　Ⅱ. ①王…　Ⅲ. ①金融—科学技术—研究　Ⅳ. ①F830

中国版本图书馆 CIP 数据核字(2022)第 180250 号

策　　划　高　樱

责任编辑　高　樱

出版发行　西安电子科技大学出版社(西安市太白南路 2 号)

电　　话　(029)88202421　88201467　　邮　　编　710071

网　　址　www.xduph.com　　电子邮箱　xdupfxb001@163.com

经　　销　新华书店

印刷单位　陕西天意印务有限责任公司

版　　次　2023 年 1 月第 1 版　2023 年 1 月第 1 次印刷

开　　本　787 毫米×1092 毫米　1/16　印　张　19.5

字　　数　461 千字

印　　数　1～1000 册

定　　价　89.00 元

ISBN 978-7-5606-6638-9 / F

XDUP 6940001-1

前　言

数据与计算相互依存和影响并赋能应用，新一代信息技术驱动的数字经济时代已然来临。人们每天沉浸在物理信息融合的当代，如何使信息技术与资源要素优化配置并共同发生作用呢？以人工智能技术为代表的数字化与数智化技术成为重要的选型技术。

业务数据化以及数据业务化是大数据价值实现的关键，前者专注的是在业务系统中主动记录和富集反映人、事、物、行为等信息的数据，后者从数据中发现洞见，并将此洞见反馈到业务系统中，使业务系统更加精益，从而更好地实现业务系统的价值期望。

所谓金融，指的是货币的发行、流通和回笼，贷款的发放和收回，存款的存入和提取，汇兑的往来等经济活动，其本质是金钱(货币)在多边的融通。IT 赋能金融行业最早是从 IT 软硬件系统在金融行业办公和业务中的电子化开始的。在早期，IT 并不参与金融公司的业务环节。随着自身的发展，IT 逐渐渗透到金融活动中，比如赋能和变革传统的金融渠道，实现金融业务中资产端、交易端、支付端、资金端等任意组合的互联互通，达到信息共享和业务撮合。

金融科技主要是指由人工智能(Artificial)、区块链(Block Chain)、云计算(Cloud Computing)和大数据(Big Data)等新兴前沿技术带动，对金融市场以及金融服务业务供给产生重大影响的新兴业务模式、新技术应用、新产品服务等。因此有这样的说法：金融科技=A+B+C+D。

从技术赋能的视角来看，区块链能够为金融活动构建更可信的运行环境，而云计算能够为金融活动提供更便捷和透明的存储服务和计算服务。本书聚焦于在可信计算环境、便捷透明的存储服务与计算服务的基础上，重点关注如何应用以人工智能技术为代表的数字化与数智化技术进行金融大数据价值实现，借此大幅提升传统金融的效率，解决传统金融的痛点。

本书共有 11 章，大致内容如下：

第 1 章，金融概述。本章在扼要介绍互联网及互联网+的基础上，详细介绍传统金融和新金融的基本概念、关键技术和应用场景。

第 2 章，从数字化到数智化。本章在扼要介绍信息数字化、流程数字化、业务数据化、数据业务化的基本概念和行动思路的基础上，重点介绍相关研究内容、关键技术和法律伦理。

第 3 章，大数据汇聚。本章在扼要介绍数据源的一般分布及通常意义下不同数据源的获取方法和策略的基础上，重点介绍数据库数据采集、表面网数据采集、深网数据采集、基于群智的数据感知等关键技术和方法。

第 4 章，大数据分析。本章在扼要介绍数据建模、机器学习、大数据可视化等相关技术的基础上，详细介绍和分析了大数据分析在金融领域的应用。

第 5 章，大数据处理。本章介绍了大数据处理涉及的分布式处理、并行计算、超融合系统的基本概念、理念和关键技术。

第 6 章，大数据管理。本章介绍了大数据管理涉及的大数据组织与管理、数据质量与数据治理、数据安全与安全治理、大数据开放与共享的基本概念、理念和关键技术。

第 7 章，数据赋能技术路径。本章在扼要介绍大数据智能的基础上，围绕数据分析流程详细介绍和分析了无标签数据和有标签数据在实际应用中的技术选型思路，重点介绍了数据驱动的相关研究进展，进而介绍了模型部署与更新、知识图谱等内容，并对作为 IT 系统的智慧+ 系统进行了技术梳理。

第 8 章，获客问题。本章在扼要介绍获客、留客和活客基本概念的基础上，顺序介绍了用户画像、客户关系管理和自动推荐的基本概念及涉及的相关内容。

第 9 章，风控问题。本章围绕金融风险，尤其是银行业风险及风控问题，顺序介绍了《巴塞尔协议》以及基于《巴塞尔协议》的风险管理体系和重要风控措施，在扼要介绍大数据风控基本概念和内容的基础上，详细介绍了大数据风控的若干典型应用场景。

第 10 章，征信问题。本章在扼要介绍征信基本概念的基础上，重点梳理个人征信和企业征信的基本概念、发展历程、研究内容、关键技术和国内外行业案例。

第 11 章，金融大数据应用场景。本章聚焦于支付、投资顾问、投资研究、保险、监管科技等主要金融业务场景，详细介绍了相关概念、大数据应用思路和典型应用案例。

本书涉及的内容很多，由于版面和个人能力所限，本书在编写过程中采用了如下思路：

(1) 应用场景和问题描述部分尽可能充分、翔实，在文末附有必要的参考文献。

(2) 关键技术介绍部分尽可能详细地介绍技术思路和算法思想，对于关键理论、技术与观点的最原始出处均在相应位置以注释的方式呈现，并加以必要说明，但不进行具体技术细节和算法的详述及深度展开。

(3) 在进行技术选型研判的时候，相对详细地介绍技术路径，对涉及的公司产品的介绍多以简明摘要为主，不作详细展开。

编写本书的初始动机是“归纳所见所闻，总结项目经历，独立自主思考”，希望从客观、独立的第三方视角去介绍和分析金融大数据应用场景及数智化技术应用相关的技术观点、执行思路和关键问题。希望通过这样的章节安排及内容梳理，能够给大数据与金融科技的相关工作者一些借鉴。

本书的编写得益于诸多前辈、同行，感谢作者所在单位南京大学计算机科学与技术系及南京大学软件新技术国家重点实验室的各位领导、同事的鼓励、关心和帮助。感谢各个项目的资助方以及作者所在研究团队南京大学智能信息处理研究组的小伙伴们，多年来共同努力和协作完成的一个个项目为本书的撰写提供了大量素材，同时也让我有更多的可能去思考成功或失败案例背后的东西。还要特别感谢南京大学智能信息处理研究组的陈昊、陈明猜、陈明远、杜云涛、郭铭、葛雨欣、金诚、金朋生、姜文玉、罗思琪、刘振东、钱树伟、孙浩然、张睦婕等同学，在本书的润色过程中，他们给予了极大的帮助。

本书的出版离不开西安电子科技大学出版社高樱老师的建议和鼓舞，在此表示感谢。

由于作者水平有限，书中难免有不足之处，敬请各位专家和读者批评指正。

王崇骏

2022 年 6 月于南京九乡河

目　录

第1章 金融概述

1.1 引 言

吾以吾之所有予市场，换吾之所需。货币就是实现交易的重要契约。

作为一般等价物，货币从最早的实物货币，到后来的金属货币，到方便携带和制造的纸币，到更方便支付的电子货币，再衍生到更易溯源且更安全的数字货币……

总之，随着经济越来越好，商品越来越多，商品交换越来越频繁，针对货币的需求就越来越大，也就意味着货币的交换越来越频繁。

金融是指货币的发行、流通和回笼，贷款的发放和收回，存款的存入和提取，汇兑的往来等经济活动，其中的三个主要经济活动是投资、融资和支付，它们同时也是金融的三大基本需求。如表1-1所示，投资是资金盈余者(提供者)想用钱生钱(比如储蓄)；融资是资金短缺者(需求者)想用钱买钱(比如贷款)；相对于投融资活动，支付更为独立，其指的是发生在购买者和销售者之间的交换。

表1-1 金融活动

比较项目	投资	融资	支付
涉及主体	资金盈余者	资金短缺者	所有参与者
目的	钱生钱	钱买钱	资金流动
传统方式	储蓄、基金、股票等	银行贷款、民间借贷等	钱-物交换等
互联网+	余额宝、理财通等	阿里小贷等	支付宝、微信支付等

在男耕女织的农业经济时代，支付是主要的金融活动，而且往往是基于金属货币和纸币的。金属货币和纸币的流通范围有限，且资源配置手段单一，宏观调控不易进行，这样的金融时代被冠以“金融1.0”。

随着时代的进步和工业经济的发展，传统的纸币金融已经远远跟不上商务活动范围和广度均不断扩大的需求，于是很自然地过渡到被冠以“金融2.0”的数字金融时代。这个时代的一个典型特点是发行和应用各种银行卡，通过银行卡实现电子支付，完成各种交易活动。数字金融具有保存成本低、流通费用低、标准化成本低、使用成本低等诸多优势。同时，由于数字中心实行集中管控，因此国家宏观调控和配置也具有较大的便利。

随着互联网技术的不断推进及其在不同行业的渗透，被冠以“金融3.0”的互联网金融(2013年被冠以“互联网金融元年”)时代悄然来临。互联网金融(The Internet Finance或The Online Finance)是互联网技术、移动通信技术实现资金融通、支付和信息中介等业务的新兴金融模式，是一种既不同于商业银行间接融资，也不同于资本市场直接融资的融资模式。

互联网金融的本质还是金融，因此所有的互联网金融产品都是围绕着金融的主要活动进行的，不过鉴于互联网及金融的特点，又衍生出很多业务模式，如表 1-2 所示。

表 1-2　互联网金融的典型业务模式

<table>
<tr><th>投资活动</th><th>融资活动</th><th>支付活动</th><th>风险管理</th><th>其他</th></tr>
<tr><td colspan="3">网络银行</td><td rowspan="3">网络保险</td><td rowspan="3">金融产品搜索引擎</td></tr>
<tr><td colspan="2">众筹平台</td><td rowspan="6">第三方支付</td></tr>
<tr><td colspan="2">网络资产交易平台</td></tr>
<tr><td>网络基金</td><td rowspan="4">网络微贷</td><td rowspan="4">网络征信</td><td rowspan="4">其他</td></tr>
<tr><td>网络证券</td></tr>
<tr><td>网络理财</td></tr>
<tr><td>财富管理</td></tr>
</table>

伴随着互联网金融这一概念的兴起，另外一个舶来品——金融科技逐步进入人们的视野。金融科技(FinTech)是金融(Financial)和技术(Technology)的合成词，根据国际权威机构金融稳定理事会(FSB)的定义，金融科技主要是指由人工智能(Artificial)、区块链(Block Chain)、云计算(Cloud Computing)和大数据(Big Data)等新兴前沿技术带动，对金融市场以及金融服务业务供给产生重大影响的新兴业务模式、新技术应用、新产品服务等。因此也有这样的说法：金融科技 = A + B + C + D。

就金融科技的定义来看，互联网金融也是一种广义的金融科技，在实际操作中，我们往往将互联网金融以及金融科技等新兴技术驱动的金融称为新金融，而将在这之前的金融称为传统金融。从表现形式来看，新金融是以数据为生产要素，以各类新型 IT 技术为生产工具(驱动力)，以平台生态为主要生产方式的现代金融供给服务体系。相对而言，传统金融和新金融在诸多方面存在差别，具体如表 1-3 所示。

表 1-3　传统金融与新金融存在的差异

比较项目	传 统 金 融	新 金 融
服务群体	基于二八原则，主要面对大中型企业、高净值客户	基于长尾理论，覆盖尽可能多的客户
服务方式	主要通过线下网点、专业人员提供金融服务	不限于线下实体店，提供简单、标准化的金融服务
服务价格	网点覆盖和专人营销导致成本较高，服务价格较高	网络服务方式、服务客户对象越多，价格越低
服务效率	人工服务效率低	线上提供服务，获客成本低，服务效率高

本章扼要介绍传统金融和新金融的基本概念，重点梳理互联网金融、金融科技的基本研究内容和关键技术。本章结构安排如下：1.2 节简单介绍互联网及互联网+的基本概念和发展脉络；1.3 节介绍互联网金融的基本概念和关键技术；1.4 节介绍金融科技的基本概念和关键技术；1.5 节是本章小结。

1.2 从互联网到“互联网+”

1.2.1 互联网

互联网的概念在1969年由罗伯特·卡恩(Robert Elliot Kahn)在ARPANET的研制过程中提出，指的是由若干设备相互连接而成的网络。互联网按照覆盖的地理范围可细分为广域网、城域网及局域网。

早期的互联网是信息的聚集地，也是信息共享的平台，大部分用户是在网络上搜索并获得信息的(当然也有一些人是专门从事信息的组织和推送的)，因此当时的互联网产品多是围绕信息的提供展开的。比如搜索引擎，无论百度还是谷歌，其目的都是加快用户获取信息的速度；再如新闻网站、网络广告等，就是将传统的报纸、广告放在互联网这个工具平台上。

伴随着互联网技术的发展，物联网(Internet of Things，IOT)作为一项基础技术，得到了快速发展并逐步成为一种新的基础设施。作为互联网的延伸和扩展，基于智能感知、识别技术与普适计算等通信感知技术的物联网得以迅猛发展，通过为传感器植入计算能力和传输能力，实现任何时间、任何地点、任何物体的连接，从而使得由传感器感知的物理世界和由互联网表示的虚拟世界无缝融合在一起，人类可以更加精细和动态地管理生产和生活，整个社会的信息化能力得以提高。

工业互联网(Industrial Internet)是新一代IT技术与工业经济深度融合的新型基础设施、应用模式和工业生态，云计算、大数据、物联网、人工智能等给制造业带来的红利都离不开工业互联网这个载体。工业互联网融合应用向国民经济重点行业广泛拓展，形成平台化设计、智能化制造、网络化协同、个性化定制、服务化延伸、数字化管理六大新模式，赋能、赋智、赋值作用不断显现，有力促进了实体经济提质、增效、降本、绿色、安全发展。

云计算是以虚拟化技术为基础、以互联网为载体，提供基础架构服务(Infrastructure as a Service，IaaS)、平台服务(Platform as a Service，PaaS)、软件服务(Software as a Service，SaaS)，整合大规模可扩展的计算、存储、数据、应用等分布式计算资源进行协同运作的超级计算模式。

随着云计算的发展，很多科技公司的商业模式从销售产品转变为提供服务，越来越多的公司正在转向基于订阅的服务模式，未来的业务将从一次性销售的形式转变为经常性服务的形式，这种模式称为产品即服务(Product as a Service，PraaS)。

伴随着互联网、物联网和云计算技术的发展，以服务联网为宗旨的务联网引起了人们的重视。欧盟在其F7中最先给出务联网的定义：“Everything that is needed to use software applications is available as a service on Internet, such as the software itself, tools to develop the software, platform (servers, storage and communication) to run the software”。由此可知，务联网是依托互联网实现的现实世界与虚拟世界的集成化应用空间，它面向大规模、个性化服务需求，以集成服务的形式支持网络环境下现实服务的实现。

2015年底阿里正式提出的“大中台、小前台”的中台战略直接将“中台”这个概念引燃。中台又包括业务中台、数据中台、技术中台以及更多更为细化的中台，其本质是将共性服务与资源有效复用，通过中台集成的技术和数据对前台进行强力支撑，使得前台可敏捷快速适应瞬息万变的市场。由此可见，中台也是务联网的一种实现。

随着互联网在各个领域及行业的深入应用，互联网已经成为生产者与生产者、生产者与消费者、消费者与消费者的共有空间。从这个意义上而言，互联网在以载体的形式嫁接各边关系，在生产关系层面对经济活动进行赋能。正因为如此，当下的数字经济时代就是依托于互联网的。所谓数字经济，指的是以使用数字化的知识和信息作为关键生产要素、以现代信息网络作为重要载体、以信息通信技术的有效使用作为效率提升和经济结构优化的重要推动力的一系列经济活动。因此，所谓新金融，也可以理解为数字经济赋能意义下的新型金融服务体系。

1.2.2　互联网进阶

正因为互联网承载着太多的功能期望，因此，我们希望互联网本身能够更快、更可信，工作效率也能更高。正是因为这样的原因，5G 技术和区块链技术得到了各国政产学研各边的普遍关注。

第五代移动通信技术(5th Generation mobile communication technology，5G)是具有高带宽(enhanced Mobile BroadBand，eMBB)、低时延(ultra-Reliable and Low Latency Communications，uRLLC)和海量连接(massive MachineType Communication，mMTC)特点的新一代宽带移动通信技术，是实现人-机-物互联的网络基础设施。eMBB 主要面向移动互联网流量爆炸式增长问题，为移动互联网用户提供更加极致的应用体验；uRLLC 主要面向工业控制、远程医疗、自动驾驶等对时延和可靠性具有极高要求的垂直行业应用需求；mMTC 主要面向智慧城市、智能家居、环境监测等以传感和数据采集为目标的应用需求。

区块链是由密码学、分布式存储、共识机制、智能合约等一系列技术集成而形成的全新的分布式基础架构与计算范式，最早因为比特币而引起人们的重视，后多服务于金融领域，目前正在向其他非金融领域拓展。区块链得到各界重视的一个重要原因在于：它能够在互联网环境下构建信任，从而使得互联网多边协作能够在信任的基础上稳定进行。智能合约的特点在于：合约参与方数字形式定义的承诺能够被自动化执行，从而提高互联网多边协作的效率。

互联网的迅猛发展使其越发成为各行各业依赖的一个基础设施，几乎所有的 IT 系统或 App 服务都离不开网络的支撑。而互联网在不同领域与行业的发展和推进也使互联网本身逐渐富集和沉淀了大量的数据、工具、技术和应用。互联网自然也成为创新的重要基础和平台。

2015 年 3 月 5 日，李克强总理在两会政府工作报告中提出了“互联网+”的战略规划，即制定“互联网+”行动计划，推动移动互联网、云计算、大数据、物联网等与现代制造业结合，促进电子商务、工业互联网和互联网金融健康发展。

2015 年 7 月 1 日，国务院公开发布《国务院关于积极推进“互联网+”行动的指导意见》(国发[2015] 40 号)，从国家层面明确了行动要求、重点行动、保障支持。该指导意见明确提出下一步重点行动集中于创业创新、协同制造、现代农业、智慧能源、普惠金融、益民服务、高效物流、电子商务、便捷交通、绿色生态、人工智能等共 11 个方面进行有针对性的“互联网+”实践和示范，如表 1-4 所示。

表 1-4 国发[2015]40 号文件提出的重点行动

序号	互联网+	备 注
1	创业创新	推动各类要素资源聚集、开放和共享，大力发展众创空间、开放式创新等，引导和推动全社会形成大众创业、万众创新的浓厚氛围，打造经济发展新引擎
2	协同制造	推动互联网与制造业融合，提升制造业数字化、网络化、智能化水平，加强产业链协作，发展基于互联网的协同制造模式。在重点领域推进智能制造、大规模个性化定制、网络化协同制造和服务性制造，打造一批网络化协同制造公共服务平台，加快形成制造业网络化产业生态体系
3	现代农业	利用互联网提升农业生产、经营、管理和服务水平，培育一批网络化、智能化、精细化的现代生态农业新模式，形成示范带动效应，加快完善新型农业生产经营体系，培训多样化农业互联网管理服务模式，逐步建立农副产品、农资质量安全追溯体系，促进农业现代化水平明显提升
4	智慧能源	通过互联网促进能源系统扁平化，推进能源生产与消费模式革命，提高能源利用效率，推动节能减排。加强分布式能源网络建设，提高可再生能源占比，促进能源利用结构优化。加快发电设施、用电设施和电网智能化改造，提高电力系统的安全性、稳定性和可靠性
5	普惠金融	促进互联网金融健康发展，全面提升互联网金融服务能力和普惠水平，鼓励互联网与银行、证券、保险、基金的融合创新，为大众提供丰富、安全、便捷的金融产品和服务，更好满足不同层次实体经济的投融资需求，培育一批具有行业影响力的互联网金融创新企业
6	益民服务	充分利用互联网的高效、便捷优势，提高资源利用效率，降低服务消费成本。大力发展以互联网为载体、线上线下互动的新兴消费模式，加快发展基于互联网的医疗、健康、养老、教育、旅游、社保等新兴服务，创新政府服务模式，提升政府科学决策能力和管理水平
7	高效物流	加快建设跨行业、跨区域的物流信息服务平台，提高物流供需信息对接和实用效率。鼓励大数据、云计算在物流领域的应用，建设智能仓储体系，优化物流运作流程，提升物流仓储的自动化、智能化水平和运转效率，降低物流成本
8	电子商务	巩固和增强我国电子商务发展领先优势，大力发展农村电商、行业电商和跨境电商，进一步扩大电子商务发展空间。电子商务与其他产业融合不断深化，网络化生产、流通、消费更加普及，标准规范、公共服务等支撑环境基本完善
9	便捷交通	加快互联网与交通运输领域的深度融合，通过基础设施、运输工具、运行信息等互联网化，推进基于互联网平台的便捷化交通运输服务发展，显著提高交通运输资源利用效率和管理精细化水平，全面提升交通运输行业服务品质和科学治理能力
10	绿色生态	推动互联网与生态文明建设深度融合，完善污染物检测及信息发布系统，形成覆盖主要生态要素的资源环境承载能力动态检测网络，实现生态环境数据互联互通和开放共享。充分发挥互联网在逆向物流回收体系中的平台作用，促进再生资源交易利用便捷化、互动化、透明化，促进生产生活方式绿色化
11	人工智能	依托互联网平台提供人工智能公共创新服务，加快人工智能核心技术突破，促进人工智能在智能家居、智能终端、智能汽车、机器人等领域的推广应用，培育若干引领全球人工智能发展的骨干企业和创新团队，形成创新活跃、开放合作、协同发展的产业生态

由表 1-4 可知，这些重点行动涉及的 11 个行业中，属于第一产业的是现代农业，属于第二产业的是协同制造，属于典型第三产业的行业包括智慧能源、普惠金融、益民服务、高效物流、电子商务、便捷交通、绿色生态。

创业创新和人工智能是两个比较特殊的行动方向，前者是目前我国鼓励和支持的国家战略(全称是“大众创业、万众创新”)，后者是计算机科学与技术的一个研究方向或关键技术。重点行动的本意是希望通过互联网加速人工智能的研究和产业化推动，提高精密制造的能力(工业机器人)，并使相关领域特别是上下游产业链联动的产品更具智能性。

“大众创业、万众创新”这一关键词最早是李克强总理在 2014 年 9 月的夏季达沃斯论坛上提及的。李克强提出，要在 960 万平方公里土地上掀起“大众创业”“草根创业”的新浪潮，形成“万众创新”“人人创新”的新态势。此后，他在首届世界互联网大会、国务院常务会议和各种场合中频频阐释这一关键词。

李克强总理在 2015 年政府工作报告中又提出了“大众创业、万众创新”，在政府工作报告中如此表述：“推动大众创业、万众创新，既可以扩大就业、增加居民收入，又有利于促进社会纵向流动和公平正义。”在论及创业创新文化时，他强调“让人们在创造财富的过程中，更好地实现精神追求和自身价值”。

哈佛商学院克莱顿·克里斯坦森(Clayton M. Christensen，被称为“颠覆式创新之父”)将创新分为颠覆式创新(也称破坏式创新)和微创新(也称持续式创新)两种，其区别如表 1-5 所示。

表 1-5　微创新与颠覆式创新的区别

比较项目	微创新(持续式创新)	颠覆式创新(破坏性创新)
创新目标	(1) 持续性改善原有的产品性能； (2) 技术越来越高级，产品越来越复杂	创造出更方便、更简单、更便宜的产品，重新定义竞争格局
市场定位	往往占据高端市场	初期始于低端，但不止于低端
客户战略	客户越来越高端，定位越来越高	以顾客价值为导向，更人性化
创新主体	(1) 对于大公司，机会往往在于持续性创新； (2) 持续性创新对小公司而言无太多机会； (3) 大公司为保持领先优势，做法偏理性且谨慎	(1) 对于小公司，机会往往在于颠覆性创新； (2) 对于颠覆性创新，大公司往往难以抵挡

一般而言，互联网创新代表的是一种模式创新，比如余额宝之于银行揽储、第三方支付之于银行卡支付等，这些新兴产品往往是基于互联网，通过新的应用模式重塑了新的价值网络，从而达到对传统产品的一种颠覆式创新。

1.2.3　从消费互联网到产业互联网

一般用“互联网+X”来具体称谓“互联网+”，此处的“X”指的是行业，比如互联网金融、互联网医疗、互联网社区、互联网交通、互联网电视、互联网餐饮等。理论上而言，“互联网+X”中的“X”可以为上述产业中的任何一个行业，但需要注意的是：

(1) 不同行业的固有特点会导致在不同的行业进行“互联网+”的实施时所面临的挑战和困难不一样，这意味着在不同的行业进行“互联网+”时，需要不同的实施策略和能力，实施代价也不一样，也可以说，并不是所有的行业都适合“互联网+”。

(2) 即便是针对同一行业，在进行“互联网+”的实施时，也会因为实施策略、思路及市场环境等约束条件的不同而在实施成效上有本质的差别。

(3) 与“互联网+X”并行的另外一个说法叫作“X+互联网”，两种说法的本质都是通过将互联网基因与X行业进行有效融合，提高产品的生命力、竞争力并最终达到获得最大收益的目的。两种称呼的本质区别在于是以互联网为核心还是以 X 为核心进行融合改造，通常在行业X很“重”(涉及范围广、改造难度大)的情况下，人们愿意用“X+互联网”来称呼，比如农业互联网、工业互联网等。这是因为分属于第一、二产业的农业和工业，其互联网改造的难度要远大于第三产业的服务业；而对于互联网改造难度相对小的行业，人们更愿意用“互联网+X”来称呼，比如互联网交通、互联网金融、互联网餐饮等。

伴随着互联网在各个行业的深入应用，其赋能思路和价值实现路径也发生了很大的改变。表1-6罗列了互联网上半场和下半场的一些理念和思路区别。

表1-6 互联网上、下半场理念和思路的区别

比较对象	互联网上半场	互联网下半场
核心对象	主要是人的互联网(Internet of People)	主要是物的互联网(Internet of Everything)
业务目标	消费互联网(生活方式层次，面向消费者)	产业互联网(生产工具层面，面向企业)
支撑中心	以计算为中心	以数据为中心，数据对象互联
关系	互联网产业与传统产业是并立的甚至是对立的、颠覆的	融合的、融合竞争的

表1-6中提及的消费互联网指的是以个人为用户、以日常生活为应用场景的应用形式，是满足消费者在互联网中的消费需求而生的互联网类型，一般主要是原生互联网企业；产业互联网则利用信息技术与互联网平台，充分发挥互联网在生产要素配置中的优化和集成作用，实现互联网与传统产业深度融合，将互联网的创新应用成果深化于国家经济、科技、军事、民生等各项经济社会领域中，最终提升生产力。需要注意的是，产业互联网的主战场是制造业的互联网化，关键主体是传统企业，而不是原生互联网企业；由于各个行业和企业的信息化进程不一，因此，其发展一定是递进的，而不是同步的，信息密度高的(如媒体、零售等)先行；信息密度低的(如公共交通、医疗、制造业、能源、农业等)稍滞后。

1.3 互联网金融

1.3.1 概述

互联网金融是指金融服务商以互联网为平台提供的银行、证券、保险等多种金融服务，是对以计算机网络为技术支撑的金融活动的总称。狭义的互联网金融是指以金融服务提供者的主机为基础，以因特网或通信网络为媒介，通过内嵌金融数据和业务流程的软件平台，以用户终端为操作界面的新型金融运作模式；广义的互联网金融包括与其运作模式相配套的互联网金融机构和市场以及相关的监管等外部环境。

1. 互联网金融的发展阶段

金融业本身就是一个与IT高度相关的行业，互联网的迅猛发展以及在不同产业的渗透势必引发金融业对互联网的关注和依赖。互联网金融的发展大致经历了以下几个阶段：

(1) 互联网金融准备阶段。在互联网出现以后，金融业开始运用互联网为客户提供金融产品和服务。

(2) 互联网与金融的融合阶段。20世纪90年代中期到2010年左右，互联网与金融的融合显现，同时专业的互联网金融业态开始正式出现。

(3) 自2011年以来，互联网金融呈现加速发展的态势，创业者、互联网公司以及非金融机构开始涌入互联网金融领域，互联网金融的类型日益丰富，互联网对金融业的冲击和重塑作用日益显现。

互联网金融是传统金融行业与互联网技术相结合的新兴领域，它不是互联网和金融业的简单结合，而是在实现安全、移动等网络技术水平上，被用户熟悉接受后(尤其是对电子商务的接受)，自然而然为适应新的需求而产生的新模式及新业务。

2. 互联网金融的类型

在"互联网+"驱动下的金融产品和服务的互联网改造包括下面三种类型：

(1) 金融机构互联网化。由金融机构参与的大部分金融产品(包括存款、贷款、基金、信托、保险等)都需要传统金融机构的牌照去设计、打包和生产，这意味着传统金融机构具有典型的江湖垄断色彩，而为了迎接互联网时代的各类压力和挑战，传统金融机构务必对既有产品进行互联网改造。针对这种层面的"互联网+金融"，人们更愿意用金融互联网来表示。

(2) 互联网公司金融机构化。这种互联网金融的模式是传统互联网公司或电商企业通过获得牌照或入股具有牌照的金融机构开展相关金融业务。比如阿里巴巴和腾讯参股的民营银行陆续获批，阿里巴巴、苏宁、百度、京东陆续设立小贷公司，从事传统金融机构的信贷业务等。

(3) 金融机构与互联网公司合作开发。这种互联网金融的模式是互联网企业和传统金融机构基于优势互补的理念，展开强强联合，共同开发互联网金融产品。比如，阿里巴巴和天弘基金合作开发余额宝产品，腾讯、阿里、平安共同开发互联网保险产品等。

3. 互联网金融的优势

数据驱动、工具研发、资源整合是互联网金融的基本路径：一方面通过大数据、云计算深挖客户需求，实现精准营销；另一方面通过互联网技术，提高服务效率，改善用户体验；再则通过整合传统行业产业链和资源，海量接触并"迁徙"非金融客户，使其成为金融客户。相对于传统金融而言，互联网金融具有如下几个典型的优势：

(1) 互联网金融的支付方式更加丰富、灵活。传统金融在支付方式上一般需要银行参与才能够完成支付交易，这意味着用户需要到银行或者储蓄机构等固定场所才能完成支付交易；随着互联网金融的发展，用户通过手机端的简单操作就可以完成支付交易。这种交易方式可以有效满足客户的需求和期待，有效降低客户的成本支出。

(2) 互联网金融的可操作性更强。传统金融机构在管理和制度上要求更加规范和严格，这意味着任何业务都需要经过各种流程的审核，受各种条件的限制，因此操作性不强；而互联网金融虽然也受到国家法律和金融有关规定的限制，但其可操作性要比传统金融高很多。例如个人需要贷款业务，传统金融会对贷款人的资质进行严格的审查，只有符合相关条件的人才能获得贷款；而互联网对于这方面的限制条件却没有那么严格，一些急需用钱的贷款人可以通过互联网金融获得一定的贷款额度，而且还有很多互联网金融机构是不需要进行实物抵押贷款的，贷款人可以通过信用贷款获得相应的贷款额度。

(3) 打破了传统金融对企业资金供求的垄断。传统金融的获益主要是通过吸储和贷款的利息差进行的，企业贷款基本上都是通过银行完成的，但是互联网金融的出现打破了这一格局，现在企业可以通过互联网金融进行贷款和发展筹资。例如，支付宝、微信等都有贷款业务，无论是企业还是个人都可以通过互联网金融来进行有效贷款，而且互联网金融相对传统金融的银行来说，对贷款人的要求更低一些，有的贷款利息也比银行要低，因此，现在越来越多的企业通过互联网金融来进行贷款，这不仅打破了银行对企业贷款的垄断局面，也为银行的贷款业务带来了挑战。

(4) 互联网金融解决了中小企业融资难的问题。随着我国社会及经济的不断发展，中小企业融资难的问题逐渐显现出来，很多中小企业因为融资问题得不到解决，最后无法经营下去。互联网金融的发展有效地解决了这个问题，为中小企业的发展带来了希望和力量。例如，一些互联网金融企业通过民间融资将资金借贷给一些中小企业，中小企业获得资金得到发展后在规定的时间内再把本金和利息返还给互联网金融企业，而金融企业再把民间投资者的利息返还于投资者，通过这种良性的资金运作不仅可以有效解决中小企业融资难的问题，还可以有效提高社会民众的经济收入。

互联网金融的本质还是金融，因此所有的互联网金融产品都是围绕着金融的主要活动进行的，不过鉴于互联网及金融的特点，又衍生出很多产品业务模式。互联网金融的五大主要模式有众筹融资、第三方支付、互联网保险、第三方基金销售、电商+信贷，本节重点介绍前两者。

1.3.2 众筹模式

1. 众筹简介

众筹指的是通过互联网媒介将众筹项目的发起人和投资人结合起来，在规定的时间内完成众筹发起人所设定的资金募集目标的互联网金融模式。按照众筹的参与主体可以将众筹的要素分为众筹项目发起者、众筹项目投资者和众筹平台三个部分。

(1) 众筹项目发起者。众筹项目发起者编写众筹项目书，在项目书中向投资者展示众筹项目的产品特性、市场价值以及所要募集资金的额度和偿还方式等信息。

(2) 众筹项目投资者。众筹项目投资者根据自己的风险偏好、价值观念等已有认知做出是否投资该项目的决定。

(3) 众筹平台。众筹平台将项目发起者和投资者联系起来，为项目发起人提供展示项目的平台，为投资者提供选择投资的平台。

2. 众筹的分类

根据众筹项目发起者对众筹项目投资者的回报形式和义务的不同，通常将众筹模式划分为以下四种形式：

(1) 捐赠众筹。捐赠众筹项目的发起者以特定的公益目的向不确定的社会群体众筹资金，而众筹项目的投资者出于自身善意和帮助他人的目的向众筹项目投资，不求物质财富的回报，以获得精神价值和自己内心的满足感。

(2) 商品众筹。商品众筹的发起者结合自己产品研发和推广的目的通过众筹平台募集资金，承诺在作品完成或产品投产问世后给予投资者相应数量的商品回报。商品众筹是历史最悠久的众筹形式，目前国内主流的众筹平台如京东、淘宝等都将商品众筹作为主营业务，众筹商品的覆盖范围也从最初的音乐作品、出版物等逐步扩展到智能家居、互联网服务、金融大数据、医疗保健等众多领域，贝多芬、莫扎特等音乐家早期筹集创作资金的预购活动是商品众筹的雏形。作为商家，进行商品众筹的一个额外好处在于商品众筹将“预购”和流行的团购活动有机结合，在项目筹备阶段募集资金并宣传造势，为产品提前进入成熟期夯实基础。

(3) 股权众筹。众筹融资项目的投资者以投资金额换取投资项目相应数额的股权，按照现代公司治理体系的规范要求成为公司的股东，享有股东利益，也承担股东风险。

(4) 债权众筹。债权众筹是投资者向众筹项目的发起者投资，发起者承诺在规定的时间期限内向投资者返还出资额，并按照事先约定的标准支付利息的众筹融资模式。目前中国尚未出现真正意义上的债权众筹融资形式。

1.3.3 第三方支付模式

支付是金融活动中最原始也是最基础的活动，也是撬动互联网金融的最重要的驱动源。从有电子支付开始(纸币金融时代的那种“一手交钱一手交货”模式此处不议)，支付经历了以下三个变迁过程。

1. 支付 1.0 时代

支付 1.0 时代以网上银行为代表，支付作为金融工具完成交易。网上银行包含两层含义：一个是机构概念，指通过信息网络开办业务的银行；另一个是业务概念，指银行通过信息网络提供的金融服务，包括传统银行业务和因信息技术应用带来的新兴业务(如网上投资、网上购物、个人理财、企业银行等)。在日常生活和工作中提及的网上银行，更多是第二层次的概念。网上银行系统是银行业务服务的延伸，客户可以通过互联网更方便地使用网上银行核心业务服务。

2. 支付 2.0 时代

支付 2.0 时代以第三方支付为代表，支付作为交易中介，协助双方高效、透明、安全地完成交易。第三方支付指的是一些和产品所在国家以及国内外各大银行签约、并具备一定实力和信誉保障的第三方独立机构提供的交易支付平台。在通过第三方支付平台的交易中，买方选购商品后，使用第三方平台提供的账户进行货款支付，由第三方通知卖家货款到达、进行发货；买方检验物品后，第三方就可以通知付款给卖家，再将款项转至卖家账户。

目前市场上一般按照牌照将第三方支付划分为以下几种：

(1) 互联网支付。用户通过台式电脑、便携式电脑等设备，依托互联网发起支付指令，实现货币资金转移的行为，比如通过电脑完成在线购物和付款。

(2) 移动电话支付。用户通过包括移动设备、互联网或者近距离传感等方式，直接或间接向银行金融机构发送支付指令并产生的货币支付与资金转移行为，如使用二维码或NFC感应支付。

(3) 银行卡收单。第三方为实体特约商户提供银行卡受理并完成资金结算的服务，如线下POS机刷卡消费。

(4) 固定电话支付。用户采用固定电话连接支付系统或使用话费购买商品或服务。

(5) 预付卡发行及受理。第三方提供以营利为目的发行、且在发行机构之外购买商品或服务的预付价值的服务，包括利用芯片、磁条等技术以密码或卡片等方式发行的预付卡。

(6) 数字电视支付。第三方将电视和银行支付业务有机地结合，使电视用户能在电视机上完成缴费、查询欠费、订购节目包等业务，主要面对家庭用户。

就目前来看，前三种方式是目前使用频率最高、范围最广的第三方支付方式，也是大多数第三方支付公司的重点业务开展领域；而固定电话支付、预付卡业务和电视支付由于牌照和用户消费习惯的变化，市场规模逐渐萎缩。

3. 支付3.0时代

支付3.0时代的支付不仅是一种工具或交易中介，而是以支付为渠道，叠加更多的金融服务、营销服务和征信服务等，并成为互联网金融的核心。

2013年，余额宝的横空出世触动了几乎所有传统金融大鳄的神经。本质上，余额宝是一种货币基金，按照传统的金融视角，货币基金好像并不会对银行等传统金融机构具有太大的冲击，事实上，货币基金对银行而言反而可使其获利。但是余额宝是嫁接在支付宝基础上的，此时这个货币基金对传统金融的冲击就不一般了，具体表现在以下几个方面：

(1) 分流部分客户储蓄。理财产品已经对银行吸储产生了较大的压力，余额宝背后8亿支付宝注册用户则加剧了银行的这种压力。

(2) 余额宝虽然还未对银行的基金理财产品形成直接冲击，但是对银行中间业务收入形成冲击，比如余额宝直接影响银行基金代销渠道。

(3) 余额宝形成的示范效应，加速了市场上各种理财服务的涌现，在助推互联网金融市场发展、加速金融脱媒的同时，形成货币基金对银行存款的替代，这在一定程度上增加了金融体系的金融成本并大幅拉高了金融体系短期资金率水平并传到债券市场。

(4) 余额宝依赖的支付宝的庞大客户资源和资金沉淀带给其巨大的发展空间，这将进一步加速金融脱媒。

(5) 从支付角度看，第三方支付平台已经逐渐替代传统银行支付业务功能，如为客户提供收付款、自动分账及转账汇款等结算和支付服务。

除了余额宝而外，作为第三方支付撬动起的阿里系互联网金融产品还有阿里小贷、众安保险(国内首个互联网保险公司，由阿里、腾讯、平安共建)等，特别是阿里在2015年获得个人征信牌照后立刻推出的芝麻信用评估系统，使得阿里在互联网金融体系内的金融服务范围越来越宽广和完备。而在阿里系互联网金融不断推出的同时，其他第三方支付平台公司陆续推出的互联网金融产品也如雨后春笋般层出不穷。

在大数据时代，在渠道服务并不能带来理想回报的情况下，第三方支付企业对其天然拥有的用户、商户和终端等海量交易数据的挖掘和应用变得更加重要，由此衍生出的互联网营销、征信等增值服务将成为盈利突破口。因此，银联商务、快钱、易宝支付、汇付天下等第三方支付机构都开始向各交易环节延展，并不断创新增值服务，以期提升自身的竞争能力。

特别值得一提的是，正是由于互联网的虚拟化和诸如支付宝、微信等三方支付服务的移动化，第三方支付的风险呈现出蔓延速度加快、隐蔽性增强、潜伏周期变长的特点。支付行业正面临着越来越大的风险防范压力。

1.3.4 其他类型的互联网金融

互联网金融的本质是金融，而相关的金融活动除了上述的投融资和支付之外，还有其他一些相关业务或活动：

1. 保险

作为金融体系和社会保障体系的重要支柱，保险是指投保人根据合同约定，向保险人支付保险费，保险人对于合同所约定的可能发生的事故发生所造成的财产损失承担赔偿保险金责任，或者当被保险人死亡、伤残、疾病或者达到合同约定的年龄、期限等条件时承担给付保险金责任的商业保险行为。本质上保险是与传统钱物交易一致的金融活动：交易主体是投保人和保险人(法人)，而其中的“物”是一种风险保障。

1) 保险的功能

保险具有经济补偿功能、资金融通功能和社会管理功能。

(1) 经济补偿功能是保险的基本功能，也是保险区别于其他行业的最鲜明的特征。

(2) 资金融通功能是在经济补偿功能的基础上发展起来的，资金融通功能是指将保险资金中闲置的部分重新投入到社会再生产过程中，这是保险人为了使保险经营稳定而必须保证保险资金保值与增值的必然金融活动。

(3) 社会管理功能是保险业发展到一定程度并深入到社会生活诸多层面之后产生的一项重要功能，是指对整个社会及其各个环节进行调节和控制的过程。目的在于正常发挥各系统、各部门、各环节的功能，从而实现社会关系和谐、整个社会良性运行和有效管理。

2) 互联网保险的优势

互联网保险业务是指保险机构依托互联网和移动通信等技术，通过与自营网络平台、第三方网络平台等订立保险合同，提供保险服务的业务(《互联网保险业务监管暂行办法》，保监发[2015] 69 号)。互联网保险的全过程，如保险信息咨询、保险计划书设计、投保、交费、核保、承保、保单信息查询、保全变更、续期交费、理赔和给付等，均通过互联网完成。相比较于传统保险而言，互联网保险具有很多独特的优势，比如：

(1) 对于客户而言，互联网保险让客户能自主选择产品，客户可以在线比较多家保险公司的产品，保费透明，保障权益清晰明了，且各类咨询服务和业务办理也较方便。

(2) 对于保险公司而言，保险公司也能从互联网保险中获益多多，比如险种的设计、保险计划的设计和销售等方面的费用减少等。

鉴于互联网保险在金融领域的重要地位，为规范互联网保险经营行为，促进互联网保险健康规范发展，2015 年 7 月 22 日，中国保监会印发了《互联网保险业务监管暂行办法》(保监发[2015]69 号)，标志着我国互联网保险业务监管制度正式出台。暂行办法首先对互联网保险进行了官方定义，并强调对于不能确保客户服务质量和风险管控的保险产品，保险机构应及时予以调整，同时互联网保险消费者享有不低于其他业务渠道的投保和理赔等的保险服务。此外，暂行办法在经营条件、经营区域、信息披露、经营规则、监督管理等方面也都有提出明确的要求。

2. 征信

信用的本质是一种债权关系，即授信者相信受信者具有偿还能力，而同意受信者所做的未来偿还的承诺。但当商品经济高度发达，信用交易的范围日益广泛时，信用交易的一方想要了解对方的资信状况就会极为困难。此时，了解市场交易主体的资信就成为一种需求，征信活动也应运而生。所谓征信就是专业化的、独立的第三方机构为个人或企业建立信用档案，依法采集、客观记录其信用信息，并依法对外提供信用信息服务的一种活动。

从大数据的角度来看，征信本身一定是大数据。以信用体系最全的美国为例，5C1S (Character、Capability、Capital、Condition、Collateral、Stability)是美国对借款对象进行贷前分析和审查时惯用的评价体系，主要以借款者的基本信息、财务状况和过往借贷行为等与借贷对象经济行为直接相关的数据为基础，而这些数据也正是美国各大征信机构主要搜集的目标。与美国类似，我国央行征信中心也主要以个人基本数据、金融数据(主要是信贷和信用卡相关数据)、公共数据(包括税务、工商、法院、电信、水电煤气等部门的数据)以及个人信用报告查询记录这四个类别为主。互联网技术应用的普及，使得互联网中以数据通信为载体的个人信息及行为信息更易被采集，互联网和大数据技术使得可以用来评估的数据维度越来越丰富，如电商的交易数据、社交类数据、网络行为数据等，所有上述互联网引发的现象使得征信数据的大数据特征更加明显和突出。

随着征信大数据时代的到来，如何迎接和响应其中的挑战，是摆在每一个大数据相关工作者面前的问题。

3. 供应链金融

供应链金融依托于整条供应链，以核心客户为依托，以真实贸易背景为前提，运用自偿性贸易融资的方式，通过应收账款质押登记、第三方监管等专业手段封闭资金流或控制物权，对供应链上下游企业提供的综合性金融产品和服务。

供应链中的中小企业是供应链金融的服务主体，这些企业资金流紧张，又难以凭借自身的信用获得银行或者金融机构的资金支持。获得授信的过程烦琐又耗时。正是因为这些原因，银行无法直接根据核心企业给供应链中的多级供应商进行授信。

单个企业的流动资金被占用的形式主要有应收账款、库存、预付账款三种。金融机构按照担保措施的不同，从风险控制和解决方案的导向出发，将供应链金融的基础性产品分为应收类融资、预付类融资和存货类融资三大类。

1) 应收类融资

供应商首先与供应链下游达成交易，下游厂商发出应收账款单据。供应商将应收账款单据转让给金融机构，同时供应链下游厂商也对金融机构作出付款承诺。金融机构此时给供应商提供信用贷款，缓解供应商的资金流压力。应收账款融资的主要方式有：保理、保理池融资、反向保理、票据池授信、出口应收账款池融资和出口信用险项下的贸易融资。

2) 预付类融资

预付款融资模式是指在上游企业承诺回购的前提下，由第三方物流企业提供信用担保，中小企业以金融机构指定仓库的既定仓单向银行等金融机构申请质押贷款来缓解预付货款压力，同时由金融机构控制其提货权的融资业务。预付款融资的主要类型有：先票/款后货授信、担保提货(保兑仓)授信、进口信用证项下未来货权质押授信、国内信用证和附保贴函的商业承兑汇票。

3) 存货类融资

当一家需要融资的企业除了货物之外，并没有相应的应收账款和供应链中其他企业的信用担保时，金融机构可采用融通仓融资模式对其进行授信。融通仓融资模式是企业以存货作为质押，经过专业第三方物流企业的评估和证明后，金融机构向其进行授信的一种融资模式。目前我国库存融资比较常见的操作方式有三种：静态抵质押授信、动态抵质押授信和仓单质押授信。

4. 信息服务

互联网企业发展金融业务的模式除了前文提到的第三方支付(如支付宝)、在线信贷(如阿里小贷)、基金销售(如余额宝)之外，还有一种被称为流量分发的应用模式，如融 360、好贷网等，该模式很好地迎合了金融活动中有关交易双方对对称信息的需求。所谓流量分发模式，指的是提供金融产品搜索、搜索引擎推荐和服务平台，为中小企业、小微企业和消费者提供免费、高效、便捷、划算的金融服务，同时通过交易额的某种比例获得服务获益。

流量分发的一般运行模式是：用户在网上输入贷款金额、期限以及用途等关键词，系统就会进行比对和处理，输出一份相应的银行及其他信贷机构的列表(包括银行名称、信贷产品、利率、总利息、月供、放宽时间和贷款总额等信息)。用户进行比较后，可以在线填写申请材料，申请一家或者几家银行的贷款。申请完后，相关银行的信贷经理会与申请人进行电话联系确认信息，申请人可以再次比较各家银行的产品，之后就可以去分行或支行申请贷款。

流量分发模式是介于金融双方的第三方，仅提供信息服务，相当于金融领域的百度，能够为用户提供便捷、安全、免费的投融资搜索和推荐服务，同时也为金融机构提供互联网金融创新服务。对于金融机构而言，传统营销和市场的做法成本高、效率低；中介信用低、作假严重；客户数据基础难以支持产品创新和风险控制。而对于有资金需求的用户而言，金融产品纷繁复杂，缺乏客观有效的方式来比较产品，中介方式的成本高且效率低。流量分发模式为金融双方打造了一个高效的搜索和推荐信息平台。

1.4 金融科技

1.4.1 概述

金融科技(Fintech)是 Financial 和 Technology 的缩写，可以简单理解成为 Finance(金融) + Technology(科技)，指通过利用各类科技手段创新传统金融行业所提供的产品和服务，提升效率并有效降低运营成本。根据国际权威机构金融稳定理事会(FSB)的定义，金融科技主要是指由大数据、区块链、云计算、人工智能等新兴前沿技术带动，对金融市场以及金融服务业务供给产生重大影响的新兴业务模式、新技术应用、新产品服务等。自 20 世纪 90 年代以来我国加大了金融与科技的投入，二者在国内相互融合发展。

1. 金融科技的发展历程

从 IT 技术对金融行业的推动和变革角度来看，金融科技的发展经历了以下三个阶段：

(1) 金融科技 1.0 阶段：主要是指通过传统的 IT 软硬件来实现金融行业的办公和业务的电子化，提高金融行业的业务效率。此种场景下，IT 公司并不参与金融公司的业务环节，IT 系统在金融公司体系内处于成本部门，代表性产品包括 ATM、POS 机、银行的核心交易系统、信贷系统、清算系统等。在我国，该阶段的主要特点是政策主导、资本扶持。例如，1993 年《中华人民共和国科学技术进步法》颁布，2004 年支付产业初露头角，2007 年拍拍贷成立，2011 年科技部、央行等部门确定 16 个地区为首批促进科技和金融结合试点地区。

(2) 金融科技 2.0 阶段：互联网公司或者金融公司、金融 IT 公司搭建在线业务平台，通过互联网或者移动终端渠道汇集海量用户，实现金融业务中资产端、交易端、支付端、资金端等任意组合的互联互通，达到信息共享和业务撮合，本质上是对传统金融渠道的变革。代表性业务包括互联网基金销售、互联网保险、移动支付等。在我国，该阶段的主要特点是：技术推动金融创新、驱动政策完善。例如，2013 年余额宝推出，2015 年金融科技概念引入中国，借贷、财富管理、征信、众筹、支付、数字货币、互联网保险服务模式不断涌现，科技驱动的同时风险也逐渐暴露，监管逐渐加强，央行、证监会、银监会等部门开始介入互联网金融行业管理。

(3) 金融科技 3.0 阶段：利用大数据、云计算、人工智能、区块链等新型信息技术，改变传统金融的信息采集来源、风险定价模型、投资决策过程、信用中介角色等，大幅提升传统金融的效率和解决传统金融的痛点。代表性的业务如大数据征信、智能投顾、供应链金融等。该阶段的主要特点是：科技与金融深度融合，释放产能。

2. 金融科技主要公司类型

金融科技涉及的主要公司类型有科技公司、持牌金融机构和金融科技公司三类，它们的生态体系大致描述如表 1-7 所示。

表 1-7 金融科技生态体系

金融科技公司类型	描 述	举 例
科技公司	科技赋能金融业务，甚至直接进军金融行业	国外：Google/Alphabet、Amazon、Facebook、Apple 以及 MicroSoft、IBM、Intel。 国内：百度、阿里、腾讯、京东
持牌金融机构	通过创新技术为客户提供更先进的金融服务。 国内金融机构从 2017 年开始也加快在金融科技领域的布局	四大行分别与 BATJ 签订战略合作协议蚂蚁金服、财付通、微众银行、招商银行、平安银行、众安保险等也有产品推出
金融科技公司	部分互联网金融公司、金融科技公司、网络小贷公司等也或多或少在从事金融科技业务	平安金融壹账通、平安陆金所、京东金融、百度金融

值得一提的是，源自银行系的金融科技公司与互联网航母合作、自营(独立运营、输出方案、为己为他)、投资并购的方式也以不同的方式占据金融科技的市场份额，如：

(1) IT 部门独立运营。例如，建信金科成立由建行总行直属七个开发中心和一个研发中心 IT 部门直接划转而来。

(2) 将金融科技解决方案输出。例如，兴业数金科技服务客群涵盖中小银行、非银机构、政府与公共服务机构、产业互联网参与者等。

(3) 为集团内部金融业务科技服务。例如，光大科技的主要职能就是孵化光大银行的新产品、新服务、新模式、新业态。

3. 金融科技公司的特点

金融科技公司具有以下几个典型特点：

(1) 低利润率。低利润率是金融科技公司的重要特征之一。在平台商业模式下，平台的用户规模必须达到一个特定的门槛，才能引发足够强度的网络效应吸引新的用户加入，由于平台在前期需承担较高的沉没成本，如规模庞大的广告营销、用户补贴、研发创新等，通常在用户规模突破临界数量后才能实现大量盈利。同时，由于用户的多边属性，导致平台的各类服务及产品的生命周期都较短，只有平台持续创新、持续投入、推出新的所谓爆点产品，才能形成有效、持续的用户锁定。因此，金融科技公司不得不更多地重视资源投入的效率，而不是将考核重点放在企业的收入或盈利水平上，整体上只能维持相当低的利润率。

(2) 轻资产。金融科技公司往往只需要很低的固定资产或者固定成本就能开展业务，其成本关于业务规模的边际递减使得其能够以低利润率支持大规模发展。也正因为其资产轻，不像传统金融那样“笨重”，使得其战略选择、组织架构、业务发展更加灵活，易于创新创造。

(3) 高创新。金融科技公司低利润率和轻资产的特性在客观上也为其营造了易于创新的土壤，它们将各种前沿技术与理念拿到金融领域去试错及快速产品迭代以推出具有破坏性创新的产品，这已经超越了传统金融语义下的金融市场与产品层面的“金融创新”。

(4) 快增长。金融科技公司一般起步门槛较低，需要充分发挥网络效应以获得快速增长的能力，创新技术的采用使得其业务规模爆炸性增长但不必付出对应的成本，反而其边际成本在递减，进一步促使其规模快速增长。

(5) 易合规。高创新赋予金融科技公司规模快速增长的技术优势，但其资产轻，抵御风险的能力弱，如何在创新收益与合规成本之间权衡是金融科技公司必须面对的问题。好的金融科技公司不仅有业务增长的技术优势，还应有易于监管合规的技术优势，也就是说，合规不再源自金融机构的外部约束压力，而是真正内生化为金融机构的发展动力，这将是金融科技所做出的重大制度创新。

1.4.2 关键技术

总体而言，金融科技不应是简单的金融与科技的融合，至少还要包括：技术与技术的融合、技术与金融的融合、金融与其他商业生态的融合，这些内容在以后的章节中将逐一介绍。

金融科技的主要技术有人工智能(Artificial Intelligence)、区块链(Block Chain)、云计算(Cloud)、大数据(Big Data)以及其他相关技术，由于前四者相对独立且具有共性价值，因此常被冠以“ABCD —— 金融科技的四大支撑技术”，这四类技术的关系可以简单描述如下：

(1) 在互联网环境下，人、机、物通过各(业务)系统无缝融合在互联网上。

(2) 云计算为(业务)系统提供计算能力和存储能力。

(3) 人在互联网上开展各类活动(如工作、生活、娱乐等)，反映其属性、行为、偏好的各类数据被不同的业务系统主动或被动记录，所有这些数据汇聚在一起形成大数据。

(4) 人工智能通过对各个环节的有效赋能(机器、网络、交互等)，创造更智能的经济发展模式和社会生态。

(5) 区块链技术的引入，能够让整个互联网环境更加可信、许多流转流程实现自动化，从而提高效率。

在物理信息融合的当代，每一个自然人，根据其参与金融活动的驱动，往往同时具有虚拟身份和物理身份，前者包括用户 ID、IP 地址、MAC 地址、设备指纹等；后者专指在物理世界中用户的身份，比如个人的生物特征以及社会属性等。在任何一个金融活动中，识别参与人的身份是一个重要的环节，这也就意味着要同时识别物理身份和虚拟身份，并将两者统一化，唯有如此才能实现对这个人更完备的信息和画像。

因此，金融科技除了依赖人工智能技术、区块链技术、云计算和大数据而外，生物识别也是一项不可或缺的技术。所谓生物特征识别技术，就是通过计算机与光学、声学、生物传感器和生物统计学原理等高科技手段密切结合，利用人体固有的生理特性(如指纹、人脸、虹膜等)和行为特征(如笔迹、声音、步态等)来进行个人身份的鉴定。据统计，在全球生物识别市场结构中，指纹识别份额达到 58%，人脸识别的份额为 18%，虹膜识别份额为 7%，此外还有与指纹识别类似的掌纹识别、声纹识别和静脉识别等。表 1-8 对各种生物特征识别技术进行了简单介绍。

表 1-8　生物特征识别技术简介

技术	概　述	优　势	不　足
指纹识别	指纹识别是生物特征识别中应用最为广泛的一种。20 世纪 60 年代起就在公安领域应用，近年指纹识别技术应用到智能手机上，成为支持手机解锁、在线支付的重要基础技术。通过时间和实践的检验，指纹识别技术也在不断革新。 目前国内已形成了完整的指纹识别产业链，比如从事指纹芯片设计的上市企业汇顶科技，以及思立微、费恩格尔、迈瑞微等一众国产指纹识别芯片厂商	(1) 指纹是人体独一无二的特征，其复杂度足以提供用于鉴别的足够特征。 (2) 每一个指纹都是独一无二的，意味着可以通过鉴别更多的指纹实现可靠性。 (3) 指纹检测装置可以小型化，并且其价格会越来越低。 (4) 指纹检测速度很快，使用方便	(1) 某些人(群)指纹特征少，难成像。 (2) 指纹识别需要用户主动配合，某些场景下用户可能对于录取指纹有戒备心理。 (3) 指纹采集时会在指纹采集头上留下用户的指纹印痕，而这些指纹痕迹存在被复制的可能，导致用户隐私泄漏以及安全漏洞产生

续表

技术	概　述	优　势	不　足
人脸识别	人脸特征的唯一性和不易被复制的良好特性为身份鉴别提供了必要的前提。 人脸识别技术已经相对成熟，国内产业链也趋于完善，当下几乎所有的计算机视觉企业，都在做人脸识别，比如旷视科技(Face ++)、格灵深瞳、商汤科技、中科视拓等	(1) 非强制性：不需要专门配合人脸采集设备，几乎可以在无意识的状态下就可获取人脸图像。 (2) 非接触性：不需要和设备直接接触就能获取人脸图像。 (3) 并发性：在实际应用中可进行多个人脸的分拣、判断及识别。 (4) 人脸识别操作简单、结果直观、隐蔽性好	(1) 人脸识别准确率会受到环境的光线、识别距离、化妆(整容)与否等多方面因素影响。 (2) 人脸识别不具备活体检测性，必须依赖其他活体检测技术。 (3) 人脸识别由于其检测的非强制性会导致用户隐私在不经意间被采集
虹膜识别	虹膜在胎儿发育阶段形成后，在整个生命历程中将是保持不变的。这些特征决定了虹膜特征的唯一性，同时也决定了身份识别的唯一性。 国内在虹膜识别领域代表厂商有中科虹霸、虹星科技、聚虹光电、武汉虹识、释码大华等	(1) 虹膜识别属于非接触式的识别，识别方便高效。 (2) 虹膜识别具有唯一性、稳定性、不可复制性、活体检测性。 (3) 虹膜识别综合安全性能上占据绝对优势	(1) 很难将虹膜识别采集设备的尺寸小型化。 (2) 虹膜识别采集设备造价高，无法大范围推广。 (3) 虹膜设备镜头可能产生图像畸变而使可靠性降低
掌静脉识别	掌静脉识别是通过检测和识别掌静脉实现生物特征识别的技术，由于其检测的是掌活体特征，这意味着该识别手段兼具活体检测能力。 国内知名的企业为富士通、通元微智能科技、智脉科技等	(1) 掌静脉属于内生理特征，不会磨损，较难伪造，安全性高。 (2) 掌静脉血管特征通常更明显，容易辨识，抗干扰性好。 (3) 掌静脉识别可实现非接触式测量，卫生性好，易于为用户接受。 (4) 掌静脉识别不易受手部表面伤痕或油污的影响	(1) 手背静脉仍可能随着年龄和生理的变化而发生变化，永久性尚未得到证实。 (2) 掌静脉识别技术对采集设备有特殊要求，设计相对复杂，制造成本高。 (3) 由于采集方式受自身特点的限制，掌静脉识别设备难以小型化
声纹识别	声纹识别是通过提取出声音特征，然后识别出说话人的身份、语音内容或者说话者的情绪。 目前国内的科大讯飞、思必驰、SpeakIn、云之声都有推出相应的声纹识别技术	(1) 声纹采集设备简单，最简状态下一个麦克风即可。 (2) 声纹提取方便，可在不知不觉中完成。 (3) 声纹识别算法复杂度低，易于与其他识别算法或系统集成	(1) 同一个人的声音具有易变性，易受身体状况、年龄、情绪等的影响。 (2) 不同的麦克风和信道对识别性能有影响。 (3) 环境噪声对识别有干扰。 (4) 混合说话的情形下人声纹特征提取难
步态识别	步态识别是通过人的走路姿态来识别人的身份的方法(有研究表明在一定的时间段内步态特征具有稳定性)	步态识别不需要人的行为配合，采集装置简单、经济，特别适合于远距离的身份识别，这是任何生物特征识别都无法比拟的	步态识别算法相对复杂，在复杂场景下的效果很难确定

值得一提的是：

(1) 上述提及的各类生物特征识别都可以看成是人工智能的一个应用，而数据采集、存储、识别以及基于此的更多分析和建模都是大数据价值实现的基本路径。

(2) 在实际应用中，往往在终端进行数据采集，然后通过网络传输到云中心进行识别；或者利用边缘计算技术或移动技术在终端进行数据采集后进行处理和识别，然后将识别结果(日志)通过网络传输到云中心。

(3) 当前单一的生物识别技术各有优缺点，在应用上难免会出现一些问题。所以，在一些安全等级要求较高的应用场景当中，往往会采用两种甚至两种以上的生物识别技术进行验证。

(4) 随着物联网时代的到来，生物识别技术也将迎来新的变化和需求，生物识别将拥有更为广阔的市场前景。

1.4.3 监管科技

国家高度重视金融风险防控和安全监管，十九大报告明确指出要“健全金融监管体系，守住不发生系统性金融风险的底线”。随着金融科技的广泛应用，金融产业生态发生深刻变革，以互联网金融为代表的金融服务模式创新层出不穷。传统模式下事后的、手动的、基于传统结构性数据的监管范式已不能满足金融科技新业态的监管需求，以降低合规成本、有效防范金融风险为目标的监管科技正在成为金融科技的重要组成部分。

国际金融协会将监管科技定义为“能够高效和有效解决监管和合规性要求的新技术”，这些新技术主要包括机器学习、人工智能、区块链、生物识别技术、数字加密技术以及云计算等。

英国金融行为监管局则认为，监管科技是金融科技的一部分，主要关注“如何运用科学技术更有效地满足监管要求”。但有些学者认为，将监管科技看作金融科技的一个分支可能低估了监管科技的真实潜力，监管科技不应仅被看作一种满足监管要求的工具，它有可能引发监管范式和理念的转变。

1. 监管科技的特点

德勤的一份报告总结了监管科技的三个核心特点：

(1) 敏捷性：能对错综复杂的数据组进行快速分解和组合。

(2) 实时性：能及时生成报告与解决方案。

(3) 集成性：可共享多个监管的数据结构，并对多项监管规定的众多要求形成统一的合规标准。

2. 监管科技在金融行业的应用

具体到金融行业，监管科技的最大优势是能实现纸质报告流程的数字化、减少监管的人力支出及集中化满足监管要求，从而降低合规成本。同时，监管科技能帮助金融机构无缝对接监管政策，及时自测与核查经营行为，完成风险的主动识别与控制。

监管科技领域的投资主要集中在英美两国。金融科技咨询公司 FinTech Global 发布的一项调查显示，伦敦是全球在监管科技的领域发展最为迅速的城市，2012—2016 年，伦敦共有 39 家监管科技公司获得融资，位居全球所有城市之首。美国市场方面，虽然特朗普上台前一直声称将推动金融去监管，降低金融机构监管负担，但美国的金融机构并未因此降低在监管科技领域的投资。

2015 年以来，英国 FCA 和澳大利亚证券与投资委员会就积极参与监管科技生态(RegTech Ecosystem)的建设。例如：

(1) 通过监管沙箱(Regulatory Sandbox)在可控的测试环境中对金融科技的新产品或新服务进行测试。

(2) 通过创新中心(Innovation Hub)支持和引导金融机构理解金融监管框架，识别创新中的监管、政策和法律问题。

2016 年初，美国消费者金融保护局和货币监理署发布了有关如何评估和应对金融科技和监管科技产品的指引，在鼓励金融科技创新的同时，也推动金融科技企业利用科技手段适应监管体系。

3. 金融机构和监管机构对监管科技的运用

金融机构和监管机构运用监管科技的出发点不同。

(1) 金融机构。2008 年金融危机之后，监管环境发生了巨大的变化，各国监管机构和国际组织发布了一系列的监管措施，金融机构则通过不断增加合规开支、增加合规人员来应对监管压力。

另一方面，金融机构需向监管部门提供数据的种类和数量急剧增长，金融机构也需要借助新技术整合合规程序，从而提高合规效率并降低合规成本。

同时，各国金融监管框架的差异也增加了跨国经营金融机构的合规成本。尽管危机后国际组织和标准制定机构推动了许多统一和标准化的金融监管改革，但不同经济体的监管政策差异仍然存在，特别是某些相互冲突的监管措施推动金融机构优化合规管理。

因此，从金融机构的视角看，监管科技于近期迅速崛起，是应对新一轮金融监管改革的理性反应。金融机构运用监管科技，首先是解决如何高效、低成本满足监管规定；其次是持续合规过程。

(2) 监管机构。从监管层的视角看，金融市场参与者和市场结构在金融科技的影响下不断演化，监管机构也有利用科技手段履行监管职责的内在需求。借助新的监管科技手段，监管机构能采用基于风险的监管方式，充分利用直接获取的金融数据，更有效地监管各类金融市场参与者。直接获取被监管者数据避免了以往监管者完全依赖被监管机构提供数据的局限，极大降低了“监管捕获”风险。但更为根本的原因在于，近年来金融行业的数字化程度越来越高，以往那种事后的、手动的、基于传统结构性数据的监管范式已不能满足金融科技新业态的监管需求。

因此监管机构运用监管科技主要解决的是如何高效地执行微观监管、宏观审慎政策和货币政策以及如何根据金融市场的变化确定新的监管规则，提高监管水平和效率。

1.5 小　结

以互联网金融和金融科技为代表的新金融以人工智能、区块链、云计算、大数据等技术手段重构金融服务的手段、方法和流程。新金融重塑了金融各边组成的价值网络，带来了进一步趋向以人为中心的金融服务结果，使其具有明显的优越性，并因此成为各边的关注热点。

本章在介绍互联网及互联网+ 的基础上，围绕“金融→互联网金融→金融科技”这一主线简单地介绍了基本概念、关键技术和应用场景。

从技术的本质上来看，互联网金融也属于金融科技的一部分，只是因为互联网在中国的迅猛发展，使得其作为金融科技发展过程中的一个“闪亮明珠”。

金融的本质是金钱在多边的融通。这也意味着风险控制是金融活动中永恒的主题，合规风险、操作风险和信用风险都是风控涉及的主要环节，出于对合规成本降低、金融风险防范为目标的监管科技正在成为金融科技独树一帜的重要组成部分。

第 2 章　从数字化到数智化

2.1 引　言

在互联网加持下，数字化、数据化、智能化是 IT 技术赋能应用的基本路径。所谓数字化，是指在具体领域应用的各个环节都采用数字信息处理技术。依据信息技术的发展水平和在各个领域的应用深度，数字化也经历了从初级应用到高级应用的发展过程。

(1) 初级应用：在早期，计算机在各行业、各部门的普及和应用一定程度上加快了工作效率，并得以将过程数据存储下来。此阶段的驱动力在于信息数字化。

(2) 信息化：随着信息技术应用的深入，通过将业务流程在计算机里固化，实现岗位、部门、产销、上下游之间的联动，从而便于大规模协同作业和效率提升。此阶段的驱动力在于流程数字化。

(3) 数字化：物联网的发展倒逼全渠道采集现实数据，形成计算机里的数字孪生，并实现同步反应，从而避免由于现实和存储两张皮导致决策误判。此阶段的驱动力在于物联化以及业务数据化。

(4) 数智化：通过人工智能的有效应用，实现对数据的有效分析，并将数据中发现的洞见反馈至业务层，从而通过数据闭环实现数据价值。此阶段的驱动力在于智能化和数据业务化。

由于数据的本质是行为主体在进行各类活动时的行为、偏好等痕迹被业务系统(或互联网、物联网等)记录在各个服务器里，因此以人为中心将不同业务系统的数据进行连接，就可以得到关于这个人更完整的描述，然后通过对这些数据进行有效的建模分析，就可以获得数据背后的“模式”和“洞见”，进而将这些“模式”和“洞见”应用到具体的业务系统中，就可以实现数据的更大价值。所以，业务数据化和数据业务化的闭环是数据价值实现的重要保障，而实现数据业务化的一个重要支撑就是人工智能技术的有效利用。

IT 相关技术尤其是互联网技术的迅猛发展、烟囱式软件开发模式的出现、云计算在不同领域的不断渗透，以及人们日益多样化和碎片化的行为方式，或许还有其他更多原因，让人们不得不面对“大数据”这样的难题：难以在期望的时间内利用常规工具有效处理数据并获得期望的价值。大数据时代随之而来。在当下的大数据时代，传统意义的“数据”成为一种可以交易的“资产”、一种具有战略资源意义的“石油”、一种提高竞争力的“资本”、一种用于科学研究的“第四范式”。出于对大数据价值期望的共同追求，社会各界都对大数据产生了极大的兴趣、热情和期盼，使得“大数据”这个概念从其诞生之日起就得到了“政、产、学、研、商、用”的一致认同，并引起了包括哲学家、科学家、技术研究者和工程研发人员等的普遍关注。

大数据的价值实现涉及数据、技术与应用的协同，具有典型的多学科交叉与跨界整合特征。总体而言，大数据价值的实现至少涉及 A、B、C、D 四个维度(层面)。

(1) 算法(Algorithm)。大数据价值的实现路径涵盖了数据采集与汇聚、数据存储与管理、数据处理与分析、应用系统开发与运维，每一个环节都需要依赖不同的算法(如数据采集算法、数据汇聚算法、数据治理算法、数据处理和分析算法)进行。

(2) 商业应用(Business)。大数据应用一般体现为描述性分析、预测性分析或者决策性分析等，任何一种应用都是围绕某个具体场景展开的，因此大数据价值得以实现的一个重要前提是找到一个合适的应用场景，该应用场景既能直击需求痛点并有投资回报预期，又有数据积淀和 IT 建设基础，因为大数据在这个场景的应用能够进一步内生和富集更多数据，形成数据闭环，从而进一步体现和实现大数据价值。

(3) 算力(Computation Power)。算力是指设备的计算能力，显然，对于大数据应用而言，更精准(复杂)的算法以及更高效的计算都需要强大的算力支撑，因此算力是大数据价值实现的基本保障。

(4) 数据(Data)。数据是大数据价值实现的基础，因此必须首先解决数据在哪儿，如何从不同的数据源获取数据并进行有效富集、汇聚以及深入加工等问题，从而为应用提供数据支撑或高级语义支撑。

2017 年中国政府发布的“新一代人工智能规划”明确提出了“大数据智能”这一概念，其内涵在于：形成从数据到知识、从知识到智能的能力，打穿数据孤岛，形成链接多领域的知识中心，支撑新技术和新业态的跨界融合与创新服务。显然，大数据智能进一步明确了在上述 A、B、C、D 四个维度共同发力的基础上实现大数据价值的基本路径。

在实际应用中，数据、算法和算力都是以服务的形式出现，特别是为了满足应用层面业务逻辑善变的特点，往往将应用对数据、算法和业务逻辑配置的共性需求加以中台化，形成数据中台、算法中台和业务中台，从而进一步简化数据到价值的实现过程，加速数据到价值的实现。

值得注意的是，由于数据内含有数据对象(例如人或者机构)的隐私，因此围绕大数据价值的实现，数据隐私与安全保护是一个不可回避的重要内容。

本章扼要介绍从数字化到数智化涉及的相关研究内容、关键技术和法律伦理等相关话题。本章的结构安排如下：2.2 节简单介绍智能、人工智能以及人工智能赋能的相关议题；2.3 节介绍数据、大数据以及大数据赋能的相关议题；2.4 节介绍人工智能与大数据引发的若干伦理问题和法律建设议题；2.5 节是本章小结。

2.2　从智能到智能+

2.2.1　智能

1. 智能的定义

目前关于智能的定义没有统一的说法，主要的几种定义是：

(1) 从人的自身特点展开。所谓智能，指的是人的感知(环境)、思维(包括记忆、回忆、推理等)、决策(语言、行为等)等过程。鉴于在历史长河中人的自然属性和社会属性的发展，智能又分为个体智能和群体智能，前者描述的是单一个体如何感知世界(环境)、如何思考世界(环境)以及如何在这个世界(环境)行动；后者描述的是多个个体如何通过合作完成单一个体无法完成或者无法很好完成的任务或事件。需要说明的是，个体智能和群体智能是统一的。以人类的智能来看，个体智能表现出来的是宏观心理层次上的脑智能，而这与人体神经元层次上的群体智能有密切的关系。

(2) 从语言学的研究展开。语言学的研究者认为智能是一种选择。理由是在拉丁文中词缀 Legere 指的是采集(果实)、收集、汇集，并按照某知识或规则进行选择，形成一个东西；而 Intelegere 则是(按照某知识或规则)从中选择，进行理解、领悟和认识①。

(3) 专注于个体与环境的交互。所谓智能，指的是为了实现个体更好地生存与发展的目的而不断演化出来的运用知识去发现问题和解决问题的能力。这个定义里隐含着一个关键问题：什么叫作目的？目的是如何产生的？此问题与人类的意识相关。所谓意识，指的是客观存在的主观印象。广义上看，意识是赋予现实的心理现象的总体，是个人直接经验的主观现象，表现为知、情、意三者的统一；狭义上看，意识是指人们对外界与自身的觉察和关注程度。关于人的意识的研究涉及认知科学和神经科学的研究。目前关于人的意识的研究还不足够，诸如“人的意识是怎么产生的？”“人的意识可以拷贝和下载吗？”暂时还无法给出科学的回答。

2. 动物智能

事实上，不仅人类具有智能，其他生物体也具有智能。动物智能在很多方面给人工智能研究者带来了很大启示。

1) 蚂蚁觅食

意大利学者 Dorigo、Maniezzo 等人于 1991 年在研究蚂蚁觅食的过程中，发现单个蚂蚁的行为比较简单，但是蚁群整体却可以体现一些智能的行为。例如，蚁群可以在不同的环境下寻找最短到达食物源的路径。这是因为蚁群内的蚂蚁可以通过某种信息机制实现信息的传递。后又经进一步研究发现，蚂蚁会在其经过的路径上释放一种称为信息素的物质，蚁群内的蚂蚁对信息素具有感知能力，它们会沿着信息素浓度较高的路径行走，而每只路过的蚂蚁都会在路上留下信息素，这就形成一种类似正反馈的机制，这样经过一段时间后，整个蚁群就会沿着最短路径到达食物源了。

基于上述观察和归纳，他们提出了著名的蚁群算法，专门用于解决优化问题，比如旅行商问题、指派问题、Job-shop 调度问题、车辆路由问题、图着色问题和网络路由问题等。

2) 鸟群觅食

设想这样一个场景：一群鸟在随机搜寻食物，在这个区域里只有一块食物，所有的鸟都不知道食物在哪里，但是它们知道当前的位置离食物还有多远。最简单有效的策略就是寻找鸟群中离食物最近的个体来进行搜索。Eberhart 和 Kennedy 于 1995 年提出的 PSO(Particle Swarm Optimization)算法就是从这种生物种群行为特性中得到了启发并用于求解优化问题。基本思路是：用一种粒子来模拟上述鸟类个体，每个粒子可视为 N 维搜索

① 详见维基百科 https://en.wiktionary.org/wiki/legere。

空间中的一个搜索个体，粒子的当前位置即为对应优化问题的一个候选解，粒子的飞行过程即为该个体的搜索过程。粒子的飞行速度可根据粒子历史最优位置和种群历史最优位置进行动态调整。粒子仅具有两个属性：速度和位置。速度代表移动的快慢，位置代表移动的方向。每个粒子单独搜寻的最优解叫作个体极值。粒子群中最优的个体极值作为当前全局最优解，重复上述过程，不断迭代，更新速度和位置，最终得到满足终止条件的最优解。PSO 算法在函数优化、图像处理、大地测量等众多领域都得到了广泛应用。

3) 鸽群归巢

鸽子的自主归巢行为在很长的一段时间里都是一个未解之谜，吸引了很多研究者去探寻鸽子究竟是如何做到远距离条件下的准确归巢。后来有研究人员提出，鸽子的远距离归巢行为借助了地磁场与地貌景观的双重帮助，通过地磁场判断大致方向，再依据地貌景观对实际方向进行修正，从而准确锁定位置。受自然界中鸽子归巢行为的启发，中国学者段海滨等人在 2014 年首次提出了一种基于鸽子归巢行为的鸽群优化算法。虽然自提出至今时间不长，但是这个算法在模型改进和应用方面已经取得了很多研究成果。鸽群归巢作为一种优化算法，被广泛应用于无人机编队、控制参数优化、图像处理以及生命科学等领域。

2.2.2　人工智能

1950 年，图灵在《计算机与智能》中提出“计算机能够思考吗？”的疑问，并以性别模仿游戏为例来说明如何判断计算机是否有智能。这个游戏的大致描述如下：

(1) 游戏参与者包括一名男性(A)、一名女性(B)和一名裁判(C)。

(2) 游戏流程和规则是：C 和 A、B 被隔开，C 向 A 和 B 提问，由 A 和 B 分别进行回答，其中 B 模仿男性的思考方式回答问题，经过多轮次的提问后，然后由 C 判断 B 的性别(此处假定裁判无法通过衣着打扮、声音来判断性别)，如果 C 无法准确判定 B 的性别，我们就说 B 在性别模仿游戏中欺骗了裁判而获得了胜利。

(3) 将 B 换成计算机继续进行这个游戏，如果计算机成功欺骗了裁判，我们就说计算机在性别模仿游戏方面能够像人一样思考。

上述游戏就是图灵测试的最初原型。图 2-1 给出了图灵测试的一个示意图。图中，测试者与被测试者(一个人和一台机器)在隔开的情况下，通过一些装置(如键盘)向被测试者随意提问。进行多次测试后，如果有超过 30%的测试者不能确定出被测试者是人还是机器，那么这台机器就通过了测试，并被认为具有人工智能。

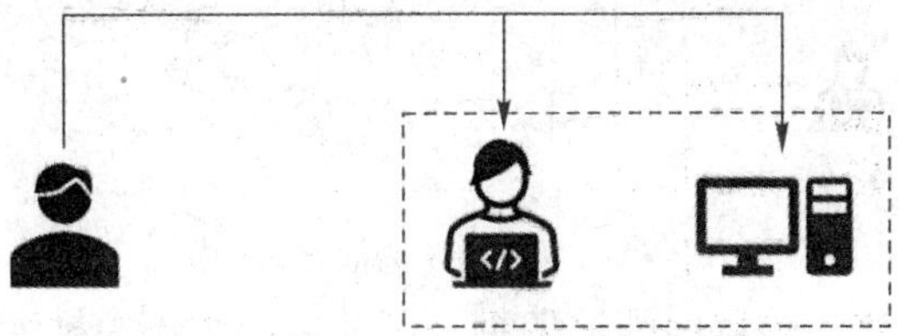

图 2-1　图灵测试示意图

1956 年夏季，约翰·麦卡锡(John McCarthy)、明斯基(Marvin Minsky)、罗切斯特(Nathaniel Rochester)和香农(Claude Shannon)等共同发起，并邀请莫尔(Trenchard More)、塞缪尔(Arthur Samuel)、纽厄尔(Allen Newell)和西蒙(Herbert A. Simon)等学者参加达特茅斯会

议(Dartmouth Conference)，共同研究和探讨用机器模拟智能的一系列有关问题，并首次提出了“人工智能”的概念，这标志着“人工智能”这门新兴学科的正式诞生。

1. 人工智能的发展阶段

1956 年，“人工智能”这个概念正式推出即得到研究者的普遍关注。人工智能的研究主要经历了三个发展阶段。

1) 推理期人工智能

在人工智能发展早期(从 20 世纪 50 年代到 70 年代初)，研究者认为只要赋予机器逻辑推理能力，机器就能具有智能，因此这个阶段有关人工智能的研究被标签化为“推理期人工智能”，其典型特征是重视逻辑，忽略知识。

这一阶段的代表性成就主要有纽厄尔和西蒙的“逻辑理论家”(Logic Theorist)程序以及此后的“通用问题求解”(General Problem Solving)程序等。

(1) “逻辑理论家”程序在 1952 年证明了著名数学家罗素和怀特海的名著《数学原理》中的第 38 条定理，在 1963 年证明了全部 52 条定理。特别值得一提的是，“逻辑理论家”程序对书中定理 2.85 的证明甚至比原作者的更加巧妙。

(2) “通用问题求解”程序继承并发扬了纽厄尔和西蒙的早期成就，与“逻辑理论家”程序不同，该程序一开始就被设计成模仿人类问题求解协议，结果证明在它能处理的有限难题类中，考虑子目标与可能行动的顺序类似于人类处理相同问题的顺序，因此，“通用问题求解”程序是第一个体现“像人一样思考”的程序。

2) 知识期人工智能

随着研究的不断推进，人们逐渐认识到，仅具有逻辑推理能力是远远实现不了人工智能的。基于“要使机器具有智能，就必须设法使机器拥有知识”的价值理念，在费根鲍姆(E. A. Feigenbaum，被誉为知识工程之父，获得 1994 年图灵奖)的倡导下，从 20 世纪 70 年代中期开始，人工智能进入了“知识期人工智能”阶段，人们希望把领域知识形式化成计算机可以理解和推理的规则并将其交由推理机进行推理。该阶段的典型特征是：重视知识，无法学习。在这一时期，大量专家系统问世，在很多领域做出了巨大贡献。专家系统的简化结构如图 2-2 所示。

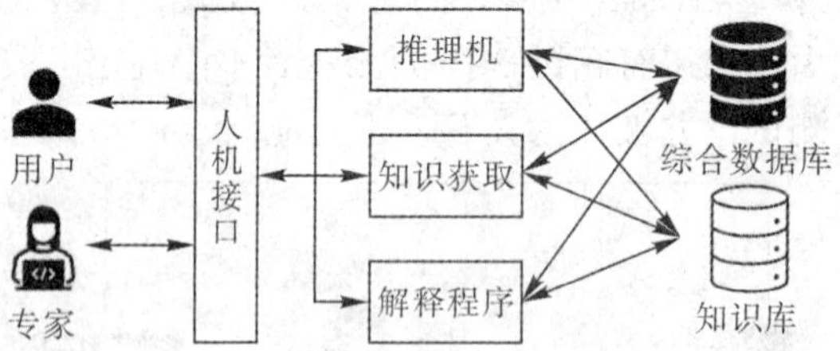

图 2-2　专家系统的简化结构图

专家系统是一种程序，该程序能够依据一组从专门知识中推演出的逻辑规则，在某一特定领域回答或解决问题。1968 年，由 Feigenbaum 与化学家 J. Lederberg 合作研制成功的 DENDRAL 系统是世界上第一例成功的专家系统(帮助化学家判断某待定物质的分子结构)，它的出现标志着人工智能的一个新领域——专家系统的诞生。从此各种不同的专家系统相继开发。

到 20 世纪 70 年代中期，专家系统已逐步成熟起来，其观点开始被人们接受，并先后出现了一批卓有成效的专家系统。其中，最具代表性的是由 Feigenbaum、Buchanan 和 Edward Shortliffe 几位医生开发的 MYCIN 系统，该系统用于诊断血液感染及脑炎感染，可给出处方建议。MYCIN 具有 450 条规则，能够表现得与某些专家一样好，比初级医生好很多。特别值得一提的是，MYCIN 利用了不确定性推理方法，似乎(在当时)很符合医生如何评估诊断证据作用的情况。

20 世纪 80 年代中期以后，专家系统发展在应用上最明显的特点是出现了大量投入商业化运行的系统，并为各行业产生了显著的经济效益。其中一个著名的例子是 DEC 公司与卡内基梅隆大学合作开发的 XCON-R1 专家系统，据称，当时它每年为 DEC 公司节省数百万美元。

3) 学习期人工智能

随着研究的进一步推进，专家系统面临“知识工程瓶颈”，研究者发现将领域知识形式化为计算机可以理解和推理的规则困难太大。因此产生了一个自然的想法：能否充分利用领域数据，通过计算机建模，自动学习规则？于是关于人工智能的研究就进入了学习期人工智能阶段(20 世纪 80 年代至今)，并且在许多问题上取得了突破性的成果，其研究成果和在各个领域的渗透应用逐步深化并逐步形成了比较独立的发展势头。这个阶段的特点是：重视学习，对数据的依赖度大。

应该注意的是，1950 年图灵在图灵测试的文章中已经提到了机器学习的可能性，而关于机器学习的研究工作，从 20 世纪 50 年代已经展开，主要集中在基于神经网络的连接主义学习方面。在 20 世纪 60—70 年代，多种学习技术得到了初步发展，例如以决策理论为基础的统计学习技术以及强化学习技术等，代表性成果主要有塞缪尔(A. L. Samuel)的跳棋程序以及尼尔森(N. J. Nilson)的学习机器等。可以说，统计学习理论的许多重要结果也是在这个时期取得的。总的来看，20 世纪 80 年代是机器学习成为一个独立的学科领域并开始快速发展、各种机器学习技术百花齐放的时期。1983 年，由米哈尔斯基(Ryszard S. Michalski)、卡博奈尔(Jaime G. Carbonell)和汤姆·米切尔(Tom Mitchell)合作出版的 *Machine Learning: An Artificial Intelligence Approach* 标志着机器学习成为人工智能中一个独立的领域(该书其实是一部集早期机器学习研究之大成的文集)。

需要注意的是，这三个发展阶段以顺序方式罗列了各个时间段人工智能研究者的研究思路，但这并不是说每个时间段大家都做同样的研究。以机器学习极其火热的当下而言，有很多研究者仍然对逻辑推理、知识工程与知识表示方面继续展开研究。

2. 人工智能的定义

目前还没有人工智能的统一定义，相对统一的共识是：人工智能(Artificial Intelligence，AI)也叫人造智能，是研究、开发用于模拟、延伸和扩展人的智能的理论、方法、技术及应用系统的一门新的技术科学。1956 年达特茅斯会议以后，研究者发展了众多理论和原理，人工智能的概念也随之扩展，并且也在影响其他技术的发展。在人工智能的定义和理解方面，一直有两个学派：

(1) 强人工智能(Bottom-up Artificial Intelligence)学派。该学派认为有可能制造出真正能推理(Reasoning)和解决问题(Problem Solving)的智能机器，并且该机器的智能被认为是有自我意识的。强人工智能可以有两类：一是类人的人工智能，即机器的思考和推理就像人的思维一样；二是非类人的人工智能，即机器产生了和人完全不一样的知觉和意识，使用和人完全不一样的推理方式。

(2) 弱人工智能(Top-Down Artificial Intelligence)学派。该学派认为不可能制造出真正能推理(Reasoning)和解决问题(Problem Solving)的智能机器，这些机器只不过看起来像是智能的，但是并不真正拥有智能，也不会有自主意识。约翰·麦卡锡在1956年达特茅斯会议提出的人工智能的定义(人工智能就是要让机器的行为看起来像人所表现出的智能行为一样)事实上是弱人工智能学派的定义。

目前主流科研集中在弱人工智能上，并且一般认为这一研究领域已经取得可观的成就，强人工智能的研究则处于停滞不前的状态。

3. 人工智能的研究学派

在人工智能的研究过程中，研究者一般分为如下三个研究学派：

(1) 符号主义(Symbolicism)：也称为逻辑主义(Logicism)、心理学派(Psychologism)、计算机学派(Computerism)，是基于物理符号系统(符号操作系统)假设和有限合理性原则，假设知识是先验地存储于黑箱之中的，该主义擅长利用现有的知识解决比较复杂的推理、规划、逻辑运算和判断等问题，代表性人物有 Allen Newell、Herbert Simon、E. A. Feigenbaum、Nilsson 等。

(2) 连接主义(Connectionism)：也称为仿生学派(Bionicsism)、生理学派(Physiologism)，是基于神经网络及神经网络间的连接机制与学习算法，从结构的角度来模拟智能系统的运作，而不单单是重现功能，比符号学派更加底层，代表性人物有 McCulloch、Pitts(MP 模型)、F. Rosennblatt(感知器)、T. Kohonen、J. Hopfield(全连接网络模型)等。

(3) 行为主义(Actionism)：也称为进化主义(Evolutionism)、控制学派(Cyberneticism)，是基于控制论及感知-动作型控制系统，研究更低级的智能行为，它更擅长模拟身体的运作机制，而不是脑，代表性人物有 R. Brooks 等。

4. 人工智能的研究内容

人工智能是一门综合性的交叉学科和边缘学科，涉及的学科领域包括但不限于计算机科学与技术、信息处理和自动化技术、智能科学、认知科学、心理科学、脑及神经科学、生命科学、语言学、逻辑学、行为科学、教育科学、系统科学、数理科学以及控制论、哲学甚至经济学等众多学科领域。所有关于人工智能的研究可以归结为以下几点。

(1) 1个目标：人工智能的研究目标就是研究、开发用于模拟、延伸和扩展人的智能的理论、方法、技术及应用系统。由于目前实现的载体都是计算机，因此人工智能与计算机有密切的关系。

(2) 2个角度：从研究方向上，人工智能可以分为个体智能和群体智能。前者聚焦于个体如何与环境交互，包括感知、思考和行动；后者聚焦于多个个体如何合作和协助完成单个个体无法完成或者无法更好完成的任务。

(3) 3个层次：感知、思维、行动是人工智能研究者的3个主要研究层次，其主要目标是实现“像人一样感知环境”“像人一样思考决策”“像人一样行动”。值得注意的是，这里的“行动”应广义理解为采取行动或制订行动的决策，而不仅是肢体动作。

(4) 4 种模拟：结构模拟、功能模拟、行为模拟、机制模拟是人工智能研究者的 4 种主要研究(检验)思路。

人工智能的研究内容涉及面很广，包括但不限于探索与求解、学习与发现、知识与推理、发明与创造、感知与交流、记忆与联想、系统与建造、应用与工程等，此处不再一一罗列。

2.2.3　人工智能 2.0

传统上，人工智能研究的目标之一就是用机器模拟人。但是随着信息技术本身的不断发展及其在不同领域的深入渗透，人们已经进入了一个人、机、物无缝融合的物理信息系统融合的当代。在这个时代，人工智能的研究是否还应该像传统的研究思路那样，研究如何让机器更像人一样完成人能完成的任务呢？

中国工程院于 2015 年设立“中国人工智能 2.0 发展战略研究”重大咨询项目。人工智能 2.0 是基于重大变化的信息新环境和发展新目标的新一代人工智能。其中，信息新环境是指互联网与移动终端的普及、传感网的渗透、大数据的涌现和网上社区的兴起等。发展新目标是指智能城市、智能经济、智能制造、智能医疗、智能家居、智能驾驶等从宏观到微观的智能化新需求。可望升级的新技术有大数据智能、跨媒体智能、自主智能、人机混合增强智能和群体智能等。

1. 人工智能 2.0 的技术特征

人工智能 2.0 的技术特征表现在：

(1) 从学习传统知识表达技术到大数据驱动知识，转向大数据驱动和知识指导相结合的方式，其中机器学习不但可自动学习，还可自动解释。

(2) 从分类型处理多媒体数据 (如视觉、听觉、文字等)，迈向跨媒体认知、学习和推理的新水平。

(3) 从追求智能机器到高水平的人机协同融合，走向混合型增强智能的新计算形态。

(4) 从聚焦研究个体智能到基于互联网的群体智能，形成在网上激发组织群体智能的技术与平台。

(5) 将研究的理念从智能机器人转向更加广阔的智能自主系统，从而促进改造各种机械、装备和产品，走上智能化之路。

相比以往，人工智能 2.0 不但以更接近人类智能的形态存在，而且以提高人类智力活动能力为主要目标，将紧密融入我们的生活(跨媒体和无人系统)，甚至扩展为我们身体的一部分(混合增强智能)，可以阅读、管理、重组人类知识(大数据智能与群体智能)，为生活、生产、资源、环境等社会发展问题提出建议，在越来越多专门领域的博弈、识别、控制、预测中接近甚至超越人的能力。

2. 人工智能 2.0 的新学派分类

就研究范式来看，与传统三大研究学派(符号主义、连接主义、行为主义)相比，在人工智能 2.0 时代，有学者提出了新三大学派的分类思路，它们分别是：

(1) 符号智能：把思维过程看成一个符号处理过程，人工智能就是狭义地用软件模拟人的抽象过程，这是经典人工智能研究学派、心理学派、认知学派、逻辑学派、数学学派等的主张。特别值得一提的是，在人工智能的研究中，逻辑一直是极为坚挺的一个研究学派和理论加持。

(2) 计算智能：指依靠数值计算解决问题的人工智能研究思路。连接主义、行为主义、进化计算、模糊计算都属于此学派的代表。

(3) 群体智能：作为一种研究范式，它指的是从生态系统的角度看待智能，通过合作(竞争)来表现出更高的智能。多智能体系统、细胞自动机、蚁群算法等都是这一类研究的代表。

3. 人工智能 2.0 的新体系

2017 年 7 月 20 日，国务院印发了《新一代人工智能发展规划》(以下简称《规划》)，明确将人工智能作为未来国家重要的发展战略，对完善中国人工智能领域研究布局。《规划》提出了面向 2030 年我国新一代人工智能发展的指导思想、战略目标、重点任务和保障措施，部署构筑我国人工智能发展的先发优势，加快建设创新型国家和世界科技强国。构建一个开放协同的人工智能科技创新体系是《规划》的重要精神。具体而言，该创新体系包含四个层次。

(1) 基础理论体系研究。该行动计划规划为实现新型人工智能应该重点发力的若干基础理论，具体包括大数据人工智能理论、跨媒体感知计算理论、混合增强智能理论、群体智能基础理论、自主协同控制与优化、高级机器学习、类脑智能理论体系、量子智能计算理论等八个理论。

(2) 共性关键技术攻关。对标于基础理论体系研究中的八大问题，该行动计划梳理了其中的八个关键问题：知识计算引擎与知识服务、跨媒体分析推理、混合增强智能架构、群体智能关键技术、自主无人系统的智能技术、虚拟现实智能建模、智能计算芯片与系统、自然语言处理技术。

(3) 公共创新平台建设。鉴于人工智能双创门槛较高，《规划》强调了人工智能公共创新平台的建设，希望通过该创新平台的建设能够让更多的双创企业(个人)站在巨人的肩膀上开展各类工作。具体包括：人工智能开源软硬件基础平台、群体智能服务平台、混合增强智能支撑平台、自主无人系统支撑平台、人工智能基础数据与安全检测平台。在《规划》发布后的 2017 年 11 月，由科技部牵头成立了首批四个公共服务平台，分别是：依托百度公司建设自动驾驶国家新一代人工智能开放创新平台、依托阿里云公司建设城市大脑国家新一代人工智能开放创新平台、依托腾讯公司建设医疗影像国家新一代人工智能开放创新平台、依托科大讯飞公司建设智能语音国家新一代人工智能开放创新平台。2018 年 9 月，科技部又牵头成立了第 5 个公共服务平台：依托商汤科技建设智能视觉国家新一代人工智能开放创新平台。2019 年 8 月 29 日，科技部发布国家新一代人工智能开放创新平台，共有 10 大创新企业代表入选，分别是：视觉计算领域的代表为依图科技，营销智能领域的代表为明略科技集团，基础软硬件的代表为华为，普惠金融领域的代表为中国平安，视频感知领域的代表为海康威视，智能供应链领域的代表为京东，图像感知领域的代表为旷视科技，安全大脑领域的代表为 360(奇虎科技)，智慧教育领域的代表为好未来，智能家居领域的代表为小米。

(4) 高端人才建设。鉴于人工智能双创涉及高技术密集型工作，因此《规划》强调高端人才建设，包括培育高水平人工智能创新人才和团队，加大高端人工智能人才引进力度，建设人工智能学科。在这之后，很多高校响应《规划》中的需求，陆续成立了人工智能学院(或研究院)。

2.2.4　智能+

1. 人工智能的演进过程

1956 年人工智能一词被正式提出，之后一直在不断演进，中间经历了三次起伏：

(1) 第一次浪潮。1956 年达特茅斯会议之后的十几年是人工智能的黄金时代，在这段时间内，计算机被用来解决代数应用题，证明几何定理，学习和使用英语，这些成果得到了广泛赞赏，因此很多学者开始惊呼“人工智能来了，再过十年机器就要超越人类了！”。

(2) 第一次低谷。20 世纪 70 年代后期，由于计算机性能不足、计算难度以指数级增长以及数据量缺失等问题，人工智能发展遭遇瓶颈，研究经费减少，人工智能遭遇了发展历史上的第一次低谷。

(3) 第二次浪潮。20 世纪 80 年代，随着 BP 训练算法的提出以及神经网络的再次兴起，人工智能的第二次浪潮袭来。专家系统的兴起及其在实践中的应用使得人工智能开始实用化起来，再加上日本第五代计算机项目的助力，财政拨款 8 亿 5000 万美元。随后，英国、美国纷纷响应，开始向 AI 和信息技术领域的研究提供大量资金。

(4) 第二次低谷。人工智能第二次浪潮仅短短几年就遭遇到了第二次寒冬，主要原因有：

① 专家系统的维护费用居高不下，操作复杂，难以升级，又经常出现莫名其妙的错误。

② 神经网络流派提出的愿景并没有实现。

③ 日本人雄心勃勃的第五代计算机项目以失败告终。

(5) 第三次浪潮。到了 20 世纪 90 年代中期，互联网的快速发展带来了大量廉价的数据，从而加快了机器学习的步伐，而机器性能的大幅度提升也让复杂机器学习算法的快速执行成为可能，从而使得人工智能成功应用在一些技术产业中，借此引来了人工智能的第三次浪潮。

相比较于之前的两次人工智能浪潮，人工智能的第三次浪潮具有以下典型特征：

① 第三次浪潮是现实商业需求驱动的，而之前多是学术研究主导的。

② 第三次浪潮是商业模式层面的务实行动，而之前多是市场宣传层面的。

③ 第三次浪潮多是投资人主动向热点领域的学术(创业)项目投资，而之前多是学术界游说政府和投资人投资。

④ 第三次浪潮更多的是求解问题，而之前多是提出问题。

2. 智能+ 的概念

智能+ 指的是针对各产业，利用更智能的机器、网络、交互创造更智能的经济发展模式和社会生态。从投资界及各大科技公司在人工智能的投入足以看出社会各界对人工智能赋能的期待。科技巨头加大人工智能的研发(或围绕人工智能领域并购相关创新公司)并成立了相关部门，从各自利益角度出发构建了自己的 AI 版图。比如，谷歌提出“AI First”，百度提出“All in AI”，微软将 AI 作为远景，而 IBM 则全面推广认知计算。出于对人工智能技术生态系统的构建，各大科技公司还通过将人工智能相关研究成果开源，让更多的团队和组织使用。以人工智能为主题的创新创业如火如荼，“AI+”已经成为新的创业范式，如 AI+ 制造、AI+ 安防、AI+ 交通、AI+ 医疗、自动驾驶汽车等。

3. 人工智能的路径

“AI+X”全面赋能时代已然来临。简单来说，人工智能被认为是“AI=A+B+C+D”，其中A指的是算法(Algorithm)，B指的是商业应用(Business)，C指的是计算能力(Computing Power)，D指的是数据(Data)。因此人工智能应用的一般路径如下：

1) 应用场景的评估

理性地说，人工智能不是任何应用场景都适用的，评估人工智能是否适用，至少要有市场应用潜力、基础成熟程度、人工智能算法的功能边界三个评价维度。

(1) 市场应用潜力关注于这个场景是否有成熟的市场准备。

(2) 基础成熟度关注于具体的场景是否有充足的基础准备，比如IT基础、数据积累基础以及其他一些配套的各类基础设施服务是否准备足够充分。

(3) 应用场景评估还要关注该应用场景对算法的要求是否超越了人工智能算法的功能边界。目前人工智能的算法研究虽然有很大的进展，但还处于初级阶段，所以其功能边界必须要理性分清。清华大学张钹院士提出人工智能算法适用的应用场景应该是：确定信息的、完全信息的、静态的、单任务的、有限(特定)领域的。

举一个简单的例子。当前人工智能发力的场景多集中在汽车、金融、消费品与零售、医疗等领域，重要的原因在于这些场景的基础成熟度、市场应用潜力和人工智能算法的适应度都很好。

2) 数据源的梳理和汇聚

当前的人工智能应用大多是基于数据驱动的，这就意味着数据在哪里以及如何获得这些数据是人工智能应用最为关键的内容。数据源梳理就是尝试寻找和管理潜在的数据源，一般而言，数据源除了来自自营的系统而外，还大量来自他营系统。政府数据开放为数据的数据源准备提供了坚实的数据基础。另外，当人工智能作为一个国家意志在推进的时候，配套建设的行业标准数据库也是数据源梳理的一个重要来源，这些数据往往是目标系统在冷启动状态时进行训练和测试的重要抓手。数据源汇聚是将梳理好的数据源中的数据采集进入本系统的过程，涉及ETL(Extract-Transform-Load)、互联网数据采集、深网数据采集等。

3) 建立相关模型实验

在正式进行应用部署之前，应根据具体应用场景进行框架搭建和算法选型，针对数据层、应用层和计算层的特点以及小规模实验结果反馈进行算法的测试、改进和评估。目前，不少科技巨头早已展开自己的AI版图，通过建立自己的人工智能实验室，针对不同的项目应用场景进行深入AI技术研究。例如，腾讯建立了深圳AI Lab、西雅图AI Lab、优图实验室、微信人工智能实验室等，对计算机视觉、语音处理、自然语言处理等一些AI+行业前沿科学问题进行研究。

4) 应用部署与上线

应用部署与上线主要进行数据模型的风险评估，并查看模型的可解释性、模型偏差和公平性以及模型故障安全机制。从实验模型到应用落地，算法的可行性与数据的支撑让一个个AI技术落地形成可以为普通用户群体服务的应用。例如，腾讯与百度相继建立了AI开放平台，普通用户可以依托上述平台尝试类似图片识别、语音识别、机器翻译等基础AI应用。这些为AI应用在普通大众中的传播建立了一个良好的开端。

5) 模型迭代与优化

在模型的具体部署与运行过程中，会收集大量新的数据以及外部反馈，基于此可以对上线的应用进行迭代完善与优化。微软与印度综合专科医院 Apollo 共同合作研发了一种利用 AI 技术预测心脏病风险的 API。借助于 Apollo 医院共享的 40 万印度人的数据，微软建立了能预测患者患病风险的预测模型，在应用上线后的运行过程中通过收集到的新数据对原有模型更新迭代并加以优化，为医院在心脏病患者诊疗以及患病评估过程中提供了重要帮助。

4. 人工智能的产业构架

从产业发展情况来看，人工智能产业架构已经初具雏形，主要包括基础层、技术层和应用层，如图 2-3 所示。

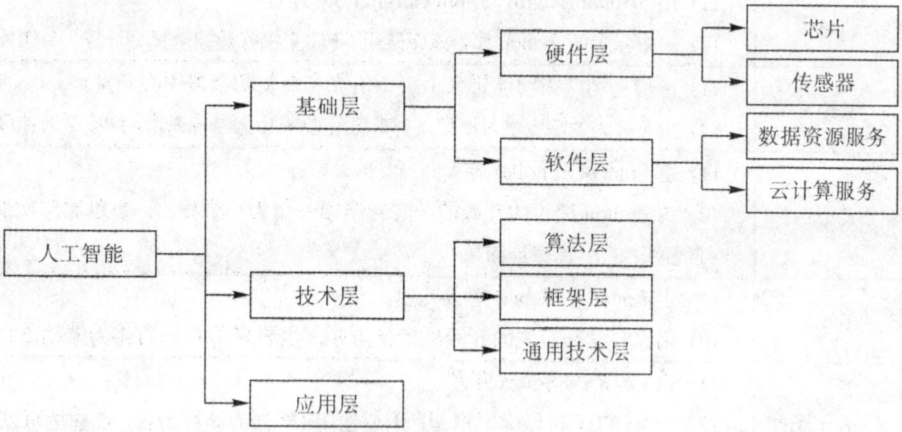

图 2-3　人工智能产业架构

1) 基础层

基础层包括硬件层和软件层两个部分。硬件层涉及传感器和芯片两个环节。前者专注于以更快的速度，从更多的渠道采集更多类型、更高精度的数据，以此作为人工智能应用的基础；后者专注于研制更适合人工智能算法和应用的芯片。软件层主要指已经作为基础设施的云计算服务以及与之直接相关的网络服务、安全服务和为上层人工智能应用提供基础支撑的数据资源服务(数据是当前人工智能得以迅猛发展的重要因素)。传统的云计算一般包括基础设施层(IaaS)、平台层(PaaS)、应用层(SaaS)。随着发展，人工智能将成为工具箱，为上层应用提供智能服务(AaaS)。

2) 技术层

技术层是人工智能发展的核心，对应用层的产品智能化程度起着决定性作用。该层涉及算法层、框架层、通用技术层三个方面。

(1) 算法层：主要依托基础层的运算平台和数据资源进行海量识别训练和机器学习建模，并开发面向不同领域的应用技术，包含感知智能和认知智能两个阶段。前者通过传感器、搜索引擎和人机交互等实现人与信息的连接(如语音识别、图像识别、自然语音处理和生物识别等)，获得建模所需的数据；后者对获取的数据进行建模运算，利用深度学习等类人脑的思考功能(如机器学习、预测类 API 和人工智能平台等)得出结果。

(2) 框架层：直接为“AI+X”的设计与实现提供技术支撑(包括开发框架、AI 库等)。

目前流行的高质量 AI 开发框架和 AI 库如表 2-1 所示。

表 2-1　主流 AI 开放框架和 AI 库

序号	框架或库名	描　述
1	TensorFlow	(1) 由谷歌开发。 (2) 使用 C++ 和 Python 作为编程语言，简单易学，允许在任何 CPU 或 GPU 上进行计算，无论是台式机、服务器还是移动设备
2	CNTK	(1) 由微软开发。 (2) 源深度学习工具包，提供学习算法和模型描述，使用 C++ 作为编程语言，可以同时利用多台服务器
3	Theano	(1) 由 Yoshua Bengio 与 Ian Goodfellow 开发。 (2) 一个强大的 Python 库，该库使用 GPU 来执行数据密集型计算，操作效率很高
4	Caffe	(1) 由伯克利人工智能研究小组、伯克利视觉和学习中心开发。 (2) 一个强大的深度学习框架，主要采用 C++ 作为编程语言，深度学习速度非常快
5	Keras	(1) 由 François Chollet 等人开发。 (2) 用 Python 编写的开源的神经网络库，作为一个接口，提供高层次的抽象，让神经网络的配置变得简单
6	Torch	(1) 由 Ronan Collobert 等人开发。 (2) 用作科学和数值的开源机器学习库，主要采用 C 语言作为编程语言
7	Accord.NET	(1) 由 Cesar De Souza 开发。 (2) 一个 .NET 机器学习框架，主要使用 C# 作为编程语言，该框架可以有效处理数值优化、人工神经网络甚至实现可视化
8	Spark MLlib	(1) 由加州大学伯克利分校 AMP 实验室开发。 (2) 可扩展的机器学习库，可采用 Java、Scala、Python、R 作为编程语言，可以轻松插入 Hadoop 工作流程中
9	Sci-kit Learn	(1) 由法国国家信息与自动化研究所 INRIA 开发。 (2) 一个非常强大的机器学习 Python 库，主要用于构建模型
10	MLPack	(1) 由 Ryan Curtin 等人开发。 (2) 采用 C++ 作为编程语言，实现可扩展的机器学习库

(3) 通用技术层：通过对具体应用场景(行业)的分析和研判，提供“AI+X”的整套解决方案。例如，商汤科技就针对上海徐汇滨江公共开放空间打造了上海西岸“智慧公共空间管理平台”，依托人脸识别、视频结构化分析、人群密度检测、轨迹分析等技术实现公共安全管理、智慧区域运营。不仅如此，智能产业已经渗透到智慧餐饮、智慧金融、智慧出行、智慧医疗、车联网、智慧物流等领域，形成了较为完整的技术应用方案体系。

3) *应用层*

应用层主要基于基础层与技术层实现与不同场景的深度融合。人工智能在语音、语义、计算机视觉等领域实现的技术性突破，将加速技术转型，实现技术应用落地到各科产业场景。目前已有多个为各种领域场景提供人工智能技术应用服务的公司，如传统的科技巨头谷歌、微软、Facebook[①]和 BAT 等，也有商汤科技、旷世科技、寒武纪等独角兽企业。具体成熟的人工智能应用有苹果的智能语音助手 Siri、亚马逊的智能语音助手 Alexa、特斯拉的自动驾驶汽车、Netflix 的智能推荐系统等。

应用层按照对象不同，可分为消费级终端应用以及行业场景应用两部分。消费级终端包括智能机器人、智能无人机以及智能硬件三个方向。行业场景应用主要是对接各类外部行业的 AI 应用场景。近年来，国内企业陆续推出应用层面的产品和服务，比如小 i 机器人、智齿客服等智能客服，“出门问问”“度秘”等虚拟助手，工业机器人和服务型机器人也层出不穷，应用层产品和服务正逐步落地。其中，IBM 最早布局人工智能，“万能 Watson”推动多行业变革；百度推出“百度大脑”计划，重点布局无人驾驶汽车；而谷歌的人工智能业务则较为繁杂，多领域遍地开花，包括 AlphaGo、无人驾驶汽车、智能手术机器人等；微软在语言语义识别、计算机视觉等领域保持领先。除此之外，家电行业也掀起了人工智能的热潮，不少家电企业都瞄准了人工智能，潜心研发 AI 技术，将其应用于家电产品。今年以来，长虹、美的、格力、格兰仕等都在向智能制造转型，试图立足“Smart Home”，将人工智能和智慧家庭更紧密地结合在一起。

2.2.5　智能 + 金融示例

总体而言，智能就是主体为了能更好生活而形成学习和利用知识进行发现问题、解决问题的能力；而人工智能就是探寻智能的机制以及研究智能的算法(机器)；智能+ 就是指针对各产业，利用更智能的机器、网络、交互创造更智能的经济发展模式和社会生态。随着人工智能技术的逐渐成熟以及近些年人工智能热潮的来临，相关技术和算法已经越来越广泛地运用在了各个领域，以智能 + 金融为例，具体表现在(不限于)：

1. 智能投顾

智能投顾(Robo Advisor)又被称为“机器人理财”，是通过云计算结合投资者的投资目标、风险偏好、财务状况等信息输入，基于 Markowitz 的资产组合理论，使用后台算法自动化推出资产配置组合，追求分散、稳健、长期的收益。智能投顾在全球资产管理领域备受关注，被认为是下一个变革传统投资管理模式的技术创新，且目前全球已有许多智能投顾产品及服务落地。例如，Aidyia 于 2016 年 1 月推出一支基于人工智能技术的对冲基金，通过自动分析各种市场数据，自主做出市场预测，并以“投票”方式选出最佳投资决策。同时，国内市场在智能投顾领域亦取得突破，同花顺先后与泰达宏利、大成基金合作推出大数据基金产品，是我国首款智能投顾落地产品。

2. 智能客服和智能理赔

金融客户业务咨询中的大部分常见问题都是重复性的，而且在一个限定领域内。传统的人工客服需要占用大量人力成本，而基于自然语言理解的对话机器人可以通过对话发掘用户需求，解释和推荐产品，进而带来销售转化。智能金融客服可以解决用户的大部分标准化问题，当它非常确定答案时会直接作答，当它不确定时会把可能的选项给人工客服，人工客服只需要快速判断，点击选择后就可以发给用户。随着人工智能客服对传统人工客

① 2021 年 10 月 28 日 Facebook 更名为 Meta。

服替代率的提高，客服效率和问题解决率大大提高，人力成本也将显著降低。

保险企业可以利用多年积累的理赔数据积累建立自主知识产权智能定损平台，借助人工智能技术对出险车辆进行智能图片定损，以海量真实理赔图片数据作为训练样本，运用机器学习算法对车辆外观损失自动做出判定。过去的车险理赔不仅要持续几天，还要客户垫付，而现在只要几分钟。

3. 欺诈检测

以判定伪报用户的 AI 手段为例。在审批授信过程中，AI 会通过人脸识别与设备指纹来判定用户是否伪报。人脸识别是部分场景的入门一级，当用户进行人脸识别和活体测验时，我们会设置一个通过度，比如只有相似度超过 60%才可通过基本测试，不通过者 AI 会写上相应标签作为风险指标。

验证设备指纹从反欺诈角度也是非常有用的。以前用户在 PC 上或者填写纸质申请表上是没有设备指纹的，会错过很多欺诈风险的识别方式。在 Fintech 的智能信贷中，90%以上的客户来自移动端，每个手机都有自己独一无二的标识、编号等，我们将这些称为设备指纹。由此，AI 可以监测到同一个设备发出的指令。

4. 算法交易

算法交易起源于 70 年代，它使用复杂的 AI 系统来做出极快的交易决策。算法系统通常每天进行数千次或数百万次交易，因此高频交易(HFT)被认为是算法交易的一个分支。大多数对冲基金和金融机构并没有公开披露他们的 AI 交易方式，但机器学习和深度学习在校准实时交易决策中扮演着越来越重要的角色。股票市场是对大量人类金融活动相关因素的反应，机器学习能够通过发现新的趋势并产生信号来复制和增强人类对金融活动的直觉反应。

5. 信贷借贷

机器学习算法通过数以百万计的消费者数据(年龄、工作、婚姻状况等)和金融贷款或保险结果(这个人是否违约，按时偿还贷款，发生车祸等)进行训练。这样可以不断分析趋势，以检测可能影响贷款的因素和趋势，比如是否某个州有越来越多的年轻人发生车祸？再比如过去 15 年中特定群体的违约率是否增加？传统的信贷审核系统依赖历史数据，如交易历史、信用历史和多年来的收入增长，来了解与每笔贷款相关的风险，由于历史数据并不总是用于预测未来行为的准确标准，这导致估算结果不一致。机器学习可以分析实时的交易数据、市场状况，甚至是最新消息，以确定信贷的潜在风险。在预测分析的帮助下，机器学习算法可以分析 PB 级数据，以了解微观活动并评估各方的行为以识别可能的欺诈行为，这对于人类投资者采用手动执行来说是不可能的。

2.3 从数据到大数据+

2.3.1 数据

数据是指存储在某种介质上能够识别的物理符号，如数、字符等，从计算机的角度来看，也可以认为数据是行为主体(比如人)在进行各类活动(生活、工作、娱乐)时将行为、偏好等痕迹主动或被动地记录在各个服务器里。

1. 数据的主要来源

数据的来源渠道主要有以下几种(不限于)：

(1) 业务系统在承办相关业务活动时主动收集下来的相关数据，如用户的自然属性、操作流水、操作日志等。

(2) 通过传感器(物联网)将物理信号转变为电信号，通过 AD 转换进行数字化、数据化并以某种结构保存在物联网终端或者传输到云中心。

(3) 随着互联网应用的不断渗透，人的行为模式也发生了一个巨大的变换，一个重要的变革就是，UGC(用户生成内容，比如微博、微信、博客等)生成模式已经成为互联网数据的一个重要来源。

不论是何种渠道的数据，其结构(或模态)一般是数值、图形、图像、文本、音频、视频等。不论是何种结构，计算机一般均可格式化为一维或多维矩阵(向量)的形式进行存储。

2. 数据的分类

就数据的组织形式来看，又可将数据分为“属性-值”型数据或者链接型数据：

1) 属性-值型数据

属性-值型数据指的是一个数据对象包含用以描述这个数据对象的若干数据属性和标签属性，比如表 2-2 描述的是一个学生成绩及综合评判的汇总，从该表中可以看到，每一行数据如语文成绩、数学成绩、外语成绩、体育成绩、德育成绩就是反映某个具体数据对象的数据属性，最后一栏的考核评定就是这个数据对象的标签属性，需要注意的是：

(1) 在实际应用中，“标签属性”可以为数值，也可以为离散值(常称为“类标”)。

(2) 在实际应用中，标签(或者类标)也常被称为标签属性。

(3) 在许多场合下，数据对象往往只有数据属性，而没有标签属性，或者说有多个标签属性。

表 2-2　学生成绩及综合评判汇总表

姓名	语文成绩	数学成绩	外语成绩	体育成绩	德育成绩	考核评定
张三	98	92	89	84	90	A
李四	80	79	80	89	86	B
…						C

2) 链接型数据

链接型数据指的是由一组点以及点与点之间的边构成的图数据，比如人与人之间打电话或者发 Email 组成的链接型数据、文章与文章通过引用组成的关系、不同的论文作者通过和不同的人合作论文组成的数据、Internet 上不同网页之间通过 URL 扇入扇出组成的关系等。一般针对链接型数据的分析需要有专门的技术路径，比如链接型数据挖掘、社会网络分析、图挖掘等。早期针对属性-值型数据分析方法和链接型数据分析方法往往大相径庭，而随着网络表示学习的兴起，使得可以将链接型数据转换为向量表示方式，从而可实现用传统属性-值型数据分析方法分析链接型数据。

3. 数据的特点

就数据的生成方式来看，数据具有交互性和时空性两个典型特征。

1) 时空性

数据是其反映的实体(比如人)在不同地点、不同时间开展某种活动时被不同服务器记录下的痕迹，因此，时间性和空间性是数据的重要特性，在具体应用中应该尤其关注以下几点。

(1) 利用时空碰撞实现一些典型目标分析，比如2021年新冠肺炎疫情管控期间提出的“时空伴随”指的就是在同一时间两人同时出现在同一地点(基站)。

(2) 事件提取是当下大数据分析的一个重要内容，所谓事件，指的是在什么时间、什么地点，有什么人(以及什么关联人、关联物)在一起，发生了一件事情，因此，如果以事件为中心进行数据融合，则时间和空间应该是必须要提取的重要特征。

(3) 数据的时序性则给数据分析带来一个思路，将类似于在线学习、增量学习机制等应用在数据建模中，以响应数据的时间性。

(4) 数据的空间性暗含着数据源往往是分布在不同业务系统(服务器)中，这一方面除了暗示数据采集的多源性特点之外，也给数据分析带来一些提示，比如，在对某个领域进行数据分析时如果缺乏数据，可以从其他类似领域获取数据，进而引入迁移学习等机制进行有效的数据建模。

2) 交互性

传统的研究和分析一般是假定所有的数据都是独立搜集的，能够反映其表示对象(比如某个人)的某些方面的特征(比如行为、偏好等)。但是在实际应用过程中，一个比较普适的问题是数据的产生与这个数据所反映的物理对象耦合在一起，即这个物理对象在生成数据的时候，由于知道自己在被观察，因此生成的数据是被自身有意加工过的，这样的场景就决定了用于分析的数据并不能完全反映物理对象。这就意味着，针对这样的数据分析就必须要考虑数据生成的交互性特点。目前逐渐得到学界和工业界认可的博弈机器学习就是针对这个问题展开的。

4. 围绕数据的活动

从计算机应用的角度来看，围绕数据展开的活动至少有如下四点：

1) 数据采集

如前所述，数据采集就是将数据从潜在的数据源中按照相应的协议获取，这些数据源一般存储于业务系统、物联网、互联网上。同时实验数据(公共数据集)往往也是数据的重要来源，比如，很多行业主管部门主持建设行业的标准数据库就是典型的公共数据集，这些数据的存在可以大范围降低后来者入行门槛。

2) 数据存储与管理

数据的大规模存储、高效存取与数据库相关。特别需要注意的是，由于用于大数据分析的数据往往来自多个数据源，而每一个数据源的IT建设思路、数据质量管控水平参差不齐，往往会导致数据不完整、不一致、不准确等质量问题，因此在进行有效的数据处理和分析之前，进行质量治理是极其必要的。

3) 数据处理与分析

数据处理和分析都是为了从数据中发现有价值的信息，为目标应用提供支撑，处理与分析的区别是：数据处理专注于基于领域知识的数据研判，当没有领域知识可以依赖或者领域知识严重匮乏时，通过机器学习从数据中发现知识(或者模式)就成为一条基本路径；数据分析更专注于数据内容。因此数据处理是以逻辑驱动的，而数据分析是以建模驱动的，机器学习是基本路径。总体而言，数据分析又可以分为以下几种：

(1) 描述性分析：关注于识别发生的事情并往往能回溯，如商业情报研判、犯罪情报研判等。

(2) 预测性分析：关注于预测将要发生的事情，如天气预报、股票分析等。

(3) 决策性分析：关注于对当前态势的评估，在此基础上为某个寻优决策给出具体意见，如 AlphaGo 在棋牌博弈中，根据对态势评估作出最优的决策。

4) 数据隐私与安全保护

一般而言，大数据安全包括两个层面的理解，一是利用大数据方法保障系统安全；二是通过某种手段保障数据的安全。前者是大数据的应用场景，此处不赘述，针对后者的数据安全问题贯穿于整个数据生命周期(数据采集、存储、挖掘、发布、销毁等)，有些环节的安全问题已经涉及数据库安全、操作系统安全等，此处也不赘述。在数据处理和分析场景下，数据安全往往专注于在数据挖掘环节是否会导致数据隐私泄漏，目前有两个层面来进行防护，一是在数据层通过脱敏、加密的方式进行；二是在数据分析层，通过联邦学习机制实现数据不进行汇聚，也可以进行有效的建模。

2.3.2　大数据

1. 大数据的特征

从数量(规模)、格式(模态)、速度、价值四个层面归纳的 4V 特征是对大数据的通常描述。所谓 4V，指的是：

(1) Volume：大数据的特征首先就体现为数据规模“大”，随着信息技术的高速发展，数据开始爆发性增长，迫切需要智能的算法、强大的数据处理平台和新的数据处理技术，来统计、分析、预测和实时处理如此大规模的数据。

(2) Variety：广泛的数据来源决定了大数据形式的多样性。任何形式的数据都可以产生作用，如结构化较好的日志数据、结构化不明显的图片、音频、视频等。

(3) Velocity：大数据的产生非常迅速，并且这些数据都是需要及时处理的，花费大量资本去存储作用较小的历史数据非常不划算。因此大数据对处理速度有非常严格的要求，服务器中大量的资源都用于处理和计算数据，很多平台都需要做到实时分析。数据无时无刻不在产生，谁的速度更快，谁就更有优势。

(4) Value：大数据的核心特征。大数据最大的价值在于通过从大量不相关的各种类型的数据中，挖掘出对未来趋势与模式预测分析有价值的数据，并通过机器学习方法、人工智能方法或数据挖掘方法深度分析，发现新规律和新知识，并运用于农业、金融、医疗等各个领域，从而最终达到改善社会治理、提高生产效率、推进科学研究的效果。

除了上述 4V 特征描述之外，不同的利益角色又会根据不同视角给予 V 特征更多的补充，比如 Veracity(真实性)、Visualization(可视化)、Validity(有效性)等。事实上，所有这些 V 特征都是尝试从数据层、计算层和应用层进行大数据的特征描述。

2. 大数据产生的根源

作为一种现象，大数据的产生根源在于：

1) 基础学科的发展

相关基础学科尤其是材料技术的发展，使得数据采集和存储方面有了很多本质的改进。

(1) 传感材料技术的发展使得数据采集的渠道和方式越来越多，直接导致采集到的数据类型越来越多(对应特征“Variety”)。

(2) 芯片技术的发展使得数据采集的精度和速度不断提高，直接导致数据来源速度越来越快(对应特征“Velocity”)。

(3) 存储材料技术的发展使得人们可以保存越来越多的数据，数据规模越来越大(对应特征“Volume”)，有效组织和管理这些数据就成为亟待解决的问题。

2) 应用模式的嬗变

由于应用场景的不同以及用户需求的不同，加之 IT 技术的发展，越来越多的 IT 系统得以开发，并且这些 IT 系统生产、管理和使用数据的方式加速了大数据时代的到来。

(1) 业务系统：一般的 IT 系统都是围绕某个具体的需求展开的，不同软件系统出于最原始价值期望主动或被动生成的数据，在实现其最原始的价值期望之后就以成本的形式存放在不同的业务系统中，而这些数据就成为最基本的数据源。

(2) 随着 IT 技术特别是互联网技术的发展，IT 系统从计算机主动生成、保管数据转变为 UGC 模式(User Generated Content)，即用户原创内容，是伴随着以提倡个性化为主要特点的 Web2.0 概念而兴起的。UGC 模式直接使得互联网上沉淀了大量的用户主动生成的数据，而这种数据因为能够反映用户的偏好、行为等而成为大数据应用中的一个重要数据源。

3) 物联网的发展和应用推进

互联网技术的发展和其在不同领域的渗透使得在互联网上已经沉淀了大量的数据，而物联网技术的发展加剧了互联网上数据量的增加。物联网本质上是因为多边技术的发展，为传统的传感器赋予计算能力和传输能力，这样，感知来的数据可以直接链接到互联网上，这样也就使得在物联网环境下“人、机、物”互联互通成为一种可能，促使物理世界和虚拟世界的融合，从而进一步改变互联网应用模式和商业模式。

互联网和物联网的区别是：

(1) 传统互联网应用关注“人”的连接，而物联网应用关注“人、机、物”的连接。

(2) 传统互联网应用关注信息传输，而物联网关注的是信息服务。

(3) 传统互联网应用关注通信网络自身价值，而物联网关注的是边缘价值拓展。

4) 烟囱式软件开发

任何一个业务系统都会有对应的数据库系统，目前的软件开发呈现一种烟囱式软件开发方式，即为了响应不同的需求而开发彼此互异的软件系统，而业务需求、价值期望、投资规模、开发理念及实施水平的不同进一步增加了不同系统之间的互异性，而存放在不同业务系统中的数据彼此独立，从而形成一种事实意义上的数据孤岛。如何挖掘出这些已经成为成本的数据的可拓展价值，就成为人们一个朴素的价值追求。

5) 行为模式的碎片化

人行为模式的碎片化使得描述同一个人的数据事实会分布在不同的服务器(数据库)里，比如我们每天会在 App 上浏览新闻、购物、发帖等，反映人们行为、偏好的数据散布在不同的服务器上，以孤岛的形式存在。

6) 人类需求的膨胀

一方面，IT 技术的发展和推进使得为满足人类不断膨胀的需求的业务系统被逐一开发出来，人们在使用这些业务系统的同时自然会有更进一步的需求；另一方面，数据采集与汇聚、数据组织与管理、数据处理与分析、高性能计算以及软件开发等技术也处在不断发展的过程中，正因为这些技术的发展，人们已经发现能够利用算法、算力的进步获得更多的成效。因此，围绕算法、算力和数据，人们便自然而然产生多的需求，这也是推动大数据成为人们普遍关注焦点的一个重要原因，即大数据为目标应用提供赋能作用。

或许还有更多的其他原因导致了当前大数据时代的来临：一方面，技术的进步让数据越来越大；另一方面，技术的发展还有些滞后，目前还无法利用现有手段在合理时间内截取、管理、处理、并整合成为人类所能解读的信息。总体而言，人类制造并采集数据的速度总领先于不断进步的处理技术，将不断出现“规模超过现有数据库工具获取、存储、管理和分析能力的数据集”，大数据现象将长期存在。

2.3.3　大数据难题

1. 大数据难题的来源

更有用、更精准、更高效是大数据价值实现的基本目标，具体实现过程中蕴含着大量的技术挑战。大数据难题主要来源于：

(1) 难题一来自数据应用层，传统上做一个软件系统往往有明晰的目标，但是在大数据时代面临的问题是：有了数据能做些什么，为了某个应用目标的达成，我们需要哪些数据，它们在哪以及如何获得，所有这些开放的问题都给大数据价值实现带来了极大的挑战。

(2) 难题二来自大数据计算层，计算速度、计算吞吐率是大数据应用中不可回避的计算难题，同时如何平衡计算速度和 IO 速度也是一个难题。

(3) 难题三来自大数据算法层，传统上所有的计算都基于计算环境封闭的假设，但是大数据时代所面临的计算环境是开放的，如数据是持续增量的、数据背后的模式是持续变化的、需求是隐式且多变的等。

(4) 难题四来自大数据数据层，非完整、非一致、非转动、跨时空、多源、异构、数据库封存等特点是大数据价值实现过程中面临的普适挑战，这些挑战直接关系到数据质量监管、数据安全监管以及大数据价值发现等原生问题。

数据科学就是为了响应上述难题提出的一个学科体系，李国杰院士这样说：数字科学的研究对象是数据，但是数据的背后是人，数据科学说到底是研究人的数据。

2. 非技术层次的大数据难题

上面提及的困难说到底都是源于技术层的，非技术层次的难题和挑战还体现在：

1) 数据操纵问题

数据操纵指的是原始数据被有目的地修改、加工和操纵，从而使得大数据建模和结果向数据操纵者的意图倾斜。比如，互联网上发布软文(如产品广告、疗效等)或者雇佣水军进行某个网络情绪的引导已经成为商家进行互联网营销和公共关系管理的一个重要手段。显然，如果大数据建模的数据源取自这些商家或者水军发布的数据，则数据分析结果一定是不客观的。IBM 提出大数据的“Veracity”特征其实就是在强调原始数据本身在描述事实的客观性、真实性，而不是被有利益驱动地操纵过。

2) 数据垄断问题

数据之于信息时代就如同燃料之于工业革命，数据垄断问题指的是具有垄断地位的大数据公司因为对数据具有垄断地位而成为信息时代的垄断企业，使得本该公平的竞争从一开始就处于不公平的状态。众所周知，企业的发言权取决于和最终用户的靠近程度，软件的价值度取决于所管理数据的规模和活性，市场的支配权取决于对数据的掌控力，而当谷歌拥有用户的一切数据或者亚马逊知晓顾客购物的一切行为时，其他新的公司根本就无法与谷歌和亚马逊竞争，在这种情况下，谷歌或者亚马逊就是因为对数据的垄断地位而成为(信息时代的)类似于铁路、电信一样的垄断公司。

3) 数据独裁问题

数据独裁问题指的是过于依赖和迷恋数据本身而忽略了事件的本质，这个问题其实一直存在，而并非大数据时代专有。比如，政府使用绩效来评定一个官员的执政水平，这就使得官员过分注重绩效数字本身，而不是真正的执政为民；出于时间和人力成本考虑，公司招聘时将学历较低或成绩较低者直接拒之门外，而不考虑这些不达标者的真实能力水平，这也造成了求职者对成绩和学位而非真实能力的执着。随着大数据的发展，人们会越来越想从大数据中掘金，最终导致一种对数据的盲目崇拜和认同，数据独裁会持续发酵。

4) 相关性和因果性问题

相关性重于因果性已经成为大数据分析的共同认知。相关性分析指的是通过大数据分析建立其不同事件或者属性之间的相关性，以此作为分析的结果为具体应用场景提供服务。而因果性关系应该是在相关性分析的基础上，还要进行更多的论证才有可能建立起两者之间的因果性(这个也是大数据作为科学研究的基本思路)，显然，因果性分析涉及的内容是远超过数据分析本身的范畴的。即便如此也并没有降低数据分析的难度，相反需要审慎地进行回顾性分析，判断相关性是否真的具有相关性。

5) 标签化思维混乱

标签化是大数据应用中的一个重要内容，其本质是通过数据建模实现实体(数据表示的对象)的高级语义表示，比如在电商领域为用户打的诸如“户外运动爱好者”“夜猫子”“苹果发烧友”等标签。当然这些标签的提取往往是在领域专家指导下进行的监督学习，此处不细究其技术细节，此处关心的是：实体一旦被打上某个标签，这个标签在这个实体上的生命周期有多长？以及如何动态维护每个实体的标签。比如《悲惨世界》《侠盗联盟》以及《这个杀手不太冷》都有类似的经典台词：“一日为贼，终身为贼吗？”另外一个需要注意的是：标签的提取往往是基于监督学习的，而监督学习本身是任务驱动的(某个领域专家根据其领域特征和目标进行标注)，这就意味着，这个标签仅服务于具体的某个目标应用，脱离这个目标应用场景，这个标签本质上是没有意义的。比如有些推荐系统，出于对产品推荐精准度的追求，会在用户性别标签字段标注诸如“100%男，90%男，80%男，…”，而不是简单地标注“男”或者“女”，特别需要注意的是，推荐系统对性别的标签化(如此细分)完全是为产品推荐服务的，并不代表在其他情形下对这个用户的性别判断。

3. 大数据难题的解决

学术界和工业界针对上述挑战，已经开展了很多卓有成效的研究并在具体应用实践中得到彰显，比如：

(1) 在计算/架构层涌现出包括 Hadoop、Spark、Storm、GPU、超融合等技术工具/框架，可以很好地响应大数据在数据存储要求大、IO 存取要求快、计算性能要求高的需求。

(2) 在分析工具层产生了诸如 TensorFlow、Keras、Caffe 等机器学习框架，利用这些工具开发包，开发人员可以高效进行数据驱动的软件开发。

(3) 在建模/算法层，研究者提出了很多包括深度学习在内的新型数据分析方法，如增量学习、多任务学习、迁移学习、联邦学习、自主学习、对抗学习、对偶学习等，所有这些新型算法都是针对大数据在分析层的各类挑战或应用层的各类特点展开的。

(4) 数据科学作为一门独立的学科得到各界的重视，数据科学就是关于数据的科学，目前针对数据科学的研究有两个层面，一是探究数据本身的规律，另一个是探究数据背后的模式。前者专注于数据的多维度特征表示，比如动力学特征、热力学特征和几何学特征等；后者的理念是数据反映的是在人、机、物三元统一的物理信息系统运行环境中，如何从数据中探寻研究对象的行为规律。

(5) 大数据智能作为一个新型人工智能方法也得到了各界的认可和重视，其目的就是打穿数据孤岛，形成从数据到知识、从知识到智能的能力，形成链接多领域的知识中心，支撑新技术和新业态的跨界融合与创新服务。

(6) 更多成功的“大数据+X”实践也在不断给予后续的大数据项目以示范，这也倒逼后来者通过“数据+技术+思维”发现、发掘数据背后的价值并实现之。

2.3.4　大数据智能

1. 大数据项目开发层次

数据、技术、思维是大数据价值实现的 3 个基本要素，其基本逻辑在于：富集和整合多数据源数据，然后开发数据处理与分析工具集，在此基础上开发目标应用系统，鉴于大数据时代“大数据、小应用”的特征，在具体部署实施时，所有的小应用系统都是部署在某一个平台上进行的。因而，开展大数据项目建设，自底向上需要从四个方面进行，分别是数据渠道层、数据基础实施层、应用基础实施层和应用层，如表 2-3 所示。

表 2-3　大数据项目开发层次

关键层次	详 细 描 述
数据渠道层	数据源梳理、数据渠道建设
数据基础设施层	数据获取、清洗、整合和融合，为潜在的应用提供高性能的数据服务
应用基础实施层	为潜在应用开发基础的计算服务并提供一体化计算环境
应用层	面向具体的应用场景开发应用系统并集成在统一平台中

以下分别进行介绍。

(1) 数据渠道层：无论价值期望如何，“数据在哪？”是摆在每一位大数据项目建设者面前的首要问题，因此数据渠道梳理、建设是大数据项目开展的第一步。笼统而言，数据源可能存在于既有业务系统、第三方业务系统、政府类数据(逐步开放共享)、社会面数据等；虽然每一类数据源都对应着不同的数据获取协议和方法，但数据源的梳理和渠道建设往往与技术无关，在更多的情形下需要某种商务模式的支撑。

(2) 数据基础设施层：在数据源给定并且商务上已经确认的基础上，数据基础实施层的功能目标在于将数据源数据获取、连接、整合和融合，为潜在的应用提供高性能的数据服务。因此这个层次上的几个基本技术要点是情境知识库的建设、数据采集工具的设计与实现、数据预处理、数据集成、语义融合等。

(3) 应用基础实施层：该层主要为未来的潜在应用开发提供基础的计算服务，具体的几个基本技术要点是通用数据接口、一体化网络服务、数据分析服务、安全服务等。

(4) 应用层：该层次主要面向具体的应用需求定制开发垂直应用系统(平台)，该层次需要考虑的问题是如何确定新开发的系统(功能)与原业务系统的关系、如何为创新应用提供服务支撑、如何与第三方有效无缝连接等。

2. 大数据分析面临的挑战及解决方法

特别需要注意到的是，大数据的复杂性及规模性给大数据分析带来很多挑战。具体表现在：

(1) 如何响应数据类型的复杂性给数据的理解、建模带来的挑战。迎接这个挑战需要研发新型的理论、算法、技术。

(2) 如何用更快的计算效率响应数据的海量、并行及快速更新的特性。迎接这个挑战需要所有的算法、技术(改进)必须依赖合适的高性能计算架构，目前用于高性能计算的策略有四类：

① 充分提升和挖掘单个计算节点的计算性能，比如通过对计算主机进行 CPU、内存、硬盘等的扩容以增加单个计算节点的计算性能，显然这不是纯粹技术层次的问题。

② 通过 GPU 技术的引入大幅提升单台计算设备的计算性能，代表厂商有英特尔、NVIDIA、AMD(ATI)、3dfx、Matrox、SiS 和 VIA 等。相对而言，CPU 的灵活性最大，可以高效运行各种计算任务，但局限是一次只能处理相对很少量的任务；GPU 不像 CPU 那样灵活，所处理的任务范围要小，但其强大之处在于能够同时执行许多任务。Google 在 ISCA 2017 公布的 TPU 论文代表了其为人工智能服务设计专用硬件迈出了第一步(Norman 2017)，TPU 是专门用于 TensorFlow(Google 开源的一个机器学习软件库)中执行特性功能的 ASIC(专用集成电路)，相对而言几乎没有灵活性，但性能极佳。

③ 将复杂的任务分而治之，引入分布式计算架构以提升计算性能，分布式计算的基本出发点在于将更多计算能力不是那么强的计算节点，通过某种合适的策略使整体计算性能极大提升，利用不同的分布式策略和目标，达到高性能计算的目的。目前主流的分布式计算架构有 Hadoop、Spark、Storm 等。

④ 计算速度和储存速度不匹配也是影响系统整体性能的重要瓶颈，在实际情况下，存取 IO 瓶颈往往更为突出。针对这个问题，超融合架构(Hyper-Converged Infrastructure)被提

到高性能计算的舞台，超融合架构针对传统存储性能下降(IO 在存储控制器上的瓶颈)、扩展不灵活(在系统部署前购买超量的存储且在升级时极为麻烦)、不易管理(需要 iSCSI、FC、NFS 等专业技能进行运维)等局限，通过软件定义技术构建大规模数据中心的启发，结合虚拟化技术和企业 IT 的场景，为企业实现可扩展的 IT 基础架构。

3. 大数据开发层次之间的关系

值得注意的是，在实际应用中，算法层、计算层和应用层往往是耦合的，体现在：

(1) 为了保障系统平台本身的计算性能，针对不同计算架构的改进研究一直是研究者普遍关注的重点。

(2) 针对给定的计算架构，各类算法的实现往往需要进行改良方能使算法适应于指定平台。

(3) 云计算对计算资源及存储资源的虚拟化能够为大数据项目的实际部署提供透明、弹性的服务，因而云计算成为大数据产品的标配。

2.3.5　大数据 + 金融示例

总体而言，大数据在金融领域的应用主要集中在数据搜集、整合及应用三方面，表 2-4 给出了金融大数据的若干应用案例。

表 2-4　金融大数据应用案例

金融科技公司	技术类型	技术创新应用
Mint	数据整合	将用户所有银行账户集合在数据平台上，对所有消费信息如金额、地点、物品等自动分类、整理、合计并生成可视化信息
Simple	数据整合/应用	把用户所有银行账户合为一张 Simple 的 VISA 卡，用户可通过单一平台省钱理财，不需要携带多张卡进行消费
Lending Club	数据采集/应用	利用互联网多维数据(如社交媒体言论、行车记录、网购消费记录、银行账户余额等)来综合预测信用风险
京东金融	数据采集/整合/应用	利用电商数据、物流数据、仓库数据等，搭建供应链金融体系，通过新型大数据风控以及流程优化等方法实现线上自动化放贷
众安保险	数据应用	将大数据技术运用到产品设计、自动理赔、风险管理等方面

2.4　法律与伦理问题

2.4.1　人工智能伦理

随着人工智能的研究推进和应用渗透，原先仅仅停留在课堂或纸面上的思想逐渐成为实际生活中的可能，比如，假如雇黄牛帮我排队是不道德的，那么购买的机器人帮我排队还是不道德的吗？假如我的机器人犯罪了，由谁来承担法律后果？我还是生产机器人的厂家或者是机器人本人，如果是机器人承担责任，它该如何承担？自动驾驶在遇到无法回避的危险时(比如车内人和车外人只能救一个)，是优先救车内的人还是车外的人呢？厂家在卖车的时候是否需要把这种策略告诉购买者？

上述诸多案例都表明针对人工智能的研究和应用，技术研究者、哲学家、法律工作者都需要介入，其中的一个重要问题是：人工智能伦理。

1. 研究人工智能伦理的原理

解决人工智能伦理的问题之所以如此之迫切，可能的原因在于：

1) 技术局限性

尽管人工智能技术已经应用于各个行业，但是还处于发展的初级阶段，技术上尚有很大的不足，且技术增长的速度小于伦理问题形成的速度，这就使得人工智能伦理方面的问题给人们带来了不同程度的恐慌。比如，作为人类编制的程序(或者注入了程序的机器人实体)，人工智能还无法如人类那样有属于自己的思想及情感，它们根本无法去判断自己行为的对错，也无法自动停止自己的某项行为。这种源于人工智能技术自身的局限性自然就会引发人们的恐慌：程序错了怎么办？编制程序的人作恶怎么办？

2) 政策法规的滞后和不完善

人工智能所带来的一些如人权、环境、责任等伦理问题，基本都超出了现有法律范围。一旦出现这些伦理问题，更多的是借助于科学家自身的道德素养和社会的舆论来进行约束，而很难利用法律来有效缓解或是解决这些伦理问题。比如：

(1) 对于人工智能技术的研发人员、人工智能技术产品运营商、人工智能技术普通消费者等的基本权益和该履行的义务还没有明确的法律解释。

(2) 对于通过人工智能技术破坏人类和谐环境或是获得不正当利益等的行为，还没有明确的法律处罚条例，使得这种行为有恃无恐。

(3) 国际上还没有明确的通用法律条文来解决因人工智能技术而产生的矛盾等问题，这将会导致国际纠纷不断。

3) 伦理规制和原则的缺乏

人工智能技术可以给人类带来很多便利，但是由于相关方面的伦理规制与伦理原则的缺乏，最后可能适得其反。以聊天机器人为例，这种柏拉图式虚拟的情感根本满足不了人们生理及心理的终极情感需求，很容易诱发人的焦虑、抑郁等心理疾病甚至其他更严重的后果。但现在还没有任何规范人与聊天机器人交往的社会伦理道德规范。这需要科学家、哲学家、政治家等一起努力制订科学合理的伦理规制和伦理原则来为人工智能技术的发展指引方向，并对其发展进行相应的约束。

4) 道德和文化素养的欠缺

人类自身的文化素养及道德素质的缺乏也是一个重要的原因，比如：

(1) 人工智能技术领域的科学家或研究者自身道德修养和信仰的缺乏。

(2) 人工智能技术的使用者罔顾道德伦理的约束及法律的限制而将人工智能技术用于犯罪活动。

(3) 部分群众在对人工智能技术没有真实了解的情况下，遇到人工智能技术的负面新闻或是负面事例后夸大其词，最终导致群体恐慌，使得更多不了解人工智能技术的人们开始害怕甚至排斥人工智能技术。

5) 监督管理尚不到位

科学技术的发展从来都存在两面性，一方面它能够提高人的主体性地位，使人类成为大自然的优胜者甚至是主宰者；但另一方面，科学技术运用不当，会使人类社会出现许多不道德的灾难。实际上包括人工智能技术在内的科学技术本身没有好坏之说，它最终是为人类谋取福利还是给人类带来灾难取决于人类自身。所以，如果人类不严格监督管理人工智能技术的发展，而任其发展，也许在不久的将来，人工智能技术的某些伦理问题就真的会成为毁灭人类自身的罪魁祸首。

2. 人工智能伦理的内容

人工智能伦理包含的内容有：

1) 人权伦理问题

随着人工智能技术的快速发展，各种人工生命相继问世，这些人造生命的问世使得人权遭受了前所未有的挑战。特别是随着人类与智能机器人的交集越来越大，智能机器人侵犯人类人权的迹象似乎更加明显，对于是否给机器人以人权的争论也越来越激烈。反对者认为，我们不要太能干的机器人，也绝不能给机器人人权；让机器人拥有人权，就是企图违背机器人三大法则(美国科幻作家阿西莫夫提出机器人三大法则：第一定律：机器人不得伤害人类，也不得见人类受到伤害而袖手旁观。第二定律：机器人必须服从人的命令，但不得违反第一定律。第三定律：机器人必须保护自己，但不得违反第一、第二定律)，就是企图放纵机器人，间接危害人类。而赞成机器人有权力的人认为，如果制造的机器人有道德良知，能同人类互动，就应该享有一定程度的权利。

2) 责任伦理问题

人工智能的责任伦理强调要对现在和未来负责，对子孙后代负责。关于规范或改善人工智能责任伦理问题的相关制度、原则的制订和更新远没有跟上人工智能技术发展的速度，这使得人工智能技术带给人类的责任伦理问题更加突出。人类正面临着各方面的责任伦理压力，特别是由谁来负责人工智能技术引发的责任伦理问题是争论的焦点所在。随着人工智能技术逐渐渗透到社会生活的方方面面，对于人工智能技术带来的短期效应和长远后果的反差也使人们对人工智能技术产生了从未有过的恐慌和担忧。总体来看，对于人工智能技术的发展，不管是政策制定者还是科研人员或是产品消费者都应担负起相应的责任。

3) 道德地位伦理问题

道德的概念注定了我们不能随心所欲地对待具有道德地位者。如果我们否定智能机器的道德地位，就可以用任何自己喜欢的方式(仁慈的或者残酷的)来对待它们。而事实上，不顾智能机器人的道德地位而为所欲为，似乎与我们传统的伦理道德相违背，如果将来有一天这些机器人同人一样具有了人权，那么我们对这些具有情感的机器人任意地指使和传唤或是谩骂殴打，是绝对不能被道德所容忍的。因而，对于人工智能机器的道德地位伦理问题值得深思。

4) 代际伦理问题

现代社会的代际伦理与社会的和谐稳定及人类的可持续发展密切相关，人工智能技术带来的代际伦理问题比较复杂，比如：

(1) 和谐是当今世界的主题，也是人类社会追求的共同目标。而不管是用于战争的智能机器人还是被任意使唤且毫无尊严的仆人智能机器人都显得不那么和谐。

(2) 可持续发展也是人类共同的目标，而当看到因人工智能技术而导致的各种生态破坏或是给人类造成精神上的恐慌等明显破坏代内和代际公平的事实时，人工智能技术代际伦理问题不捕自破。

(3) 智能机器人本身是模仿人的智能，那么它们可以像人类一样拥有自己的后代吗？假设，智能机器人变得很普遍且又已经无法进行必要控制的话，那么是否会出现“代”和亲属关系的混乱呢？

5) 环境伦理问题

环境伦理是一门尊重自然价值和权利的伦理学，它主要根据现代科学所揭示的人与自然相互作用的规律性，以道德为手段，从整体上协调人与自然的关系，它是人们在反思当今生态环境问题基础上的新兴学科，是传统伦理学向自然领域的延伸。在人类历史发展过程中，高新技术确实给人类带来了福利，但同时也正是由于这些高新科技的快速发展，使得人类似乎正在走向科技出发点的反面，比如资源过度消耗、环境破坏、生态污染等全球性的环境问题，都表明了科技发展在一定程度上的异化，而人工智能技术也没能例外。人工智能技术之所以产生环境伦理问题，与人工智能技术的发展没有遵循环境伦理观的思想密切相关，另外，也与人工智能技术发展的速度远远超过了伦理学发展的速度有关。

2.4.2　人工智能监管

1. 美国对人工智能的监管

2020 年 1 月，在美国国家 AI 战略出台满一年之际，美国政府发布了《人工智能应用监管指南》，意在为联邦政府对 AI 发展应用采取监管和非监管措施提供指引。《指南》提出了十大监管原则，涵盖公众对 AI 的信任、公众参与、科研操守和信息质量、风险评估与管理、成本效益分析、灵活性、公平无歧视、披露与透明度、安全可靠、联邦机构间协调等层面。这些原则既关乎方法论，也涉及目的，代表着美国在 AI 监管上的总体思路。美国对 AI 发展应用的监管，主要呈现出以下三个特点：

(1) 强调 AI 监管必须服务于“增强美国在 AI 的科学、技术、经济等方面的全球领导地位”这一目标，要求充分评估监管对 AI 创新和发展的影响，避免采取阻碍 AI 创新和发展的监管、非监管措施，避免采取可能给 AI 系统施加过高标准的预防性路径。

(2) 强调监管要充分考虑 AI 相关的科学、技术信息和程序，避免不切实际地拍脑袋立法。强调 AI 监管不是要(也不可能)消除所有的风险，而是对风险进行管理，将风险控制在最小或者社会可接受的限度。此外，监管、非监管措施要具有足够的灵活性和弹性，适应技术快速变化和 AI 应用迭代。

(3) 强调更侧重不具有法律强制性的非监管措施，包括细分领域的政策指南或框架(出台非监管的政策声明、指南，或者测试和部署框架，来鼓励特定领域的 AI 创新)，试点项目和实验(出台监管例外、豁免，或者试点项目，为特定的 AI 应用提供“安全港”)，行业内自愿的共识标准(就 AI 应用形成自愿的共识标准，标准组织可以推动标准的制定，在出台监管或合规要求之前依赖行业内的标准认证项目)等。

2. 欧盟对人工智能的监管

2020 年 2 月 19 日，欧盟委员会在发布新的数字战略的同时，发布了《人工智能白皮书》和《数字战略》。白皮书的出台，意味着欧盟的人工智能政策将从伦理转向监管，白皮书提出针对人工智能建立新的监管框架。新的监管框架基于风险路径，目的在于使各种风险和潜在损害最小化，同时避免过度监管。核心规定包括五个方面：

(1) 采取分类监管方式，监管只针对高风险 AI 应用；但判断标准高度概括，非常模糊，存在很大解释空间，赋予监管较大的自由度，不排除将来出现监管泛化。

(2) 高风险系统需要遵守严格的强制性要求。新的监管框架提出了一系列一般性法律要求，适用于所有高风险 AI 应用。这些要求涵盖训练数据，数据记录，信息提供与透明度，安全可靠与准确无误，人类监督和干预等五个层面。

(3) 新的监管框架延续了《一般数据保护条例》(GDPR)建立的长臂管辖规则，即在欧盟境内提供 AI 相关产品或服务的所有相关主体都需要受到监管，遵守前述强制性要求，无论其是否在欧盟境内设有营业场所。

(4) 建立涵盖事前、事中、事后各个环节的全面监管机制。

(5) 不在监管范围之内的 AI 应用，不需要遵守这些强制性要求。但针对不受监管的 AI 应用建立自愿认证机制，如果它们自愿遵守这些强制性要求或者特别为自愿机制建立了类似要求，则可以被授予质量标签，表明该 AI 系统是可信的。一旦贴上了质量标签，AI 应用就必须遵守强制性要求，否则监管部门可对其采取执法措施。自愿标签机制将激励行业主动合规，可能进一步扩大监管范围。

3. 美国和欧盟对人工智能监管的对比

美国和欧盟对人工智能的监管政策将成为各自加强科技主权的重要工具，两者的对比如表 2-5 所示。

表 2-5　美国与欧盟对人工智能监管措施的对比

	美　国	欧　盟
目的	更全面地看待 AI 的影响，不仅侧重维护美国核心价值，更加强调对 AI 创新与发展的促进，所以把为 AI 应用创设安全港，把监管例外、监管豁免等提到了很高的地位	延续了 GDPR 的立法初衷，过分强调个人权利保护和 AI 应用的负面影响，包括个人数据和隐私保护、非歧视等基本权利，安全和责任等
门槛	倡导科学审慎监管、风险评估与管理、成本效益分析、灵活敏捷等理念，不仅会很大程度压缩监管的空间，而且不至于使监管要求僵化，对技术和产业发展更友好	监管要求具体入微，监管和执法覆盖全过程，AI 发展应用将面临更大范围和程度的监管压力，对技术和产业影响不容小觑
方式	监管精细化，给技术和行业友好型的非监管措施留出更大空间	监管粗放，指标准抽象，路径单一，过度强调监管的迫切性、必要性和重要性

同时应当看到：

(1) 在推进监管的同时，美欧继续加强科技研发投入。例如，美国在未来两年将对人工智能和量子计算的研发投入翻倍并打造量子互联网，欧盟也将显著地加强对 AI、量子计算的研发投入。

(2) 美欧的 AI 监管虽然存在差异，差异的存在是因为产业发展状况不同，但殊途同归，最终都是为了打造技术和产业竞争力。

(3) 美欧也在积极建立国际同盟、联盟等，期望主导 AI 技术、伦理、治理等方面的国际标准。

总体而言，2020 年美国和欧盟先后出台监管政策，表明人工智能将正式迎来监管时代。

2.4.3　数据歧视与算法偏见

随着大数据的深入运用，算法正在定义人们的信用资质、能力资质、生活品质层次等诸多方面，进而决定了人们能否获得贷款、能否找到心仪工作以及接受服务和购买商品的价格范围，甚至可能还运用在刑事司法系统中，用以评估犯罪嫌疑人再犯的可能性，进而决定其能否获得假释或影响量刑……

利用智能算法洞悉大数据背后的知识可能得以窥探事物的全貌，避免人类因有限的观察体验而产生的局限性，从而更为准确地反映客观世界，并尽力排除人的主观因素的影响，由此作出更为科学的判断。但是依赖于数据的智能算法往往会伴随产生算法偏见问题。

1. 数据歧视与算法偏见的原因

所谓算法偏见，也称算法歧视，是指在没有恶意的程序设计中，在运用智能算法进行决策或辅助决策时产生了歧视的后果(比如价格歧视、信用歧视、就业歧视等)。产生偏见的原因往往与大数据分析必须依赖的机器学习过程有关，一般而言，机器学习过程包括数据集构建、数据标注和模型选择与优化、模型部署等。上述每一个过程都容易引入偏见。比如：

(1) 数据集是机器学习的基础，如果数据集本身缺少代表性，或者从候选样本抽取数据集时的抽样规则带有偏见，都会使得后续算法在具有偏见的数据集上进行训练，从而导致算法产生偏见。

(2) 数据标注是对无标签数据进行标签化的过程，必须引入领域专家的介入，而人的主观性或个人偏见(在进行具有主观价值判断时)往往会在标签化过程中隐形合法化地转移到训练数据中，从而被算法吸纳，产生偏见。比如，当数据标注者面对的是“猪”或“狗”的选择时，这类标注比较客观，最坏结果不过是答错；但如果面对的是“美”或“丑”的拷问时，偏见就产生了。

(3) 算法设计的目标往往是利益驱动的，因此模型选择和优化本身就暗含着效率最大化的原则，从而抛弃了公平、正义、平等诸如此类的价值目标；而算法黑箱化(可解释性不足)使得算法歧视变得隐秘而难以察觉，进一步加大了算法歧视给平等权设置的障碍鸿沟。

(4) 由于统计固化效应以及信息相互印证，算法模型在应用阶段会扩大歧视性效应。比如：两个应聘者在教育程度、工作经验、测试分数等方面完全一样或相差无几，其中一人毕业于 985 大学，另一人毕业于普通大学，雇主根据 985 大学毕业生的职业表现整体上优于普通大学生的统计规律，做出录用 985 大学毕业生的决定，就构成对普通大学毕业生的统计性歧视。当算法模型基于这种统计规律做出决策时，就会对被保护群体产生统计性歧视。在算法的作用下，这种歧视难以因为优秀的个体而改变，因而对于一个群体而言其损害后果更加严重。

(5) 不恰当的目标设置也容易引起偏见，比如意图通过人脸识别技术建模出什么样的长相更像罪犯，哪些种族的人更容易违约，等等。

2. 数据歧视与算法偏见的治理

总体而言，算法偏见产生的根本在于人类自己的偏见，算法偏见一方面阻碍了人人平等的社会理想的实现，同时也容易使社会不公持续。从根源上看，算法歧视普遍发生的背后是算法权力的兴起与异化，放任算法技术的应用将会减损人的价值。因此必须对算法偏见问题进行治理，但是机器学习领域的算法偏见与人类世界中的偏见有所不同，人类世界的偏见可以随着学习进行纠正，但数据世界的偏见不一样，它需要进行人工的干预才能修正，进而调整输出结果。因此，针对算法偏见的治理往往需要从算法透明、算法解释、算法问责、算法审计等方面进行，具体路径有(不限于)：

1) 技术路径

在技术层面研究算法模型的可解释性，将原先的算法黑箱白盒化，将智能算法的运作机理完全展现在人类眼前，帮助人类理解算法运算所依据的概念及其比重，借此判定该算法是否有歧视性，及时进行纠偏。

2) 伦理路径

持有此论点的人建议将算法透明作为算法准则融入大数据的设计和具体应用中，大致包括四个内容：

(1) 算法设计者需公开算法设计的动机和思路，接受社会的监督。

(2) 将反数据歧视纳入算法中，使每个人都能在算法中获得均等的机会。

(3) 建立评价机制，对算法中出现的歧视现象进行具体评价，以便进行更正和管理。

(4) 算法设计者要具备以人为本的职业精神和道德素养，在设计算法时尽可能避免将自身偏见代入算法中。

3) 法治路径

对于算法歧视的法律治理，具体方法有(不限于)：

(1) 规范算法的使用范围、方式和底线。

(2) 确定算法运行的算法公正基本理念。

(3) 合理配置相关主体的权利义务，从多元主体的利益平衡角度，规制算法歧视应当对个人进行赋权，同时对算法权力进行控制。

(4) 运用法律的强制性，在算法设计之初就将人文伦理、算法透明、算法解释嵌入其中，如果算法出现歧视现象，还要启动问责机制。

2.4.4　数据隐私保护与立法

数据为王是大数据时代的共识，基于这种共识而产生的数据淘金狂潮激励商家使用各种手段富集和整合个人数据。随着大数据技术的发展，数据的挖掘、整合、交易越来越便利，这进一步增加了数据隐私泄露的可能性：一方面，大数据时代，公民隐私的数字化加剧了隐私的无形化，而信息的存储方式、速度、表现形式都发生了翻天覆地的变化，隐私在不经意之间即被侵犯；另一方面，作为一个普通消费者的个体，往往也是在有意享受商家服务的同时将隐私无意识地拱手相让。侵犯隐私后果更严重，互联网强大的记忆和存储功能让一切在线行为被永久记录。网络空间的可搜索性和永久存储性，有可能加重精神损害和名誉损害的后果。而国与国之间的大国博弈，也使得隐私数据在安全博弈的层面尤为重要。针对越来越严峻的数据隐私保护问题，成为共识的是数据隐私保护不仅需要相关的技术保障，而且还需要相应的法律保障。

2018 年 5 月 25 日，欧盟《通用数据保护条例》(General Data Protection Regulation，GDPR)正式实施，在全球范围内掀起了数据保护改革的浪潮。在数据全球化深入发展的当下，如何在后 GDPR 时代建立起一套既符合国际最佳立法实践又符合本国国情，既能为个人权益、数字经济、国家安全等系列利益保驾护航，又能在国际数据规则制定中占有话语权的数据保护法律体系，成为其他各国政策制定的普遍关注问题。

2018 年 6 月 28 日，加州立法机构通过了《加州消费者隐私法案》(California Consumer Privacy Act，CCPA)，该法案让消费者对企业收集的个人信息有了更多的控制权，并在 2020 年 1 月 1 日生效。2020 年 11 月 3 日，加州人投票通过了《加州隐私权利法案》(The California Privacy Rights Act，CPRA)，该法案对 CCPA 进行了修订，除了为更多的消费者权利和新的消费者个人信息类别让路外，还设立了一个新的隐私执行机构。新法将于 2023 年 1 月 1 日生效，过渡期间仍保留 CCPA 授予的个人权利和对企业的授权和要求。

2020 年 9 月 16 日，巴西的《一般数据保护法》(Lei Geral de Proteo de Dados Pessoais，LGPD)正式生效，政府还批准成立一个国家级的数据保护机构——Autoridade Nacional de Proteção de Dados (ANDP)专门负责执行 LGPD。

加拿大于 2020 年 11 月 17 日出台了《2020 年数字宪章实施法案》，它的形成和实施方式被广泛认为是最近加拿大隐私法最重大的变化之一。该法案导致《消费者隐私保护法》(CPPA)和《个人信息与数据保护法》的制定，并对其他法案进行相应的修正。

新西兰 2020 年《隐私法》于 2020 年 12 月 1 日生效，取代了此前 1993 年的《隐私法》。新法适用于在新西兰境内开展业务过程中收集个人信息的组织(即使它们不是新西兰的法人实体)，新法还要求收集个人数据的企业在发生隐私泄露的情况下，必须通知受影响的个人以及隐私专员办公室(OPC)，否则每次违规将面临高达 1 万新西兰元的重罚。

中国在 2021 年 6 月 10 日，第十三届全国人民代表大会常务委员会第二十九次会议通过《数据安全法》三审稿①，该法将于 2021 年 9 月 1 日起正式施行。全文共七章五十五条，分别从数据安全与发展、数据安全制度、数据安全保护义务、政务数据安全与开放的角度对数据安全保护的义务和相应法律责任进行规定。亮点和变化体现在明确国家机关在数据安全管理的职责和配合机制，强调对重要数据重点保护，强调智能化公共服务对老年人等的适用性，完善政务数据安全保障，并进一步加大对违法行为的处罚力度。

2021 年 8 月 20 日，十三届全国人大常委会第三十次会议表决通过《中华人民共和国

---

① 2020 年 6 月 28 日，第十三届全国人大常委会第二十次会议对《数据安全法(草案)》进行了初审；2021 年 4 月 29 日，中国人大网公布了《数据安全法(草案)》的二审稿。

个人信息保护法》[①]，并于 2021 年 11 月 1 日起施行，这标志着我国个人信息保护立法体系进入新的阶段。《个人信息保护法》的出台为个人信息权益保护、信息处理者的义务以及主管机关的职权范围提供了全面、体系化的法律依据，构建起个人信息安全的防护网。

2.5 小　结

数据与计算相互依存和影响并赋能应用，新一代信息技术驱动的数字经济[②]时代已然来临。如何使信息技术与资源要素优化配置并共同发生作用，以人工智能技术为代表的数字化与数智化技术成为重要的选型技术。在数据经济时代，数据要素是重中之重，业务数据化和数据业务化形成的闭环是数据价值实现的重要保障。本章顺序地介绍了从数字化到数智化涉及相关理论、关键技术和法律伦理等相关话题。

① 第十三届全国人大常委会第二十二次会议(2020 年 10 月 13—17 日)对《中华人民共和国个人信息保护法(草案)》(以下简称“草案”)进行了审议，并向社会公开征求意见。

②《G20 数字经济发展与合作倡议》提及：数字经济是指以使用数字化的知识和信息作为关键生产要素、以现代信息网络作为重要载体、以信息通信技术的有效使用作为效率提升和经济结构优化的重要推动力的一系列经济活动。

第3章　大数据汇聚

3.1　引　言

数据是描述事物的符号记录，是构成信息和知识的原始材料，如图形、声音、文字、数字和符号等。因此数据的本质是描述、表示和记录实体(对象)的载体，也是进一步分析、评估和研究实体(对象)的依据。我们常说，数据是信息的载体，信息是知识的载体。

(1) 数据是描述和表示实体对象最原始的、未被加工的、按照某一种格式或者规约表示的记录，其本身除了反映实体某个维度的属性之外，不能回答任何特定的问题。

(2) 信息是通过对数据进行加工处理，使数据之间建立相互联系，形成具有回答某个特定问题能力的、具有语义的数据(未必是原始数据的子集)，因此，信息可以消除数据的不确定性。

(3) 知识是通过对信息进行加工处理而形成的，它能反映事物内在规律，指导未来工作和实践，具有效用意义。知识又可以分为显性知识和隐性知识。前者是可以文本化的，易于传播；后者是指存在于个体头脑中的经验，需要进行大量的分析和总结，才能转化为显性知识。

大数据的本质在于从数据中发现知识，为潜在应用提供服务。近年来，以大数据、物联网、人工智能、5G为核心特征的数字化浪潮正席卷全球。随着社会的不断发展和信息化时代的到来，人类产生数据的形式不仅发生了颠覆式的转变，而且变得越来越多样化，产生的数据量也呈爆炸式增长。这个世界每时每刻都在产生大量数据，如物联网传感器数据、社交网络数据、商品交易数据等。IDC(Internet Data Center)在研究报告“Data Universe Study”中预测，全世界数据量将从2009年的0.8 ZB增长到2020年的35 ZB，平均年增长率超过40%。中国互联网络信息中心(CNNIC)在2018年8月20日发布的第42次《中国互联网络发展状况统计报告》中描述，截至2018年6月30日，我国网民规模达8.02亿人，其中手机网民规模达到7.88亿人。移动互联网的迅速发展势必进一步刺激数据信息的增长，促进大数据时代的发展。面对如此巨大的数据，摆在每一位大数据项目建设者面前的首要问题是：对目标应用有贡献的数据在哪里呢？

每一个数据源都有符合自己特征的组织与管理方式。这意味着从数据采集的角度而言，每一类数据源都对应着不同的数据获取协议以及响应方法。近年来，关于数据源资源池动态管理方法的相关研究正在逐步取得进展，这种动态管理指的是结合领域专家静态配置数据源和初始采集策略，针对数据源的实际采集情况对数据源进行动态评估，在评估的基础上，动态调整数据采集策略，并允许用户动态新增数据源，从而实现基于本体的数据源的动态管理，并结合数据源的特点自动规划数据采集策略。需要额外指出的是，从一个数据源获取数据，既是技术问题，但更多的情形下往往需要某种商务模式的支撑。

本章主要梳理大数据项目建设中与大数据采集相关的内容。本章的结构安排如下：3.2节简单介绍多源异构的数据源分布情况及常规的数据渠道；3.3节介绍数据库数据获取方法；3.4节介绍表面网数据采集方法和策略；3.5节介绍深网数据的采集方法；3.6节介绍群智驱动的一种新型数据感知与采集方法；3.7节是本章小结。

3.2 数据汇聚梳理

1. 大数据企业的类型

数据、技术、思维是大数据价值实现的3个基本要素，也对应大数据企业的三种类型，即数据型企业、技术型企业和思维型企业。

(1) 对于数据型企业而言，数据是企业的核心竞争力，这些企业有采集相关数据的私有渠道。以百度为例，作为一个搜索引擎企业，其在互联网搜集各类数据，为用户提供数据服务的同时，其本身也积累了大量的数据；淘宝在提供用户网络购物的业务功能之外，也沉淀了大量的数据(反映用户交易行为、偏好以及商品舆情等)；微信(或新浪微博)在提供用户自主生成内容表达个人所见所闻、情绪感受的同时，也将这些数据沉淀在了自有数据库中。

(2) 对于技术型企业而言，技术是企业的核心竞争力，他们有能力针对共性理论和关键技术进行预研，这些研究成果一方面服务于企业的自有生产线，另一方面会被这些航母级IT公司开源出来，以期构建产业生态。

(3) 对于思维型企业而言，其本身没有特有技术，也没有数据储备，但是这类企业对应用场景、技术选型比较敏感，同时明白数据在哪里，有足够的能力(技术能力和商务能力)富集数据。这类企业的业务逻辑是：富集和整合多数据源数据，开发数据处理与分析工具集，在此基础上开发目标应用系统。

随着大数据应用项目的推进和渗透，我们可以看到，数据型企业因其高附加值正在成为行业的主导者，并因为独享数据(假如是独享的话)而成为垄断者和行业领袖。而从大数据应用的直接受益方来看，基于数据的新型人工智能应用快速发展，引导了新一波的智能浪潮。以传统产业为例，一方面，传统行业通过拥抱大数据，积极部署行业应用，提高自己在产业链上的地位；另一方面，大数据正在引导传统产业重构并催生出新的业态来。

那么，如何开展或建设一个大数据项目呢？首先的一个问题就是：数据在哪里？这是每一位大数据项目建设者都会遇到的数据渠道梳理问题。对于大数据分析师而言，针对不同的应用目标或者不同的甲方，其面临的问题往往是不一样的。表3-1罗列了几类主要应用场景下大数据项目建设时可能面临的问题。

表3-1 不同应用场景下的数据采集问题

序号	应用场景/甲方特征	常规问题	举 例
1	有一定数据基础的应用型企业	用这些数据能做什么	工商、税务等已有相对完备的业务系统，积累了大量数据，如何进行数据创新
2	有一定IT基础的行业应用型企业	做这些事还需要哪些数据？	金融、电商等具备比较明确的目标，比如获客、画像等，需配备哪些数据

2. 潜在数据源的分布及特点

一般而言，潜在的数据源分布在互联网、物联网及业务系统中，分别叫作互联网数据、物联网数据、业务系统数据、实验室数据或行业标准数据。

(1) 互联网数据。基于互联网的应用系统在满足特定业务目标的同时，将一些数据以用户可访问的方式存放在互联网中，普通用户可以通过互联网访问这些数据，如电商评论、新浪微博等。

(2) 物联网数据。传感器将感知到的数据通过某种通信协议(接口)传输到业务系统或存放在业务系统，同时将其发布在互联网上。

(3) 业务系统数据。响应具体业务需求而构建的业务系统在执行具体任务时，将数据存储在业务系统数据库中。

(4) 实验室数据或行业标准数据。在项目冷启动阶段，这些数据具有重要的意义，其大大降低了双创企业进入一个新领域的门槛。在新一代人工智能规划颁布后，政府或组织出台了很多政策，行业标准数据库的构建往往是其中特别要求的一点。

从数据的归属权而言，数据无非是自有(营)的或者他有(营)的，因此，对于一个计划开展大数据项目的建设者而言，其可用的潜在数据源又可以从上述两个维度扩展为八类，如表 3-2 所示。

表 3-2　潜在数据源分类及特点

分类	特　　点	
	自有(营)/内部数据	他有(营)/外部数据
业务系统	本单位自有，理论上可以最大限度访问，需要注意的是： (1) 实际中各个部门(业务系统)的数据彼此以孤岛的形式存在。 (2) 很多业务单位会有历史遗留数据存放在旧版本系统中，甚至是纸质文档	非本单位自有，难以实现共享，需要注意的是： (1) 从其他利益主体的业务系统获得数据往往需要商务合作的支撑。 (2) 政府数据开放可大范围降低对政府类业务系统数据的获取成本
互联网	本单位自有，往往可通过同步存放在后台服务器中的数据获取方式获得	非本单位自有，但互联网的开放精神使得其可以自由访问
物联网	本单位自有，理论上可以最大限度访问，需要注意的是： (1) 从物联网终端直接读取数据。 (2) 从业务系统中读取	非本单位自有，难以共享，一般不会开放物联网终端的通信协议，而是将数据存放在业务系统中，或将数据发布在互联网上
实验数据/标准数据	本单位制作的实验数据/行业标准数据也可开放，以提高单位影响力	一般是开放的，可以自由访问

从表 3-2 中可以看出，物联网数据采集是以转变为业务系统数据采集或者互联网数据采集的方式进行的，而业务系统的数据采集一般是以数据服务、API 接口或者开放数据库的方式进行。其中，开放数据库是开放程度最高的形式，一般仅局限于内部自营数据采集。总体而言，大数据项目建设涉及的主要数据采集方式包括数据库数据采集和互联网数据采

集(包括表面网数据采集和深网数据采集)，其他通过某种通信协议进行数据获取的相关知识在这里不作讨论。

3.3 数据库数据采集

数据库数据采集就是在源数据端给予充分共享保障的情况下，将数据从源端传输到目标端的过程。一般而言，业务系统存放在数据库中的数据往往经过了质量治理，其规范化程度相对较高。数据库数据采集的常用方法就是 ETL。

3.3.1 ETL

ETL(Extraction Transformation Loading)用来描述将数据从来源端经过抽取(Extract)、转换(Transform)、加载(Load)至目的端的过程。ETL 是将企业内部各种形式、不同来源的数据经过抽取、清洗转换之后格式化的过程，其目的是整合企业中分散、零乱、标准不统一的数据，以便后续对数据进行分析、处理和应用。

一个简单的 ETL 体系结构如图 3-1 所示。

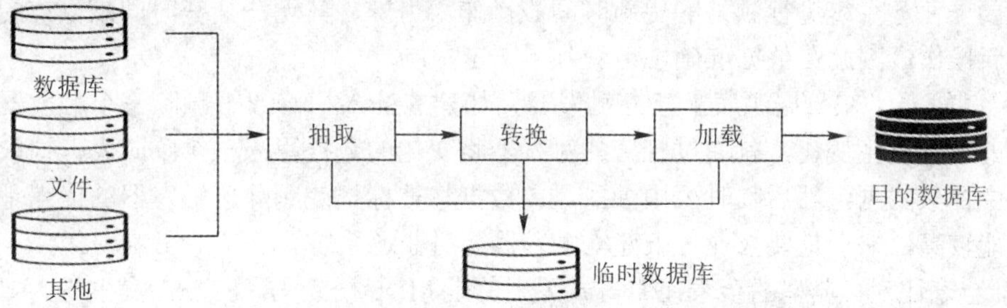

图 3-1 ETL 体系结构图

ETL 中的主要环节包括数据抽取、数据转换和加工、数据装载。为了实现这些功能，相关 ETL 工具一般会进行一些功能上的扩充，如工作流、调度引擎、规则引擎、脚本支持、统计信息等。

1. 数据抽取

数据抽取是从数据源中抽取数据的过程。由于在大多数场景下，数据会存放在数据库里，因此数据抽取也就变成了从数据库中抽取数据的过程。从数据库中抽取数据一般分为两种方式：全量抽取和增量抽取。

1) 全量抽取

全量抽取是将数据库中的所有数据原封不动地抽取出来，然后转换成 ETL 工具可以识别的格式。由于全量抽取是对整个数据库的所有数据进行抽取，不需要进行其他复杂处理，因此抽取过程比较简单、直观。但是在实际运用中，很少会用到全量抽取，主要是因为数据是实时增加的，全量抽取会重复抽取上次已经抽取的历史数据，在产生大量冗余数据的同时也降低了抽取效率。

2) 增量抽取

增量抽取只抽取自上次抽取以来数据库中新增或修改的数据。如何捕获变化的数据是增量抽取的关键。优秀的捕获方法应该做到将数据库中发生变化的数据以较高的准确率获得，同时不对业务系统造成太大的压力，也不影响现有业务。在增量抽取过程中，常用的捕获发生变化的数据的方法有日志比对、时间戳、触发器、全表比对等。

(1) 日志比对。日志比对是指通过分析数据库自身的日志来判断变化的数据。以常用的Oracle数据库为例，Oracle数据库具有改变数据捕获(Changed Data Capture，CDC)的特性。CDC能够帮助用户识别从上次抽取之后发生变化的数据。利用CDC在对源表进行插入、更新或删除等操作的同时就可以提取数据，并且变化的数据被保存在数据库的变化表中。这样就可以捕获发生变化的数据，然后利用数据库视图以一种直观可控的方式提供给目标系统。

(2) 时间戳。通过增加一个时间戳字段，可在更新、修改表数据的同时，修改时间戳字段的值。当进行数据抽取时，通过比较系统时间与时间戳字段的值来决定抽取哪些数据。对于支持时间戳自动更新的数据库，在数据库表其他字段的数据发生改变时，系统自动更新时间戳字段的值。有的数据库不支持时间戳的自动更新，这就要求业务系统在更新业务数据时，手工更新时间戳字段。时间戳的性能比较好，数据抽取相对清楚简单，但对业务系统也有很大的侵入性(加入额外的时间戳字段)，特别是对不支持时间戳自动更新的数据库，还要求业务系统进行额外的更新时间戳操作。另外，其无法捕获时间戳以前的数据删除和更新操作，因此在数据准确性上受到了一定限制。

(3) 触发器。在数据源表上建立触发器，如建立插入、修改、删除三个触发器，每当源表中的数据发生变化，就通过相应的触发器将变化的数据写入一个临时表，抽取线程从临时表中抽取数据，然后临时表中抽取过的数据将被标记或删除。触发器的优点是数据抽取的性能较高，缺点是要求业务表建立触发器，对业务系统有一定的影响。

(4) 全表比对。典型的全表比对方式采用的是MD5校验码。ETL工具事先为要抽取的数据建立一个结构类似的MD5临时表，该MD5临时表记录源表(即待抽取的表)的主键以及根据所有字段的数据计算出来的MD5校验码。每次进行数据抽取时，对源表和MD5临时表进行MD5校验码的比对，从而决定源表中的数据是新增、修改还是删除，并同时更新MD5校验码。MD5方式的优点是对源系统的侵入性较小(仅需要建立一个MD5临时表)，缺点是与触发器和时间戳中的主动通知不同，MD5方式是被动地进行全表数据的比对，性能较差。当表中没有主键或唯一列且含有重复记录时，MD5的准确性较差。

ETL处理的数据源除了关系数据库外，也可以是文件，如TXT文件、EXCEL文件、XML文件等。对文件数据的抽取一般是进行全量抽取，抽取前可保存文件的时间戳或计算文件的MD5校验码，以便下次抽取时进行比对，如果相同则可忽略本次抽取。

2. 数据转换和加工

1) 数据转换和加工的环节

从数据源中抽取的数据不一定能完全满足目标数据库的要求，可能存在数据格式不一致、数据输入错误、数据不完整等缺陷，因此有必要对抽取出的数据进行数据转换和加工，其中最基本的两个环节是数据清洗与数据转换。

(1) 数据清洗。数据清洗的任务是过滤那些不符合要求的数据，可以将过滤的结果交给业务主管部门，由主管部门确认是直接过滤还是由业务单位修正之后再进行抽取。不符合要求的数据主要有不完整数据(应该有的信息缺失)、错误数据(数据本身是错的，往往是业务系统建设不健全导致的)、重复数据(数据记录是冗余的)三大类。数据清洗是一个反复的过程，不可能在几天内完成，需要不断发现问题、解决问题。对于是否过滤、是否修正，一般要求相关人员确认。数据清洗工作往往耦合在数据质量治理环节。

(2) 数据转换。数据转换主要是进行不一致数据转换、数据粒度的转换以及商务规则的计算。

① 不一致数据转换是将不同业务系统中相同类型的数据进行统一，比如同一个供应商在结算系统的编码是 XX0001，而在 CRM 中编码是 YY0001，这样数据不一致的情况需要在抽取过来之后统一转换成一个编码。

② 数据粒度的转换是将业务系统数据按照目标系统要求的粒度需求进行聚合。

③ 商务规则的计算是按不同企业的不同业务规则和数据指标，在 ETL 中将这些数据指标计算好后存储在数据仓库中，以供分析使用。

2) 数据转换和加工的方法

数据转换和加工可以在 ETL 引擎中进行，也可以在数据抽取过程中利用关系数据库的特性同步进行。

(1) ETL 引擎中的数据转换和加工。ETL 引擎中一般以组件化的方式实现数据转换。常用的数据转换组件有字段映射、数据过滤、数据清洗、数据替换、数据计算、数据验证、数据加/解密、数据合并、数据拆分等。这些组件如同一条流水线上的一道道工序，它们是可插拔的，可以任意组装，且各组件之间通过数据总线共享数据。有些 ETL 工具还提供了脚本支持，使得用户可以以编程的方式定制数据的转换和加工行为。

(2) 在数据库中进行数据加工。关系数据库本身已经提供了强大的 SQL 指令来支持数据的加工，如在 SQL 查询语句中添加 where 条件、substr 函数、case 条件判断等。相比在 ETL 引擎中进行数据转换和加工，直接在 SQL 语句中进行转换和加工更加简单清晰，性能更高。但有些应用过程比较特殊，使得 SQL 语句无法处理，这时可以交由 ETL 引擎进行处理。

3. 数据加载

ETL 过程的最后步骤是将转换和加工后的数据加载到目标数据库中。加载数据的最佳方法取决于所执行操作的类型以及需要装入多少数据。当目标数据库是关系数据库时，一般来说有以下两种装载方式：

(1) 直接使用 SQL 语句进行插入、更新、删除操作。

(2) 采用批量装载方法，如 bcp、bulk、关系数据库特有的批量装载工具或 API。

大多数情况下会使用第一种方法，因为 SQL 语句提供日志记录并且是可恢复的，批量装载操作更易于使用，并且在装入大量数据时效率较高。因此，具体使用哪种数据装载方法取决于业务系统的需要。

3.3.2　常用 ETL 工具

在大数据时代，数据的异构性使得直接利用数据展开分析很困难，因此进行异构数据整合是数据分析的前提，其结果的好坏将影响后续工作的准确性。ETL 过程是进行异构大数据整合的必备过程，目前市面上的 ETL 工具众多，如 Informatica Power Center(由 Informatica 公司开发)、Data Stage(由 Ascential 公司开发，2005 年被 IBM 收购)、Kettle(业界最有名的开源 ETL 工具)、ETL Automation(由 NCR Teradata 公司开发)、OWB(即 Oracle Warehouse Builder)、ODI(即 Oracle Data Integrator)、Data Integrator(由 Business Objects 公司开发)、DecisionStream(由 Cognos 公司开发)等。本节将重点介绍几个常用的 ETL 工具。

1. DataStage

DataStage 是 IBM 推出的一套专门对多种操作数据源的数据抽取、转换和维护过程进行简化和自动化，并将其输入数据集市或数据仓库等目标数据库的集成工具。DataStage 能够处理多种数据源的数据，包括主机系统的大型数据库、开放系统的关系数据库和普通的文件系统等。

2. Informatica PowerCenter

Informatica PowerCenter 是 Informatica 公司为满足企业级要求而设计的企业数据集成平台，提供企业部门的数据和电子商务数据源(如 XML、网站日志、关系型数据、主机和遗留系统等数据源)之间的集成。

3. Kettle

Kettle 是一款由 Java 编写的开源的 ETL 工具，可以在 Windows、Linux、Unix 上运行，数据抽取高效稳定。Kettle 工具集包含四个产品：Spoon、Pan、Chef、Kitchen。

(1) Spoon 是转换设计工具，使用户通过图像界面来设计 ETL 的转换过程。

(2) Pan 是转换执行器，在后台批量运行由 Spoon 设计的 ETL 转换过程。

(3) Chef 是任务设计器，允许用户创建新任务。

(4) Kitchen 是任务执行器，批量执行由 Chef 设计的任务。

Kettle 中有 transformation 和 job 两种脚本。transformation 完成数据的基础转换，job 则实现对整个工作流的控制。

表 3-3 给出了上述三种主流 ETL 工具的特点与区别，仅供参考。

表 3-3　三种主流 ETL 工具的特点与区别

比较维度	Data Stage	Informatica Power Center	Kettle
数据源	大部分主流数据库，并且具有优秀的文本文件与 XML 文件读取和处理能力	大部分主流数据库，用于访问和集成几乎任何业务系统、任何格式的数据	大部分主流数据库
免费与否	需购买	需购买	免费开源
运行平台	Windows/Unix/Linux	Windows/Unix/Linux	Windows/Unix/Linux
软件安装和升级	图形安装，安装步骤较为复杂	完全图形化安装，无须额外安装平台软件，且不需修改系统内核参数	绿色安装，直接使用

续表

比较维度	DataStage	Informatica PowerCenter	Kettle
处理性能	支持并行处理，此外DataStage 企业版可以在多台装有 DataStage Server 的机器上并行执行。并行执行能力使得DataStage 所能处理数据的速度可以得到趋近于线性的扩展，轻松处理大量数据	可并行运行多个 Session 来提高性能，可使用分区写目标数据以提高速度，可建立多个 PowerCenter Server，并发运行多个 Session 和 workflow。结合 Streaming 和文件交换区的技术，可优化硬盘和内存的资源利用。Session 支持多线程和管道技术(Pipeline)	使用 JDBC，性能与DataStage、Informatica PowerCenter 相比要差很多，适合于数据量较小的 ETL 加工使用
元数据管理	元数据信息不公开	元数据资料库可基于所有主流系统平台的关系型数据库(Oracle、DB2、Teradata、Informix、SQL Server 等)	无元数据管理
抽取容错性	没有真正的恢复机制	抽取出错可恢复，可实现断点续传的功能	无恢复功能
操作便捷性	全图化开发，无编码	全图化开发，无编码，操作简单	全图化开发，无编码，操作简单
编码支持	几乎支持目前所有的编码格式	支持的编码格式十分丰富	支持常见的编码格式
系统安全性	只提供 Developer 和 Operator 两个角色，系统较安全	具有多范围的用户角色和操作权限(只读、操作和设计等)，权限可以分到用户或组	具有简单的用户管理功能

3.3.3 应用提示

在大数据项目建设过程中，数据富集是最关键的环节。数据富集的数据源对象包括本单位的自营数据、其他单位的他营数据、互联网数据。本节提到的数据库数据采集是相比较于后面的互联网数据而言的。这里隐含的一个问题是除本单位的自营数据而外，应该富集哪些其他单位的他营数据。这个问题的答案与目标定位有关(往往需要开发方、用户方等多边研判后加以遴选)，也与商务合作策略及进度有关。在有商务运维的支撑下，纯粹的数据采集涉及的相关应用提示(包括但不限于)如下：

(1) 在系统初始上线前，将既有数据导入新系统中通常是不可或缺的步骤。如果数据在既有自营系统(平台)中，则需要在新系统上线伊始，从既有自营系统(平台)中将数据(批量)导出输入到新系统中；在系统正常有序运行后，需要配置一定的策略(比如频度、数据交换时间等)与既有自营系统(平台)进行数据交换(增量)。

(2) 在实际操作中，往往还有一类既有数据，它们以历史文档的形式保存在数据库里，甚至以纸质的方式存放在档案馆里。这类数据往往也需要纳入数据导入的范围，特别是非电子存储的数据，意味着首先需要数字化，然后进行数据的导入，这种应用场景在很多传统行业和领域极其常见，这一步骤的工作量和成本都极其大。

(3) ETL 是在数据库层进行数据交换的一个工具。这意味着需要对数据源侧的数据字典、数据组织与表结构有清晰的了解，否则极易出现数据获取不完整的情况。在实际进行 ETL 的过程中，新系统的开发者往往缺乏既有系统(数据源侧)的技术支撑，这通常会给新系统在数据交换方面的研发带来很大困难。传统意义上，ETL 的流程是先抽取(从原始数据库中提取出数据)，再转换(转换成目标数据库的格式)，最后加载(将转换好的数据导入目标数据库)。在大数据场景下，出于对数据加载效率的考虑，一般将顺序更改为 ELT，即先抽取，再加载，再转换，这样做的好处在于可以先将原始数据库的数据以最大范围导入当前数据库中(提升加载效率)，至于如何处理和转换则放在之后进行。

(4) ETL 只是众多数据交换方式中的一种，非常适合于大批量数据导入、导出的场景，比如系统上线伊始。在系统运行状态下，当然也可以通过 ETL 工具按照某种策略在后台完成数据的交换。事实上，还有一种 API 接口方式(由原系统提供类似功能，新开发系统按照 API 规约进行数据存取)，也可以进行数据的交换，这种情况特别适合系统在线运行状况下实时(新增)数据的导入导出。在实际应用场景下，API 接口方式非常适合本单位与外单位进行数据交换的场合，这种数据交换的场合通常是建立在一定的商务模式的基础上，双方达成数据交换的商务合作，此时，数据源方侧重于对数据库访问安全的控制，不会倾向在数据库层进行 ETL，而 API 接口方式则是一种非常好的补充。

(5) ETL 或者 API 都用于描述新系统是通过怎样的手段获得原系统的数据的，而事实上，任何一个新开发的大数据系统平台，本身应该兼具的一个隐含功能是：将本系统的数据以服务的形式提供给第三方。这意味着在进行新系统研发的过程中，系统设计者应该有意识地设计与实现面向第三方数据访问的 API 接口方式，允许第三方获得当前系统的数据。

(6) 根据项目开发的进度，还需要考虑的是许多公司的业务平台每天都会产生大量的日志数据。通过对这些日志信息进行采集，然后进行数据分析，挖掘公司业务平台日志数据中的潜在价值，可为公司决策和公司后台服务器性能评估提供可靠的数据保证。如果业务系统本身没有对日志数据进行采集，那么通过日志采集系统收集日志数据，提供离线和在线的实时分析也是进行业务系统数据采集的重要路径。

3.4 表面网数据采集

网络大数据(Network Big Data)通常是指“人-机-物”三元世界在网络空间中彼此交互、融合所产生的海量数据。网络大数据蕴藏着巨大的价值，将其应用到生产生活中可以有效帮助人们或企业对信息做出更准确的判断，并采取适当行动。比如，在电子商务领域，通过对用户的商品浏览记录和购物单进行分析，挖掘用户的购物偏好，推荐用户可能购买的商品；在互联网金融领域，通过对行业新闻、法院公告、政府政策公告等大数据信息进行综合分析和预测，辅助银行对客户贷款风险进行研判，实现信贷风险的控制和管理；在社交网络领域，分析用户的博文和转发信息，挖掘用户的行为偏好，从而为企业竞争营销提供目标客户等。网络大数据本身的特点决定了其潜在的与众不同的商业价值，对网络大数据进行有效收集并充分挖掘将成为许多行业扩展业务与市场的新兴突破点。

近年来，以大数据、物联网、人工智能、5G 为核心特征的数字化浪潮正在席卷全球，人类产生的数据量正在呈指数级增长，Web 成为海量信息的主要载体，如何有效搜集这些信息成为一个巨大的挑战。整个 Web 看似杂乱无章，但如果按其所蕴涵信息的深度可以将其划分为 Surface Web 和 Deep Web 两大部分。Surface Web 是指通过超链接可以被传统搜索引擎索引到的页面的集合，反之，Deep Web 是指 Web 中不能被传统的搜索引擎索引到的那部分内容，而这些网页通常由静态网页代码和对应的图片、文件资源所组成。

不同于深网和暗网，表面网数据没有被存在站点的数据库当中或是被故意隐藏，因此能使用网络爬虫技术对其进行数据采集，这给了我们对其进行开发再利用的机会。

3.4.1 网络爬虫

对互联网数据的搜集，通常是通过网络爬虫进行的。网络爬虫是一种自动化浏览网络的程序或网络机器人。通俗来说，网络爬虫是指从指定的链接入口，按照某种策略，从互联网中自动获取有用信息的程序。网络爬虫广泛用于互联网搜索引擎或其他类似网站中，以获取或更新这些网站的网页内容和检索方式。网络爬虫可以自动采集所有能够访问到的页面内容，以供搜索引擎做进一步处理(分拣、整理、索引下载的页面)，使得用户能更快地检索到他们需要的信息。

1. 网络爬虫抓取网页的流程

从网络爬虫的定义可知，网络爬虫开始于一个被称作“种子”的统一资源地址列表(也称 URL 池或 URL 队列)，将其作为抓取的链接入口。当网络爬虫访问这些网页时，识别出页面上所有的网页链接，并将它们加入待爬队列中。此后从待爬队列中取出网页链接，按照一套策略循环访问，直到待爬队列为空时，爬虫程序停止运行。

图 3-2 描述的是一个通用的网络爬虫抓取流程，由种子 URL 队列、待抓取 URL 队列、已抓取 URL 队列、下载网页库等构成。其中种子 URL 队列存放爬虫抓取的入口 URL，待抓取 URL 队列存放下一步需要抓取的网页 URL，已抓取 URL 队列存放已经成功抓取的网页 URL，下载网页库存放成功抓取的网页信息。

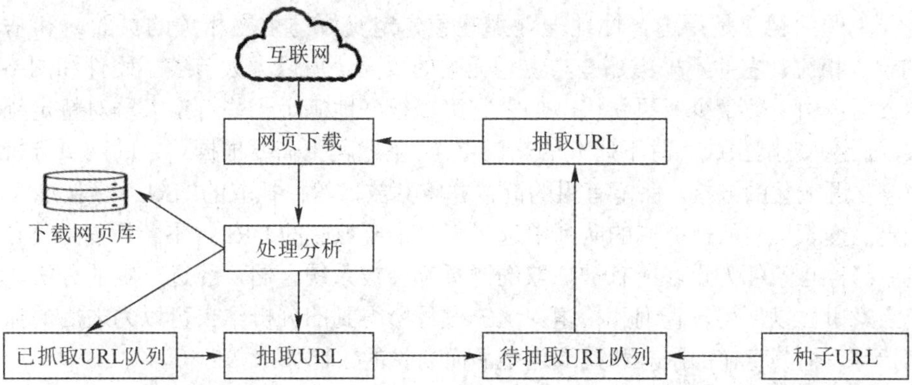

图 3-2 网络爬虫抓取流程图

网页爬虫抓取网页的流程如下：

(1) 指定入口 URL，将其加入种子 URL 队列中。

(2) 将种子 URL 加入待抓取 URL 队列中。

(3) 从待抓取 URL 队列依次读取出 URL，从互联网中下载 URL 所链接的网页。

(4) 将网页的 URL 保存到已抓取 URL 队列中，将网页信息保存到下载网页库中，从网页中抽取出需要抓取的新 URL 并加入待抓取 URL 队列中。

(5) 重复上述(1)～(4)步，直到待抓取 URL 队列为空。

2. 网络爬虫的类型

网络爬虫是一个可以自动爬取网页信息的 Web 程序。归纳起来，网络爬虫大致可以分为以下几种类型：

1) 基于整个 Web 的爬虫

基于整个 Web 的爬虫从一些种子 URL 开始，逐渐扩散到整个 Web 网络，它通常是作为门户站点搜索引擎和大型 Web 服务提供商的数据采集部分。这类信息由于采集目标是整个 Web，因此对内存和硬盘等硬件的要求比较高，对采集页面的顺序要求相对较低。

2) 批量式的爬虫

批量式爬虫根据用户配置进行网络数据的爬取，此处的用户配置包括 URL 或 URL 列表(往往也称为 URL 池)、爬虫累计工作时间、爬虫累计获取数据量等，这种爬虫适合于互联网数据获取的任何场合，往往用于评估算法是否可行以及审计目标 URL 数据是否可用。

3) 增量式的爬虫

传统的爬虫根据自己的需要采集足量的信息后停止采集，过一段时间这些数据过时后，它会重新采集一遍来代替先前的信息，这称为周期性 Web 采集器。而增量式的爬虫采用增量式更新，即根据用户配置对网络数据进行准确实时的爬取(用户配置的信息包括 URL 或 URL 列表、单个 URL 数据爬取频度、数据更新策略等)，通用的商业搜索引擎爬虫基本都属此类。与传统的周期性信息采集相比，增量式信息采集能极大减小数据采集量，从而减少了采集的时间与空间开销。但是与此同时，增量式信息采集也增加了算法的复杂性和技术难度。

4) 基于主题的爬虫

基于主题的爬虫是指选择性地搜寻那些预先定义好与主题相关的页面。和基于整个 Web 的爬虫相比，它并不采集那些与主题无关的页面，所以大大节省了硬件和网络资源，保存的页面也由于数量少而更新快。加之它可以很好地满足一些特定人群对特定领域信息的需求，因此主题爬虫成为时下研究的热门重点。主题爬虫需要根据一定的网页分析算法，过滤掉与主题无关的链接，保留有用的链接并将其放入等待抓取的 URL 队列。然后，它会根据一定的搜索策略从待抓取的队列中选择下一个要抓取的 URL，不断重复上述过程，直到满足系统停止条件为止。所有被抓取的网页都会被系统存储，经过一定的分析、过滤，然后建立索引，以便用户查询和检索。这一过程所得到的分析结果可以为之后的抓取提供反馈和指导。但其存在的困难和挑战也是显而易见的，比如：

(1) 如何判定一个已经抓取的网页与主题是相关的。

(2) 如何过滤掉海量网页中与主题不相关的或者相关度较低的网页。

(3) 如何有目的、有控制地抓取与特定主题相关的Web页面信息。

(4) 如何决定待访问URL的访问次序。

(5) 如何提高主题爬虫的覆盖度。

(6) 如何协调抓取目标的描述或定义与网页分析算法及候选URL排序算法间的关系。

(7) 如何寻找和发现高质量网页和关键资源。

5) 基于用户个性化的爬虫

当不同的用户向同一个搜索引擎提交同一个检索词时，他们期待的结果是不尽相同的，但通用的搜索引擎却只能返回相同的检索结果，这显然不完全符合用户的需要。而基于用户个性化的爬虫是一种轻量级的采集系统，它的目标就是通过用户兴趣制导或与用户交互等手段来采集信息，给用户提供个性化服务。

6) 移动的爬虫

移动爬虫并不像其他爬虫一样在本地客户机向Web站点服务器发送页面请求，而是将自己上传到它所要采集的服务器中，在服务器端进行采集，并将采集结果压缩后，再回传到本地。这样做大量节省了Web资源，大量的剪裁工作将在被采集对象的服务器上完成。

7) 基于元搜索的爬虫

基于元搜索的爬虫对用户提交的查询请求通过多个领域或门户搜索引擎搜索，并将结果整合后返回给用户。一般元搜索引擎并不保存Web页面的索引文件，但是有部分元搜索引擎会保存为它服务的每个搜索引擎的信息特征，根据之后的用户请求做出选择。作为搜索引擎首要部件的爬行器在元搜索引擎中功能有所退化，但基于元搜索的爬虫依然是Web信息采集的一个研究方向，被称作基于元搜索的信息采集。

3. 网络爬虫在实际应用中的注意事项

网络爬虫在实际操作中，有以下注意事项：

(1) 我们往往会设定一个有限数量的URL列表(尽管数量或许很大)，然后让爬虫从这些指定的URL池中按照某种策略顺序或并行地获取数据。

(2) URL列表的设置(与维护)是一个经验性很强的工作，需要对目标应用场景有极强的敏锐度，往往由领域用户(或专家)协同研判进行。

(3) 任何一个URL能否被纳入正式的URL池是需要经过“假想”→“验证”的流程评估的，经过评估认为可行且可信的URL才会被纳入到URL池中。评估的具体过程是：

① 用户假定某URL。

② 利用上述的批量型爬虫从这个URL中获取数据。

③ 将从此URL爬取的数据交由用户评估，用户从数据可行性(是否对目标有用)、技术可行性(爬虫是否能够完备可信地获取数据)等角度进行评估。

④ 经过评估认为此URL爬取的数据有用且有效，则将此URL正式配置进入URL池；当然这个“假想”→“验证”过程也用来作为评估爬虫程序本身是否支持当前URL数据的获取的重要依据，也是爬虫程序改进的重要驱动源。

不论是哪一种类型的爬虫，其执行步骤均是从URL池中选择一个具体的URL，然后利用爬虫从这个URL中获取数据。不过需要注意的是每一个URL都是互联网中的一个网页，而互联网中的每一个网页都是通过网页中的URL链接扇出到另外的URL中。这给爬虫带来的一个问题是在爬取一个具体 URL 中的数据时，如何处理这个 URL 中扇出的 URL 链接？这涉及网络爬虫数据抓取的策略。

4. 网络爬虫的抓取策略

网络爬虫抓取策略是指在网络爬虫系统中决定待抓取 URL 队列中 URL 排列顺序的方法。不同的网络爬虫抓取策略对应不同的网页抓取过程，其抓取效率也有所不同。常见的网络爬虫抓取策略有如下四种，如表 3-4 所示。

表 3-4　不同的抓取策略特点比较

抓取策略	描　述	优　缺　点
深度优先	从 URL 池中选择某 URL，然后按深度优先遍历以该 URL 为根节点的所有 URL 网页内容，然后取出 URL 池中下一个 URL，继续上述策略循环至 URL 池遍历完	抓取深度大，但易导致无限抓取，使得爬取过程无法收敛
广度优先	按照广度优先搜索思想，逐层抓取 URL 池中的每一个 URL 内容并将每一层的扇出 URL 纳入 URL 池中，按照宽度优先策略继续遍历	抓取宽度广，抓取过程容易控制，能有效减轻服务器的负载，但易造成 URL 大量聚集而导致 URL 池溢出
局部 PageRank	借鉴 PageRank 思想，在 URL 池和已抓取网页组成的网页集合中计算 URL 池中 PageRank 值并以此进行排序，然后按照此序顺序遍历各个 URL	网络环境中，由于广告链接、作弊链接的存在，易导致 PageRank 值不能完全刻画其重要程度，从而导致实际抓取数据无效
OPIC	OPIC 策略将每个网页赋予相同的“金币”，每当下载某个页面 P，则将 P 拥有的“金币”平均分配给网页中包含的链接页面，待爬队列中链接依“金币”排序	OPIC 计算速度快于局域 PageRank 策略是一种较好的重要性衡量策略，效果略优于宽度优先遍历策略，适合实时计算场合

需要补充说明的是：

(1) PageRank 是一种著名的链接分析算法，其功能是通过计算网页被其他网页链接指向的数量来表示其重要性，借此实现对每个网页的重要度排序。

(2) OPIC 是 Online Page Importance Computation 的缩写，意为在线页面重要性计算。

(3) 在实际操作中，用户设定 URL 的目的就是搜集与当前 URL 直接链接的有限扇出层级，甚至是该 URL 指定网页中的某个频道(模块)的扇出 URL，因此在实际的网络爬取过程中，除了配置必要的爬取策略而外，往往需要对每一个 URL 配置一个专门的抓取策略。

5. 网络爬虫的实际执行步骤

通过前面知识的学习，我们总结出网络爬虫的实际执行步骤是：

(1) 从 URL 池中选择某个 URL。

(2) 读取该 URL 对应的专有抓取策略，按照此专有策略抓取该 URL 的内容。

(3) 依照事先约定的爬取策略(深度优先、宽度优先、局部 PageRank、OPIC 等)选择下一个 URL。

3.4.2 分布式爬虫

1. 对网络爬虫的评价

网络爬虫的目的在于抓取指定的网页信息，因此针对网络爬虫一般从程序开发和抓取内容两个角度对其进行评价，具体如表 3-5 所示。

表 3-5 网络爬虫评价

评价视角	评价维度	评 价 细 节
程序开发	高效性	一般的衡量标准为每秒钟抓取的网页数量，每秒钟抓取的网页数据越大，爬虫程序越高效
	可扩展性	不同的网页具有不同的(模板)结构，针对不同的应用场景，网络爬虫数据抓取的需求也不一样，均需网络爬虫具有良好的扩展性
	健壮性	网络爬虫程序必须具有良好的容错性，能够正确处理相关异常情况，保障抓取过程正常进行
	友好性	一方面，网络爬虫程序应该易于管理 URL 池；另一方面，网络爬虫程序在抓取过程中应减少对被抓取网站的网络负载
抓取内容	抓取网页覆盖率	网络爬虫应具有较大的抓取网页覆盖率(指抓取的网页占整个互联网的比例)，抓取网页覆盖率越大，表明抓取的网络大数据越可能全面
	抓取网页及时性	网络爬虫应及时获取最新网络数据，以保持抓取的网络大数据的“活性”
	抓取网页重要性	网络爬虫应该抓取具有重要价值的网页，使抓取过程具有较高的性价比

基于上述介绍，可以看到，对于一个具体的网络爬虫(软件)而言，URL 池中 URL 的数量以及这些 URL 中数据更新的频率直接影响到网络爬虫的计算复杂度和网络数据的抓取效率。因此，在大数据应用场景下，使用分布式计算技术将网络数据抓取并行化，已经成为一个必然趋势。

2. 分布式爬虫系统

所谓分布式网络数据爬取，就是多个单机爬虫通过系统有效协作和配合，实现互联网大数据的数据抓取。通过构建分布式系统，多台机器之间有效合作分工，可以大幅提高计算速度，从而处理实际应用场景下的海量数据。同时，系统当中配以分布式存储，以提高数据存储性能。一个通用分布式爬虫架构如图 3-3 所示。

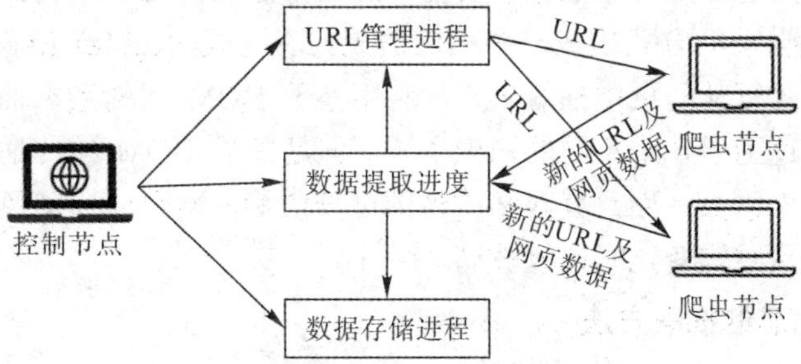

图 3-3 分布式网络爬虫架构

整个分布式爬虫系统由两部分组成：master 控制节点和 slave 爬虫节点，其中 master 控制节点负责 slave 节点任务调度、URL 管理、结果处理；slave 爬虫节点负责本节点爬虫调度、HTML 下载管理、HTML 内容解析管理。

分布式爬虫系统的工作流程是 master 将任务(未爬取的 URL)分发下去，slave 通过 master 的 URL 管理器领取任务(URL)并独自完成对应任务(URL)的 HTML 内容下载、内容解析，解析出来的内容包含目标数据和新的 URL，完成后 slave 将结果(目标数据+新 URL)提交给 master 的数据提取进程(属于 master 的结果处理)，该进程完成两个任务，分别是提取出新的 URL 交于 URL 管理器和提取目标数据交于数据存储进程，master 的 URL 管理进程收到 URL 后进行验证(是否已爬取过)并处理(未爬取的添加进待爬 URL 集合，已爬取的添加进已爬 URL 集合)，然后 slave 循环从 URL 管理器获取任务、执行任务、提交结果。

3.4.3 网页信息提取方法

Web 页面中往往存在大量超链接、广告等“噪声信息”，这使得用户无法快速在网页中定位自己所需要的信息，因此在实际数据采集过程中会有一个信息抽取和过滤过程。目前主要的网页信息抽取方法大致分为基于包装器的抽取方法、基于 DOM 树的抽取方法和基于视觉信息的抽取方法三种。

1. 基于包装器的抽取方法

基于包装器的信息抽取方法的原理是先由用户标注一组 Web 页面文档作为样本，再使用机器学习方式的归纳算法，生成某种基于定界符的抽取方法，自获得待抽取数据在 Web 页中的结构特征，从而实现数据抽取。一般过程是先选定样本页面和模式，生成模式信息和抽取规则，存入知识库；然后利用知识库对其他同类页面自动抽取信息，并将得到的信息按对象关系模型进行重组后存放在数据库，以支持查询及各种应用。这类信息抽取的方法与基于自然语言理解方式的信息抽取技术相比，其最大的区别在于仅仅使用语义项的上下文来界定信息，而没有使用语言的语法约束。目前采用这种方法的典型系统有 STALKER、SOHTMEALY、WIEN。

2. 基于 DOM 树的抽取方法

基于 DOM 树的抽取技术根据 HTML 网页所具有的树形层次结构特征来实现 HTML 网页中的数据抽取。系统通常先把 HTML 网页结构按照其中的 HTML 标签解析成基于 DOM 树的层次结构，然后通过某种方法把所要抽取的数据定位在 DOM 树的某个层次位置上，最终通过自动或半自动的方式生成一个相应的规则表达式(Regular Expression)形式的抽取规则，使用规则将数据从网页中抽取出来。利用基于 DOM 树的数据抽取的准确率和召回率相对很高，而且适用于各个不同的知识领域，但是基于 DOM 树的抽取系统的输入往往需要相应的若干示例网页。而且其对结构性的过分依赖，网页结构又经常性地发生变化，因此，它在应对网页结构变化时比较被动。

3. 基于视觉信息的抽取方法

从页面视觉特征的角度对网页结构进行挖掘也是很有效的途径。典型的代表就是微软亚洲研究院提出的 VIPS(Vision-based Page Segmentation)算法。它利用背景颜色、字体颜色和大小、边框、逻辑块和逻辑块之间的间距等视觉特征，通过制订相应的规则把页面分成了各个视觉信息块。这能在一定程度上满足复杂页面对算法的要求，但由于视觉特征的复杂性，运用的启发知识往往较为模糊，需要人工不断总结调整规则，因此如何保证规则集的一致性是一大难点。

此外，有许多研究者考虑使用HTML标签信息来划分页面。其中，中科院计算所软件研究室提出利用 TABLE 标记和视觉特征对页面进行语义块划分，并识别各语义块属性的算法 TVPS(Table and Vision based Page Segmentation)。TVPS 算法中的分块方法只考虑了各个最底层的 TABLE 标记，但是实际情况中网页样式结构和 TABLE 标记的嵌套关系都非常复杂，网页正文信息不一定全在最底层的 TABLE 标记中。所以如果只考虑最底层的 TABLE 标记，会遗漏部分正文信息。

3.4.4 典型开源工具

大数据时代网络数据采集是进行大数据挖掘的前提，采集到的数据类型和质量直接影响后续大数据挖掘的价值。网络大数据通常采用网络爬虫进行采集，开发网络爬虫采集网络大数据显得尤为重要。目前有非常多的开源网络爬虫可供开发人员使用，如 Nutch、Scrapy、Larbin、Heritrix、JSpider、Crawler4j、WebSPHINX、PolyBot 等。本节重点介绍几种具有代表性的开源网络爬虫，在实际开发中，可根据具体需求，选择合适的爬虫框架。

1. 几种常用的开源网络爬虫

1) Nutch

Nutch 是一个 Java 实现的开源搜索引擎，提供运行搜索引擎本体所需的全文搜索和 Web 爬虫等全部工具。Nutch 由 Hadoop 支持，可以进行分布式抓取，存储和索引。另外 Nutch 很吸引人的一点在于它还提供了一种插件框架，使得其能对各种网页内容的解析、各种数据的采集、查询、集群、过滤等方便地进行扩展。正是由于有此框架，Nutch 的插件开发非常容易，第三方的插件也层出不穷，极大增强了 Nutch 的功能和声誉。但 Nutch 的架构大部分都是为搜索引擎设计的，对精确爬取没有特别的考虑。比如，如果期望用 Nutch 做主题爬虫，会浪费很多的时间在不必要的过滤计算上。而且，如果试图对 Nutch 进行二次开发来扩展其定制能力，基本上就要破坏 Nutch 的框架，反而使得复杂度变大。

2) Scrapy

Scrapy 是用 Python 开发的一个快速、高层次的 Web 抓取框架，用于抓取网页并从页面中提取结构化的数据，简单轻巧，可被应用在数据挖掘，信息处理和存储历史数据等一系列的程序中。其最初的目的是抓取页面，目前也可以用来获取 API 返回的数据。

Scrapy 网络爬虫框架在信息提取时采用可读性更强的 Xpath 代替正则表达式，采用中间件形式，方便编写统一的过滤器，并采用管道的方式实现抓取数据的持久化。它使用异步网络库来处理网络通信，结构清晰，并且包含了各种中间件接口，可以灵活完成各种需求。使用者及开发者可以根据自己的实际需求自由开发 Spider 模块及各种中间件来完成对某类网站的定制化爬取，Scrapy 在数据的序列化方面也提供了多种自己的实现方式，如支持 JSON、CSV、XML 等。

3) Larbin

Larbin 是基于 C++ 的 Web 爬虫工具，拥有易于操作的界面，运行于 LINUX 下。Larbin 能够跟踪页面的 URL 进行扩展抓取，为搜索引擎提供广泛的数据来源。利用 Larbin 可以轻易获取单个网站的所有链接，甚至可以镜像一个网站；也可以用它建立 URL 列表群，例如针对所有的网页进行 URL 检索后，进行 XML 的链接的获取。Larbin 的特点是简单、可配置性强，一个简单的 Larbin 爬虫每天可以获取 500 万个网页，非常高效。

2. 三种开源网络爬虫的特点与区别

表 3-6 给出了上述三种开源爬虫的特点与区别，仅供参考。

表 3-6　三种主流爬虫软件特点与区别

爬虫	开发语言	优　点	缺　点	适 用 场 景
Nutch	Java	(1) 集爬取、索引于一体。基于 Hadoop 的分布式系统。 (2) 存储层剥离，支持存储 HBase, Cassandra, MySql 等数据库。 (3) 基于插件式设计，扩展和定制比较方便。 (4) 支持网页解析和索引，可以对接至 Solr，搭建通用的搜索引擎	Nutch 更侧重于索引，和 Hadoop 结合之后，会消耗更多资源在非爬虫部分，爬取效率较低	不仅需要爬取数据，同时对索引有一定需求的场景。大数量、考虑分布式的场景下，可以直接使用 Nutch 的分布式解决方案
Scrapy	Python	(1) 插件设计，扩展性比较好。 (2) 爬虫规则定制简单。 (3) 支持抓取和抽取，数据抽取结构化。 (4) 支持 xpath 和 css 提取网页数据	(1) 单机多线程实现，默认不支持分布式，分布式需要自己实现。 (2) 数据存储方案支持 Local filesystem、FTP、S3、Standard output，默认无分布式存储解决方案。 (3) 默认中间过程网页不会保存，只保存抽取结果	(1) 没有分布式需求，或者有其他分布式解决方案。 (2) 只需要抽取结果，对原始网页不感兴趣
Larbin	C++	单纯的爬取功能，简单，单机效率高	(1) 不支持分布式系统的抓取和存储。 (2) 功能相对简单，提供的配置项也不够多。 (3) 不支持网页自动重访，更新功能	(1) 只需要爬虫工具，其他功能可以通过其他方案解决。 (2) 硬件有限，但对效率要求较高。 (3) 适合作为定制化爬虫系统的爬虫器部分

3.4.5 应用提示

在大数据项目建设过程中，作为最关键的环节，数据富集的对象——数据源包括本单位的自营数据、其他单位的他营数据、互联网数据，本节提到的外部数据是专门针对互联网数据而言的。网络爬虫是从互联网上抓取数据的有效手段，一般的操作流程是用户设定URL池和策略(总体策略以及每一个URL的策略)，爬虫软件系统(单机的或者分布式的)依据设定的策略爬取URL池中的数据。在这个过程中，值得注意的几个问题有：

(1) URL的配置是一个需要用户、开发人员共同进行的工作。一方面需要从应用驱动的角度研判该URL数据是否有用；另一方面需要从技术手段去评估该URL数据是否可以可信获取，在此评估过程中将爬虫新增需求反馈给爬虫开发团队。

(2) 网络爬虫软件往往是处于不断迭代的过程中，这是因为URL网页的结构和编程方式方法没有统一的标准(或者说有统一的编程语言标注，但形式多样)，使得几乎没有可能用同一爬虫软件爬取所有类型网页的数据，因此网络爬虫软件处于持续的迭代开发中。

(3) 对于被抓取的网站而言，出于对网络负载的考虑，会设置一些策略和方法阻止爬虫系统的数据抓取活动，这意味着在爬虫策略的指定方面，除了需要考虑从纯粹的技术流配置相应的策略而外，还需要从爬取频度、网络代理等多个角度进行配置，并且应当注意到爬虫技术和反爬虫技术从来都是一个此消彼长的关系。

(4) 从某个具体的URL中获得的数据往往是一个长的字符串，其中哪些部分是用户感兴趣的，需要用专门的技术手段进行分析。一般通过两种策略进行，一种是在网络爬虫爬取该URL数据的时候自动解析，把感兴趣区域数据保存下来，其他的不予保存；另外一种是将该URL数据全文保存在数据库中，后台另行程序自动读取、解析和转存。

(5) 在实际工作中，需要对从URL中读取的数据，特别是感兴趣的数据进行必要的预处理，为后续的分析提供高质量的数据基础。必不可少的预处理内容包括去重、结构化、自动摘要、标签化等。

① 去重的目的是将重复获取的内容剔除，仅保留其中的一个版本(这对于降低存储非常有效)。进行去重操作的同时，会将重复次数、转载URL等信息记录下来，其中，重复次数可用于评估该URL数据的热度，转载的URL记录可以用于评估该URL的原创或转载偏好。

② 结构化的目的是将URL数据(通常是非结构化的文本)中的结构化信息提取出来，以便对此数据进行高层语义理解。这涉及具体的目标应用，即根据目标应用场景及该URL数据特点设计结构化方式和方法。

③ 自动摘要的目的是将URL数据(通常比较长)以更短的文本加以描述，以便后续用户进行分析回溯时更扼要地了解每个URL的内容。

④ 标签化的目的是为该URL数据打上不同的标签，以便为后续进行数据分析和研判提供基础的数据画像。一般的标签包括底层语义标签(比如关键词标签，通过用户设定的热词，为该URL数据赋予不同的关键词属性)、情感语义标签(通过情感分析获得该URL数据的情感倾向)、高级语义标签(往往是与具体应用目标有关的一些高级语义，比如从URL数据中分析其中蕴含的风险信息，属于何种风险等)。不论是哪一种标签，都是与应用相关的(耦合度不同而已)，需要领域知识支撑。

(6) 在进行实时 URL 数据分析的时候，热(新)词发现和主题发现是比较常见的功能需求，前者专注于从实时的活性数据中发现新生的词汇；后者专注于从实时的活性数据中发现主题及各个主题下的热词，这对于进行事件发现和分析具有重大的意义。

3.5　深网数据采集

3.5.1　概述

深网是指互联网上那些不能被标准搜索引擎索引的非表面网络内容。迈克尔·伯格曼将当今互联网上的搜索服务比喻为一个在地球海洋表面拉起的大网，巨量的表面信息固然可以通过这种方式被查找得到，可是还有极其大量的信息由于隐藏在海洋深处而被遗漏。标准的搜索引擎无法对其进行查找，除非通过特定的搜查这些页面才会动态产生。于是深网数据就隐藏了起来。据估计，深网的数据量要比表面网站大若干个数量级。

作为一个行业术语，“深网”(DeepWeb)是在 2000 年由 Bright Planet 公司首创，用于表述那些将信息内容存储在检索数据库中而仅仅响应直接查询提问的网站。在历史上，深网是以“隐形”特征引起研究者注意的，1994 年 Jill Ellsworth 博士首次提出隐形网(Invisible Web)的概念，形容那些无法被传统搜索引擎检出的信息内容，早期的类似的称呼还有 Hidden Web、Dark net、Dark Matter 等。美国的互联网专家、图书馆员 Chris Sherman 和 Gary Price 将其定义为：“在互联网上可获得的、但传统的搜索引擎由于技术限制不能或者经过慎重考虑后不愿意作索引的那些文本网页、文件或其他高质量、权威的信息”。

3.5.2　深网信息的特点

1. 深网的内容

深网是 Internet 上增长最快的新信息类型，在内容上，深网网站比传统的表面网站要更专、更深，其全部价值是表面网的 1000～2000 倍。广义上来说，深网的内容主要包含以下 4 方面。

(1) 通过填写表单形成对后台在线数据库查询而得到的动态页面。

(2) 由于缺乏指向的超链接而没有被搜索引擎索引到的页面。

(3) 需要注册或冲破其他限制才能访问的内容。

(4) Web 上可访问的非网页文件，比如图片文件、PDF 和 Word 文档等。

这些资源无法通过普通搜索引擎找到，主要有技术、商业和知识产权等原因。

2. 普通搜索引擎与深网搜案的区别

深网数据的采集是通过调用网站中提供的查询接口提交查询来获得，每个查询接口支持在若干个属性上进行查询，这和对搜索引擎的访问在某种程度上来说是相似的，但又存在很大区别。

(1) 搜索引擎搜索结果是网页，而深网中的搜索结果主要是结构化的数据。

(2) Web 数据库通常有复杂的接口，而搜索引擎的接口较为简单，一般是关键字搜索。

(3) 搜索引擎对结果的排序是根据搜索结果与所提交查询的相似性，Web 数据库则是根据结果中对深网中信息的获取，主要的途径是通过某个属性的值。

此外，深网的信息内容与所有的信息需求、市场需求和领域需求高度相关。一半以上的深网内容存储在专题数据库中；95%的深网信息可以公共获取而无须付费或订阅；最后，深网的规模远远大于表面网并且将持续高速增长。

3.5.3 深网数据获取方法

对于一个特定的站点而言，可以较容易地通过手工编写或者在包装器的辅助下给出爬虫脚本，从而获取其尽可能多的深网数据。但这种方法需要消耗大量的人力资源，由于是针对特定的网站和查询接口，导致其可扩展性非常差。因此考虑构造一个通用的深网爬虫以期能够一次性爬取众多站点的深网数据。深网数据采集任务可分为两大子问题：查询接口识别问题和自动填写表单问题。

(1) 查询接口识别问题在很早就得到了研究。例如，采用包含视觉布局或是语法分析等多种方法来解析 HTML 表单，并自动发现深网数据资源；在视觉布局的基础上，增加了文本相似性启发式规则，从而能够将 HTML 表单与特定领域关联起来以实现表单自动填写功能；假定 HTML 表单遵循一个隐藏的语法规则，基于此构造一个存在二义性的语法并编写出一个解析器对其进行处理；通过构造页面分类器和表单分类器从而自动寻找到与集成任务相关的深网数据库。

(2) 为了得到响应页面，我们必须填写表单并提交。具体而言，我们要给出相应的查询参数。针对自动填写表单问题，当前的解决方法主要分为两类。一是基于领域知识的方法，二是与领域无关的探测，前者使用启发式规则将表单与领域概念关联起来并由此输入与领域概念相关的参数；后者则基于采样迭代的方式从查询结果中获取查询关键词，借此以较少的查询次数获取尽可能多的查询结果。

除了上述两大子问题之外，也有一些针对其他问题的研究。在自动填写表单问题中，研究者通常关注如何发起较少的查询来获取尽可能多的查询结果。此外，他们通常假定网站会返回与查询条件相匹配的所有结果。然而在实际生活中，我们往往只关注与特定主题相关的查询结果，例如，关心体育新闻的人并不希望看到很多政治相关的内容。而由于和特定查询条件匹配的结果可能非常之多，站点往往只会返回最相关的结果而非返回所有结果。对于查询接口识别问题，有研究关注如何使用尽可能少的查询次数获取尽可能多的与特定主题相关的查询结果；对于自动填写表单问题，有研究通过使用基于文档频率的算法得到在给定区间的查询结果。当然，和深网数据采集任务相关的问题并不仅限于以上所讨论内容，此处不再赘述。

3.6 基于群智的数据感知

3.6.1 群智

随着嵌入式设备、无线传感网络、物联网、智能移动终端等技术的快速发展，集成感知、计算和通信能力的普适智能系统正在被广泛部署，并逐步融入人类的日常生活环境中，普适计算获取数据的能力也由此得以极大增强。在此背景下，城市和社会感知成为当前信息领域的研究热点，其根本目的在于对大量的数字脚印进行挖掘和理解，从中获取社会情境、交互模式以及大规模人类活动和城市动态规律，并把学习到的智能信息运用到各种创新性服务中。

一般而言，城市感知任务具有范围广、规模大、任务重等特点。目前的城市感知系统主要依赖预安装的专业传感设施(如摄像头、空气检测装置等)，存在覆盖范围受限、投资及维护成本高等问题。使用范围、对象和应用效果受到了很多限制，例如，在一些没有安置摄像头的地方，难以对该地交通情况进行实时监测。在此背景下，一种新的感知模式——移动群智感知(Mobile Crowdsensing)应运而生。与传统感知技术依赖于专业人员和设备不同，群智感知将目光转向大量普通用户，利用其随身携带的智能移动终端(智能手机、可穿戴设备等)形成大规模、随时随地且与人们日常生活密切相关的感知系统。

移动群智感知由众包(Crowdsourcing)、参与感知(Participatory Sensing)等相关概念发展而来。众包是美国《连线》杂志于2006年发明的一个专业术语，用来描述一种新的生产组织形式，具体就是企业/研发机构利用互联网将工作分配出去，利用大量用户的创意和能力解决技术问题。参与感知最早由美国加州大学的研究人员于2006年提出，强调以用户参与的方式进行数据采集。2009年2月，Alex Pentland教授等在美国*Science*杂志上撰文阐述“计算社会学”概念，认为可利用大规模感知数据理解个体、组织和社会，在计算目标上与群体感知不一而同。以上几个相关研究方向都以大量用户的参与或数据作为基础，但分别强调不同层次和方面。2012年，清华大学刘云浩教授首次对以上概念进行融合，提出“群智感知计算”概念，即利用大量普通用户使用的移动设备作为基本感知单元，通过物联网/移动互联网进行协作，实现感知任务分发与感知数据收集利用，最终完成大规模、复杂的城市与社会感知任务。与基于传感网和物联网的感知方式不同，群智感知以大量普通用户作为感知源，强调利用大众的广泛分布性、灵活移动性和机会连接性进行感知，为城市及社会管理提供智能辅助支持。它可应用在很多重要领域，如智能交通、公共安全、社会化推荐、环境监测、城市公共管理等。

综上所述，群智感知作为一种全新的感知模式，为推动社会与城市管理创新带来了前所未有的机遇。但是，与传统网络相异的感知方式相比，群众感知也带来了很多新的研究问题，特别是群智感知将形成多模态、富内容、具有时空和人本特征的数据，已有的模型和方法并不能很好地满足其在数据处理和理解方面的需求，故而需要探索新的计算模型和方法。本书以群智大数据为目标对象，就其感知、优选和理解等关键问题进行阐述和探讨，并对作者在该领域的最新研究成果进行介绍。

3.6.2 群智大数据

人类与机器智能相结合的研究有着悠久的历史。早在1950年图灵就曾指出“数字计算机后期的发展可以这样来展望，这些机器将不断具有任何由人类才能完成的工作的能力”。他后来还提出“图灵测试”，对给定程序的智能程度进行评估。这表明人类智慧和机器智能自人工智能研究诞生以来就一直是相互关联的主题。人工智能领域先驱——美国麻省理工学院的利克莱德教授在1960年发表过一篇开创性的论文，提出“人机共生”思想，即让人和计算机能够共同合作，一起完成复杂任务。近期，中国工程院院刊发表人工智能 2.0 专题，指出“人机混合增强智能”是人工智能 2.0 的 5 个重要发展方向之一。群智感知延续了这一思想，它尝试通过人在回路的方式解决大规模的感知和计算问题。特别是群智感知很好地利用了人类和机器智能的互补性。

1. 人类智能和机器智能概述

(1) 人类智能。人类智能指人类具有学习和推理能力，比如语言、识别、预测、决策等。同时把一些可作为群智感知的输入、参数个体、社会情境也称为人类智能，比如社交关系、协作性、用户偏好、移动规律等。但人类的记忆力和运算速度有限，数据贡献的水平参差不齐，常会引入错误或低质量数据。

(2) 机器智能。狭义上机器智能的定义是人工智能，即机器的推理能力、计算能力、知识表达、解决问题的能力等。广义的机器智能还包含系统的运行状态、网络连接等情境信息。然而至今仍有许多问题(如图像标注、物体识别等)机器还不能达到很好的性能。

2. 人类智能和机器智能的关系

群智感知的主要特点是在大规模问题求解过程中有人类的参与。然而，人类智能和机器的能力需要一种有效的方式来协调，以便实现感知和计算能力的增强。一个通用的群智感知系统框架包括三个层面的元素，即物理层的群智感知、网络层的数据传输、计算层的数据处理。其中，群智感知层利用大量的移动或可穿戴设备捕捉感知目标的相关数据；数据传输层通过基础网络或者机会网络把信息传输到后台服务器；数据处理层负责保证数据质量和智能分析提取信息。在不同层次，人类智能和机器智能通过不同的方式进行协作。

(1) 在群智感知层，计算服务器负责将复杂的任务分解，并分配给合适的群组来完成，人类参与者则依靠自己的知识和经验执行所分配的任务。

(2) 在数据传输层，在群智感知环境下，由于网络的弱连接性(如受网络未覆盖、用户网络使用习惯等影响)，常需要通过机会网络连接降低感知数据的传输延迟，而用户的移动性和交互性则是机会网络动态连接的实现基础。

(3) 在数据处理层，人类的认知能力和专家经验可以协助机器更高效、准确地完成数据处理任务，特别是在一些任务不能够通过现有的机器智能技术得到好的解决的情况下。

3. 群智感知中用户的参与模式

群智感知中用户的参与性体现为两种模式：

(1) 线下移动感知参与：通过人在回路(Human in the loop)的感知模式贡献数据。

(2) 在线社交媒体参与：通过各种移动社交媒体贡献数据，移动社交媒体能够实现虚拟空间交互和物理空间元素(如地理签到、活动等)的连接。

4. 群智大数据的特点

群体通过不同参与模式贡献的数据称为群智大数据。在信息科学技术不断发展并融入人们日常生活的背景下，人类的行为同时存在于物理空间和信息空间中，因此群智大数据日益呈现出群体广泛参与、数据时空交织、多维目标关联等特征。

群智大数据的两种数据产生模式具有明显区别，可分别称其为显式感知模式和隐式感知模式。移动感知参与属于显式感知模式，通过需求驱动方式产生感知任务，并进行任务分配和参与者选择，用户则根据任务需求贡献数据。移动社交媒体参与属于隐式感知模式，用户在使用各种既有社交服务(如微博、大众点评等)的过程中产生了大量数据，而在贡献数据时并没有明确感知到任务需求，数据后期经过二次加工利用，产生新的服务价值(如通过用户在线签到数据发现城市的热点区域或异常聚集趋势)。

由于数据产生过程中人类的参与，群智大数据相比传统感知网络数据具有许多新特点：

(1) 群智数据通过人类线上、线下多种参与方式获得，同时产生于信息空间和物理空间，且由于人类的纽带作用，不同空间数据实现时空交织和语义关联。

(2) 人类行为的不确定性和自发性等特征使得群智数据常包含较多的错误或冗余，质量良莠不齐，给数据的及时准确处理造成了极大挑战。

(3) 群智数据体现人、机、物的融合，在数据获取过程中还蕴含了丰富的群体智能信息，如群体与感知对象的交互特征(交互时间、地点、采集情境、采集模式等)为实现人类和机器智能融合，进行高效数据处理提供了基础。

3.6.3　群智大数据系统架构

1. 群智大数据系统架构的组成

一个典型的群智大数据系统架构如图 3-4 所示，包括数据源层、数据采集与传输层、数据处理与计算层、应用层。

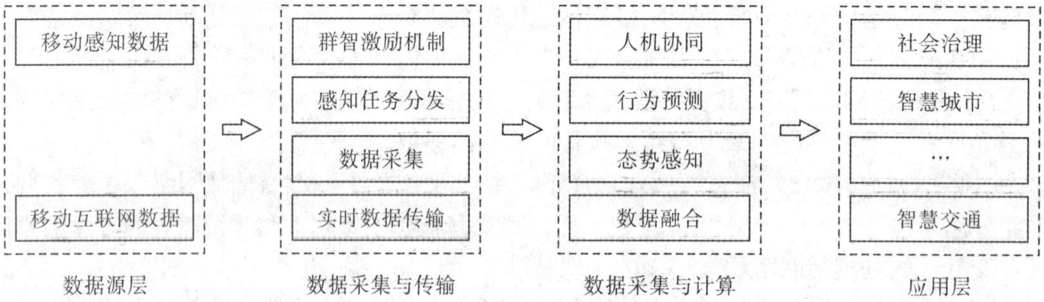

图 3-4　群智大数据系统架构

(1) 数据源层：人类通过两种途径贡献群智数据，分别为移动感知和移动社交网络。采用云端融合的方式进行数据存储和处理，可根据需求在本地或服务器端完成数据存储和计算任务。访问控制是本地端的一个重要功能，用户可以决定数据由谁访问以及访问的范围。

(2) 数据采集与传输层：多种移动网络技术都可以被群智感知利用，包括机会网络(如蓝牙、Wi-Fi)和基于基础设施的网络(如 4G/5G)等。群智感知网络应该使数据上传对参与者透明，并且能够包容不可避免的网络中断。此外，该层还具有任务优化分配和对参与者进行激励等功能。

(3) 数据处理与计算层：采用机器学习、数据挖掘和推理技术等实现对多源异构群体贡献数据的关联、融合和理解，其中人机协同计算为关键内容。

(4) 应用层：各种由群智大数据驱动的应用和服务，包括社会治理、智慧城市、智慧交通等。

2. 群智大数据面临的挑战和问题

群智感知与群智大数据逐年得到工业界和学术界的关注，作为一个新的研究领域，群智大数据具有一系列新的研究挑战和问题。

(1) 群智高效感知。群智感知依赖参与用户移动终端具备的各种传感和计算能力等。与传统感知网络相比，参与感知节点具有规模大、分布广、能力互补等特点，而任务则具有需求多样、多点并发、动态变化等特征。群智大数据面临的挑战在于如何选择合适的参与者以高效完成城市感知任务。需要研究针对感知任务需求的参与者优选方法，根据任务的时空特征、技能需求及用户个人偏好、移动轨迹、移动距离、激励成本等设定优化目标和约束，并进行选择。

(2) 群智数据优选。由于不同用户在活动范围上有一定重叠，群智感知采集到的数据中可能存在大量冗余。而大量未经训练的用户作为基本感知单元会带来感知数据多模态、不准确、不一致等质量问题。群智大数据面临的挑战在于如何在数据冗余、质量良莠不齐情况下实现优质数据选择和收集。

(3) 群智数据理解。如何对跨空间多源异构群体数据进行关联和融合，实现对感知目标的高效理解是群智大数据的又一挑战。

3.7 小　结

数据获取是大数据项目建设的第一个环节，也是后续大数据应用的基础。而数据源梳理是基础中的基础。鉴于数据源分布潜在的多源、异构(获取协议异构、平台异构等)特性，数据获取必须有效应对各层次的技术难题。

本章简单地介绍了数据源的一般分布以及通常意义下不同数据源的获取方法和策略，重点介绍了ETL、表面网数据获取、深网数据获取和群智数据感知等关键技术和方法。

第4章　大数据分析

4.1　引　　言

1. 大数据价值的实现

大数据 4V 特征中的“Value”指的是社会各界对大数据的一个共同认知——大数据是有价值的。如前所述，大数据价值实现的一个重要路径是从多个数据源富集的数据经由清洗、过滤等操作之后再进行后续处理。

(1) 如果领域知识足够丰富完备，就可以利用知识直接处理这些数据并输出，直接为领域应用服务。显然，在这条路径上，领域知识的应用尤为重要，需要重点关注领域知识是否足够完备以及数据处理效率是否能够响应目标应用的需求。

(2) 如果领域知识不够完备或者根本就没有领域知识，就需要从历史数据中学得一个数据模型，然后将当前数据输入该模型，得到输出再为领域应用服务。在这条路径上，数据建模就是重要的内容。数据建模的目标就是根据给定的训练集通过某种方式得到反映数据模式的模型。机器学习是其基本的技术选型，即使用机器学习方法构建数据模型。本章关注的就是如何用机器学习方法进行数据建模以及与数据建模直接相关的若干话题。

2. 大数据应用的基本目标

更快、更准、更有用是大数据应用的三个基本目标，本章主要探讨“更准”这个问题。所谓更准，指的是机器学习构建的模型更准确(更符合数据本来的模式)。在大数据场景下，更准既是目标，也是难题。

传统的计算理论一般都是基于计算环境封闭的假设，但是在大数据场景下，计算环境是开放的，体现在：数据是流式、增量的(从某种意义上说，我们无法给定一个封闭的训练集)，数据模式是善变的(数据背后的行为模式本身会经常改变，导致产生的数据不符合历史数据建模的模式)。另外，应用模式和 IT 建设思维的不同也会导致反映同一行为模式的数据被隔离、碎片化地存储在不同的数据库中，这就导致每一个数据库的数据都是不完整的、碎片化的。比如，两个人就某个事务进行沟通，开始通过微信进行沟通，后来由于没有 Wi-Fi 或者 4G 信号，不得已又通过短信来沟通。在这个例子中，我们可以发现，虽然是同一个聊天事件，但是聊天数据被隔离存放在腾讯服务器和通信运营商的数据库里。这种计算环境的开放性对大数据分析的挑战在于：传统的计算理论和方法不再适合这种开放环境。这需要对原有的算法进行改进，或者研究新的理论和方法。

3. 机器学习

数据建模是数据分析的核心内容之一，具体流程是：利用数据处理步骤得到的数据的统计和语义特征，选择合适的机器学习方法，对数据汇聚与连接得到的数据进行特征提取、模型训练，以揭示大量数据中隐藏的、未知的、难以发现的规律信息或验证已知的规律性，并进一步将其模型化。作为数据建模的重要手段之一，机器学习是一个重要的、可行的候选技术选型，主要包括监督学习、非监督学习、半监督学习和强化学习四个部分。

(1) 监督学习是有导师参与的机器学习，它按照导师对数据的理解趋势(意图)建立“属性标签”的关系模型。根据标签的类别是连续的还是离散的，监督学习又可分为回归和分类两个类别。由于监督学习需要导师为数据打标签，而每一位导师打标签都是基于某一种任务场景和目标的，因此监督学习也被称为任务驱动学习。

(2) 非监督学习指的是没有导师参与的机器学习，是数据没有标签的学习，算法需要自行寻找数据中的固有结构，常见任务如聚类、降维、关联分析等。

(3) 半监督学习介于非监督学习和监督学习之间。它将大量无类别标签的样例加入有限的有类别标签的样本中一起训练来进行学习，期望能对学习性能有所改进。在许多机器学习的实际应用(如网页分类、文本分类等)中很容易找到海量的无类别标签的样例，但需要使用特殊设备或经过昂贵且耗时的实验过程进行人工标记才能得到有类别标签的样本，由此产生了极少量的有类别标签的样本和过剩的无类别标签的样本。半监督学习既避免了数据和资源的浪费，又解决了监督学习的模型对有标签数据的依赖和非监督学习的模型不精确等问题。

(4) 除了监督学习和非监督学习外，机器学习还有一类学习方式，就是强化学习。监督学习、非监督学习、半监督学习都是数据驱动的，强化学习可以看成监督学习与非监督学习的综合体，主要根据环境的反馈来更新模型的参数，以达到更好的效果，常应用于机器人控制及其他需要与环境交互并进行系统控制的场景。

随着大数据时代的来临，来自数据层、应用层和计算层的挑战引发了很多新型机器学习方法或者机器学习范性，比如深度学习、迁移学习、增量学习、对偶学习、联邦学习、主动学习、多任务学习、集成学习、AutoML 等。值得注意的是，每一类新型机器学习方法(范型)仅适用于某个特定的场景。

围绕上述问题，本章具体讨论相关技术及其实现，本章结构安排如下：4.2 节简单介绍数据建模的基本概念、理念和关键技术；4.3 节介绍机器学习的基本概念、理念和关键技术；4.4 节介绍大数据可视化的基本概念和关键技术；4.5 节介绍大数据分析在金融领域的应用示例；4.6 节是本章小结。

4.2 数据建模

4.2.1 数据与特征

数据是存储在某种介质上能够被识别的物理符号(数、字符或者其他)，表示人、事或物的状态或者行为，这些数据背后暗含着某种规律，对应着人、事或物的某种运行(行为)模式。

为了表示方便，我们将这些规律和模式用一个函数表示，记为f。所谓数据建模，指的是根据观测到的既有数据建立一个映射函数f'，目标是希望f'和f尽可能一致(通过某些评价指标(如损失函数等)来评估f'和f的一致性)。

如何从既有数据中利用某种手段找到与f尽可能一致的f'就是典型的数据挖掘(或者知识发现)问题。简单来说，可以将数据挖掘看成数据(库)和机器学习的合集，前者关注数据如何存取，而后者关注如何利用已有数据进行建模，即从既有数据中拟合出反映数据中蕴含的模式。从商业层次来说，数据挖掘是企业按既定业务目标，对大量企业数据进行探索和分析，揭示隐藏的、未知的或验证已知的规律性，并进一步将其模型化。从技术层次来说，数据挖掘是利用机器学习等技术对数据进行分析，从数据中寻找其内在规律的技术。

机器学习是人工智能研究领域的一个分支，研究的是如何从原始数据中学习知识，其基本流程一般是：首先从原始数据中提取有效特征，然后利用学习算法使用这些特征去构建模型(知识)。将数据转化为有利于后续分析和处理的一种形式化表示，这种形式化表示就称为数据对象的特征，这个过程称为特征工程。数据对象的特征表示隐含着如下几个要素：

(1) 特征表示的研究对象是原始数据，而原始数据具有不同类型，如文本、音频、图像、视频等，这意味着针对不同的数据类型应该使用不同的特征表示方法。

(2) 特征表示的研究目标是利于后续分析和处理，而后续分析和处理都是有应用目标导向的，这意味着在进行特征表示时必须要考虑后续应用的目标。

(3) 特征表示的最终输出是可计算的特征向量，而此特征向量应该能如实、无歧义地表征原始数据在应用目标指向上的属性特征。

(4) 对于给定的原始数据，在进行特征表示的相关研究和应用实践时，往往需要领域专家的知识和经验。基于专家经验提取的特征往往具有一定的物理意义。

(5) 存放在计算机中的原始数据本身都已数字化，这意味着原始数据本身就是一种表示描述对象的特征向量。

深度学习是机器学习的一个研究分支，它主要是基于人工神经网络来实现的。神经网络作为一种全自动特征学习器，使得我们不需要对不同数据开发特定的特征提取算法，从而大大提高了算法设计实现的效率。深度神经网络是人工神经网络的“深度”版本。深度学习算法比浅层学习算法具有更强的数据表示能力。图 4-1 是深度学习算法和浅层学习算法在数据建模流程中的区别。

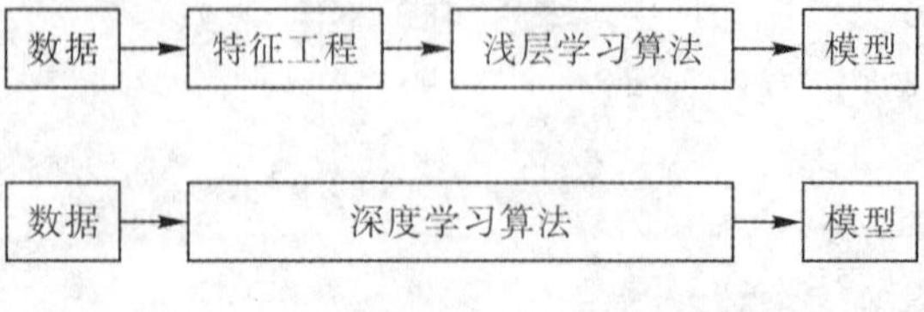

图 4-1　深度学习算法和浅层学习算法在数据建模流程中的区别

由图 4-1 可以看到，深度学习算法的实现方式也称为端到端(End to End)方法，即开发者不再需要针对特定的数据人工设计特征表示和特征提取算法，它是一个黑盒，输入的是原始数据，输出的是目标模型。

4.2.2 特征工程

特征工程是机器学习应用的基础，指的是利用领域知识从原始数据中提取特征(向量)并用于后续机器学习及数据挖掘应用的特征(向量)的过程。整个过程涉及特征提取、特征选择等基本内容(概念)。

1. 特征提取

1) 特征提取的概念

特征提取，也称为特征抽取(Feature Extraction)，指的是从原始特征 $X=(x_1, x_2, \cdots, x_N)$ 重构出一组新特征 $Y=(y_1, y_2, \cdots, y_M)$的过程，其数学描述为

$$Y=f(X)$$

其中，$f(\cdot)$为重构函数。在实际应用中，特征提取往往与特征选择联合使用。值得一提的是，特征提取的过程是“$X\rightarrow Y$”的降维转换(映射)过程，这个过程未必是可逆的，即未必能不失真地从 Y 恢复 X。

在机器学习应用中，之所以使用特征提取后的降维特征数据而不是利用原始的特征数据，原因在于(不限于)：

(1) 在原始的高维特征向量空间中，往往存在着冗余信息以及噪声信息，这对于后续分析的准确率不利，而通过降维，有望减少冗余信息所造成的误差，从而提高后续分析的精度。

(2) 仅在变量层面上分析可能会忽略变量之间的潜在联系，而通过降维，加速后续计算的同时，往往还能够得到数据内部的结构特征。

(3) 高维空间本身具有稀疏性(一维正态分布中有 68%的值落于正负标准差之间，而在十维空间上只有 0.02%)，通过降维，也能有效解决原始数据中的稀疏性问题。

总之，降维的目的在于减少预测变量个数的同时，确保这些变量是相互独立的，并能够提供一个框架来解释结果。

2) 特征提取的方法

常见的特征提取方法有主成分分析(PCA)法、线性判别分析(LDA)法、独立分量分析(ICA)法等。

(1) 主成分分析法。主成分分析法(Principal Component Analysis，PCA)是最常用的线性降维方法(同时经过降维，也能够去除噪声)，它通过某种线性投影，将高维数据映射到低维空间中，并期望在所投影的维度上数据的方差最大，以保证使用较少数据维度的同时，保留较多原数据点的特性。可以证明，PCA 是丢失原始数据信息最少的一种线性降维方式，但是 PCA 并不探索数据的内在结构。

(2) 线性判别分析法。线性判别分析法(Linear Discriminant Analysis，LDA)也称为 Fisher 线性判别(Fisher Linear Discriminant，FLD)，它将高维的模式样本投影到最佳鉴别矢量空间，以达到抽取分类信息和压缩特征空间维数的效果。投影后得到的模式样本在新的子空间中有最小的类内距离和最大的类间距离，即模式样本在该空间中有最佳的可分离性。因此，

它是一种有效的特征提取方法。

LDA 与 PCA 都是常用的降维方法。PCA 聚焦特征的协方差，尝试找到比较好的投影方式；而 LDA 更多的是考虑了标注，即希望投影后不同类别之间数据点的距离更远，同一类别的数据点更紧凑。

(3) 独立分量分析法。独立分量分析法(Independent Component Analysis，ICA)是 20 世纪 90 年代朱顿(Jutten)和埃罗(Herault)提出的一种将观察到的数据进行某种线性分解，使其分解成统计独立成分的方法。从统计分析的角度来看，ICA 和 PCA 同属于多变量数据分析方法，但经 ICA 处理得到的各个分量不仅去除了相关性，还是相互统一独立且非高斯分布的。因此，ICA 能够更加全面地揭示数据间的本质结构。

(4) 基于数字信号处理的变换。PCA、LDA、ICA 本质上都是将原始特征以投影映射的方式转变为低维度的特征(组合)，都属于线性变换。线性变换又可以引申出很多非线性变换，比如 Kernel PCA、Kernel FDA 以及 Manifold Learning(流形学习，是找到流形上的低维坐标，利用流形学上的局部结构进行降维的方法，主要有 ISOMAP、LLE、Laplacian Eigenmap、LPP 等)，此处不再赘述。

数字信号处理方法主要包括离散傅里叶变换、离散余弦变换(对偶的一种变换是离散正弦变换 DST)、离散小波变换 DWT 等。这些变换的目标都是时频变换，即将信号(数据)从时域的表示方式转换为频域的表示方式。

2. 特征选择

在机器学习的实际应用中，特征数量往往较多(特征向量的维度非常大)，其中可能存在与应用目标不(太)相关的特征或者特征之间存在相互依赖，容易导致训练时间长、模型过于复杂、模型的泛化能力弱等问题。因此在进行机器学习与数据挖掘之前有必要进行特征选择。

所谓特征选择，也称特征子集选择(Feature Subset Selection)或属性选择(Attribute Selection)，是指从一组给定的特征集中按照某一准则选择出一组具有良好区分特性的特征子集。特征选择的基本流程如图 4-2 所示，包括 4 个基本步骤：

1) 产生特征

利用具体的算法产生特征的过程称为特征的产生过程(Generation Procedure)。该过程负责从原始特征集中搜索特征子集，以提供给评价函数进行评估。一般使用基于搜索的方法进行特征选择。搜索的方法分为完全搜索(Complete Search)、启发式搜索(Heuristic Search)、随机搜索(Random Search)三大类。

2) 评估

评估是指利用评价函数(Evaluation Function)评估特征子集的好坏。评价函数是评估一个特征子集好坏程度的一个准则。根据其工作原理，评价函数主要分为筛选器(Filter)和封装器(Wrapper)两大类。

(1) 筛选器通过分析特征子集内部的特点来衡量其好坏。筛选器一般用作预处理，与分类器的选择无关，常用的度量方法有相关性、距离、信息增益、一致性等。

(2) 封装器实质上是一个分类器，其用选取的特征子集对样本集进行分类，分类的精度作为衡量特征子集好坏的标准。封装器由于在评价的过程中应用了具体的分类算法进行分类，因此其推广到其他分类算法的效果可能较差，而且计算量也较大。

3) 决定是否停止

通过设置的停止准则(Stopping Criterion)决定是否要继续搜索特征子空间。停止准则与评价函数相关，一般会设置一个阈值，当评价函数值达到这个阈值后就可停止搜索。

4) 验证

验证过程(Validation Procedure)是指在验证数据集上验证选择出的特征子集在目标应用方面的有效性。

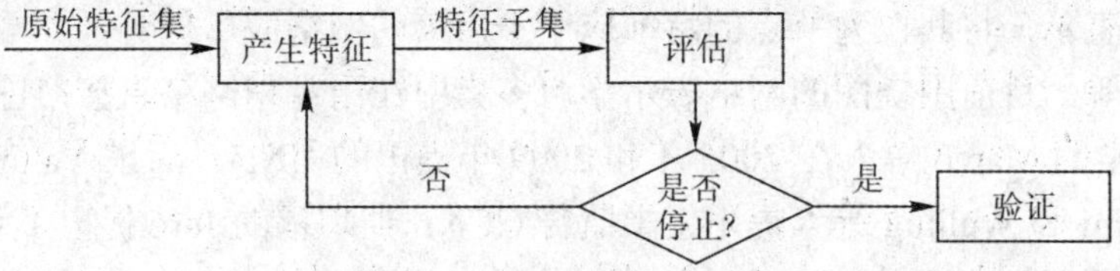

图4-2 特征选择的基本流程

综上所述，特征选择是机器学习的重要内容，对于机器学习很有效。但是特征选择也有很多缺陷和不足，比如耗费人力，耗费时间且依赖于强大专业知识，有时通过人的先验知识提取出的特征不能很好地反映数据本身的特性。为了解决这些问题，表示学习得到了工业界和学术界的普遍重视。表示学习避免了手动提取特征的麻烦，允许计算机学习使用特征的同时，也学习如何提取特征，并能利用这些特征来完成具体任务。

4.2.3 表示学习

表示学习(Representation Learning)也称特征学习(Feature Learning)，是一种将原始数据转换成为能够被机器学习方法有效开发的技术的集合。

数据的表示学习是为了在构建分类器或其他预测器时更容易提取有用的信息。在概率模型中，好的表示可以捕捉到所观察到输入的潜在因素的后验分布，也可用作有监督预测器的输入。表示学习可以分为两类：监督式表示学习(Supervised Representation Learning)和无监督式表示学习(Unsupervised Representation Learning)。在监督式表示学习中，被标记过的数据被当作特征来学习，如神经网络、多层感知器和监督字典学习等；在无监督式表示学习中，未被标记过的数据被当作特征来学习，如无监督字典学习、主成分分析(PCA)、独立成分分析(LDA)、自动编码、矩阵分解、各种聚类分析及其变形等。

1. 表示学习的发展

从模型层次的角度，可将表示学习的发展分为浅层特征学习和深度特征学习两个阶段。

1) 浅层特征学习

为了通过线性投影来学习数据的低维表示，K. Pearson 在 1901 年提出了主成分分析(PCA)，之后 R. Fisher 在 1936 年提出了线性判别分析(LDA)。PCA 和 LDA 都是最早的数据表示学习算法。1986 年神经网络反向传播算法(BP)的提出标志着表示学习研究正式进入浅层特征学习阶段。

2) 深度特征学习

使用反向传播算法，虽然理论上可以训练多层神经网络，但存在两个问题：模型过拟合和梯度扩散。针对这些局限和不足，很多新型算法被提出，比如 Hinton 等学者提出的基于深度信任网络的无监督贪婪逐层训练算法、Ngiam 等学者提出的多层自动编码器等。这些算法的提出为解决深层网络结构的相关优化问题带来了突破，也标志着表示学习研究进入深度特征学习阶段。

2. 网络表示学习和知识表示学习

网络表示学习是针对链接型数据(图)的特征学习，即从网络数据中学习得到网络中每个节点的向量表示，将其作为节点的特征应用于后续的网络应用任务，如节点分类、链接预测和可视化等。目前围绕图的网络表示学习多集中在用卷积网络直接对图进行操作，最早是 Siena 大学的 Marco 等人在 2005 年和 2009 年提出的 GNN。后来 Yann Lecun 提出了 GCN；之后 Kipf 和 Welling 等人提出了半监督 GCN；斯坦福的 Jure 提出了 GraphSage，他利用 NMP 简化了卷积，提高了速度；再后来 Yoshua 团队提出了 Graph Attention Network，进一步提高了图卷积精度。

知识表示学习实现了对实体和关系的分布式表示，具有显著提升计算效率、有效缓解数据稀疏、实现异质信息融合三大优势，对于知识库的构建、推理和应用具有重要意义。

(1) 显著提升计算效率。基于独热表示的知识库三元组表示，需要设计专门的图算法计算实体间的语义和推理关系，计算复杂度高，可扩展性差；而表示学习得到的分布式表示则能够高效地实现语义相似度计算等操作。

(2) 有效缓解数据稀疏。由于表示学习将对象投影到统一的低维空间中，使每个对象均对应一个稠密向量，因此可以有效缓解数据稀疏问题。

(3) 实现异质信息融合。不同来源的异质信息需要融合为整体，才能得到有效应用。目前不同知识库的构建规范和信息来源均有不同，大量实体和关系在不同知识库中的名称也不同。通过设计合理的表示学习模型，将不同来源的对象投影到同一个语义空间中，就能够建立统一的表示空间，实现多知识库的信息融合以及词、句子、文档和知识库实体等异质对象之间的语义关联计算。

总体而言，表示学习为机器学习输入数据的处理带来了巨大的影响，使得特征提取的方式不仅仅只有传统的特征选择。随着研究的不断深入，表示学习将会被应用到更多的场景，实现更大的价值。

4.3 机器学习

4.3.1 概述

从人工智能的发展历史中可以看到，机器学习得到人工智能研究者追捧的一个重要原因就是利用机器学习能够发现数据中蕴含的知识和规律，因此，机器学习是数据建模的重要路径。

机器学习是一门多领域交叉学科，涉及概率论、统计学、逼近论、凸分析、算法复杂度理论等多门学科。机器学习专门研究计算机怎样模拟或实现人类的学习行为，以获取新的知识或技能，并重新组织已有的知识结构使之不断改善自身的性能。机器学习是人工智能的核心，是使计算机具有智能的根本途径。

在心理学理论中，学习是指人或动物依靠经验的获得而使行为持久变化的过程。明斯基(M. Minsky)认为，学习是在人们头脑中(心理内部)进行有用的变化。在机器学习场景下，不同的学者对其有不同的理解和定义。比如，西蒙(Simon)认为，如果一个系统能够通过执行某种过程而改进它的性能，这就是学习；汤姆·米切尔(Tom M. Mitchell)认为，对于某类任务 T 和性能度 P，如果一个计算机程序在 T 上以 P 衡量的性能随着经验 E 而自我完善，那么，我们称这个计算机程序从经验 E 中学习。

关于机器学习的相关研究，最早可以追溯到17世纪，贝叶斯、拉普拉斯关于最小二乘法的推导和马尔可夫链等都构成了机器学习广泛使用的工具和基础。自20世纪50年代研究机器学习以来，不同时期的研究途径和目标并不相同，可以划分为四个阶段。

(1) 第一阶段是20世纪50年代中叶到60年代中叶，这个时期主要研究“有无知识的学习”，主要通过对机器的环境及其相应性能参数的改变来检测系统所反馈的数据。这个时期最具有代表性的研究就是Samuet的下棋程序，但这种机器学习的方法还远远不能满足人类的需要。

(2) 第二阶段是20世纪60年代中叶到70年代中叶，这个时期主要研究将各个领域的知识植入系统里，通过机器模拟人类学习的过程，同时采用了图结构及其逻辑结构方面的知识进行系统描述。在这一研究阶段，主要是用各种符号来表示机器语言。这一阶段具有代表性的工作有Hayes-Roth和Winson的对结构学习的系统方法。

(3) 第三阶段是20世纪70年代中叶到80年代中叶，在此期间，人们将机器学习从学习单个概念扩展到学习多个概念，探索不同的学习策略和学习方法。同时，专家系统在知识获取方面的需求也极大地刺激了机器学习的研究和发展，示例归纳学习系统成为研究的主流，自动知识获取成为机器学习应用的研究目标。1980年，在美国的卡内基梅隆(CMU)召开了第一届机器学习国际研讨会，这标志着机器学习研究已在全世界兴起。这一阶段的代表性工作有Mostow的指导式学习、Lenat的数学概念发现程序、Langley的BACON程序及其改进程序。

(4) 第四阶段是20世纪80年代中叶至今，这个时期是机器学习的最新阶段。在这一时期，与机器学习有关的学术活动空前活跃，且各种学习方法的应用范围不断扩大，部分应用研究成果已转化为产品。这个时期的机器学习具有如下特点：

① 综合应用心理学、生物学、神经生理学、数学、自动化和计算机科学等学科形成了机器学习理论基础。

② 融合了各种学习方法，且形式多样的集成学习系统研究正在兴起。

③ 机器学习与人工智能的各种基础问题的统一性观点正在形成。

4.3.2 基本分类

1. 分类准则

根据不同的分类准则，机器学习又可以分为不同的类别，具体参见表4-1。

表 4-1　不同分类准则下的机器学习

分类准则	机器学习类别	功能描述
数据对象	符号学习	机器学习的数据对象是非数值型数据，分为记忆学习、示例学习、决策树学习、演绎学习和类比学习
	数值学习	机器学习的数据对象是数值型数据
学习方法	归纳学习	基于归纳的一种学习，操作步骤包括泛化和特化，目标是从给定的样本中归纳出一般的概念描述
	演绎学习	基于演绎推理的一种学习，学习系统由给定的知识进行演绎的保真推理，并存储有用的结论
	类比学习	基于类比推理的学习方法，寻找和利用事物间可类比的关系，从已有的知识推导出未知的知识
	分析学习	基于数学分析的学习方法
学习目标	概念学习	学习的目标和结果为概念，是为了获得概念的学习
	规则学习	学习的目标和结果为规则，是为了获得规则的学习
	函数学习	学习的目标和结果为函数，是为了获得函数的学习
	类别学习	学习的目标和结果为对象类，是为了获得类别的学习
	贝叶斯学习	学习的目标和结果是贝叶斯网络，是为了获得贝叶斯网络的一种学习
学习方式	非监督学习	用于处理未被分类标记的样本集，输入数据中无导师信号，采用聚类方法，学习结果为类别
	监督学习	利用一组已知类别的样本调整分类器的参数，使其达到所要求的性能，也称为监督训练或有导师学习
	半监督学习	半监督学习介于非监督学习和监督学习之间。它将大量的无类标签的样例加入有限的有类标签的样本中一起训练来进行学习，期望对学习性能起到改进的作用
	强化学习	以环境反馈(奖/惩信号)作为输入，以统计和动态规划技术为指导的一种学习
学习策略	模拟人脑	模拟人脑的宏观心理级或微观生理级学习过程，分为符号学习和连接学习两类，前者基于认知心理学，后者基于脑和神经科学原理
	数学方式	以样本数据为依据，以概率统计理论为基础，以数值运算为方法的一类机器学习
数据形式	结构化学习	以结构化数据为输入，基于数值计算或符号推演
	非结构化学习	以非结构化数据为输入，基于数值计算或符号推演

事实上，对于每一个具体的机器学习方法，根据上述不同的分类准则，可能会归属到一个或多个类别中。

2. 根据学习方式的分类

根据学习方式的分类准则，机器学习分为非监督学习、监督学习、半监督学习和强化学习。

1) 非监督学习

在非监督学习(Unsupervised Learning)中，数据并不会被特别标识，学习模型是为了推断出数据的一些内在结构，为进一步的数据分析提供基础。此类学习任务中研究最多、应用最广的是聚类(Clustering)，其目标不是让效用函数最大化，而是找到训练数据中的近似点，使得具有相同模式的数据聚合在一起。

非监督学习常见的应用场景包括关联规则挖掘以及聚类等。

(1) 关联规则挖掘就是从数据背后发现事物(务)之间可能存在的关联或者联系，比如数据挖掘领域著名的“啤酒-尿不湿”故事(这个故事的真假不论)就是一个典型的关联规则挖掘的例子。

(2) 聚类通常试图将数据集中的样本划分为若干个不相交的子集，每个子集称为一个“簇”。通过这样的划分，每个簇可能对应于一些潜在的概念(类别)。这些概念对聚类算法而言事先是未知的，聚类仅能自动形成簇结构，簇所对应的概念语义需由使用者来把握和命名。聚类既能作为一个单独的过程，用于寻找数据内在的分布结构，也可作为分类等其他学习任务的前驱过程。例如，在一些商业应用中需对新用户的类型进行判别，但定义用户类型对商家来说不太容易，此时往往可先对用户数据进行聚类，根据聚类的结果将每个簇定义为一个类，然后基于这些类训练分类模型，判别新用户类型。基于不同的学习策略，目前已经发展出多种聚类算法，如 K-Means、学习向量量化、高斯混合聚类、DBSCAN、AGNES 等。

2) 监督学习

监督学习(Supervised Learning)是指利用一组已知明确标识或结果的样本来调整分类器的参数，使其达到所要求性能的过程，也称有教(导)师学习。所谓“监督”或者“有教(导)师”指的是监督学习必须依赖一个已经标记的训练数据(训练集)作为监督学习的输入(学习素材)。训练集由若干个训练实例组成，每个实例都由一组输入、输出对构成。输入是一个属性集合(通常为向量，代表对象的特征)；输出是一个明确的标识(可以是离散的，也可以是连续的)，称为该训练数据样本的标记。在监督学习发展早期，训练数据中的标记部分往往由人工确定，就好像由人来监督模型的训练过程，迫使模型能对输入数据产生令人满意的输出，监督学习由此得名。

监督学习的过程就是建立预测模型的学习过程，将训练集的预测结果与训练集的实际结果进行比较，不断调整预测模型，直到模型的预测结果达到预期的准确率(可根据验证集来选择最佳的预测模型)。根据训练集中的标识是连续的或是离散的，可以将监督学习分为两类：回归问题和分类问题。前者对应于训练集的标识是连续的情况，而后者适用于训练集的标识是离散的场景，离散的标识往往称为类标。

(1) 回归问题。回归问题是研究一个随机变量 Y 或者一组随机变量 $Y(y_1, y_2, \cdots, y_n)$ 与一个属性变量 X 或者一组属性变量 $X(x_1, x_2, \cdots, x_n)$的相依关系的统计分析方法，通常称 X 或者 $X(x_1, x_2, \cdots, x_n)$为自变量，称 Y 或者 $Y(y_1, y_2, \cdots, y_n)$为因变量。如果自变量个数大于 1，则称为多元回归，如果因变量个数大于 1，则称为多重回归。回归分析的结果是得到一类数学模型(函数)。当因变量和自变量的关系是线性时，则称为线性模型(这是最简单的一类数学模型)，更为特殊的情况是自变量和因变量均只有一个，且它们大体上呈线性关系，这类回归模型被称为一元线性回归。当数学模型的函数形式是未知参数的线性函数时，称为线性回归模型；当函数形式是未知参数的非线性函数时，称为非线性回归模型。

回归问题分析的一般过程是通过因变量和自变量建立回归模型，并根据训练集求解模型的各个参数，然后评价回归模型是否能很好地拟合测试集实例，如果能够很好拟合，则可以根据自变量进行因变量的预测。

(2) 分类问题。分类问题是机器学习研究中的一个重要问题，与回归问题类似，分类过程也是从训练集中建立因变量和自变量的映射过程。与回归问题不同，在分类问题中，因变量的取值是离散的，根据因变量的取值范围(个数)可将分类问题分为二分类问题(比如“好人”或者“坏人”)、三分类问题(比如“支持”“中立”或者“反对”)及多分类问题。在分类问题中，因变量称为类标，而自变量称为属性(或者特征)。

根据分类采用的策略和思路的不同，分类算法包括(但不限于)基于示例的分类方法(代表算法是 KNN)、基于概率模型的分类方法(代表算法是朴素贝叶斯)、最大熵算法、最大期望算法 EM、基于线性模型的分类方法(代表算法是 SVM)、基于集成模型的分类方法(代表算法包括 AdaBoost、随机森林)等。

监督学习方法可以说是目前研究最多、应用最广、效果也最佳的机器学习方法，每个算法都各有优劣，各有擅长的领域，不存在一个对所有问题都最优的算法；也可以说，无论一个学习算法多聪明，另一个学习算法多笨拙(比如对所有输入都输出一个固定值的简单算法)，它们在所有领域所有问题上的平均性能都是相同的，这也是“没有免费的午餐”定理的基本要义。

3) 半监督学习

半监督学习(Semi-Supervised Learning，SSL)是监督学习与非监督学习相结合的一种学习方法。在当下的大数据时代，获得大量的标记数据成本太高，而机器学习面临的实际应用场景中又往往存在大量的未标记数据以及相对少量的标记数据。如何充分利用有限的标记数据，结合大量的无标记数据进行训练学习就极其重要，因此，半监督学习越来越受到人们的重视。半监督学习使用标记和未标记的数据来执行学习任务，让学习器不依赖外界交互、能自动利用未标记样本来提升学习性能。

具体而言，半监督学习包括纯半监督学习和直推学习，前者假定训练数据中的未标记样本并非待预测的数据。基于“开放世界”假设，希望学得的模型能适用于训练过程未观察到的数据；后者假定学习过程中所考虑的未标记样本恰好是待预测数据。基于“封闭世界”假设，仅试图对学习过程中观察到的未标记数据进行预测。

半监督学习要利用未标记样本，必然要做一些将未标记样本所揭示的数据分布信息与类别标记相联系的假设，其本质是“相似的样本拥有相似的输出”。针对未标记样本不同的假设会形成不同的半监督学习算法，目前主要的半监督方法有：

(1) 生成式方法。生成式方法假设所有数据都是由同一个潜在的(生成)模型生产的，这个假设使得我们能通过潜在模型的参数将未标注数据与学习目标关联起来，而未标注数据的标记则可看作模型的缺失参数。通常可基于 EM 算法进行极大似然估计求解。

(2) 半监督 SVM。半监督支持向量机是支持向量机在半监督学习上的推广。支持向量机的目标是找出最大间隔划分超平面，半监督支持向量机考虑了未标注样本的信息，试图找到既能将两类有标记样本分开，又穿过数据低密度区域的划分超平面。基于转导推理[①]的转导 SVM(Transductive Support Vector Machine，TSVM)是半监督支持向量机中具有代表性的算法。

(3) 基于分歧的方法。基于分歧的方法是利用多个学习器之间的“分歧”对未标记样本进行利用。针对多视图数据的“协同训练”是这类方法的重要代表，在实际应用中，一个数据对象往往同时拥有多个具有相容性和互补性的“视图”，假设数据拥有两个充分(充分指每个视图都包含足够产生最优学习器的信息)且条件独立的视图，则协同训练学习的基本流程是：首先在每个视图上基于有标记样本分别训练出一个分类器，然后让每个分类器分别挑选自己“最有把握的”未标记样本赋予伪标记，最后将伪标记样本提供给另一个分类器作为新增的有标记样本用于训练更新，重复上述步骤直到两个学习器不再变化或达到预设的迭代次数时停止。

(4) 基于图的半监督算法。基于图的半监督学习算法是基于流型假设，同时假设所有的样本点(包括已标记与未标记)以及之间的关系可以表示为一个无向图的形式 $g = <V, E>$。其中图中的节点表示样本标签，节点之间的边表示样本之间的相似性关系(权重用 w_{ij} 表示，节点之间的权重矩阵为 $\boldsymbol{W}$，边的权重可以有多种计算方式，比如 k 近邻或者高斯核矩阵的形式)。该类方法基于图上的邻接关系将标记从有标记的数据点向未标记数据点传播，根据标记传播方式可将基于图的半监督学习方法分为两大类：一类方法是通过定义满足某种性质的标记传播方式来实现显式标记传播，例如基于高斯随机场与谐函数的标记传播、基于全局和局部一致性的标记传播等；另一类方法则是通过定义在图上的正则化项实现隐式标记传播，例如通过定义流形正则化项，强制预测函数对图中的近邻给出相似输出，从而将标记从有标记样本隐式地传播至未标记样本。

(5) GAN 在半监督学习中的应用。基于零和博弈思想的生成式对抗网络(Generative Adversarial Networks，GAN)通过判别器和生成器不断博弈优化各自的模型。判别器输出输入的数据属于真实数据的概率值，生成器学习真实数据的分布，判别器与生成器交替优化，最终达到纳什平衡。基于 GAN 的半监督学习流程大致是：首先在模型前加入了一个弱分类器，先利用有标签数据训练一个弱分类器；然后将弱分类器对无标签样本的预测结果作为该样本的伪标签值；进而修改原始模型的损失函数，利用这些少量的有标签数据与带伪标签的原始无标签数据来训练 GAN 模型，在满足更新无标签数据集的伪标签条件后更新其中超过某个函数阈值的样本伪标签，在更新多次之后伪标签值基本与无标签数据的真实值接近。

4) 强化学习

强化学习(Reinforcement Learning，RL)的基本思想是智能体(Agent)在与环境交互的过程中，根据环境反馈得到的奖励或惩罚不断调整自身的策略以实现最佳决策，强化学习可以看作具有“延迟标记信息”的监督学习。强化学习主要用来解决决策优化类的问题。其

---

① 转导推理(Transductive Inference)是一种通过观察特定的训练样本，进而预测特定的测试样本的方法。在预测样本的类别时，转导推理试图通过局部的标注训练样本进行判断，这与归纳推理先从训练样本中归纳得到一般模型有着很大差异，特别是当训练样本的数量不足以归纳得到全局一般模型时，转导推理能够利用未标注样本补充标注样本的不足。

基本要素有策略(Policy)、奖赏函数(Reward Function)、值函数(Value Function)、环境模型(Environment)，学习过程如图 4-3 所示。

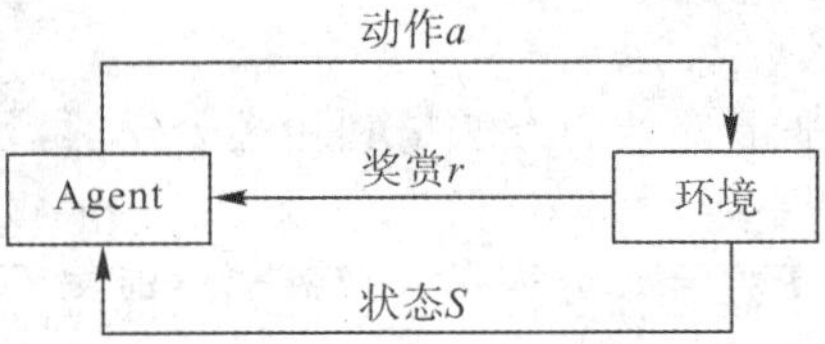

图 4-3　强化学习基本学习模型

如图 4-3 所示，首先智能体感知当前状态 s_t，从动作空间 A 中选择动作 a_t 执行；环境根据智能体做出的动作来反馈相应的奖励 r_{t+1}，并转移到新的状态 s_{t+1}，智能体根据得到的奖励来调整自身的策略并针对新的状态做出新的决策。强化学习的目标是找到一个最优策略 π^*，使得智能体在任意状态和任意时间步骤下，都能够获得最大的长期累积奖赏，最优策略 π^*的公式如下：

$$\pi^* = \arg\max_{\pi} E_{\pi}\left\{\sum_{k=0}^{\infty} r^k r_{t+k} \mid s_t\right\}, \quad \forall s_t \in S, \forall t \geqslant 0$$

其中，π 表示智能体的某个策略，$r\in[0, 1]$为折扣率，k 为未来时间步骤，S 为状态空间。

强化学习算法具有多种分类方式：

(1) 根据马尔可夫决策过程四元组是否已知可以分为模型已知(Model Based)的强化学习方法和模型未知(Model Free)的强化学习方法两类。

(2) 根据算法更新的方式可以分为单步更新的强化学习方法和回合制更新的强化学习方法两类。

(3) 根据动作选择方式可以分为以值为基础(Value Based)的强化学习方法和以策略为基础(Policy Based)的强化学习方法。

(4) 根据学习策略和执行策略是否为同一策略，可以分为同策略(On Policy)学习的强化学习方法和异策略(Off Policy)学习的强化学习方法。

(5) 根据参数化方式的不同可以分为基于值函数的强化学习方法和基于直接策略搜索的强化学习方法。

传统强化学习在模型较为简单的场景取得了较好的效果，但现实中的问题往往都比较复杂，状态空间和动作空间维数很大，此时传统的表格型强化学习不再适用。近年来，随着深度学习的兴起，深度学习与强化学习的结合研究也受到了很多关注。谷歌 DeepMind 团队创新性地将具有强大感知能力及表征能力的深度学习与具有决策能力的强化学习相结合，形成了人工智能领域新的研究热点——深度强化学习(Deep Reinforcement Learning，DRL)。DRL 是机器学习的一个子领域，它结合了深度学习和强化学习各自的优点来建立智能系统，主要是在强化学习中使用深度神经网络的强大数据表示能力，以实现端到端的优化学习。

不同于监督学习和非监督学习的数据驱动型，强化学习可以视为目标驱动型，即给定一个目标，强化学习根据环境的反馈自动调整行动，最终达到目标。因此，强化学习特别适合诸如机器人路径规划、自主驾驶、策略游戏等应用场景，这些应用场景所涉及的决策优化以及空间搜索问题，恰好是强化学习所擅长的；还有一个原因在于这些应用场景往往没有足够多的数据(尤其缺乏专家的标注)，这就使得数据驱动的监督学习和非监督学习很难胜任。

4.3.3 经典机器学习

2006 年 12 月，ICDM(the IEEE international Conference on Data Mining)邀请机器学习与数据挖掘领域的顶尖专家从 18 个候选的机器学习算法中评选出了十大经典机器学习算法。虽然评选已经过去了十多年，但这十大算法仍然被公认为是机器学习领域中的经典，俨然成为进入机器学习与数据挖掘领域必备的技能。这十大算法(按排名顺序)分别是：C4.5 算法、K-Means 算法、SVM 算法、Apriori 算法、EM 算法、PageRank 算法、AdaBoost 算法、KNN 算法、NB 算法、CART 算法。

需要注意的是，这 18 个候选算法都是由顶尖专家提名的，事实上都是经典，除了后来选出的 10 大算法而外，另外的 8 个候选算法分别是：FP-Tree 算法、HITS 算法、BIRCH 算法、GSP 算法、PreFixSpan 算法、CBA 算法、Finding Reduct 算法、gSpan 算法。

4.3.4 高级机器学习

2017 年 7 月 20 日，国务院印发了《新一代人工智能发展规划》，规划了为实现新型人工智能应该重点发力的八大基础理论，分别是：大数据人工智能理论、跨媒体感知计算理论、混合增强智能理论、群体智能基础理论、自主协同控制与优化、高级机器学习、类脑智能理论体系、量子智能计算理论等。

其中的高级机器学习旨在重点突破自适应学习、自主学习等理论方法，实现具备高可解释性、强泛化的人工智能。总体来看，高级机器学习都是响应来自数据层、特征层、计算层、应用层、计算环境、人的需求以及算法本身的若干挑战和难点展开的。表 4-2 展示了各个层次蕴含的难点和挑战以及在算法层面的可能响应(不限于)。

表 4-2 响应各种挑战的高级机器学习

层次	难点&挑战	高级机器学习代表性研究
数据层	数据类型多	多模态学习
	数据标注成本高、标注信息含隐私、标注需要专业领域知识等	主动学习、自监督学习、弱监督学习(半监督学习、噪声标签学习、多示例学习)
	训练样本少	样本增强、小样本学习、迁移学习
	类别不均衡	过采样、欠采样、代价敏感学习
特征层	特征工程难度大	表示学习(CNN、LSTM、GAN、图表示学习)
计算层	计算复杂度高	Hash 学习、分布式学习算法、模型压缩
应用层	无法富集和整合数据	联邦学习
	同组数据有多个需求	多任务学习、辅助学习
计算环境	开放计算环境	增量学习、自适应学习、自主学习、OOD、开集学习
	交互环境	模仿学习
人的需求	从黑盒到可解释	可解释学习、可信机器学习/安全学习
	算法歧视	偏见消除/缓解
算法本身	更便捷、更普适	AutoML、集成学习、元学习、对偶学习

表 4-2 简单罗列了针对与不同层面的不同挑战相对应的高级机器学习算法(范式)，需要注意的是，具体的某个高级机器学习算法可能同时响应和适用于多个挑战问题，比如，迁移学习既可以响应数据量和样本少的挑战，也可以用于开放计算环境下的开集计算和域适应等问题。以下针对上述各个算法(范式)进行简单介绍。

(1) 多模态学习。多模态学习是一种处理和理解多源模态数据的机器学习方法，详见参考文献[23]。

(2) 主动学习。主动学习是一种通过主动选择最有价值的样本进行标注的机器学习方法，其目的是使用尽可能少的、高质量的样本标注使模型达到尽可能好的性能，详见参考文献[24]。

(3) 自监督学习。自监督学习是一种通过设计代理任务从无标签数据中获取监督信号以进行模型训练的机器学习算法，详见参考文献[25]。

(4) 弱监督学习。弱监督学习指在标签信息不完整、不准确、不精确的情况下进行模型训练的机器学习算法。诸如半监督学习、噪声标签学习、多示例学习都可以视为弱监督学习，详见参考文献[26]。

(5) 半监督学习。半监督学习是利用大量的无标注数据和少量的有标注数据进行训练模型的机器学习算法，详见参考文献[27]。

(6) 噪声标签学习。噪声标签学习是指在训练数据中即使包含有错误标注的情况，也能稳健训练模型的机器学习算法，详见参考文献[28]。

(7) 多示例学习。多示例学习用于处理训练数据标签知识不完整的问题，其中训练集由标记为“包”组成，每个包都是未标记实例的集合，详见参考文献[29]。

(8) 样本增强。样本增强是一种数据扩充技术，能利用有限的数据创造尽可能多的利用价值，详见参考文献[30]、[31]。

(9) 小样本学习。小样本学习是指利用少量训练数据进行模型训练的机器学习算法，详见参考文献[32]。

(10) 迁移学习。迁移学习是运用已存有知识对不同但相关领域问题进行求解的一种机器学习方法，详见参考文献[33]。

(11) 过采样。过采样通过重复少数类中数据以解决类别不平衡问题，详见参考文献[34]、[35]。

(12) 欠采样。欠采样是一种通过保留数据集中少数类的数据，并减少多数类的数据来平衡不均匀数据集的技术，是可以从最初不平衡的数据集中提取更准确信息的技术之一，详见参考文献[36]。

(13) 代价敏感学习。代价敏感学习是指为不同类别的样本提供不同的权重(一般假设少数类样本相对于多数类样本的误分类代价更高)来处理数据不平衡问题的方法，详见参考文献[37]。

(14) 表示学习。表示学习是从原始输入数据中自动学习出需要的特征，并提高最终机器学习模型性能的一种取代手动特征工程的方法，详见参考文献[38]。

(15) CNN。CNN 是一类人工神经网络，最常用于分析视觉图像，也被称为移位不变或空间不变人工神经网络，存在基于沿输入特征滑动并提供平移等变响应卷积核的共享权重架构，详见参考文献[39]。

(16) LSTM。长短期记忆(LSTM)是一种用于深度学习领域的人工循环神经网络(RNN)架构，它不仅可以处理单个数据点(如图像)，还可以处理整个数据序列(如语音或视频)，详见参考文献[40]。

(17) GAN。生成对抗网络 (GAN) 是一类机器学习框架，一般指两个神经网络在学习过程中相互竞争，以学习生成具有与训练集数据相同统计量的新数据，详见参考文献[41]。

(18) 图表示学习。图表示学习一般指直接将图数据转换为图学习架构的输出，而无须将图投影到低维空间中。大多数图学习方法都基于深度学习技术或从其推广而来，详见参考文献[42]。

(19) Hash 学习。Hash 学习，也称为特征 Hash，是一种快速且节省空间的特征向量化方法，即将任意特征转换为向量或矩阵中的索引，详见参考文献[43]、[44]。

(20) 分布式学习算法。分布式学习是一种解决机器学习领域复杂学习、规划和决策问题的多节点机器学习系统。它具有很强的并行性，能够利用大规模计算资源来解决处理海量数据集和大模型问题，详见参考文献[45]。

(21) 模型压缩。模型压缩旨在通过以更有效的方式表示机器学习模型，使模型轻量化的同时对性能影响最小，从而降低大型模型的成本，详见参考文献[46]、[47]。

(22) 联邦学习。联邦学习一般指在本地节点中包含的多个本地数据集上训练机器学习算法，而无须显式交换数据样本，例如深度神经网络。即在局部数据样本上训练局部模型，并在这些局部节点之间以某种频率交换参数以生成由所有节点共享的全局模型，详见参考文献[48]、[49]。

(23) 多任务学习。多任务学习指在机器学习中，利用任务之间的共性和差异，同时解决多个学习任务。与单独训练模型相比，多任务学习可以提高特定任务模型的学习效率和预测准确性，详见参考文献[50]、[51]。

(24) 辅助学习。辅助学习是在主任务的基础上添加辅助任务以提升模型在未知数据上的泛化能力，详见参考文献[52]。

(25) 增量学习。增量学习是指一个学习系统能不断从新样本中学习新的知识，并能保存大部分已经学习到的知识，详见参考文献[53]。

(26) 自适应学习。自适应学习通过不断与环境交互，处理连续的实时数据序列，以及从小样本规模中自适应地学习，详见参考文献[54]。

(27) 自主学习。自主学习可以交互式查询用户(或其他一些信息源)，以将所需的输出标记为新数据点，详见参考文献[55]。

(28) OOD。OOD 旨在检测出测试集中偏离正常样本分布的异常样本，详见参考文献[56]。

(29) 开集学习。开集学习旨在使模型能够处理属于新类别的测试样本，详见参考文献[57]。

(30) 模仿学习。模仿学习是在给定的任务中模仿人类的行为，详见参考文献[58]。

(31) 可解释学习。可解释学习是使用人类可认知的说法解释和呈现模型，详见参考文献[59]。

(32) 可信机器学习/安全学习。可信机器学习/安全学习指可解释的、公平的、保护隐私的、有因果关系的、健壮的机器学习，详见参考文献[60]。

(33) 偏见消除/缓解。偏见消除/缓解旨在于减少模型、数据、算法或用户产生的偏见，使得模型能够公平地对待每一个待处理对象，详见参考文献[61]、[62]。

(34) AutoML。AutoML 无须人工干预，模型能够自动地设计特征选择、特征变换等预处理过程和分类识别过程，并自动进行超参数调优，实现对输入数据的学习，详见参考文献[63]、[64]。

(35) 集成学习。集成学习是一种通用的机器学习元方法，通过结合多个模型的预测来寻求更好的预测性能，详见参考文献[65]、[66]。

(36) 元学习。元学习是研究利用元知识来调整机器学习和数据挖掘过程，从而获得有效模型和解决方案的原则方法，详见参考文献[67]、[68]。

(37) 对偶学习。对偶学习是一种利用一组对偶任务之间对偶性建立反馈信号，并且利用这个信号约束训练的学习方案，详见参考文献[69]、[70]。

4.3.5 开源工具

数据建模是数据挖掘的一个步骤。目前较好的开源数据挖掘软件有以下几种。

1. TensorFlow

TensorFlow 是一个基于数据流编程(Dataflow Programming)的符号数学系统，它是 Google 第二代用于数字计算的开源软件库。Tensorflow 是当今深度学习领域最火的框架之一，里面有完整的数据流向与处理机制，同时还封装了大量高效可用的算法及神经网络搭建的函数，用户可以在此基础上进行深度学习的研究与开发。Tensorflow 使用 C++ 语言开发，支持 C、Java 和 Python 等多种语言调用，目前主流的方式是通过 Python 来驱动应用。利用 C++ 开发可以保证其运行效率，而 Python 作为上层应用语言对开发者更加友好。

2. Orange

Orange 是一个基于组件的数据挖掘和机器学习软件套件，既具有界面友好、功能强大、快速和通用的可视化编程前端，可用于探索性数据分析和可视化，又具有 Python 绑定和脚本库。它包含用于数据预处理、特征评分和过滤、建模、模型评估和探索技术的完整组件集。Orange 是用 C++ 和 Python 编写的，图形用户界面基于跨平台的 Qt 框架。

3. RapidMiner

RapidMiner 以前叫作 YALE(另一个学习环境)，是一个机器学习和数据挖掘实验的环境，用于研究和实施数据挖掘任务。它使实验可以由大量任意嵌套的操作符组成，这些操作符在 XML 文件中有详细描述，并使用 RapidMiner 的图形用户界面进行。RapidMiner 为所有主要的机器学习过程提供了超过 500 个操作符，还结合了学习方案和 Weka 学习环境的属性评估器。它可以作为数据分析的独立工具，也可以作为自己产品中的数据挖掘引擎。

4. Weka

Weka (Waikato Environment for Knowledge Analysis)是一个著名的机器学习软件套件，支持几个典型的数据挖掘任务，特别是数据预处理、集群、分类、回归、可视化和特征选择。它的技术基于这样一个假设，即数据可以作为单个平面文件或关系使用，其中每个数据点都有固定数量的属性标记。Weka 通过 Java 数据库连接提供对 SQL 数据库的访问，可以处理数据库查询返回的结果。它的主要用户界面是 Explorer，但同样的功能也可以通过命令行或基于组件的知识流接口访问。

5. JHepWork

JHepWork 是一个免费的开源数据分析框架，专为科学家、工程师和学生设计。它是一个开放源代码的数据分析框架，旨在使用可理解用户界面的开源软件包创建一个数据分析环境，并创建一个具有商业程序竞争力的工具。它是专门为二维和三维的交互式科学图制作的，包含了用 Java 实现的数学函数、随机数和其他数据挖掘算法的数值科学库。JHepWork 基于高级编程语言 Jython，但是 Java 编码也可以调用 JHepWork 数字和图形库。

6. KNIME

KNIME (Konstanz Information Miner)是一个对用户友好的、可理解的、全面的开源数据集成、处理、分析和挖掘平台。它使用户能够直观地创建数据流，有选择地执行一些或所有分析步骤，研究得到的结果、模型和交互视图。KNIME 是用 Java 编写的，它基于 Eclipse，利用其扩展方法支持插件，从而可以提供额外的功能。通过插件，用户可以添加文本、图像和时间序列处理模块，也可以集成各种其他开源项目，如 R 编程语言、Weka、化学开发工具包和 LibSVM。

7. 飞桨

飞桨(PaddlePaddle)是一个集深度学习核心训练和推理框架、基础模型库、端到端开发套件、丰富工具组件于一体的产业级深度学习平台。它以百度多年的深度学习技术研究和业务应用为基础，是中国首个自主研发、功能完备、开源开放的深度学习平台。飞桨支持声明式、命令式编程，兼具开发灵活、高性能的优点，而且兼容多种开源框架训练的模型，不同架构的平台设备都可以轻松部署，推理速度全面领先。此外，它还开源了丰富的算法和预训练模型，包括国际竞赛冠军模型，以及千亿特征、万亿参数、数百节点的开源大规模训练平台，能够快速助力产业应用。

值得一提的是，近年来由于 Python 语言的简洁性、易读性以及可扩展性，使其成为机器学习和数据挖掘等领域最火的开发语言之一。Python 虽然只是一种编程语言，但是它拥有庞大的第三方库支持，从而得到了数据分析师的青睐。常见的机器学习第三方库有 Scikit-learn 等。Scikit-learn 是基于 Scipy 为机器学习建造的一个 Python 模块，它的特色就是包含多样化的分类、回归和聚类的算法，包括支持向量机、逻辑回归、朴素贝叶斯分类器、随机森林和各类聚类算法等。常见的深度学习第三方库有 Tensorflow、Keras 和 PyTorch 等。

4.4 大数据可视化

4.4.1 概述

在当今的大数据时代，我们每天都会面临大量的数据和信息要处理，不能在较短时间内分析出数据变化的规律或得出一些结论。如果把大量的具象和抽象数据转化为一目了然的、可视化的线条和图像，就能够清晰得出结论。通过数据的可视化，我们能够简单、直观地看到信息的变化，也能指导操作员对计算机的信息输入，这样就可以实现人与计算机的交流以及加强对计算机的数据控制。

有研究表明，人类从外界获得的信息约有 80%以上来自视觉系统。当数据以直观的、可视化图形的方式展现时，人们利用自身眼球感知能力可以更加快速并有效地洞悉数据背后隐藏的信息，并可将其转化为有用的知识。由此可见，数据可视化顺应了大数据时代的发展，并将会逐渐成为表示数据最有效、最直观的途径之一。

可视化(Visualization)技术是利用计算机图形学和图像处理技术，将数据转换成图形或图像在屏幕上显示出来，并进行交互处理的理论、方法和技术。它涉及计算机图形学、图像处理、计算机视觉、计算机辅助设计等多个领域，是研究数据表示、数据处理、决策分析等一系列问题的综合技术。

1. 大数据可视化的内容

可视化是关于数据视觉表现形式的科学技术研究，可视化技术是在 1950 年左右计算机图形学发展后出现，其最基本的条件就是通过计算机图形学创造出了直观的数据图形图表。随着时代的发展和技术的进步，数据可视化的边界在不断扩大。如今，我们所研究的大数据可视化主要包括数据可视化、科学可视化和信息可视化。

1) 数据可视化

近年来，随着数据仓库技术、网络技术、电子商务技术等的发展，可视化技术涵盖了更广泛的内容，进一步提出了数据可视化的概念，数据可视化是对大型数据库或数据仓库中数据的可视化，它是可视化技术在非空间数据领域的应用，使人们不再局限于通过关系数据表来观察和分析数据信息，还能以更直观的方式看到数据及其结构关系，通过直观图形的展示让用户更直接地观察和分析数据，进一步实现人机交互。

数据可视化过程需要涉及的技术主要有几何技术、面向像素技术、分布式技术、图表技术等。此外，数据可视化技术包含以下几个基本概念：

(1) 数据空间：是由 n 维属性和 m 个元素组成的数据集所构成的多维信息空间。

(2) 数据开发：利用一定的算法和工具对数据进行定量的推演和计算。

(3) 数据分析：对多维数据进行切片、块、旋转等动作剖析数据，从而能多角度观察数据。

2) 科学可视化

科学可视化是指利用计算机图形学以及图像处理技术等来展示数据信息的可视化方法。科学可视化最核心的内容是将数据与信息进行图形、图像化，其创作系统一般包括数据管理与过滤、视觉建模、图形制作以及演绎。数据在该过程中被依次加工处理，直至成为易于接受和理解的视觉信息。在科技领域，数据构成较为复杂，根据其输入类型可以分为几何数据、图像数据、传感数据、测量数据、计算数据、交互数据等，不同数据类型分别可以绘制成一维、二维、三维和多维图形。

3) 信息可视化

信息可视化是指通过用户的视觉感知理解抽象的数据信息来加强人类对信息的理解。信息可视化处理的数据需要具有一定的数据结构，并且是抽象数据，如视频信息、文字信息等。对于这类抽象信息的处理，首先需要进行数据描述，再对其进行可视化呈现。

2. 大数据可视化的优势

在当下的中国，无论是哪个行业，有远见的企业们都在大规模应用数据可视化，相比于传统的数据表现形式，大数据可视化具有以下优势：

(1) 大数据可视化能将不可见的数据现象转化为可见的图形符号，能将错综复杂、看似没法解释或毫无关联的数据建立起联系，发现其中的规律和特征，从而获得更有价值的洞见。

(2) 利用合适的图表将数据清晰且直观地表达出来，可以实现让数据自我解释、数据自己“说话”的目的。

(3) 有效的可视化可以使复杂的数据更易于访问，易于理解和使用，从而帮助用户更好地分析和推理数据。

4.4.2 可视化过程

在数据信息的可视化模型中，一般把可视化分成 3 个数据转换的过程，即最初的原始数据→数据表→可视化的数据结构→数据视图。数据可视化模型如图 4-4 所示。

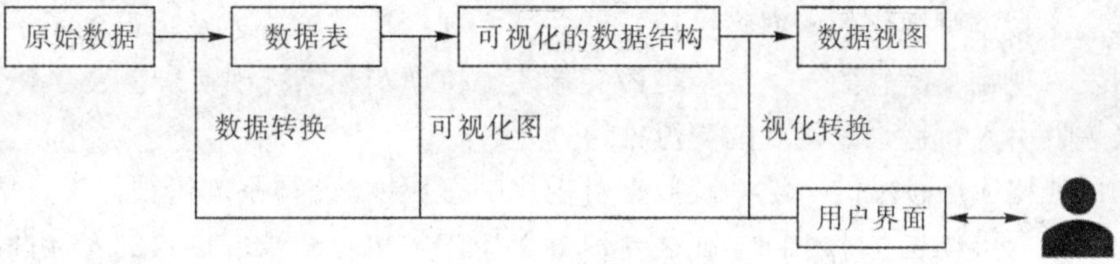

图 4-4　数据可视化模型

如果将数据可视化的结果视为一幅具有交互功能的图画，那么数据就是图画中的内容，数据可视化的过程大致可以分为三个阶段，分别为原始数据的转换阶段、数据的视觉转换阶段和界面交互阶段：

1. 原始数据的转换

原始数据的转换指有选择性地表达、有目的性地组织绘图对象，包括四个步骤：

(1) 获取：数据的采集或收集过程，数据可以来自储存于本地的文件，可以来自数据库，也可以来自从网上抓取的文本等。

(2) 分析：对获取的数据进行完整分析，用结构图表明数据的意义，并按照类别排序。

(3) 过滤：留下有用的数据，删除冗余的数据，从而减少处理量，确保数据质量，并增加精准度。

(4) 挖掘：用数据挖掘或类似方法从数据中寻找规律，从而为未来的图形化数据表示提供更好的原始材料。

2. 数据的视觉转换

数据的视觉转换就是绘制图画的过程，图画的内容和数据表示一样，都要有层次结构，合理美观地表达这些层次结构需要设计者理解内容、明确定义和了解用户需求。数据的视觉转换包括两个步骤：

(1) 表示：选择一个基本的视觉模型表述，这将基本决定可视化效果的雏形。该阶段需要结合数据的维度和具体内容来考虑合适的标识方法，如列表、树状结构等。

(2) 修饰：改善“表示”过程绘制出来的草图，突出重点，弱化一些辅助信息，尽可能使之变得简单清晰且实用美观。

3. 界面交互

界面交互就是为用户提供一个可以操作生成图形内容以及属性的操作界面。之前的所有步骤主要由计算机来完成，而在交互阶段，用户由被动变为主动，能够通过交互操作控制数据和探索数据，从而理解数据背后隐藏的信息。需要注意的是，为了让用户得到最大的信息量、最好的视觉效果，数据可视化绝对不是一次性完成的简单结果，它一定是一个可以反复修改的过程。因此，交互阶段也是个验证的阶段，设计者往往会对数据的内容和表示方式进行调整，或是返回到挖掘阶段，改变数据的排列、维度等，或是返回到修饰阶段，改变图形的大小、颜色等。这样做不仅使普通用户能够了解数据、读懂数据，也能让设计者更深层次地理解数据、分析数据。

4.4.3 开发工具

近年来，数据可视化的研究得到广泛的关注和研究，其解决方案也得到了十分迅猛的发展。图表、视频、信息图表，甚至是最尖端的虚拟现实和增强现实(VR & AR)演示都提供了越来越吸引人、越来越直观的交流渠道。

数据可视化应用领域的广泛性及数据可视化的普遍性，使得不同可视化工具侧重领域、操作特性、受众群体也各不相同。在某个研究领域内，也存在表现形式的差异性。例如，在地理分析方面，地理信息可视化有地图(图形)、多媒体、虚拟现实等多种表现内容，有二维、三维、多维动态等多种空间维数可视化效果。解决实际问题时，往往需要针对具体问题进行具体分析并选择合适的可视化工具。针对同一个数据集的可视化，也可能因为用户的差异而有多种选择。以下列举的是当今比较流行或颇具创新的数据可视化工具。

1. 开源工具

开源可视化工具需要用户具备一定的编程基础，如 JavaScript 基础知识等，其易用性还需进一步提高。为了更好地利用大数据，还需要学术界和工业界合作，开发更多开源且适合普通用户使用的可视化工具。以下列举的是一些当今最好的、最流行的或最创新的数据可视化工具：

1) Qlikview

Qlik 和他们的 Qlikview 工具是数据可视化领域的一个主要角色，也是 Tableau 最大的竞争对手，它在 100 多个国家拥有超过 40 000 个客户账户。Qlikview 的高度定制的设置和广泛的功能范围是它的关键优势。但这也意味着用户需要花费更多的时间来掌握并充分利用它的潜力。除了数据可视化功能外，Qlikview 还提供了强大的商业智能分析和企业报告功能。Qlikview 通常与它的姐妹包 Qliksense 一起使用，同时，还有一个强大的社区，上面有很多第三方资源可以帮助新用户了解如何在他们的项目中集成 Qlikview。

2) FusionCharts

FusionCharts 是一个被广泛使用的、基于 Javascript 的图表和可视化程序包，已经成为付费市场的领导者之一。它可以生成 90 种不同的图表类型，并与大量平台和框架集成，提供了极大的灵活性。FusionCharts 非常受欢迎的一个特性是用户不必从头开始创建每一个新的可视化模板，而是可以从一系列“实时”的示例模板中进行选择，只需根据需要插入自己的数据源即可。

3) Highcharts

Highcharts 公司的网站称，全球 100 家最大的公司中有 72 家都在使用该软件。客户通常会在必须快速而灵活地推出解决方案时选择该软件。在投入使用之前，客户还需要接受专业的数据可视化培训。Highcharts 的优势在于它对跨浏览器的支持，这意味着任何人都可以查看和运行它的交互式可视化。

4) Datawrapper

Datawrapper 是一款越来越受欢迎的可视化工具，特别是在经常使用它创建图表和展示统计数据的媒体组织中。它有一个简单、清晰的界面，可以很容易上载 csv 数据、创建直观的图表以及快速嵌入到报表中的地图。

5) Plotly

由于集成了面向分析的编程语言(如 Python、R 和 Matlab)，Plotly 支持更复杂的可视化。Plotly 构建在基于 JavaScript 的开源可视化库 d3.js 之上。这个商业包(提供了免费的非商业许可)增加了用户友好性和支持层，以及对诸如 Salesforce 等 api 的内建支持。

6) Sisense

Sisense 提供了一个完整的堆栈分析平台，它的可视化功能提供了一个简单易用的拖放界面，用户可以十分轻松地创建图表和更复杂的图形以及交互式可视化。它可以将多个数据源收集到一个易于访问的存储库中，可以通过仪表板即时查询，甚至跨大型数据集查询。用户可以在各个组织之间共享仪表板，以确保即使是非专业人员也能找到他们需要的问题答案。

2. 商业工具

开源的可视化工具通常需要一定的编程能力，且在资源共享上有不便之处，往往不适合用于商业用途。所以许多公司带领团队推出了商业性质的数据可视化工具，如 Tableau、Excel、Splunk。其中 Excel 是微软推出的办公软件之一，可以快速浏览数据并创建可视化图形，但由于样式及颜色的限制，难以在专业刊物、网站等场合使用；而 Tableau 作为一个专业的可视化工具，其模板丰富，操作简单，上手容易，可以直接通过对数据的操作完成可视化。

1) Tableau

Tableau 经常被认为是数据可视化软件的大师，客户遍布各行各业，因为它的简单使用和交互可视化的能力远远超出了一般 BI 解决方案。由于集成了大量的高级数据库工具，包括 Hadoop、Amazon AWS、My SQL、SAP 和 Teradata，它特别适合处理用于大数据操作(包括人工智能和机器学习应用程序)的巨大且变化非常快的数据集。广泛的研究和测试已经使 Tableau 能够高效地创建图形和可视化，同时使大众易于理解且无须编程。

2) Splunk

Splunk 是面向云的日志搜索引擎，使用 Splunk 可收集、索引和利用所有应用程序、服务器和设备(物理、虚拟和云)中生成的快速移动型计算机数据。Splunk 可以从一个位置搜索并分析所有实时和历史数据。使用 Splunking 处理计算机数据，可让用户在几分钟内(而不是几个小时或几天)解决问题和调查安全事件，监视用户的端对端基础结构，避免服务性能降低或中断，以较低成本满足合规性要求关联并分析跨越多个系统的复杂事件。

3) CartoDB

CartoDB 是一个允许用户在 Web 上存储和虚拟化地理数据的工具，这个数据库通过灵活的方式让开发者容易创建地图和设计自己的应用，侧重地理方面的应用。

4) Visual.ly

Visual.ly 的网站以丰富的信息图资源而著称，很多用户乐意把自己制作的信息图上传到网站中与他人分享。最近该网站不再局限于一个信息图分享平台，它还能帮助人们制作信息图。用 Visual.ly 制作信息图并不复杂，它是一个自动化工具。网站的联合创始人兼 CEO Stew Langille 称，他们打造了一个平台，让用户能够快速且简易地插入不同种类的数据，并通过图形把数据表达出来。

上述列举的数据可视化工具只是部分比较流行、常用的，更多工具请参阅相关书籍。

4.5 金融大数据分析问题

4.5.1 银行业应用

在发展大数据能力方面，银行业堪称是“领军者”。纵观银行业的六个主要业务板块(零售银行、公司银行、资本市场、交易银行、资产管理、财富管理)，每个业务板块都可以借助大数据来更深入地了解客户，并为其制订更具针对性的价值主张，同时提升风险管理能力。其中，大数据在零售银行和交易银行业务板块中的应用潜力尤为可观。以下简单介绍金融大数据分析在银行业的应用。

1. 信贷风险控制

在美国，互联网信用评估机构已成为多家银行在个人信贷风险评估方面的好帮手。该机构通过分析客户在各个社交平台(如 Facebook 和 Twitter)留下的数据，对银行的信贷申请客户进行风险评估，并将结果出售给银行。银行将信用评估机构的评估结果与内部评估相结合，从而形成更完善、更准确的违约评估。这样的做法既帮助银行降低了风险成本，也为银行带来了风险定价方面的竞争优势。

相较于零售银行业务，公司银行业务对大数据的应用似乎缺乏亮点。但实际上，大数据正在公司银行业务的风险领域发挥着前所未有的作用。在传统方法中，银行对企业客户的违约风险评估多是基于过往的营业数据和信用信息。这种方式的最大弊端就是缺少前瞻性，因为影响企业违约的因素并不仅仅只是企业自身的经营状况，还包括行业的整体发展状况。但要进行这样的分析往往需要大量的资源投入，因此，传统方法在数据处理资源稀缺的环境下无法得到广泛应用，而大数据手段将大幅减少此类分析对资源的需求。

西班牙一家大型银行正是利用大数据来为企业客户提供全面深入的信用风险分析。该行首先识别出影响行业发展的主要因素，然后对这些因素一一进行模拟，以测试各种事件对其客户业务发展的潜在影响，并综合评判每个企业客户的违约风险。这样的做法不仅成本低，而且对风险评估的速度快，同时显著提升了评估的准确性。

2. 制订差异化产品和营销方案

在零售银行业务中，通过数据分析来判断客户行为并匹配营销手段并不是一件新鲜事，大数据为精准营销提供了广阔的创新空间。例如，海外银行开始围绕客户的“人生大事”进行交叉销售。这些银行对客户的交易数据进行分析，由此推算出客户经历“人生大事”的大致节点。人生中的这些重要时刻往往能够激发客户对高价值金融产品的购买意愿。一家澳大利亚银行通过大数据分析发现，家中即将有婴儿诞生的客户对寿险产品的潜在需求最大。通过对客户的银行卡交易数据进行分析，很容易识别出即将添丁的家庭，在这样的家庭中，准妈妈会开始购买某些药品，与婴儿相关产品的消费也会不断出现。该行面向这类人群推出定制化的营销活动，获得了客户的积极响应，从而大幅提高了交叉销售的成功率。

客户细分早已在银行业得到广泛应用，细分维度往往大同小异，包括收入水平、年龄、职业等。但是自从尝试大数据手段之后，银行的客户细分维度出现了突破。例如，西班牙的一家银行从 Facebook 和 Twitter 等社交平台上直接抓取数据来分析客户的业余爱好。该行把客户细分为常旅客、足球爱好者、高尔夫爱好者等类别。通过分析，该行发现高尔夫球爱好者对银行的利润度贡献最高，而足球爱好者对银行的忠诚度最高。此外，通过分析，该行还发现了另外一个小客户群——“败家族”，即财富水平不高、但消费行为奢侈的人群。这个客户群由于人数不多，而且当前的财富水平尚未达到贵宾客户的门槛，因此往往被银行所忽略。但分析显示这类人群能够为银行带来可观的利润，而且颇具成长潜力，因此该行决定将这些客户升级为贵宾客户，深入挖掘其潜在价值。

在对公业务中，银行同样可以借助大数据形成更有价值的客户细分。例如，在波士顿咨询公司(the Boston Consulting Group，BCG)与一家加拿大银行的合作项目中，项目组利用大数据分析技术将所有公司客户按照行业和企业规模进行细分，一共建立了上百个细分客户群。不难想象，如果没有大数据的支持，这样深入的细分是很难实现的。然后，项目组在每个细分群中找出标杆企业，分析其银行产品组合，并将该细分群中其他客户的银行产品组合与标杆企业进行比对，从而识别出差距和潜在的营销机会。项目组将这些分析结果与该行的对公客户经理进行分享，帮助他们利用这些发现来制订更具针对性的销售计划，取得了良好的效果。客户对这种新的销售方式也十分欢迎，因为他们可以从中了解到同行的财务状况和金融安排，有助于对自身的行业地位与发展空间进行判断。

3. 优化银行运营决策

大数据不仅能在前台与中台大显身手，也能惠及后台运营领域。在互联网金融风生水起的当下，O2O(Online To Offline)成为银行的热点话题。哪些客户适合线上渠道？哪些客户不愿“触网”？BCG 曾帮助西班牙一家银行通过应用大数据技术对这些问题进行了解答。项目组对 16 个既可以在网点也可以在网络与移动渠道上完成的关键运营活动展开分析，建立了 12 个月的时间回溯深度，把客户群体和运营活动按照网点使用强度以及非网点渠道使用潜力进行细分。分析结果显示：大约 66%的交易活动对网点的使用强度较高，但同时对非网点渠道的使用潜力也很高，因此可以从网点迁移到网络或移动渠道。项目组在客户细分中发现，年轻客户、老年客户以及高端客户在运营活动迁移方面潜力最大，因此可以优先作为渠道迁移的对象。通过这样的运营调整，大数据帮助银行在引导客户转移、减轻网点压力的同时保障了客户体验。

设立实体网点仍然是金融机构的竞争优势。然而，网点的运营成本往往不菲，如何实现网点资源的价值最大化成为每家银行面临的问题。在该项目中，项目组结合银行的内部数据(包括现有的网点分布和业绩状况等)和外部数据(如各个地区的人口数量、人口结构、收入水平等)，对350多个区域进行了评估，并按照主要产品系列为每个区域制订市场份额预测。项目组还通过对市场份额的驱动因素进行模拟，得出在现有网点数量不变的情况下该行网点的理想布局图。该行根据项目组的建议对网点布局进行了调整，并取得了良好成效。这个案例可以为许多银行带来启示：首先，银行十分清楚自身的网点布局，有关网点的经营业绩和地址的信息全量存储在银行的数据库中；其次，有关一个地区的人口数量、人口结构、收入水平等数据都是可以公开获取的。通过应用大数据技术把这两组数据结合在一起，就可以帮助银行实现网点布局的优化。BCG基于大数据技术而研发的NetworkMax正是用来解决类似问题的工具。

4. 创新商业模式

过去，坐拥海量数据的银行考虑的是如何使用数据来服务其核心业务。而如今，很多银行已经走得更远。他们开始考虑如何把数据直接变成新产品并用来实现商业模式，进而直接创造收入。例如，澳大利亚一家大型银行通过分析支付数据来了解其零售客户的“消费路径”，即客户进行日常消费时的典型顺序，包括客户的购物地点、购买内容和购物顺序，并对其中的关联信息进行分析。该银行将这些分析结果销售给公司客户(比如零售业客户)，帮助客户更准确地判断合适的产品广告投放地点以及适合在该地点推广的产品。这些公司客户过去往往需要花费大量金钱向市场调研公司购买此类数据，但如今他们可以花少得多的钱向自己的银行购买这些分析结果，而且银行所提供的此类数据也要可靠得多。银行通过这种方式获得了传统业务之外的收入。更重要的是，银行通过这样的创新为客户提供了增值服务，从而大大增强了客户黏性。

4.5.2 保险业应用

与银行业在大数据应用方面的高歌猛进相比，保险业的相关动作稍显迟缓。从全球保险业来看，美国财产保险业对大数据的应用最为广泛深入，医疗保险紧随其后，寿险对大数据的应用则相对滞后。与美国竞争对手相比，欧洲保险机构在大数据能力的发展水平上存在一到两年的差距。尽管如此，大数据在保险行业主要价值链环节的潜在应用也已逐渐清晰，以下简单介绍三则保险业相关应用。

1. 用大数据预防或减少赔付

赔付会直接影响保险企业的利润，对于赔付的管理也一直是保险企业的关注点。而赔付中的“异常值”(即超大额赔付)是推高赔付额的主要驱动因素之一。以某海外险企的工伤补偿为例，不到20%的“异常值”带来了超过80%的赔付费用。但是，这些高额赔付的案例往往早有端倪，如果能够提前干预就可以在很大程度上控制事态的发展。比如，关注伤者的疾病发展过程并及时建议跟进治疗以避免慢性疾病的发生，尽早建议用人单位进行工作调整以减少误工。

数据能够为保险企业及时、高效地采取干预措施提供良好的支持。一家领先的美国保险集团通过结合内部、第三方和社交媒体数据进行早期异常值检测，及时采取干预措施，从而使平均索赔费用下降了 20%。该集团的预测模型使用了约 1.4 亿个数据点，其中既包括了客户的个人数据(健康状况、人口特征、雇主信息等)，也包括了集团的内部数据(过往的理赔信息和已经采取的医疗干预信息等)。此外，这个模型可以随着新数据的加入而不断进行调整，以提升其准确性。

欺诈是影响赔付的另一个重要因素。而借助大数据手段，保险企业可以显著提升反欺诈的准确性与及时性。在美国，一家汽车保险公司通过大数据分析识别出诈骗规律，从而使车险诈骗案例减少了 30%，误报率减少了 50%，整体索赔成本降低了 2%～3%。一家大型财险公司通过大数据分析，发现了赔付总额高达 2.3 亿美元的诈骗嫌疑案，并将识别欺诈的时间提前了 117 天。

2. 支持差异化定价

对保费的定义是基于对一个群体的风险判断，而大数据无疑为这样的风险判断带来了前所未有的创新。一家澳大利亚保险公司通过分析客户的购物筐数据来预测驾驶风险。分析显示，饮用大量牛奶并食用大量红肉的客户具有较低的驾驶风险，而食用大量意大利面和米饭并在夜间开车和饮酒的客户则是高风险人群。英国保险公司英杰华集团(Aviva)运用网络数据来为保费设定提供支持。网络数据分析有效帮助该公司识别出申请者的潜在健康隐患及风险，其准确程度不亚于验血和尿检。

此外，大数据还能帮助险企优化定价体系。出于定价原因而导致价值流失有多种情况，比如在价格方面过于“一刀切”、当客户停止购买其中一种产品后还在延续捆绑折扣、不能及时更新定价、销售团队在提供折扣方面缺乏纪律性等。而大数据分析可以帮助保险企业及时、准确地发现问题并予以纠正，从而防止价值“渗漏”。

3. 差异化营销

大数据技术正在使客户细分不断深入，并日益成为精准营销的有力支撑。一家英国保险公司通过整合多元化的海量数据对 5 千多位客户进行了细分。在此基础上，该公司制订了高度差异化的营销和客户维护方案，最终在目标客群中收获了 10 倍的价值，并节省了近 1 亿英镑的成本。此外，大数据正在为保险企业揭示营销工作中一些根深蒂固的误区。例如，许多销售人员认为涨价是客户流失的主要原因，于是竭力使用价格手段来留住客户，从而对利润造成了影响。然而，一家保险企业的大数据分析显示仅有三分之一左右的客户流失与价格有关。因此，采用更经济有效且具有差异性的方式来挽留客户就成为海外险企保护价值的一个重要抓手。

4.5.3 证券业应用

作为业务发展的重要技术支撑手段，大数据技术已经逐渐融入证券公司日常工作的各个环节，通过大数据建设总体规划，实现公司内外部数据的融合，建立统一和多维化的公司数据模型，实现数据驱动的业务模式创新。原来业务运营以靠人、靠经验为主，现在是以数据为驱动，这样所有的过程和结果都可以量化，凸显数据驱动业务创新的新业态。下面通过企业管理、客户营销、客户安全和产品研发等领域的大数据应用案例，简要阐述大数据平台在证券行业的业务应用。

1. 智能管理

随着证券公司大数据中台的建设，各部门各业务数据的统一接入，实现数据集中、口径一致，确保公司各级部门均可在保证数据隐私和安全的前提下使用数据，充分发挥数据作为证券公司重要资产的业务价值，实现公司内部数据共通共享。在业务管理上，实现产品、客户等数据企业级视图的统一，能有效促进业务的集成和协作，并为企业级分析、协同开发、交叉销售提供基础。同时按角色聚合业务数据，让不同层级的管理者及员工对业务目标始终有着全面清晰的认知，比如恒泰证券的网点管理平台和员工端超级 App，就是基于大数据技术提升中台能力，进而提升公司的管理效率和投产效率。

2. 客户营销

随着互联网深化发展，线上流量红利基本消耗殆尽，而证券行业特有的获客成本高、用户转化节点多、转化周期长的特点却没有改变，这就需要利用大数据技术精准营销客户，促进活跃用户稳步增长的同时不断提升用户的生命周期。这种建立在精准定位基础上的营销活动，可以最大限度地摊平运营成本。

根据多维度的数据描绘每个客户的画像，包括风险等级、个人属性、账户资产、操作数据、偏好信息等，通过标签和推荐模型给不同类别的客户匹配不同的产品信息，减少冗余信息对客户的干扰，从而提升营销成功率。在传统的数据运算模式下，数据为集中存储、串行计算，即客户数据存储在一台服务器上，必须先计算完一个客户的数据再计算下一个客户的数据，当客户数量巨大的时候，存储器的存储负荷过重，运算耗时长。而恒泰证券的大数据平台做系统架构的时候选择采用分布式存储和并行计算的运算方式，将客户数据存储在分散的存储器中，构成一个虚拟存储系统，可以在同一时间计算多个客户数据，极大提升了运算效率，实现了面向千万量级客户实时精准营销的能力。

3. 保障客户安全

在账户安全层面，证券公司有责任和义务通过金融科技的力量，尽力保护投资者免遭对财富安全的侵袭。恒泰证券为此推出安全微管家服务，实时拦截异常风险，快速提醒客户异常。传统的账户安全一般监测这些操作：非常用设备、非常用网络环境登录，非常用手机号激活登录，短时高频异地登录，连续登录失败锁定及密码操作异常。但是黑客也会相应升级针对措施，如大量变换 IP、缓滴间歇式撞库，让传统的安全规则在现有的攻防形势下显得不太够用。

证券公司基于大数据平台的实时数据采集和流式计算系统，收集了用户的访问时间、停留时间、页面路径、页面点击详情等数据。这些数据沉淀下来，除了应用到用户画像、精准营销、产品数据分析等业务，在安全领域也大有用武之地。通过整合用户历史信息，形成一个多维行为画像作为基线，当用户实时行为产生变化而不可信时，即可实时提升风控等级，如通知客户、拦截验证甚至用锁定账户的方式保障账号安全。大数据与 AI 技术相互融合，通过机器学习模型，挖掘聚类高风险行为特征，能做到事前防范、提前预警的效果。

4. 产品投研

大数据平台的技术与数据也会直接成为智能化产品服务，将用户产生的数据反哺于用户服务。比如恒泰证券即将上线的热股产品，就是根据用户的搜索、浏览等一系列行为，结合行情交易量等数据，研发的一款智能产品。热股产品创新性地引入物理模型，基于大数据平台实时分析计算，利用牛顿冷却定律，实时计算出当前的股市热点。

在策略模型投研层面，证券公司还可以基于大数据机器学习技术，对技术面、基本面、资金面、新闻研报多种因子组合，甚至引用新闻舆论等外部数据来构建产品逻辑，使用历史大数据进行训练，并且能通过新数据不断改进模型参数。同时根据每一个客户的流动性需求、风险属性、资金门槛属性等具体情况，用量化模型自动计算出适合客户的大类资产配置方案，实现金融普惠化。

4.6　小　　结

大数据分析是大数据价值实现的重要环节，也是关键技术，而机器学习是实现数据分析最基本的技术路径。本章简单介绍了数据建模、机器学习、大数据可视化等相关技术问题。总体而言，大数据在金融业的应用场景正在逐步拓展。在海外，大数据已经在金融行业的风险控制、运营管理、销售支持和商业模式创新等领域有了全面尝试。在国内，金融机构正处于全方位数字化转型阶段，大数据应用探索和尝试正如火如荼地进行。

第 5 章　大数据处理

5.1　引　　言

更快、更准、更有用是大数据应用的三个基本目标，本章探讨“更快”这个问题。在大数据应用场景下，“更快”既是目标，也是难题。

1. “更快”面临的难题

(1) 大数据 4V 特征中的“Velocity”指的是在大数据环境下，数据产生的速度很快，这意味着大数据系统的处理速度必须与产生速度匹配。另外，大数据价值期望体现在发现数据背后的洞见。在很多场景下，如果大数据系统不能很快进行数据分析并给出结果，其价值及意义就大打折扣，甚至有一个专门用于大数据系统的“1 秒定律”(也称秒级定律)，就是对大数据系统的处理速度提出了要求，一般要在秒级时间范围内给出分析结果，时间太长数据就失去价值了。这个速度要求是大数据处理技术和传统的数据挖掘技术最大的区别。不论这个定律是否有实践意义，都说明了用户希望大数据系统的速度能更快。

(2) 大数据应用系统一般包含数据汇聚、数据清洗、数据过滤以及数据治理、数据建模与标签化、目标系统(平台)开发等步骤。每一步都需要算法支撑，而算法都是有时间复杂度和空间复杂度的。显然，为了让计算速度更快，我们需要设计复杂度更低的算法(这也是很多算法研究者的主要目标)，但是在大数据环境下，数据规模的巨量性会使得即便是时间复杂度低的算法其实际运行时间也很长，这对于“更快”目标的达成是个挑战。

(3) 大数据系统不可避免地牵涉到对数据的 IO 操作，而现有计算机体系结构在 IO 方面的固有瓶颈导致算法实施中大量的时间浪费在数据的 IO 操作上。值得一提的还有“空间复杂度”这个问题，空间复杂度表示该算法在实施过程中对空间的需求。在数据量很小的时候，这种“空间”需求往往在内存中就能得到解决，但是在数据量很大的时候，这种空间需求可能得拓展到外存范围，而与外存的沟通又存在 IO 瓶颈，这对于“更快”目标的达成同样是个挑战。

(4) 在实际部署实施中，出于对系统性能的保障，系统设计之初往往在 CPU 及存储预算上都会保留很大的富裕度以响应一定会逐步升高的性能要求，这就给项目实施带来了很大的成本，因为上述这种做法的本质是预先买了很多暂时不会用的东西。另外，随着时间的推进，对 IT 系统进行横向升级和纵向升级是不可避免的事情(包括 CPU、存储等)，但是如何在系统热运行状态下进行无缝的动态升级，也是一个很大的挑战。

所有上述问题，在大数据应用场景下，都可以归并到大数据处理的范畴，这涉及大数据系统整个计算架构的设计与实现。

2. 解决“更快”难题的思路

针对上述提及的挑战，为了提高计算性能，有以下两种思路：

(1) 在计算架构层提高运行性能。分布式处理和并行计算是两类不同的架构思路。前者专注于如何将多个(计算能力都不是特别强的)计算节点通过某种协议组网，当有计算任务来临的时候，将计算任务分解成为若干个可以并行的小任务，然后将每个小任务交由不同的计算节点进行计算，从而通过并行达到快速计算的目的。显然，在此架构下，如何将大任务分解成可并行的小任务至关重要，分解的好坏直接关系到系统性能的高低；而后者是指同时使用多种计算资源解决计算问题，其基本思想是用多个处理器来协同求解同一问题，即将被求解的问题分解成若干个部分，各部分均由一个独立的处理机来并行计算。并行计算和分布式计算既有区别，也有联系。从解决对象上看，两者都是将大任务化为小任务，这是它们的共同之处。不同之处是分布式的任务包互相独立，上一个任务包的结果未返回或者结果处理错误，对下一个任务包的处理几乎没有什么影响，因此，分布式计算对实时性要求不高，而且允许存在计算错误(因为每个计算任务要分配给若干个参与者进行计算，上传计算结果到服务器后要进行比较，然后对结果差异大的计算进行验证)。并行计算处理的任务包之间有很大的联系，而且并行计算的每一个任务块都是必要的，即每个任务包都要处理，而且计算结果相互影响，这就要求每个任务包的计算结果要绝对正确，而且在时间上要尽量做到同步。

(2) 在数据存储层，通过虚拟化技术、软件定义存储技术，在解决IO带宽瓶颈的同时能够缓解系统在横向扩容和纵向扩容方面的难题。

围绕上述问题，本章具体讨论相关的技术及实现，本章章节结构安排如下：5.2节简单介绍分布式处理的基本概念、理念和关键技术；5.3节介绍并行处理的基本概念和关键技术，重点介绍GPU加速相关内容；5.4节介绍超融合系统的基本概念和关键技术；5.5节是本章小结。

5.2 分布式处理

5.2.1 概述

出于对计算性能的追求，20世纪70年代伊始，分布式系统即引起研究者的广泛关注。分布式系统是一个将硬件和软件组件分布在网络计算机上，通过消息传递进行通信和协调的系统。一个分布式系统拥有多种通用的物理和逻辑资源，可以动态地分配任务，并通过计算机网络实现信息交换。在一个分布式系统中，一组独立的计算机作为一个整体呈现给用户，系统中存在一个以全局方式管理计算机资源的分布式操作系统，使得用户好像在使用一台计算机。通常对用户来说，分布式系统只有一个模型或范型。在操作系统之上有一层软件中间件负责实现这个模型。一个著名的分布式系统的例子是万维网(World Wide Web)，在万维网中，所有的一切看起来就好像是一个文档。

1. 分布式系统的优势

与传统的集中式系统相比，分布式系统有着比较明显的优势和应用前景。

(1) 在价格成本上，分布式系统可以通过使用集中在一起的大量的廉价 CPU 来实现高性能计算，因此分布式系统具有比单个的大型集中式系统更优秀的性价比。

(2) 许多实际应用本身是分布式的。以大数据应用为例，大数据的数据源分布在多个不同的位置，这些不同数据源的数据相互之间需要进行传递和共同利用。例如，一个连锁超市有许多分店，每个分店都需要采购当地生产的商品，进行本地销售，每个店针对自己的销售情况进行记录与分析，而不是将数据都集中于公司总部，毕竟，大多数查询和更新都是在本地进行的。因此，每个商店本地计算机的存货清单是有意义的。然而，连锁超市的高层管理者经常会将分店的数据汇总起来，形成整体的业务分析、利润分析、资源调度等，实现这一目标的一种途径就是将整个系统建设成对于应用程序来说就像一台计算机一样，但是实际上它是分布式的。类似的场景在我们的生活中有很多。

2. 分布式系统的特性

一般来说，分布式系统具有比较明显的特性，比如：

(1) 开放性。开放性强调的是系统是可扩展的，即可以在现有的网络中增加计算机的数量以实现系统在硬件层次上的扩展，通过引入新的服务、重现旧的服务实现在软件层次上的扩展，最终使得应用程序实现资源共享。

(2) 透明性。分布式系统的透明性使得系统被认为是一个整体，而不是独立组件的集合。根据国际标准化组织的参考模型，透明性可分为访问透明性、位置透明性、伸缩透明性、性能透明性、移动透明性、故障透明性、并发透明性等几个方面。

(3) 安全性。分布式系统中数据和众多信息对于用户来说有很重要的价值，这些数据的安全性非常重要。一般来说，信息资源的安全性包括机密性、完整性和可用性三个方面。在一个分布式系统中，经常涉及数据在通信网络中的传输：一方面，我们要在传输过程中对数据进行加密，另一方面我们还需要对计算机通信中的身份进行认证来保证通信双方的安全，即能够正确地识别用户或其他代理的身份。

正是因为对计算性能的追求以及实际应用的需求，鉴于其种种优势，分布式系统得到了广泛的研究和发展，涌现出了许多有代表性的分布式系统及架构，比如 Hadoop、Spark、Apache Storm 等，这些系统或者框架大都已经正式开源，并且已经在我们的生活中被广泛应用，许多我们常见的生活应用如搜索引擎、购物 App、视频网站等其背后都有这些系统或者集群的支持，这些系统的出现将计算机的处理能力和应用能力推向了一个新的高点，它们作为计算机系统的基础，使得人们开发大型的数据处理、分析、整合平台成为可能，将会极大地改变我们的生活。

5.2.2 基本结构

典型的分布式系统示意图如图 5-1 所示。每一台计算机都有自己独立的处理器和存储器，都是一个可以独立工作的计算节点。这些计算机通过通信网络相互连接，通信网络在其中起着非常重要的作用，是整个分布式系统的重要组成部分。

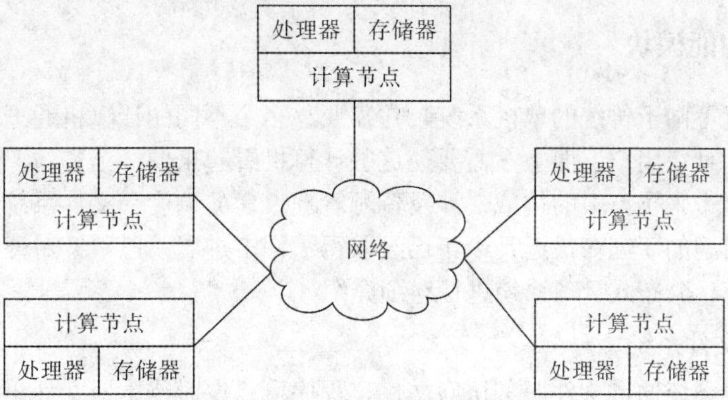

图 5-1 典型的分布式系统示意图

在单个计算机内部，各个组件以及运行在其上的处理器、操作系统的关系如图 5-2 所示。可以看到，分布式应用是一个建立在顶层上的软件，运行在分布式软件中间件（简称中间件）之上，利用的是中间件提供的服务。分布式软件中间件可以为用户提供一个统一的软件接口，并且使分布式应用可以与计算机网络中的应用层、传输层以及操作系统进行交互，完成在单个机器上所需执行的任务。

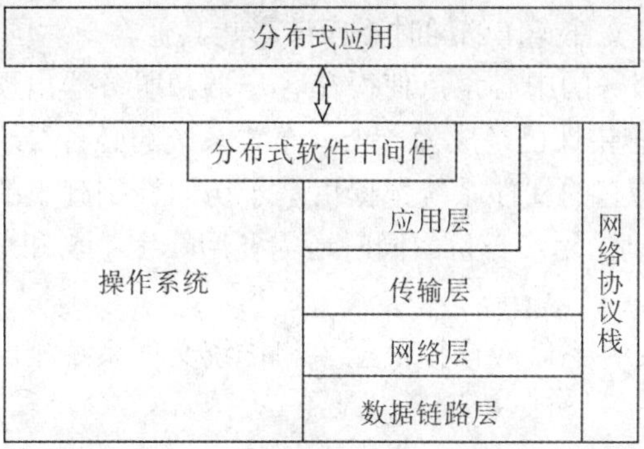

图 5-2 计算节点软件部件之间的交互关系

中间件的定义目前还没有一个公认和权威的标准，不同厂商的产品往往彼此不兼容。中间件的一个重要目标是对应用程序隐藏底层平台的异构性，因此中间件提供了一套完整度不同的服务集。

常见的分布式系统体系结构可以分为 C/S 架构和 B/S 架构。

(1) C/S(Client/Server)架构就是人们所熟知的服务器-客户机结构。服务器是提供信息、供人访问的计算机，负责数据的管理；客户机是因特网上访问别人信息的机器，负责完成与用户的交互任务。

(2) B/S(Browser/Server)架构即浏览器-服务器结构，它是随着互联网技术的兴起，对 C/S 结构进行了变化或改进的结构。在这种结构下，用户通过浏览器界面来进行访问，极少数事务逻辑在前端实现，主要事务逻辑在服务器端实现，客户端、服务器端和数据库端构成三层架构。B/S 架构的系统无须特别安装，只需浏览器即可。在 B/S 架构中，显示逻辑交给了浏览器，事务处理逻辑放在了服务器端上，这样就减少了客户端的压力，避免了庞大的胖客户端。因为客户端包含的逻辑很少，所以也被称为瘦客户端。

5.2.3 主要功能模块

分布式系统不同于传统的单机系统，它需要靠多个不同的计算机通过网络通信的方式来完成协作，并且在用户层面上，需要使这些计算机看起来像一个整体，这就给分布式系统的设计与部署带来了许多的挑战，涉及资源管理、任务调度、文件系统、网络通信等问题。关于这些问题的研究在最近几十年已经取得了许多进展。以下针对分布式文件系统、分布式计算系统、分布式管理系统进行详细介绍。

1. 分布式文件系统

分布式文件系统通过文件服务访问文件，程序可以像对待本地文件一样存储和访问远程文件。一个好的分布式系统能够应对常见的问题并且满足用户的多样需求。

1) 用户对分布式系统的需求

一般来看，实际中用户对分布式系统的需求包括以下几个部分：

(1) 透明性：客户程序无须了解文件的分布性，应该使用单一的文件命名空间，在不改变文件路径名的情况下，多个文件或文件组可以被重定位，同时客户程序在任一时刻执行时都使用相同的命名空间。

(2) 并发性：客户对文件操作的同时不应该影响其他客户对同一文件进行访问和操作。

(3) 容错性：文件服务的中心角色使得在客户端和服务器出现故障时服务能够继续使用非常重要，足够高的容错性已经成为一个分布式系统的必备要求。

(4) 安全性：几乎所有的文件系统都提供基于访问控制列表的访问控制机制。服务器上的访问控制要基于正确的用户身份，同时还需要用数字签名和对机密数据进行加密来保护请求和应答消息。

(5) 效率：分布式文件系统应该提供至少和传统文件系统相同的能力，最好它还能满足一定的性能要求。

2) NFS 网络文件系统

1985 年面世的 Sun Microsytem 网络文件系统(NFS)是很具代表性的分布式文件系统，其结构示意图如图 5-3 所示。

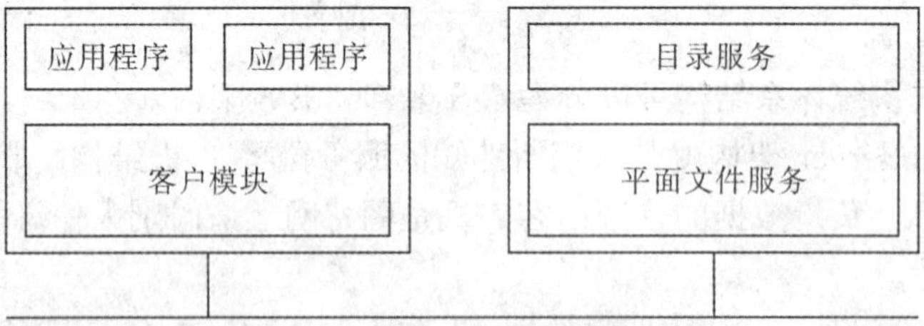

图 5-3　NFS 文件结构示意图

由图 5-3 可以看到，此文件系统的结构可以分成三个组件，分别是平面文件服务、目录服务和客户模块。

(1) 平面文件服务注重实现在文件内容上的操作，文件唯一标识符(UFID)用于在所有平面文件服务操作的请求中标识文件。UFID 是一长串比特，每个文件的 UFID 在分布式系统中是唯一的。当平面文件服务接收到一个创建文件的请求时，它生成一个新的 UFID 并将此 UFID 返回给请求者。

(2) 目录服务提供文件的文本名字到 UFID 的映射，用户可以通过对目录服务引用文本名字来获得文件的 UFID。平面文件服务和目录服务保持接口开放，供客户程序使用。

(3) 客户模块运行在客户计算机上，它在一个应用程序接口下集成和扩展了平面文件服务和目录文件服务的操作，该程序接口可供客户计算机上的用户级程序使用。

2. 分布式计算系统

分布式计算主要研究分布式系统如何进行计算。分布式系统是一组计算机，是通过网络相互连接、传递消息并协调它们的行为而形成的系统，组件之间彼此进行交互以实现一个共同的目标。分布式系统把需要进行大量计算的工程数据分割成小块，由多台计算机分别计算，在上传运算结果后，将结果统一合并得出数据结论。

2003 年到 2004 年间，Google 先后提出了 MapReduce、GFS(Google File System)和 BigTable 等技术，并提出了一套全新的分布式计算理论。

1) MapReduce

MapReduce 是大数据时代炙手可热的一个技术名词，其设计初衷是通过大量廉价服务器实现大数据的并行处理，它对数据一致性要求不高，其突出优势是具有扩展性和可用性，特别适用于海量的结构化、半结构化及非结构化数据的混合处理。它是由 Google 在 2004 年提出的一个软件架构，包括两个基本过程：Map 和 Reduce(Map 和 Reduce 的主要思想是从函数式编程语言及矢量编程语言借鉴而来的)。

MapReduce 的基本流程如图 5-4 所示。

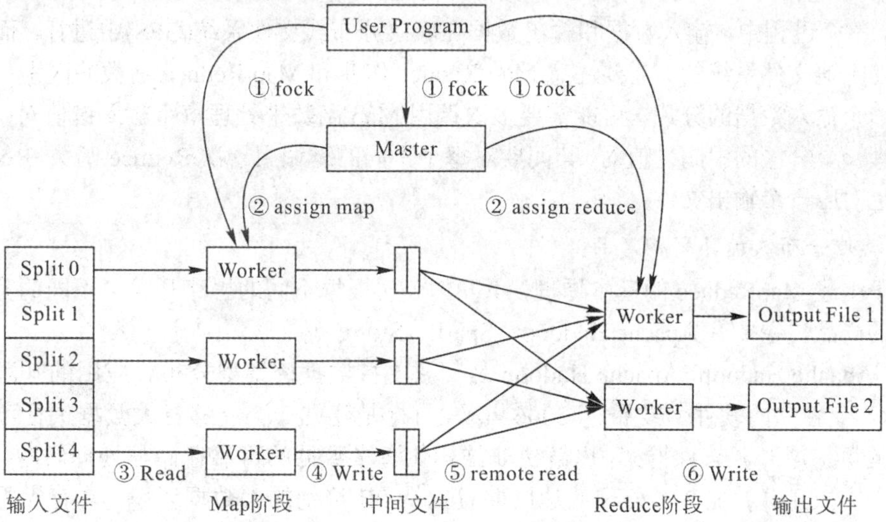

图 5-4 MapReduce 流程图

如图 5-4 所示，MapReduce 是从 User Program 开始的，User Program 链接了 MapReduce 库，实现了最基本的 Map 函数和 Reduce 函数，执行的顺序如下：

(1) MapReduce 库先把 User Program 的输入文件划分为 M 份(M 由用户定义)，每一份通常有 16 MB 到 64 MB，如图 5-4 中输入文件被分成了 Split0～Split4；然后使用 fork 将用户进程拷贝到集群内其他机器上，见图 5-4 中的步骤①。

(2) User Program 的副本中有一个称为 Master，其余称为 Worker(数量可由用户指定)，Master 负责为空闲 Worker 分配作业(Map 作业或者 Reduce 作业)，见图 5-4 中的步骤②。

(3) 被分配了 Map 作业的 Worker 开始读取对应分片(Split)的输入数据，Map 作业数量是由 *M* 决定的，和 Split 一一对应；Map 作业从输入数据中抽取出键值对，每一个键值对都作为参数传递给 Map 函数，Map 函数产生的中间键值对被缓存在内存中，见图 5-4 中的步骤③。

(4) 缓存的中间键值对会被定期写入本地磁盘，而且被分为 *R* 个区(*R* 由用户定义)，将来每个区会对应一个 Reduce 作业，见图 5-4 中的步骤④。这些中间键值对的位置会被通报给 Master，Master 负责将信息转发给 Reduce Worker。

(5) Master 通知分配了 Reduce 作业的 Worker 它负责的分区位置(肯定不止一个地方，每个 Map 作业产生的中间键值对都可能映射到所有 *R* 个不同分区)，当 Reduce Worker 把所有由它负责的中间键值对都读过来后，先对它们进行排序，使得相同键的键值对聚集在一起，见图 5-4 中的步骤⑤。

(6) Reduce Worker 遍历排序后的中间键值对，对于每个唯一的键，都将键与关联的值传递给 Reduce 函数，Reduce 函数产生的输出会添加到这个分区的输出文件中，见图 5-4 中的步骤⑥。

(7) 当所有的 Map 和 Reduce 作业都完成了，Master 唤醒 User Program，MapReduce 函数调用返回 User Program 代码。

所有执行完毕后，MapReduce 输出放在了 *R* 个分区的输出文件中(分别对应一个 Reduce 作业)。用户通常并不需要合并这 *R* 个文件，而是将其作为输入交给另一个 MapReduce 程序处理。整个过程中，输入数据和输出数据在底层分布式文件系统(GFS)中进行，而中间数据是放在本地文件系统的。需要注意 Map/Reduce 作业和 Map/Reduce 函数的区别：Map 作业处理一个输入数据的分片，可能需要多次调用 Map 函数来处理每个输入键值对；Reduce 作业处理一个分区的中间键值对，其间要对每个不同的键调用一次 Reduce 函数，Reduce 作业最终也对应一个输出文件。

2) 其他分布式计算架构产品

基于上述 MapReduce 的基本原理，不同的公司根据不同的思路开发了不同的分布式计算架构的产品，主要有 Apache Hadoop、Spark、Storm 等。

(1) Apache Hadoop。Apache Hadoop 是一款支持数据密集型分布式应用的开源软件框架(作为一套独立的软件，发布于 2006 年)，目标是建立一个能够对大数据进行可靠分布式处理的可扩展开源软件框架，以解决非结构化海量数据的可靠存储与处理问题。Hadoop 以并行的方式工作，加快了处理的速度并且支持 PB 级别的大数据环境，具有优秀的可扩展性。

Hadoop 由 HDFS、MapReduce、HBase、Hive 和 ZooKeeper 等成员组成，其最核心的设计就是分布式文件系统(Hadoop Distributed File System，HDFS)和 MapReduce。HDFS 为海量的数据提供了存储，MapReduce 则为海量的数据提供了计算。Hadoop 基本架构如图 5-5 所示。

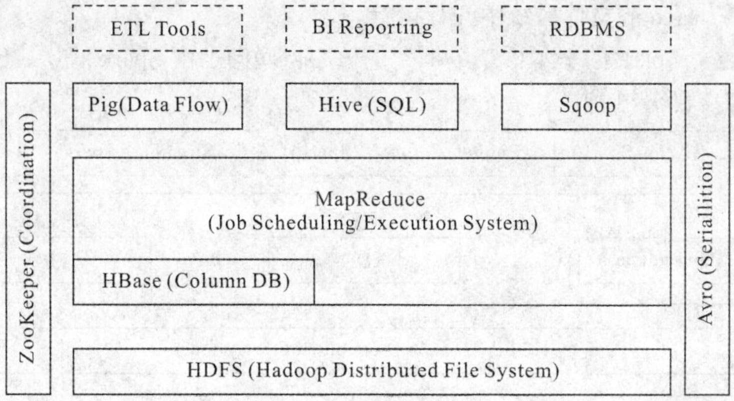

图 5-5　Hadoop 基本框架

图 5-5 中，Hadoop 的各个部分简介如下：

① Pig 是一个基于 Hadoop 的大规模数据分析平台，为复杂的海量数据并行计算提供了一个简单的操作和编程接口。

② Hive 是基于 Hadoop 的一个工具，提供完整的 SQL 查询，可以将 SQL 语句转换为 MapReduce 任务进行运行。

③ ZooKeeper 是一个高效的、可拓展的协调系统，用于存储和协调关键共享状态。

④ HBase 是一个开源的基于列存储模型的分布式数据库。

⑤ HDFS 由早期的 NDFS 演化而来，提供了一种高可靠性、高吞吐量的分布式文件系统。其具有高吞吐率的数据访问能力，有着高容错性，适合那些超大数据集的应用程序。

⑥ MapReduce 计算框架用于在大规模计算机集群上编写对大数据进行快速处理的并行化程序。MapReduce 技术提供了感知数据位置的标准化处理流程：读取数据，对数据进行映射(Map)，使用某个键值对重排数据，对数据进行化简(Reduce)以得到最后的输出。

虽然 Hadoop 具有高可靠性、高扩展性、高吞吐率、高容错性等优点，其本身的设计使它更适用于批量数据处理，但是它对于交互式、实时数据处理的支持不够，在迭代式数据处理上表现较差。

(2) Spark。Spark 是一个开源集群运算框架，是由加州大学伯克利分校 AMP 实验室(Algorithms, Machines, and People Lab)开发的基于内存计算的开源集群计算系统。

Spark 基于 MapReduce 计算框架实现，拥有和 Hadoop 相似的开源集群计算环境。Spark 和 Hadoop 的不同之处在于：

① Spark 是为集群计算中的特定类型的工作负载而设计的，即那些在并行操作之间重用数据集(比如机器学习算法)的工作负载。为了优化这些类型的工作负载，Spark 引进了内存集群计算的概念，可在内存集群计算中将数据集缓存在内存中，以降低访问延迟。

② Spark 引进了名为弹性分布式数据集(RDD)的抽象。RDD 是分布在一组节点中的只读对象集合。这些集合是弹性的，如果数据集一部分丢失，则可以依赖容错机制(该机制允许基于数据衍生过程重建部分数据集的信息)对它们进行重建。

③ 尽管创建 Spark 是为了支持分布式数据集上的迭代作业，但与 Hadoop 类似，Spark 支持单节点集群或多节点集群。对于多节点操作，通过名为 Mesos 的第三方集群管理器可

以实现 Spark 在 Hadoop 文件系统中并行运行。

图 5-6 描述了 Spark 的基本框架，框架的核心自底向上由 Spark 底层、Spark 核心层和 Spark 应用库层 3 部分组成。

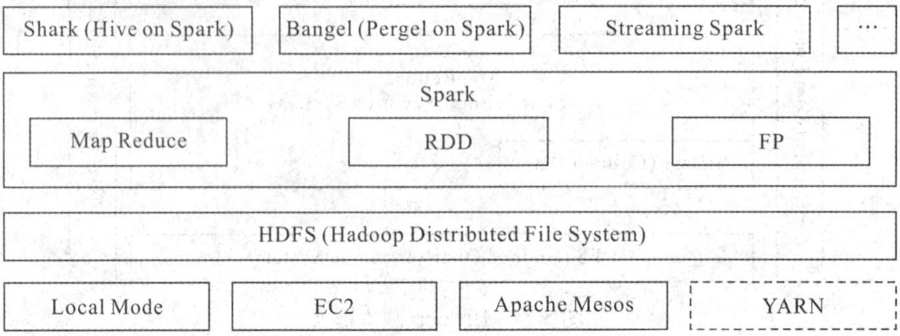

图 5-6　Spark 基本框架

① Spark 底层包含集群管理器，主要负责对整个集群资源的分配与管理。不同的部署模式对集群资源有不同的分配方式。例如，Cluster Manager(集群管理器)在 Yarn 部署模式下为 Resource Manager，在 Mesos 部署模式下为 Mesos Master，在 Standalone 部署模式下为 Master。目前，Local Mode、YARN、Apache Mesos、EC2 等都可以作为 Spark 的集群管理器。

② Spark 核心层包含 Spark 的基本功能，尤其是定义 RDD 的 API、操作以及这两者上的动作。其他 Spark 的库都是构建在 RDD 和 Spark Core 之上的。Spark Core 提供 Spark 最基础与最核心的功能，主要包括 SparkContext、存储体系、计算引擎等。

③ Spark 应用库层主要包括 Spark SQL, 提供通过 Apache Hive 的 SQL 变体 Hive 查询语言(HiveQL)与 Spark 进行交互的 API。Spark Streaming 对实时数据流进行处理和控制，允许程序能够像普通 RDD 一样处理实时数据。

Spark 中的重要组成——弹性分布式数据集(RDD)，是 Spark 中最基本的数据抽象，代表一个不可变、可分区、内部元素可并行计算的集合。RDD 允许用户在执行多个查询时显式地将工作集缓存在内存中，使得后续的查询可以重用工作集，从而极大地提升查询的速度。Spark 基于内存计算的特性使得用户可以做更快的数据分析，同时它还支持交互式查询(Spark Streaming)、图计算(GraphX)、流式计算(DataStream API)、机器学习(MLlib)以及批处理(DataSet API)等。Spark 在企业应用中的占有率逐年上升，而且社区活跃，是现在大数据处理的主流框架。

(3) Storm。Hadoop(包括在 Hadoop 基础上发展起来的 Spark)在本质上是一个批处理系统，数据被引入 HDFS 并分发到各个节点进行处理，当处理完成时，结果数据返回到 HDFS 供始发者使用。毋庸置疑，Hadoop 是大数据分析领域无可争辩的王者(虽然接连出现的新计算模型不断对其发起挑战)，但其仅适合于大规模静态数据的批处理场合。如果数据来源是高度动态的实时信息(流)时，Hadoop 就不再适合。针对此局限，Nathan Marz 推出的 Storm 提供了一个解决方案。

Storm 是一个开源的实时计算系统，它提供了一系列基本元素用于计算，包括 Stream、Spout、Bolt、Topology 等。

① Stream。Stream 是 Storm 中对数据进行的抽象，它是时间上无界的 tuple 元组序列。

② Spout。Storm 中的消息源用于为 Topology 生产消息(数据)，一般是从外部数据源不间断地读取数据并给 Topology 发送消息(tuple 元组)。

③ Bolt。Storm 中的消息处理者用于为 Topology 进行消息的处理，Bolt 可以执行过滤、聚合、查询数据库等操作，而且可以一级一级进行处理。

④ Topology。在 Storm 中，一个实时应用的计算任务被打包作为 Topology 发布，这同 Hadoop 的 MapReduce 任务相似，但是有一点不同：在 Hadoop 中，MapReduce 任务最终会在执行完成后结束；而在 Storm 中，Topology 任务一旦开始就永远不会自动结束，除非用户显式停止任务。如图 5-7 所示，计算任务 Topology 是由不同的 Spout 和 Bolt 通过数据流(Stream)连接起来的图。

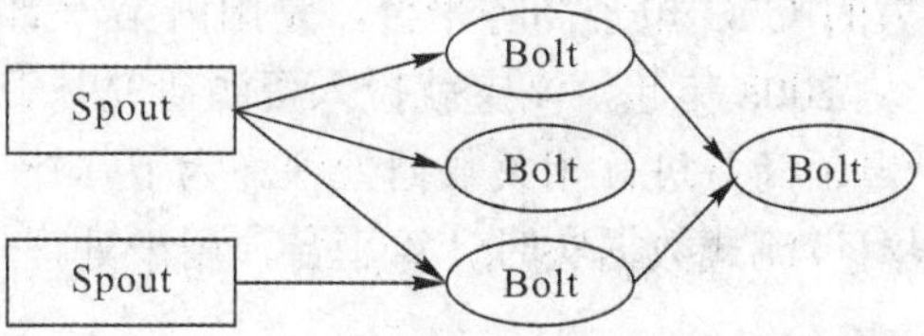

图 5-7 Topology 示意图

在 Topology 中，Spout 是 Stream 的源头，负责为 Topology 从特定数据源发射 Stream。Bolt 可以接收任意多个 Stream 作为输入，然后进行数据的加工处理。如果需要，Bolt 还可以发射出新的 Stream 给下级 Bolt 进行处理。最终，Topology 会被提交到 Storm 集群中运行。也可以通过命令停止 Topology 的运行，将 Topology 占用的计算资源归还给 Storm 集群。

Topology 中每一个计算组件(Spout 和 Bolt)都有一个并行执行度，在创建 Topology 时就可以指定，Storm 会在集群内分配对应并行度个数的线程来同时执行这一组件。同时，Storm 提供了若干种数据流分发(Stream Grouping)策略，用来解决 Spout 和 Bolt 两个元组之间发送 Tuple 元组的问题。在 Topology 定义时，需要为每个 Bolt 指定接收什么样的 Stream 作为其输入(注：Spout 并不需要接收 Stream，只会发射 Stream)。目前 Storm 中提供了以下 7 种 Stream Grouping 策略：Shuffle Grouping、Fields Grouping、All Grouping、Global Grouping、Non Grouping、Direct Grouping、Local or Shuffle Grouping，具体介绍此处不再赘述。

通过以上介绍可以看出，Storm 中 Stream 的概念是 Topology 内唯一的，只能在 Topology 内按照“发布-订阅”方式在不同的计算组件(Spout 和 Bolt)之间进行数据的流动，而 Stream 在 Topology 之间是无法流动的，这个特点需要在应用的过程中加以留意。

3) 公司自有大数据处理平台

前面简单介绍了三个主流的分布式计算系统：Hadoop，Spark 和 Storm，总体而言，Hadoop 常用于离线的复杂大数据处理，Spark 常用于离线的快速大数据处理，而 Storm 常用于在线的实时大数据处理。除了这三个主流的分布式计算系统而外，很多公司在此基础上也提出了基于自己平台特征的大数据处理方案，为相关的大数据处理领域注入了不同的活力。比如：

(1) Google 提供了 BigQuery 服务，可用于在云端处理大数据，BigQuery 允许用户上传他们的超大量数据并通过 Google 的架构来运行 SQL 语句实现对超大数据库的操作并进行交互式分析，用户不必投资建立自己的数据中心。

(2) IBM 推出的 InfoSphere 大数据分析平台，包含 BigInsights 和 Streams，前者基于 Hadoop 对大规模的静态数据进行分析，它提供多节点的分布式计算，可以随时增加节点，提升数据处理能力；后者采用内存计算方式分析实时数据，将包括 Hadoop MapReduce 在内的开源技术紧密地与 IBM 系统相结合。

(3) 百度构建的基于 Hadoop 的大数据平台，综合运用了包括高性能计算、MapReduce、DAG 算法在内的多种技术来满足不同大数据处理应用场景的需求。其中高性能计算模块同数据计算模块协同工作，分别负责完成各自擅长的数据处理任务，并对 Hadoop 相关技术模块进行了不同程度的改进。

(4) 淘宝作为中国最大的 C2C 电子商务平台，是国内第一批采用 Hadoop 技术进行数据平台升级的公司之一。从 2008 年起，淘宝就投入资源研究基于 Hadoop 的数据处理平台“云梯”，并将其应用于电子商务进行相关数据处理。为了弥补 Hadoop 在实时性方面的不足，淘宝还构建了“银河”流式数据实时计算平台，用于处理一些实时性很高的数据。

3. 分布式管理系统

分布式系统不同于传统的数据库系统，传统的数据库系统数据都存储在单机上，而在分布式系统中则需考虑数据传递、计算任务的分配、资源管理等问题，因此在分布式系统中有许多需要解决的问题，其中比较重要的一个问题就是分布式事务管理。

在计算机中，每一个运行中的程序都被称为进程，进程是动态的程序，进程又可以划分成粒度更细的线程，进程是操作系统进行资源(CPU、内存、磁盘、IO、带宽等)分配的最小单位，线程是 CPU 调度和分配的基本单位。

事务定义了一个服务器操作序列，由服务器保证这些操作序列在多个客户间并发访问和服务器出现故障情况时的原子性。由于计算机中的事务可以并发进行，如不加以控制，则会产生更新丢失、不一致检索、读脏数据等问题。在计算机中通常用加锁的方法来解决这类问题，其中比较经典的方法是严格的两阶段加锁方法，即所有在事务执行过程中获取的锁必须在事务提交或放弃后才能释放，这一机制是解决上述几类问题的基础。

在计算机中，锁的授权通常由服务器上的一个对象实现，我们称该对象为锁管理器，锁管理器把锁放在诸如散列表之类的数据结构中。虽然锁机制可以缓解上述几类问题，但是也带来了新的问题，例如在客户涉及交互程序的情况下，由于交互程序中的事务通常运行时间较长，容易造成很多对象被锁住，从而阻止了其他客户使用这些对象，这就是死锁问题。死锁是一种状态，在该状态下一组事务中的每一个事务都在等待其他事务释放某个锁，死锁问题可以通过死锁预定、更新锁、死锁检测等方式来处理，可以在一定程度上缓解。

在分布式系统中，除了以上在单机系统中会出现的情况外，还有一些因为同一个事务调用了不同服务器所产生的问题，我们把这类事务叫作分布式事务，进一步可以分为平面事务和嵌套事务。

创建某一个分布式事务的协调者称为这一事务的协调者，在事务的执行过程中，协调者在列表中记录所有参与者的引用，每一个参与者也记录一个对协调者的引用。

分布式事务中同样存在着锁机制，在一个分布式事务中，每个服务器都为其数据项保留着锁，本地锁管理者可以决定是授予锁还是让请求的事务等待。而它在知道事务已在参加该事务的所有服务器上提交或中止之前都不能释放锁。当锁用于并发控制时，数据项在原子提交协议期间保持锁，且不能被其他事务使用。

此外，分布式事务中还采用了时戳定序并发控制，每个服务器可以分配全局唯一的时戳，事务第一次访问的服务器产生并分配全局唯一的事务时戳给客户，该事务时戳在该事务中执行了操作的每个服务器中传递。当进行时戳定序并发控制时，就可以解决操作执行时的冲突问题。

5.3 并行计算

5.3.1 概述

自计算机诞生之日起，人们就不断追求更强的计算能力。高性能计算是一个逐渐发展、完善的概念，它并没有确切的定义，一般指通过体系结构、并行算法或软件开发等技术手段获得比主流计算机更加强大的计算能力的技术。总体来看，分布式计算、并行计算、网格计算和云计算都是属于高性能计算的方法，本节重点介绍并行计算。

并行计算(Parallel Computing)是指同时使用多种计算资源解决计算问题的过程，是提高计算机系统计算速度和处理能力的一种有效手段。它的基本思想是用多个处理器来协同求解同一问题，即将被求解的问题分解成若干个部分，各部分均由一个独立的处理机来并行计算。并行计算系统既可以是专门设计的、含有多个处理器的超级计算机，也可以是以某种方式互连的若干台独立计算机构成的集群，通过并行计算集群，完成数据的处理，再将处理的结果返回给用户。

随着微处理器的发展，其结构越来越复杂，通过提高单核处理器时钟频率来提高性能的方式已经越来越受限。同时，CPU 作为中央处理器，需要处理各种烦琐任务和复杂逻辑，所以，大量晶体管被设计用于存储和逻辑控制，计算部分所占比例并不大。

综上所述，单核处理器的发展遭遇了前所未有的瓶颈，在这种情况下，多核、众核处理器开始慢慢受到人们的关注，成为发展的必然趋势。其中，GPU 是一种近年来备受关注的众核处理器。

5.3.2 GPU 简介

GPU 是 Graphics Process Unit 的简称，也就是图形处理器，就意义而言，GPU 是显卡的核心部件。早期 GPU 用于图像渲染(部分功能从 CPU 分离)，仅起 3D 图像处理的加速作用，其通用计算功能并没有得到广泛关注。随着技术的发展，GPU 的可编程性逐渐增强，特别是在 2006 年 NVIDIA 与 ATI 分别推出了 CUDA[①](Computer Unified Device Architecture，

① CUDA 包含指令集架构以及 GPU 内部的并行计算引擎，开发人员使用 C 语言(随着版本的升级，逐步支持 C++、Fortran 等)基于 CUDA 架构编写的程序可以在支持 CUDA 的处理器上以超高性能运行。

统一计算架构)编程环境和 CTM(Close To the Metal)编程环境，使 GPU 通用计算编程更加简洁，且可编程性、功能、性能不断提升和完善，高性能计算领域开始使用 GPU 加速运算，基于 GPU 的算法优化也成为学术界和工业界的热点。

CPU 的设计目标是不仅要具备更强的适应不同数据类型的通用计算能力，还要能够处理因逻辑判断而引入的大量分支跳转和中断，而 GPU 面对的则是类型高度统一、相互无依赖的大规模数据和不需要被打断的纯净计算环境。两者设计目标的不同导致了两者呈现出非常不同的架构，两者的架构示意图如图 5-8 所示(该图摘自 NVIDIA CUDA 文档，略加修改)。

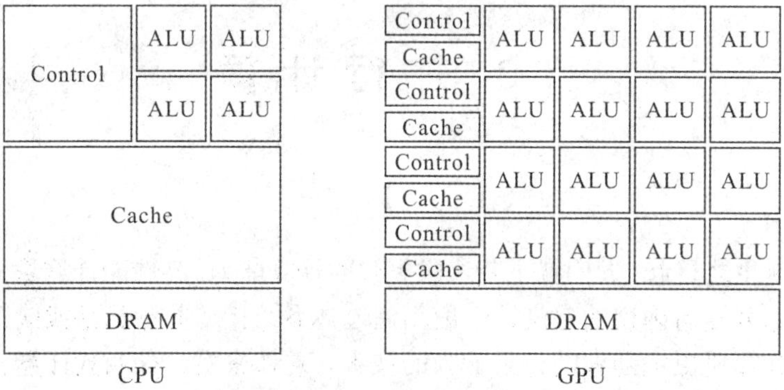

图 5-8　CPU 和 GPU 架构示意图

由图 5-8 可知，GPU 采用了数量众多的计算单元和超长的流水线，但只有非常简单的控制逻辑。而 CPU 不仅被 Cache 占据了大量空间，而且还有复杂的控制逻辑和诸多优化电路，相比之下计算能力只是 CPU 很小的一部分。与 CPU 擅长逻辑控制和通用类型数据运算不同，GPU 擅长的是大规模并发计算，尤其是计算密集型的场合。

由于架构的原因，CPU 计算性能的提高一直都从提升制程工艺和主频上着手，但这显然是有壁垒的。如果说 CPU 是一条单车道公路，一次只能走一辆车的话，GPU 就是拥有多个车道的高速公路，大量并行的结构使得其在浮点运算方面拥有非常快的速度，而在 GPU 基础上发展起来的通用图形处理器很好地继承了这一优点，其具有比 CPU 高一个数量级的浮点性能，在注重运算速度的高性能领域被格外看好。因此将并行运算能力更为强大的 GPU 释放出来，与 CPU 相结合进行运算，开始成为超级计算机领域一个新的研究方向。

目前主流的 GPU 结构有 2 种：一个是基于流处理器阵列的主流 GPU 结构，以 NVIDIA 的 GeForce8800GTX 和 ATI 的 HD 2900 为代表；另外一个是基于通用计算核心的 GPU 结构，以 Intel Larrabee 为代表。前者具有更高的聚合计算性能，而后者则在可编程性上具有更大的优势。与目前的通用微处理器和云平台等其他主流计算平台相比，GPU 众核处理平台具有以下优势：

(1) 并行度高、计算能力强、带宽高。相比于 CPU，GPU 的单个芯片上集成了更多的计算单元，因此 GPU 的并行度更高。同时期 GPU 的浮点计算能力通常高于 CPU 一个数量级，存储带宽是 CPU 的 5 倍左右。

(2) 高性能价格比、高性能功耗比。很多需要大型计算机或计算机集群才能解决的计算密集型问题，往往只需要一个或几个 GPU 就可以解决，大大降低了成本，减少了能耗。

由于GPU众核架构和计算平台的优势显著，使其成为高性能计算领域的一大热点：在学术界研究者尝试将GPU计算应用于各个领域；在工业界AMD和NVIDIA不断推出相关产品，进一步加强其计算性能。

5.3.3 CUDA编程模型

CUDA是NVIDIA公司推出的并行计算平台，也是NVIDIA GPU的并行编程模型。随着CUDA的出现和发展，GPU的可编程性也逐渐提高，直接促进了GPU通用计算的发展。图5-9为CUDA编程模型的组织结构。

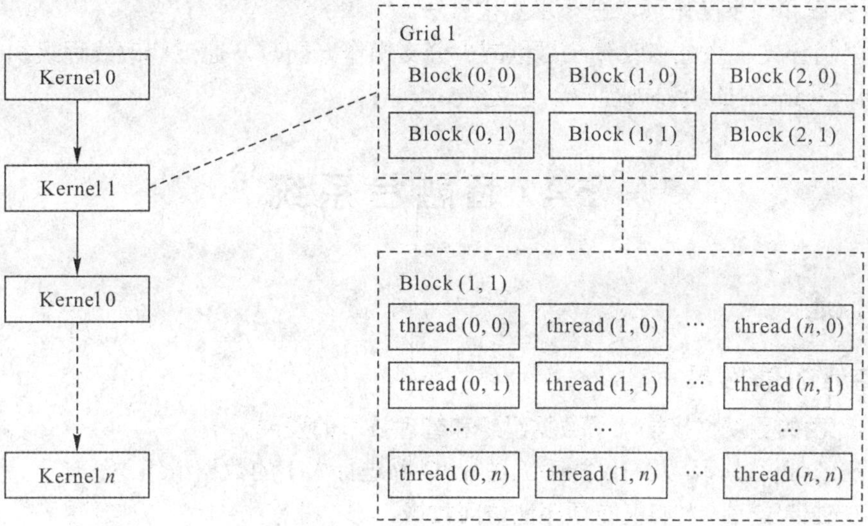

图5-9 CUDA计算模型组织结构

如图5-9所示，在CUDA编程模型中，单个应用由一系列有序的Kernel程序组成，Kernel程序即为可以在GPU设备上并行执行的程序。Kernel是由SPMD(Single Program Multiple Data，单程序多数据)进行计算，当CPU调用Kernel程序时，GPU会启动大量的线程并行执行，每个线程运行相同的顺序程序。Kernel程序在GPU上以网格的形式组织，网格由大量的线程块组成，每个线程块又包含很多线程。每个线程都有唯一的索引ID，包括线程号和线程块号，线程号和线程块号都可以用形如(x, y, z)的三元组表示。通过CUDA编程模型，程序员可以设置并行程序的各种配置信息，包括网格的大小和维度、线程块的大小和维度等。

CUDA的组织结构与GPU体系结构有紧密的映射关系。CUDA模型的一个网格在一个GPU上执行，网格中的一个线程块被分配到一个流多处理器上，线程块中的一个线程在流多处理器的一个CUDA核上执行。一个线程块中的所有线程以连续的32个线程为一个warp，warp内所有线程执行相同的指令。因此，CUDA编程模型内存在多个级别的线程并行。

为了充分利用GPU强大的计算能力，需要根据GPU架构和CUDA编程模型对算法和程序进行优化。主要的算法优化原则有：

(1) 优化内存访问方式。首先，访问全局内存应遵守合并内存访问原则，即一个warp

内的 32 个线程访问连续的地址，最大化全局内存的带宽，减少访存所需时钟周期数。其次，将多个线程频繁访问的数据存储在共享内存中，恰当使用共享内存来减少访问全局内存的次数。最后，访问共享内存时应尽量避免 bank 访问冲突，防止线程串行化。

(2) 负载均衡。包括 warp 内线程的负载均衡和流多处理器的负载均衡。一方面，通过调节每个线程的处理数据量、内存访问次数来均衡 warp 内线程的负载；另一方面，通过改变线程块大小、改进算法等方式均衡流多处理器的负载。

(3) 减少线程通信。常用的线程通信操作有原子操作和同步操作，需要线程互斥访问某一内存地址和线程块内所有线程都达到同步原语，频繁使用会大大降低算法性能。因此，减少原子操作和同步操作可以进一步优化算法。

(4) 限制分支。通过修改算法尽量减少分支操作。同时，通过修改线程组织的方式，尽量让同一 warp 内的线程执行同一分支。

5.4 超融合系统

5.4.1 概述

1. 存储介质的发展

存储介质的更新直接推动了数据组织和管理技术的发展。

(1) 在纸带机时代，人们仅能手工进行 IO 并进行人工的数据组织与管理。

(2) 在磁带年代，人们仅能顺序地访问数据。

(3) 磁盘出现后，人们可以顺序或随机地访问数据。

2. 编程理念的发展

与存储介质发展轨迹并行，人们的编程理念也发生了变化。

(1) 人们希望数据与程序能够分开，于是文件系统及文件管理系统走上了历史舞台。

(2) 文件管理系统自身存在缺陷，如一致性难以维护，冗余性难以回避等，为了有效解决这些问题，计算机科学家发明了数据库技术并在后续至今的数十年里大行其道。

(3) 数据库技术从早期的层次型数据库发展到网络数据库(当然层次数据库可以看作是网络数据库的特例)再到关系数据库，关系数据库得以突飞猛进地发展除了其天生清晰的数据模型和良好的存取控制外，SQL 的发明也功不可没，SQL 把关系数据库中晦涩的数学逻辑用类似自然语言的语法定义了数据操作及数据表示。

(4) 随着大数据时代的来临，NoSQL 技术横空出世，一定程度上解决了传统数据库技术在数据组织与管理层次面临着的问题，如拓展困难、读写慢、成本高、支撑容量有限等。

3. 数据存储结构的分类

在存储层，数据存储结构大致分为三种：直连式存储(Direct Attached Storage，DAS)、网络连接式存储(Network Attached Storage，NAS)和存储网络(Storage Area Network，SAN)。三者的对比参见表 5-1。

表 5-1 主流存储结构对比

数据存储结构	描 述	优 点	局 限
DAS	数据存储设备是整个服务器结构的一部分，存储设备与服务器之间通常采用 SCSI 连接	(1) 将多磁盘合并成一个逻辑磁盘，易扩容。 (2) 实现数据和应用分离。 (3) 运维实施简单	(1) 服务器易成为瓶颈，SCSI 通道会成为 IO 瓶颈。 (2) 服务器发生故障时，数据无法访问，数据备份很复杂。 (3) 存储空间不能在多个 DAS 服务器间动态分配
NAS	数据存储作为独立网络节点，不再是服务器的附属，而是作为独立网络节点存在于网络之中，可由所有网络用户共享	(1) 真正的即插即用。 (2) 存储部署简单。 (3) 管理容易且成本低	(1) 通过普通数据网络传输进行存储，易受网络其他流量影响，有数据泄露安全隐患。 (2) 使用网络进行备份和恢复，备份过程中消耗带宽。 (3) 存储仅以文件方式访问，而不能直接访问物理数据块，因此会影响系统效率
SAN	通过网状通道 (Fibre Channel，FC) 技术，使用 FC 交换机连接存储设备和服务器，建立专门的数据存储区域网络	(1) 存储带宽和性能提高。 (2) 扩展能力强，光纤接口提供了 10 公里的连接距离，这使得实现物理上分离。 (3) 提供了与现有 LAN 连接的简易方法，通过同一物理通道支持 SCSI 和 IP 协议。 (4) 允许任何服务器连接到任何存储阵列。 (5) 运行备份操作无须考虑对网络总体性能的影响。 (6) 管理及集中控制实现简单，特别是对于全部存储设备都集群在一起的时候	(1) 成本高。 (2) 各厂商光纤交换技术不完全相同，其服务器和 SAN 存储有兼容性的要求

随着全球非结构化数据快速增长，针对结构化数据设计的这些传统存储结构在性能、可扩展性等方面都难以满足要求，逐渐出现了集群存储、集群并行存储、面向对象存储、云存储等多种新型存储结构。

(1) 集群存储就是将若干个性能普通的存储系统联合起来组成“存储集群”。集群存储采用开放式架构，具有很强的扩展性，它一般包括存储节点、前端网络、后端网络三个构成元素，每个元素都可以非常容易地进行扩展和升级而不用改变集群存储的架构。

(2) 集群并行存储采用了分布式文件系统与并行文件系统相结合的方式，容许客户端和存储直接打交道，因此提高了并行或分区 I/O 的整体性能，特别是读取操作密集型以及大型文件的访问，一般而言，集群并行存储多在大型数据中心或高性能计算中心使用。

(3) 面向对象存储是 SAN 和 NAS 的有机结合。在面向对象存储中，文件系统中的用户组件部分基本与传统文件系统相同，但是文件系统中的存储组件部分下移到智能存储设备上，于是用户对于存储设备的访问接口由传统的块接口变为对象接口。面向对象存储是存储系统的一个发展趋势。

(4) 云存储是一种网络在线存储(Online Storage)的模式，即把数据存放在通常由第三方托管的多台虚拟服务器，而非专属的服务器上。托管(Hosting)公司营运大型的数据中心，需要数据存储托管服务的人，通过向其购买或租赁存储空间，来满足数据存储的需求。数据中心营运商根据客户的需求，在后端准备存储虚拟化的资源，并将其以存储资源池(Storage Pool)的方式提供给客户，客户可自行使用此存储资源池来存放文件或对象。实际上，这些资源可能被分布在众多的服务器主机上。云存储这项服务通过 Web 服务应用程序接口(API)，或是通过 Web 化的用户界面来访问。

4. 超融合

超融合架构(Hyper-Converged Infrastructure)就是在上述有关既有存储架构的模型基础上，针对传统存储性能下降(IO 在存储控制器上的瓶颈)、扩展不灵活(在系统部署前购买超量的存储且在升级时极为麻烦)、不易管理(需要 iSCSI、FC、NFS 等专业技能进行运维)等局限，通过软件定义技术构建大规模数据中心的方式，结合虚拟化技术和企业 IT 的场景，为企业实现可扩展的 IT 基础架构。

所谓超融合，就是融合各类标准硬件设备中的计算、存储、网络资源，将其抽象化、池化到资源池中，并用简单的操作界面，自动化的流程统一管理。在 2011 年，Nutanix 首次推出超融合产品，到了 2014 年，产品逐步成熟落地。超融合架构包括两个重要方面：

(1) 整合架构：指的是将数据中心所需要的各类设备打包，企业数据中心通常需要虚拟化软件、服务器、外置存储和交换机，需要注意的是服务器采购、部署、集成、运维等分别对接不同的厂家。

(2) 软件定义存储：这是 2014 年首次出现的行业标准，其核心思想是将数据的管理逻辑、存储与专用硬件解耦。在过去，这些核心逻辑通常与专用硬件深度绑定、无法拆分，造成升级、更换困难，也间接导致了专用硬件价格高昂。在软件定义存储的理念下，越来越多的产品能与硬件分离出售，将外置存储设备分离为标准的 X86 服务器和专用软件，使企业在建设数据中心时更加灵活。

5.4.2 超融合架构

传统的存储区域网络架构使用的运算和储存单元是分离的，其服务器外接 SAN 交换机、存储设备等，如图 5-10 所示。

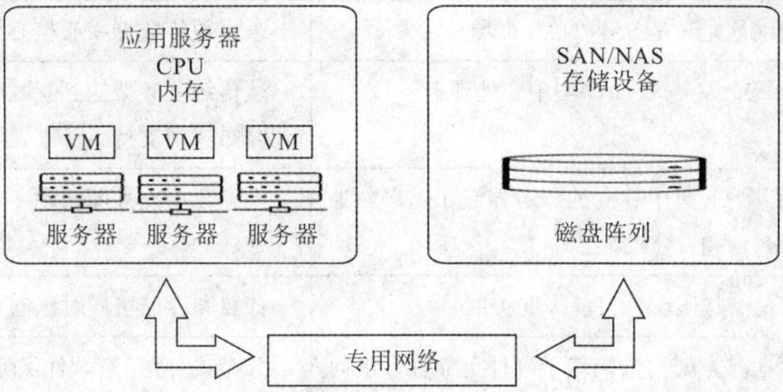

图 5-10 传统数据中心架构

超融合架构则将运算和储存资源合二为一，这样每台服务器节点单元可同时提供运算资源和储存空间，每一台超融合架构的服务器节点就相当于传统的服务器外接 SAN 交换机和储存设备，即使用服务器结点的磁盘驱动器来提供需要的储存空间，如图 5-11 所示。

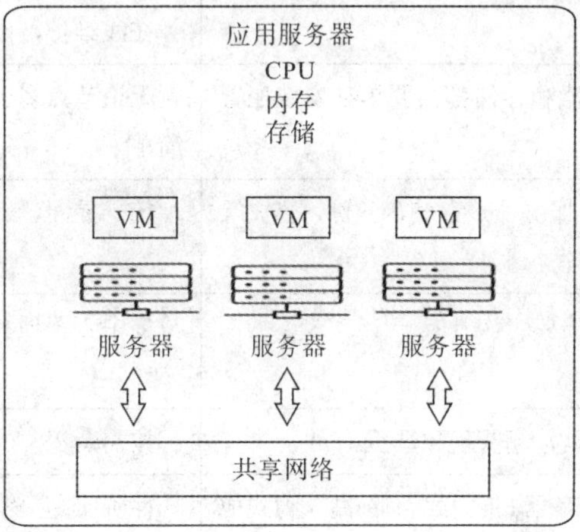

图 5-11 超融合架构

超融合架构通过虚拟化平台软件来实现合理的硬件资源的分配，其中：

(1) 运算资源和存储资源都是通过虚拟机来合理调配使用，这是一种以虚拟机为核心的虚拟化应用。

(2) 超融合架构的运算资源和储存资源都是软件化的，硬件部分只是一台普通的通用硬件服务器，用户使用的虚拟机与储存空间完全依靠 Hypervisor 等软件所构建，隔离了用户层的应用和底层的物理设备。

表 5-2 给出了传统架构和超融合架构多个维度的对比示意。

表 5-2 传统架构与超融合架构对比

比较维度	传统架构	超融合架构
架构特点	集中式	分布式、互联网+
市场趋势	萎缩，尤其是 SAN/NAS 市场	未来数年数据中心核心架构
业务架构	传统业务架构、I/O 集中式处理	从传统业务架构到互联网架构，从集中式到分布式都支持
性能	随着访问集中存储的服务器越来越多，性能瓶颈问题日益凸显	不存在单点性能问题
可拓展性	存储架构限制，仅能纵向扩展	计算和存储可同时纵向和横向扩展
可靠性	存在单点架构，依赖于硬件可靠性，出问题需要人工恢复	分布式一切，有软件保障的自动恢复能力
可用性	同城和异地容灾都要额外的方案保障，方案和架构都很复杂	延伸集群和多种容灾方案，快速配置、快速部署
虚拟机整合比	通常计算资源充足，但存储能力不足，整合比低	计算和存储资源不存在瓶颈，整合比高出 1.5～2 倍
升级维护	离线操作	在线维护，硬件热插拔
安装部署	复杂，服务器和存储都需要单独安装配置且考验兼容性	无论节点多少，导向式初始化过程，操作简单
管理维护	Hypervisor、服务器、存储、备份、容灾等都需要单独管理	统一界面、一键式管理
跨数据中心运营	不支持，或需要二次开发	多中心管理和容灾管理能力
采购模式	大量集中采购，超买现象严重	按需购买
总体拥有成本	显式成本(服务器+集中式存储)高、隐式成本(容灾、存储分层、管理软件授权等)不确定	性价比高，软件定义，一次购买，开箱即用
空间/能源	占用大量空间，能耗高，托管机房租赁费成本高	空间节约 70%，能耗节约 60%～70%

5.4.3 超融合产品

超融合架构是为下一代云数据中心设计的横向扩展的软件定义架构，其主要特点在于无固定中心节点、横向扩展、软件定义、计算和存储融合、服务器端闪存为核心等。超融合将 CPU、内存、存储、网络、虚拟化整合在一起，克服传统的 I/O 瓶颈，打破了传统的服务器、网络和存储的孤立界限，实现了一个统一的 HCI 形态。

近几年来，在美国、以色列等 IT 先进国家，涌现出了一批面向企业云数据中心场景，研发软件定义存储和超融合系统的创新公司，比如 Nutanix、ScaleIO、Simplivity、Nexenta、Maxta 等。与此同时，传统虚拟化和存储大厂商也逐渐看到了企业数据中心下一代基础设施系统的发展趋势，纷纷通过收购或自研进军软件定义存储和超融合架构市场，比如 EMC 收购 ScaleIO，HP 收购 LeftHand，Dell 收购 Equallogic，VMware 自研 VSAN 等。这些创新公司和传统存储公司，根据自身的发展或者产品布局需求，推出了不同形态的超融合架构一体机，而 EMC、VMware、Nexenta 等则推出纯软件形式的软件定义存储方案。总体来说，新型创业公司走在了超融合架构产品和市场的前列，他们占据了超融合架构基础设施市场的大半壁江山。目前 Nutanix、Simplivity、Nexenta 等创新公司推出的产品最有竞争力，占据的市场份额也最大。

国内的超融合架构基础设施发展速度总体上落后国外，但随着融合存储系统在国外越来越受到存储大厂和大客户的关注和重视，以及云计算、大数据、软件定义存储等新一代数据中心基础设施技术的发展，目前国内的主流存储厂商，比如华为、浪潮、曙光等公司，也开始进行新一代大规模分布式存储系统的研发。

表 5-3 给出了在超融合市场上美国厂商的几个主流产品。

表 5-3 美国厂商的主流超融合产品

厂家/产品	描 述	备 注
Nutanix	自研发 Acropolis	
VMWare	自研发 vSAN	
Dell EMC	与子公司 VMVare 合作研发 VxRail	
惠普 HPE SimpliVity	自研发 OmniStack	数据重删/压缩功能强大
思科	收购 SpringPath，合作研发 HXDF	
Maxta	自研发 MFS	
Scale Computing	自研发 HC3	
Pivot3	自研发 vSTAC	视频数据存储能力强大
StratoScale	基于 Oracle ZFS 开源计算研发	基于开源系统研发
Altantis	HyperScale	数据压缩效率高

表 5-4 给出了在超融合市场上中国厂商的几个主流产品。

表 5-4　中国厂商的主流超融合产品

厂家/产品	描　述	备　注
华为	初期参考 Ceph 开源技术，自研发推出 FusionStorage，现已完全自主可控	
新华三	基于 Ceph 开源技术研发 UIS	基于开源系统研发
联想	与 Nutanix、SmartX OEM 合作	基于开源系统研发
浪潮信息	与 VMware、SmartX OEM 合作	基于开源系统研发
深信服	初基于 Gluster FS 开源技术，不确定是否完全自主可控	基于开源系统研发
SmartX	自研发 ZBS	
青云	自研发 Server SAN、HCI	
TaoCloud	基于 GlusterFS，研发 SSAN	基于开源系统研发
泽塔云	基于 Ceph 研发 zSDS	基于开源系统研发

Gartner 从执行能力和发展愿景两个维度将超融合市场中的若干主要产品划分为四大阵营，来自 2021 年 11 月份的最新报告图①显示：处于领导定位的厂商/产品有 Nutanix、VMware，处于利基(niche)产品②的角色有 Scale Computing、Quantum、Sangfor Technologies、StarWind 和 Huayun Data Group，有发展远景的有 Store Magic 和 MicroSoft，如图 5-12 所示。

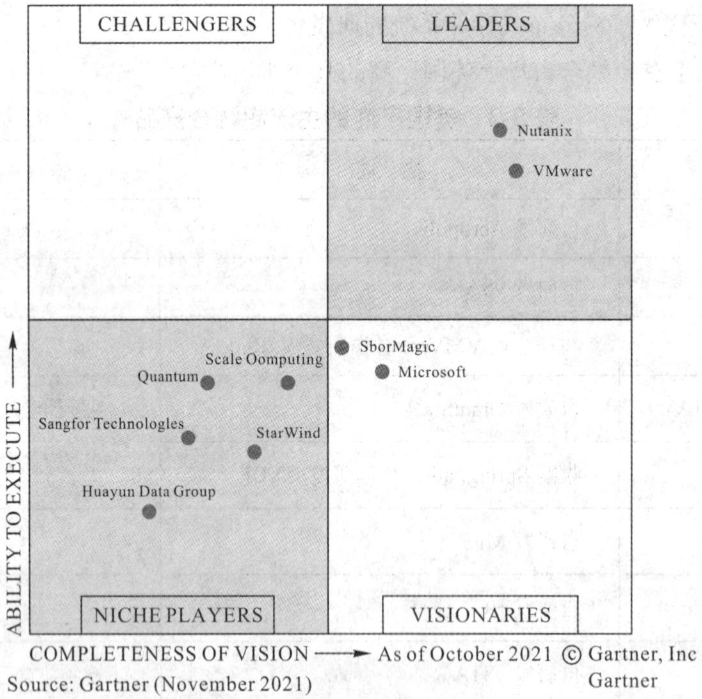

图 5-12　超融合市场主要阵营

① Gartner. Magic Quadrant for Hyperconverged Infrastructure Software。

② 利基(niche)是指针对企业的优势细分出来的市场，这个市场不大，但产品具有针对性、专业性，产品推进这个市场，有盈利的基础。niche player 指的是一个小容量市场的独占主导者。

5.5 小 结

本章顺序介绍了大数据处理涉及的若干主题，包括分布式处理、并行计算、超融合系统。

分布式计算和并行计算是在计算架构上采取了不同策略，分布式计算的基本思路是将复杂的任务“分而治之”，引入分布式计算架构以提升计算性能；并行计算是将被求解的问题分解成若干个部分，各部分均由一个独立的处理机来并行计算。当下值得注意的重点技术是 GPU 技术，通过充分利用单个计算节点的(显卡)剩余能力，达到单台计算机大幅提升计算性能的目的。

超融合系统则是基于存储计算相融合的思想实施的一种架构。通过融合各类标准硬件设备中的计算、存储、网络资源，将其抽象化、池化到资源池中，用简单的操作界面，自动化的流程统一管理，来达到实现计算高性能、运维高便捷的实际成效。

第6章　大数据管理

6.1 引　　言

数据就是存储在某种介质上能够被识别的符号。数据存储的目的不仅在于记录本身，还在于通过对数据的访问(以及处理和分析)为更多的业务需求提供数据服务。

1. 数据组织与管理的指标

如何更好地组织与管理数据是任何一个 IT 系统的重中之重。“大型”“持久”“可靠”“共享”是数据组织与管理的几个关键指标。

(1)“大型”关注的是如何能存储规模更大的数据。

(2)“持久”关注的是数据存储的可访问性和可恢复性，比如，当磁盘出现故障无法读取数据时，通过冗余磁盘备份(Redundant Array of Independent Disks，RAID)保障数据的访问性，甚至在更极端的情况下，如整个 RAID 都坏了，仍然能够通过备份数据库来恢复数据。

(3)“可靠”关注的是在持久性的基础上，保障存储数据的完整性以及不被非正当修改和访问。

(4)“共享”关注的是存储的数据能够被后续使用者更加透明、快速地存取和访问，从而实现更多的价值期望。

存储介质的自身特点以及来自应用需求的价值期望都在不同程度和层面上影响到了数据组织与管理的能力边界，从数据组织与管理的发展历史可以看到，针对存储介质的特点，计算机研究者会着重于数据的组织与管理方式本身以响应来自开发层和应用层的需求，如文件管理系统、网状数据库管理系统、关系数据库管理系统以及大数据时代逐步流行起来的若干 NoSQL 数据库系统等。而伴随着数据组织与管理手段的不断演化，存储介质技术也在不断发展，比如磁鼓、磁盘、FLASH、闪存、磁光盘等。显然，存储介质和数据组织与管理技术如同两条彼此耦合缠绕的纽带，螺旋式地推进着人类对数据存取方式的改进，并为 IT 系统在不同行业的渗透应用奠定了坚实的基础。

2. 大数据管理面临的挑战

随着大数据时代的来临，在人们对大数据价值抱以极大期望的同时，大数据也作为一个难题摆放在了计算机研究者和工作者的面前，这是因为通过现有手段，无法在合理时间内完成截取、管理、处理、并将其整理成人类能解读的信息。想要解决这些难题，关键是数据组织与管理。这是因为单纯从存储能力的角度来看，目前的存储技术已经能够把各个数据源的数据汇聚到一起了，问题在于能否有效地使用这些数据以及如何使用这些数据，其中的挑战在于：

(1) 数据组织与管理。一方面，数据的规模、数据的类型(数字、文本、图像、视频等)、数据的结构(结构化或非结构化)以及数据产生的方式(串行或并行)都给数据组织与管理带来了极大的挑战，另一方面，源自应用层对数据组织与管理的迫切需求也给其带来了极大的挑战，比如，如何满足和响应高并发性、访问透明性等。

(2) 数据质量。大数据应用的一个特点是多数据源数据富集与整合，由于每个数据源对应 IT 系统的设计理念、开发技术和设施水平不统一，导致每个数据源的数据质量标准也不统一，如何将标准不统一的数据进行某种治理后使之可用是大数据应用必然要面对的难题之一。还有，数据的真实性(IBM 将“Veracity”单独作为大数据的特征，以此强调真实性的重要程度)也是大数据质量治理的一个难题，数据真实性是指数据所反映事实的可靠性。数据的可靠性受到两个因素的影响：一是每个数据源搜集到的数据本身是否是真实的；二是数据在存储和使用过程中是否被有意和无意篡改。

(3) 数据安全。数据安全一般指的是存储数据不被非授权访问和篡改，在大数据应用场景下，数据安全还有更深一步的含义，即数据隐私和敏感数据保护。这首先涉及隐私的定义和隐私数据的定义，以及在具体应用中如何做到既对隐私和敏感数据进行处理和分析，又不会将其泄露。在大数据时代，数据即资产，数据是可以用来进行买卖的商品，在大数据交易的情境下，哪些数据可以用来交易以及如何进行交易，这是大数据交易监管的话题，涉及数据确权(数据的产权归属谁)以及数据交易市场的兼管等方面的知识。

(4) 数据开放与共享。数据的开放与共享是大数据时代的一个重要口号，但开放与共享本身是两个不同的话题。前者关注于在公共环境下如何让普通大众便捷地访问公开数据；后者关注于在某个单位或部门内部或单位或部门之间，在有授权保障的基础上，实现数据的存取。在大数据时代，数据开放与共享事实上与政府数据开放与共享密切相关的，甚至在很多场合，这两个概念经常混用。但是政府的数据哪些可以用来开放和共享以及如何开放和共享是在实际应用中必须面临的问题。

围绕上述问题和挑战，本章将简明扼要地介绍大数据管理涉及的相关主题和基本概念。本章的章节结构安排如下：6.2 节简单介绍大数据组织与管理的基本概念、理念和关键技术；6.3 节介绍数据质量与数据治理的基本概念和关键技术；6.4 节介绍数据安全与安全治理的基本概念和关键技术；6.5 节简单介绍大数据开放与共享涉及的难题和解决思路；6.6 节是本章小结。

6.2 大数据组织与管理

6.2.1 概述

1. 数据的概述

数据是存储在某种介质中能被识别的符号，因此数据存储涉及存储介质和数据组织方法，这两者如同两条彼此耦合缠绕的纽带，螺旋式推进着人类对数据存取方式的改进，计算机的发明和计算机技术的不断进步如同一种催化剂，使得数据的存储与管理方式持续进步并不断发酵。

计算机最初主要用于数学计算，应用程序中用到的数据都要由程序员规定好数据的存储结构和存取方式等。一组数据只能面向一个应用程序，不能实现多个程序的共享。不同程序不能直接交换数据，且数据没有任何独立性。更加窘迫的是当时的计算机只能处理数字，不能处理字母和符号，而字母和符号恰是数据处理中的主要处理对象。此外，当时还没有发明数据处理所需要的大容量存储器。

20 世纪 50 年代初以下两大技术的发展推进了计算机的数据处理能力：

(1) 发明了字符发生器，使计算机具有了显示、存储与处理字母及各种符号的能力。

(2) 成功地将高速磁带机用于计算机存储器。

但是磁带只能顺序读写，速度也慢，不是理想的存储设备。1956 年，IBM 公司和 Remington Rand 公司先后成功实验了磁盘存储器方案，推出了商用磁盘系统。磁盘不但转速快，容量大，还可以随机读写，为数据处理提供了更加理想的大容量高速存储设备。有了这些硬件的支持，计算机数据处理技术日新月异。

初期的数据处理软件只有文件管理(File Management)这种形式，即数据文件和应用程序一一对应，这种处理方式导致数据依赖严重，即编写程序依赖于具体数据，给程序的编写、维护都带来了很大的麻烦。后来出现的文件管理系统 FMS(File Management System)作为应用程序和数据文件之间的接口，使得一个应用程序可以和若干文件打交道，在一定程度上增加了数据处理的灵活性。但这种方式仍以分散的、相互独立的数据文件为基础，数据冗余、数据不一致、处理效率低等问题仍不可避免，这些缺点在较大规模的系统中尤为突出。

2. 数据库的发展历程

为了克服文件系统分散管理的弱点，实现对数据的集中控制和统一管理，一种全新的高效的数据处理系统——数据库应运而生。表 6-1 简单罗列了数据库技术从 20 世纪 60 年代至今的发展脉络。

表 6-1　数据库发展脉络

时间	标志性技术	描　述
20 世纪 60 年代起	导航式数据库	(1) 支持三级模式(外模式、模式、内模式)。 (2) 保证数据库系统具有数据与程序的物理独立性和一定的逻辑独立性。 (3) 用存取路径来表示数据之间的联系。 (4) 有独立的数据定义语言。 (5) 导航式的数据操纵语言
20 世纪 70 年代起	关系型数据库	关系模型采用二维表格结构表达实体类型和实体间的联系，既简单又高效
20 世纪 80 年代起	事务处理技术	(1) 将对数据库的操作建模为一个个独立的事务，然后定义一系列语义规范，确保数据库操作的完整性、安全性、并发性以及容错性。 (2) 事务处理技术虽然诞生于数据库研究，但对于分布式系统、C/S 结构中的数据管理与通信、容错和高可靠性系统都具有重要的意义

1) 导航式数据库

导航式数据库(Navigational database)具体分为两类：一类是 IBM 公司在 IBM 360 系列

上推出的基于层次模型的数据库管理系统 IMS(Information Management System，IMS)，基于层次的数据模型是有根的定向有序树；另一类是巴赫曼(Charles W. Bachman)在通用电气公司主持设计与实现的基于网状模型的数据库管理系统 IDS(Integrated Data System，IDS)，基于网络的数据模型对应的是有向图，这两种数据库奠定了现代数据库发展的基础。

巴赫曼主持设计与开发的网状数据库管理系统 IDS 于 1964 年推出后，成为最受欢迎的数据库产品之一，而且它的设计思想和实现技术被后来的许多数据库产品所仿效。同时，巴赫曼本人还积极推动与促成了数据库标准的制定，并在 1971 年推出了第一个正式报告，即著名的 DBTG 报告。DBTG 所提出的基本概念具有普遍意义，不但国际上大多数网状数据库管理系统，如 IDMS、PRIME DBMS、DMS170、DMSⅡ和 DMS1100 等都遵循或基本遵循 DBTG 模型的标准，而且对后来产生和发展的关系数据库技术也有很重要的影响。鉴于巴赫曼在数据库方面的巨大贡献，其本人在 1973 年获得图灵奖，这也是数据库领域第一位图灵奖获得者，并被誉为“网状数据库之父”。

2) 关系型数据库

关系型数据库最早由数据库之父埃德加·弗兰克·科德(Edgar Frank Codd)于 1970 年提出。关系型数据库模型采用二维表格结构表达实体类型和实体间的联系，既简单又高效，这一优势使得关系型数据库迅速占领了市场，至今仍然占统治地位。也因为如此，埃德加·弗兰克·科德被誉为“关系数据库之父”，并因为其在关系型数据库技术方面的贡献，获得 1981 年的图灵奖。科德在 1970 年提出关系型数据库的时候正在位于加州圣何塞的 IBM 研究中心工作，但 IBM 当时正在对一个 IMS 系统进行了大量投资，所以科德的理论公开之后并没有立即被 IBM 采纳。不过，科德的理论很快启发了其他公司和企业家去考虑如何进一步发展这一理论，其中一位是拉里·埃利森(Lawrence Ellison)，他于 1997 年主导研发了世界上第一个商用关系型数据库管理系统 Oracle。

在关系型数据库的基本理论已经成熟，并被各大公司应用在关系数据库管理系统(RDBMS)的实现和产品开发中时，他们却都遇到了一系列技术问题，主要是在数据库的规模愈来愈大，数据库的结构愈来愈复杂，又有愈来愈多的用户共享数据库的情况下，如何保障数据的完整性(Integrity)、安全性(Security)、并行性(Concurrency)，以及一旦出现故障后，数据库如何从故障中恢复(Recovery)。这些问题如果不能圆满解决，无论哪个公司的数据库产品都无法投入使用，最终不能被用户所接受。

3) 事务处理技术

针对关系型数据库面临的问题，詹姆斯·尼古拉·格雷(James Nicholas Gray)提出了“事务处理技术(transaction processing technique)”，其基本思路是：

(1) 把对数据库的操作划分为多个基本执行单位，称之为“事务”。一个事务中的操作只存在两种可能：全部被执行，或全部都不执行。通过这种方式保障数据的完整性和一致性。

(2) 用户在对数据库发出操作请求时，系统对有关的数据元素进行“加锁”，操作完成后“解锁”，以保持事务之间的“并发性”和“完整性”。

(3) 建立系统运行日志，记载各事务的起点、终点以及在事务中被更新的前后状态，以便在系统出现故障时将数据库恢复到系统故障前的正确状态，同时又能保留最后一次备份之后对数据库所作的修改。

(4) 鉴于一个事务可能同时涉及两个不同的数据库系统(特别是在分布式系统中)，所以对数据库的任何更新分为两个阶段提交。

因为格雷在事务处理技术上的创造性思维和开拓性工作，使他成为该技术领域公认的权威，并被誉为“事务处理之父”。鉴于格雷在数据库方面的巨大贡献，其在1998年获得图灵奖。这是数据库领域第三位图灵奖获得者。

3. 现代数据库

数据库领域第四位图灵奖获得者是迈克尔· 斯通布雷克(Michael Stonebraker)，他在2014年获得图灵奖，获奖理由是：“对现代数据库系统底层的概念与实践所做出的基础性贡献”。 迈克尔·斯通布雷克通过一系列学术原型初步的商业化，以及在关系数据库方面的研究结果对现今市场上的产品产生深远影响，同时他也是以下数据库公司的创始人：Ingres、 Illustra、Cohera、StreamBase Systems、Vertica 以及 VoltDB 等。

在进行大数据应用开发时，绝大部分的数据分析师都期望在分析之前，所有数据都能在同一个地方呈现出来。这意味着来自不同实体的数据必须统一起来，这个问题被称为数据统一(或汇聚、集成)。迈克尔·斯通布雷克在《可规模化数据统一的七原则》中提及数据统一由七步组成，包括获取、清洗、转换、模式集成、重复数据删除、分类和导出；应该遵循的七个原则是：

(1) 所有的可规模化系统都必须自动进行绝大多数的操作。原因在于当今大型数据集的庞大规模及其对程序员的苛刻要求，任何可规模化的数据统一项目都必须在很大程度上实现自动化，不能依靠手动编写的程序。

(2)“模式为先(Schema-First)”的产品永远无法规模化，唯一的选择是采用“模式为后(Schema-Last)”的产品。原因在于数据的多样性导致实际应用中无法提前选择既适合局部，又适合全局的模式，唯有采用灵活的“模式读取(Schema-On-Read)”(模式为后)才能有效解决数据多样性问题。

(3) 需要进行具体的域操作时，只有协作性的系统才可实现规模化。原因在于自动化是数据统一的要素，但是人类专家的地位是无法取代的，面向具体的应用领域问题，必须要有领域专家的介入，人机协作是非常必要的。

(4) 为了实现可规模化，任何的统一计算必须在多个核心和多个处理器上运行。这是因为可拓展性是大规模数据统一的必要特性，当数据集大到一定程度时，单核计算以及单机无法处理这样庞大的数据集，唯有使用多核或多处理器处理。

(5) 尽管存在第四条原则，但真正的可扩展应用需要复杂性低于$O(N^2)$的并行算法。这是因为即便通过多核计算或者多处理器计算，也要控制整个计算的复杂度，如果太复杂的话，会耗费太多时间和空间。

(6) 规则系统的实现是无法规模化的，只有机器学习系统才能将规模扩展到大公司所需要的程度。这是因为基于规则的方法进行数据转换虽然是一个有效的方法，但是面对数据的海量性和多样性，我们往往无法保证规则的完备性和一致性，因此单纯依赖规则驱动的方法，挑战极大。

(7) 必须支持实时增量统一。这是因为数据统一系统必须适应客户的工作方式。虽然理论上可以靠“蛮力”更新每一条变化的记录，但如果数据太多、变动频繁，就会造成混乱。

6.2.2 批处理与流处理

大数据应用的类型有很多，主要的处理模式可以分为批处理和流处理两种。

1. 批处理

批处理在大数据领域有着悠久的历史。批处理主要操作大容量静态数据集，并在计算过程完成后返回结果。批处理模式中使用的数据集通常符合下列特征：

(1) 有界：批处理数据集代表数据的有限集合。

(2) 持久：数据通常始终存储在某种类型的持久存储位置中。

(3) 大量：批处理操作通常是处理海量数据集的唯一方法。

批处理非常适合需要访问全部记录才能完成的计算工作。例如，在计算总数和平均数时，必须将数据集作为一个整体加以处理，而不能将其视作多条记录的集合。这些操作要求在计算过程中数据维持自己的状态。

需要处理大量数据的任务通常最适合用批处理操作进行处理。无论直接从持久存储设备处理数据集，还是先将数据集载入内存，批处理系统在设计过程中就充分考虑了数据的量，可提供充足的处理资源。由于批处理在应对大量持久数据方面的表现极为出色，因此经常被用于对历史数据进行分析。大量数据的处理需要付出大量时间，因此批处理不适合处理对时间要求较高的场合。Google 公司提出的 MapReduce 的编程模型其实就是最具代表性的一个批处理模式，此处不再赘述。

2. 流处理

流处理系统会对随时进入系统的数据进行计算。相比批处理模式，这是一种截然不同的处理方式。流处理方式无须针对整个数据集执行操作，而是对通过系统传输的每个数据项执行操作。流处理中的数据集是“无边界”的，这就产生了以下几个重要的影响：

(1) 完整数据集只能代表截至目前已经进入到系统中的数据总量。

(2) 工作数据集也许更相关，在特定时间只能代表某个单一数据项。

(3) 处理工作是基于事件的，除非明确停止，否则没有“尽头”。处理结果立刻可用，并会随着新数据的抵达继续更新。

流处理系统可以处理几乎无限量的数据，但同一时间只能处理一条(真正的流处理)或很少量(Micro-batch Processing，微批处理)数据，不同记录间只维持最少量的状态。虽然大部分系统提供了用于维持某些状态的方法，但流处理主要针对副作用更少，更加功能性的处理(Functional Processing)进行优化。

功能性操作主要侧重于状态或副作用有限的离散步骤。针对同一个数据执行同一个操作会忽略其他因素产生相同的结果，此类处理非常适合流处理，因为不同项的状态通常是某些困难、限制，以及某些情况下不需要的结果结合体。因此虽然某些类型的状态管理通常是可行的，但这些框架通常在不具备状态管理机制时更简单也更高效。

流处理模式非常适合某些类型的工作负载。例如，需要实时处理的任务，分析服务器或应用程序错误日志，以及其他基于时间的衡量指标类型的任务。因为对这些领域的数据变化做出响应对于业务职能来说是极为关键的。流处理很适合用来处理必须对变动或峰值做出响应，并且关注一段时间内变化趋势的数据。

6.2.3　集中与分布

大数据时代的来临使得传统数据库尤其是关系型数据库无法很好地适应各种新的挑战，于是各大传统数据库航母公司在产品改进方面做了很多自适应的调整和完善。虽然各大传统数据库(关系)，包括 SQL Server、Oracle 都给出了响应此需求的解决方案，但很显然，以开源驱动的分布式、小文件为核心的 NoSQL 向集中式、封闭性的关系数据库发起了猛烈的挑战，而又由于其对大数据环境的天然适应，导致传统数据库市场，尤其是关系数据库市场被不断蚕食。由阿里巴巴提出并倡议的“去 IOE”恰是在这个时期被热议、发酵的创举。

从 2010 年起，阿里巴巴在自己的 IT 架构中，去掉 IBM 的小型机、Oracle 数据库、EMC 存储设备，代之以自己在开源软件基础上开发的系统。这或许本来仅是一个企业依据天赋异禀的“市场嗅觉”进行的决策或者技术层面的革新思路。不过自 2013 年“棱镜门事件”之后，我国政府已经意识到政府数据安全的重要性，也加强了政府数据安全方面的工作，“去 IOE”与设备采购国产化、自主研发等口号挂钩，无法回避地带有了一定的政治色彩。政治性“去 IOE”的提出，使得技术层次“去 IOE”的争议和动作持续发酵。

“去 IOE”的本质是用“分布式+开源”架构替代“集中式+封闭”架构，变成彻底的云计算服务模式。相对而言，“IE”的替代技术产品成熟，因此去“IE”容易，而去“O”则困难得多，因为“O”与应用耦合太密切，且替代技术都不是特别成熟(相比较于去“IE”)。

除了传统的集中式和分布式技术，大数据网络内的高时延网络依赖问题、云中心内的存储和带宽压力问题、数据易遭受网络攻击风险问题等给大数据应用带来挑战，边缘存储技术应运而生。

由于边缘存储设备离云存储数据较远，边缘数据的高效预取和缓存是提高数据访存性能的关键。边缘存储设备访问数据内容之前通常需要将数据从云存储数据中心的服务器下载到边缘服务器中，以降低边缘设备访问数据的时间，这叫作边缘数据预取技术。该技术的关键点在于如何对预先存储的数据进行选择，常用的数据预取算法有：

(1) 基于访问时间的预取模型：假设上次被访问的数据具有较高可能性被再次访问。

(2) 基于频率的预取模型：采用用户访问数据的频率来预测未来的访问情况。

(3) 基于关联度的预取模型：采用机器学习算法挖掘与用户兴趣关联规则作为预测依据。

边缘数据缓存技术通过缓存历史文件的方式加速用户的访问速度。当用户请求的静态内容没有存储在本地缓存中时，用户向内容分发的网络(CDN)发送请求；CDN 在边缘加速缓存中搜索请求内容，然后将命中的内容传递给用户。通过此技术能减少回程(Backhaul)网络的数据传输开销，降低数据中心的能耗，创造更多的经济效益。

总体而言，边缘存储技术通过采用数据预取和缓存技术、数据去重和近似存储技术等，保证了服务质量和数据一致性，同时，通过云边协同机制，数据处理的实时性、可靠性和安全性也能得以保证。

1. 集中式

1) 集中式的优势

信息资源在空间上集中配置的系统称为集中式系统，其主要优势体现在：

(1) 信息资源集中，管理方便，规范统一。

(2) 专业人员集中使用，便于组织人员培训和提高工作效率。

(3) 信息资源利用率高。

(4) 系统安全措施实施方便。

2) 集中式的不足

集中式典型的不足体现在：

(1) 随着系统规模的扩大和功能的提高，集中式系统的复杂性迅速增长，给管理、维护带来困难。

(2) 对组织变革和技术发展的适应性差，应变能力弱。

(3) 不利于发挥用户在系统开发、维护、管理方面的积极性与主动性。

(4) 系统比较脆弱。主机出现故障时可能使整个系统停止工作。

2. 分布式

1) 数据处理模式

大数据的分析处理性能不仅依赖于计算环境的处理能力，还依赖数据的组织管理模式。大数据下数据处理模式已经从“数据靠近计算”转变成“计算靠近数据”，因此数据的组织管理对分析处理能力的影响更为显著。近几年对于分布式环境下大数据存储模型以及管理模式的研究也成为学术界的热点问题：

(1) 系统必须具有快速加载数据的能力。Velocity 是大数据的基本特性，数据管理系统只有具有快速加载数据的能力才能够完成对新增数据的加载。

(2) 系统必须具有易扩展特性。系统的可扩展性是分布式系统的一个重要指标，系统易于扩展才能够满足大数据系统的数据增长及处理的需求。

(3) 系统需要具有支持多维查询的能力。

2) 数据块的分配

在分布式环境下大数据系统的数据处理模式已经发生了改变，数据块的位置将对数据处理性能产生直接影响。数据块的位置是由数据块分配技术来决定的，主要包括新数据块的分配以及已分配数据块的重分配两部分。

(1) 数据块分配。分布式环境下大数据系统用户访问量、数据变化量以及用户操作模式都是随时变化的，所以随着应用范围扩大及用户变化会导致系统出现存储或者处理热点问题。为了提高系统整体操作性能，大数据管理平台必须具有动态弹性的能力来对系统负载进行调整。

(2) 数据块重分配。分布式环境下，大数据系统的操作一般在处理大量数据的同时要求系统能快速响应。一般情况下系统会通过将操作需要访问的数据块进行分布存储来提高操作并行度，从而提高操作性能。

3) 分布式文件系统

分布式是指利用计算机网络把分布在不同地点的计算机硬件、软件、数据等信息资源联系在一起服务于一个共同目标而实现相互通信和资源共享。分布式文件系统被公认为是大数据的基础设施。分布式文件系统(Distributed File System，DFS)是指文件系统管理的物理存储资源不一定直接连接在本地节点上，而是通过网络连接让多机器上的多用户分享文件和存储空间，因此 DFS 有时也被称为网络文件系统(Network File System)。DFS 为文件系统提供了单个访问点和一个逻辑树结构，用户访问文件时并不直接访问底层数据存储块，而是用特定的网络协议和服务器沟通。

分布式文件系统具有透明和容错的特点。透明是指用户访问文件时并不知道文件的实际物理地址，或者说根本不知道文件系统是分布存储的，在程序和用户看来就像在使用本地目录一样；容错是指即使系统中有一小部分的节点脱机，整体来说系统仍然可以持续运作而不会有数据损失。

当前比较流行的分布式文件系统包括 GFS、HDFS、Lustre、MogileFS、FastDFS、TFS(Taobao File System)、MooseFS、GridFS 等。各自适用于不同的领域，它们都不是系统级的分布式文件系统，而是应用级的分布式文件存储服务。以下对这些系统进行简单介绍。

(1) GFS。GFS 文件系统(Google File System，GFS)是 Google 公司为了能够存储数以百亿计的海量网页信息而专门开发的文件系统。系统集群由一个 Master 节点和大量的 Chunk Server 节点构成，并被许多客户(Client)访问。GFS 把文件分成大小为 64 MB 的块，减少了元数据的大小，使 Master 节点能够非常方便地将元数据放置在内存中以提升访问效率。数据块分布在集群的机器上，使用 Linux 的文件系统存放，同时每块文件有 3 份以上冗余。考虑到文件很少被删减或者覆盖，文件操作以添加为主，充分考虑了硬盘线性吞吐量大和随机读点慢的特点。中心是一个 Master 节点，根据文件索引找寻文件块。系统保证每个 Master 都会有相应的复制品，以便于在 Master 节点出现问题时进行切换。在 Chunk 层，GFS 将节点失败视为常态，能够非常好地处理 Chunk 节点失效的问题。对于那些稍旧的文件，可以通过对它进行压缩，来节省硬盘空间，且压缩率惊人，有时甚至可以接近 90%。为了保证大规模数据的高速并行处理，引入了 MapReduce 编程模型，同时，由于 MapReduce 将很多烦琐的细节隐藏起来，也极大地简化了程序员的开发工作。

GFS 对大文件很友好，吞吐量大，但是延迟较高，而且单一主控服务器限制了 GFS 可管理的文件数量。所以 Colossus 作为下一代 GFS 有相应改进，支持分布式主控服务器集群提升水平扩展性并支撑更多文件，通过采用 Reed-Solomon 纠删码算法减少了 Chunk 数据的备份数来降低延迟。

(2) HDFS。HDFS 文件系统(Hadoop Distributed File System，HDFS)是一个设计之初就能够运行在廉价硬件上的分布式系统。它和其他分布式文件系统有共同之处，但也有其显著特征，它是一种高容错的系统，可以部署在廉价的服务器上。

HDFS 最初是 Yahoo 模仿 Google 的 GFS 开发的分布式文件系统，现在是 Apache 公司的 Hadoop 项目的核心子项目，HDFS 可以为应用数据提供高吞吐的访问，因而适合开发超大规模数据集的服务和应用。此外，HDFS 通过降低可移植操作系统接口(Posix)的要求达到流数据模式访问的目的。随着 Hadoop 的日渐流行，HDFS 目前也在各个应用场合被广泛使用。

HDFS 是一个主/从(Master/Slave)体系结构，从最终用户的角度来看，它就像传统的文件系统一样，可以通过目录路径对文件执行 CRUD(Create、Read、Update 和 Delete)操作。但由于分布式存储的性质，HDFS 集群拥有一个 NameNode 和多个 DataNode。NameNode 管理文件系统命名空间和用户对数据访问相关信息的 Master 服务节点，DataNode 管理和存储一部分实际的数据。客户端通过同 NameNode 和 DataNode 的交互访问文件系统。一个文件被分割成多个 64 MB 大小的数据块存储在部分 DataNode 中，访问文件时客户端通过

NameNode 打开关闭文件、获取文件的元数据，而真正的文件 I/O 操作是直接和 DataNode 进行交互的。

HDFS 是用具有高移植性的 Java 编写的，可以部署在大部分廉价的机器上，因此专门用一台机器作为 NameNode 进行调度管理，其他机器作为 DataNode 存储和运算数据即可完成灵活简单的集群部署。

(3) Lustre。Lustre 是一种并行分布式文件系统，主要被设计用于大规模集群计算。Lustre 这个名字由 Linux 和 Cluster 两个词混拼而成，它是由 SUN 公司开发和维护的。该项目的主要目的就是开发下一代的集群文件系统，可以支持超过 10 000 个节点以及 PB 级的数据存储。

Lustre 是开放源代码的集群文件系统，采取 GPL 许可协议，因此在超级计算机中广泛应用。世界算力排名前十的超级计算机中，超过一半使用 Lustre 系统，包括排名第二的 Titan 和 Sequoia。Lustre 文件系统具有高可扩展性，可以支持数万个客户端节点、PB 级的存储以及每秒 TB 级吞吐量的多机集群。因此 Lustre 成为包括气象地理、油气工业和生命科学等大规模数据应用的极佳选择。

(4) MogileFS。MogileFS 是一个开源的分布式文件系统，用于组建分布式文件集群，由 Danga 团队开发。MogileFS 的存储引擎对应用完全透明，同时它的每一个节点还可以作为轻量级 HTTP Server，支持 GET 直接访问文件并支持接入时的负载均衡。

(5) FastDFS。FastDFS 是一款类似 Google FS 的开源分布式文件系统，是纯 C 语言开发的，它对文件进行管理，功能包括文件存储、文件同步、文件访问(文件上传、文件下载)等，解决了大容量存储和负载均衡的问题。特别适合以文件为载体的在线服务，如相册网站，视频网站等。FastDFS 服务端有两个角色，分别是跟踪器(Tracker)和存储节点(Storage)，前者主要做调度的工作，在访问上起负载均衡的作用；后者存储节点存储文件，完成文件管理的所有功能。

(6) TFS。TFS (Taobao File System，TFS)是一个高可扩展、高可用、高性能、面向互联网服务的分布式文件系统，主要针对海量的非结构化数据，它构筑在普通的 Linux 机器集群上，可为外部提供高可靠和高并发的存储访问。TFS 为淘宝提供海量小文件存储，通常文件大小不超过 1 MB，满足了淘宝对小文件存储的需求，被广泛应用在淘宝各项应用中。它采用了 HA 架构和平滑扩容，保证了整个文件系统的可用性和扩展性。同时扁平化的数据组织结构，可将文件名映射到文件的物理地址，简化了文件的访问流程，一定程度上为 TFS 提供了良好的读写性能。

(7) MooseFS。MooseFS (Moose File System，MooseFS)是一个具备容错功能的网络分布式文件系统，它将数据分布在网络中的不同服务器上。MooseFS 通过 FUSE 使之看起来就像是一个 Unix 的文件系统。但它还是不能解决单点故障的问题。开发语言是 Perl，可跨平台操作。

(8) GridFS。GridFS 是知名 NoSQL 数据库 MongoDB 的一个内置功能，它提供一组文件操作的 API 以利用 MongoDB 存储文件，GridFS 的基本原理是将文件保存在两个 Collection 中，一个保存文件索引，一个保存文件内容，文件内容按一定大小分成若干块，每一块存在一个 Document 中，这种方法不仅提供了文件存储，还提供了对文件相关的一些附加属性(比如 MD5 值、文件名等)的存储。文件在 GridFS 中会按 4 MB 为单位进行分块存储。

在分布式文件系统的基础上，有研究认为现有数据库存储的单一性和集中性导致数据的安全性、完整性和可追溯性无法得到保证，基于云端的数据存储平台也仍然需要一个值得信赖的第三方存在。为此，有研究提出去中心化的区块链信息管理方案。它一般先采用共识算法、加密算法保证数据本身的安全性；再通过访问控制和检索机制保证数据的快速检索，系统稳定性和吞吐量等性能要求，并且数据还具有安全、可追溯和防篡改的优点。这方面的技术与时间戳、非对称加密、共识机制、智能合约等方法有进一步发挥更大作用的空间。

6.2.4　SQL 与 NoSQL

1. SQL

SQL 是 20 世纪 70 年代创建的一种基于关系数据库管理系统(Relational DataBase Management System，RDBMS)模型的数据查询、操作语言，也是美国国家标准学会(ANSI)制定的标准。不同厂家的数据库产品在兼容此标准的同时一般会根据自己产品的特点对 SQL 进行了一些改进和增强，于是也就有了 SQL Server 的 Transact-SQL、Oracle 的 PL/SQL 等语言。

1970 年，在 IBM 工作的科德博士发表了里程碑式的论文——《大型共享数据库数据的关系模型》，开启了关系数据库的历史。不过出于很多原因，IBM 并没有立即采纳。1973 年，IBM 在外部竞争压力下，开始加强在关系数据库方面的投入。IBM 的 Don Chamberlin 博士被调到 San Jose 研究中心，加入新成立的项目 System R(基于科德提出的关系数据库管理系统模型)。System R 项目包括两个小组，一个研究高层的关系数据系统(Relational Data System，RDS)，另一个研究底层的存储系统(Research Storage System，RSS)。Chamberlin 担任 RDS 组的经理。RDS 实际上就是一个数据库语言编译器。由于科德提出的关系代数和关系演算过于数学化，影响了易用性，因此 Chamberlin 选择了自然语言作为研究方向，其结果就是诞生了结构化英语查询语言(Structured English Query Language，SEQUEL)，也就是现在的 SQL。因为 Chamberlin 在 SQL 的杰出贡献，所以被誉为“SQL 之父”。

System R 项目的开创性体现在以下几点：

(1) 第一次实现了结构化查询语言，并使之成为日后的标准语言。

(2) 第一个证明了关系数据库管理系统可以提供良好的事务处理性能。

(3) 系统设计中的决策理念以及一些基本算法选择对后来的关系系统都产生了积极影响。

SQL 包括两个最主要的部件，即数据操作语言 DML 和数据定义语言 DDL。前者主要用于执行查询、更新、插入和删除的语法(SQL 主要的 DML 语句有 SELECT、UPDATE、DELETE、INSERT INTO 等)；后者主要用于创建和删除数据库或者表格，也可以定义索引(键)，规定表之间的链接以及施加表间的约束(SQL 主要的 DDL 语句有 CREATE DATABASE、ALTER DATABASE、CREATE TABLE、ALTER TABLE、DROP TABLE、DROP DATABASE、CREATE INDEX、DROP INDEX 等)。

主流的关系数据库有 Oracle、DB2、Microsoft SQL Server、Microsoft Access、MySQL 等。众所周知，关系数据库中的表存储的是格式化的数据结构，每个元组字段的组成都是一样的，即使不是每个元组都需要所有的字段，数据库也会为每个元组分配所有的字段，这样的结构有以下几个优势：

(1) 便于在事务处理时保持数据的一致性。

(2) 数据更新的开销很小。

(3) 便于表与表之间进行连接等操作，从而进行复杂的查询等。

2. NoSQL

1) NoSQL 的由来

随着互联网的不断发展，特别是大数据时代的来临，各种应用层出不穷，对数据库的要求也变得越来越苛刻。比如，Web2.0 网站要根据用户的个性化信息来实时生成动态页面和提供动态信息，这类需求对数据库并发负载要求极高，传统的关系数据库针对每秒上万次 SQL 查询或许勉强可以应付，但是要应对每秒上万次 SQL 写请求，对于硬盘 I/O 而言，几乎是个灾难。另一方面，当一个应用系统的用户量和访问量与日俱增的时候，传统的数据库没有办法像 Web Server 和 App Server 那样简单地通过添加更多硬件和服务节点来扩展性能和负载能力，这对于很多需要提供 24 小时不间断服务的网站来说，对数据库系统进行升级和扩展极其困难。

归纳而言，大数据时代的应用对数据组织和管理提出了更多需求，包括(不限于)：

(1) 低延迟的读写响应，借此提升用户的满意度。

(2) 支撑海量的数据和流量。

(3) 支持大规模集群的管理，借此响应系统管理员进行分布式应用的需求。

(4) 降低运营成本。

显然，传统的关系数据库在具备天然优势的同时，在响应上述需求方面就显得捉襟见肘，具体体现在：

(1) 扩展困难。由于存在类似 Join 这样的多表查询机制，因此数据库在扩展方面很艰难。

(2) 读写慢。由于关系数据库的系统逻辑非常复杂，因此在数据规模达到一定量级时非常容易发生死锁等并发问题，从而导致其读写速度严重下滑。

(3) 成本高。企业级数据库的 License 价格昂贵，且随着系统规模的扩大而不断上升。

(4) 支撑容量有限。现有关系数据库解决方案还无法支撑 Google 这样海量的数据存储。

业界为了解决上面提到的几个需求，推出了多款新型数据库，并且由于它们在设计上和传统的 SQL 数据库相比有很大的不同，所以被统称为 NoSQL 数据库。

2) NoSQL 的优势

NoSQL 是 Not Only SQL 的缩写，其以“键-值”对存储数据，它的结构不固定，每一个元组可以有不一样的字段，每个元组可以根据需要增加或减少一些自己的键值对，这样就不会局限于固定的结构，可以减少一些时间和空间的开销。同时在顶层设计方面，NoSQL 非常关注对数据的高并发读写和对海量数据的存储等。与关系型数据库相比，NoSQL 在架构和数据模型方面做了“减法”，同时在扩展和并发等方面做了“加法”。这些顶层设计策略使得 NoSQL 能够有效地满足大数据时代对数据组织与管理的需求，具体体现在：

(1) 易扩展性。NoSQL 数据库种类繁多，但有一个共同的特点是去掉了关系数据库的关系型特性，数据之间无关系，这样就非常容易扩展。

(2) 大数据量，高性能。得益于 NoSQL 的无关系性，NoSQL 数据库都具有非常高的读写性能，尤其在大数据量下，同样表现优秀。比如，一般 MySQL 使用 Query Cache(大粒度)，每次表更新 Cache 就失效，在针对交互频繁的应用场景，Cache 的性能不高。而 NoSQL 的 Cache 是记录级的(细粒度)，在这个层面上来说，NoSQL 的性能就高了很多。

(3) 灵活的数据模型。NoSQL 无须事先为要存储的数据建立字段，随时可以存储自定义的数据格式。而在关系数据库里，增删字段是一件非常麻烦的事情。如果是数据量非常大的表，增加字段简直就是一个噩梦。

(4) 高可用。在不太影响性能的情况下，NoSQL 可以方便地实现高可用架构。比如 Cassandra、HBase 模型，通过复制模型就能实现高可用。

3) NoSQL 的不足

NoSQL 很好地适应了大数据时代对数据组织与管理的需求，但是也存在着很多的不足，体现在：

(1) 不提供对 SQL 的支持，使得用户学习和应用的迁移成本很大(毕竟 SQL 作为一种标准已经成为共识)。

(2) 支持的特性不够丰富，比如大多数 NoSQL 数据库都不支持事务，也不像 MS SQL Server 和 Oracle 那样能提供 BI 和报表附加功能。

(3) 现有 NoSQL 产品大多还处于初创期，和关系型数据库几十年的完善不可同日而语。

更大的麻烦是在实际情况下，每个产品都会根据自己所遵从的数据模型和 CAP 理念而有所不同，这给 NoSQL 大行其道带来了困难。对于任何一个分布式数据系统而言，其三要素是一致性(Consistency，指的是任何一个读操作总是能读取到之前完成的写操作结果，也就是在分布式环境中，多点的数据是一致的)、可用性(Availability，指的是每一个操作总是能够在确定的时间内返回，也就是系统随时都是可用的)、分区容忍性(Partition tolerance，指的是在出现网络分区，比如断网时，分离的系统也能正常运行)。根据 CAP 原理，在分布式系统中，这三个要素最多只能同时实现两点，不可能三者兼顾。

互联网庞大的数据量和极高的峰值访问压力使得以增加内存、CPU 等节点性能的垂直伸缩方案(Scale-UP)走入死胡同，使用大量廉价的机器组建水平可扩展集群(Scale Out)成为绝大多数互联网公司的必然选择。廉价的机器失效是正常的，大规模的集群中，节点之间的网络临时阻断也是常见的，因此在衡量一致性、可用性和分区容忍性时，往往倾向于先满足后两者，再用其他方法满足最终的一致性。不同的 NoSQL 产品尊崇不同的 CAP 理念。比如，在衡量 CAP 时，BigTable 选择了 CA，用 GFS 来弥补 P；Dynamo 选择了 AP，C 弱化为最终一致性(通过 Quorum 或者 Read-Your-Write 机制)等。

4) NoSQL 数据库的分类

NoSQL 数据库根据其数据存储模型可以划分成四类，包括基于 Key-Value 存储模型的 NoSQL 数据库、基于 Column Family(列族)存储模型的 NoSQL 数据库、基于文档模型的 NoSQL 数据库以及基于图模型的 NoSQL 数据库。目前主流的 NoSQL 产品有 MongoDB、Membase、Hypertable、Apache Cassandra、BigTable、CouchDB、DynamoDB、SimpleDB 等，目前开源的 NoSQL 数据库有 Redis、Tokyo Cabinet/Tyrant、Apache Cassandra、Voldemort、MongoDB、Dynomite、HBase、CouchDB、Hypertable、Riak、Flare、Lightcloud、Scalaris、ThruDB 等，这些 NoSQL 数据库大致可以分为三类，具体参见表 6-2。

表6-2　主流NoSQL区别

NoSQL 数据库分类	目标(特点)	代表性产品	
		非开源产品	开源产品
高性能 Key-Value 数据库	具有极高的并发读写性能	MemBase DynamoDB SimpleDB	Redis、Dynomite Tokyo Cabinet/Tyrant Flare、Riak Lightcloud、Scalaris
面向文档的非关系数据库	不是高性能的并发读写，保证海量数据存储的同时，具有良好的查询性能		MongoDB CouchDB ThruDB
面向 scale 能力的 NoSQL 数据库	以提供高扩展性和可用性为目的，例如可以不停机地添加更多数据节点，删除数据节点等	BigTable	Cassandra Hypertable Voldemort HBase

以下简单介绍各类主流的 NoSQL 数据库。

(1) Redis。Redis 本质上是一个 Key-Value 类型的内存数据库(单个 Value 的最大限制是 1 GB)，整个数据库系统加载在内存当中进行操作，定期通过异步操作把数据库数据 Flush 到硬盘上进行保存。因为是纯内存操作，所以 Redis 的性能非常出色，每秒可以处理超过 10 万次读写操作。除此以外，Redis 支持保存 List 链表和 Set 集合的数据结构，并支持对 List 和 Set 进行各种操作。因此 Redis 可以用来实现很多有用的功能，比方说用它的 List 来做 FIFO 双向链表，实现一个轻量级的高性能消息队列服务，用它的 Set 做高性能的 Tag 系统等。Redis 的主要缺点是数据库容量受到物理内存的限制，不能用作海量数据的高性能读写，并且它没有原生的可扩展机制，要依赖客户端来实现分布式读写，因此 Redis 适合的场景主要局限在较小数据量的高性能操作和运算上。

(2) MemBase。MemBase 是集群环境下的内存数据库，目前已更名为 CouchBase。MemBase 是由 NorthScale 和 Zynga 合作组织建立的项目，NorthScale 是广泛使用的缓存系统 MemCached 的制造商，Zynga 则是著名的社交游戏开发商。MemBase 起源于 Zynga 的实际需求：在社交游戏环境下，需要高速、可靠且支持高吞吐量的存储系统，尤其是对写操作的效率要求很高。MemBase 就是在这种需求背景下产生的，其兼容 MemCached 协议，由 C、C++、Erlang 和 Python 语言混合写成。

MemBase 通过“虚拟桶”的方式对数据进行分片，其将所有数据的主键空间映射到 4096 个虚拟桶中，并在“虚拟桶映射表”中记载每个虚拟桶主数据及副本数据的机器地址，MemBase 对“虚拟桶映射表”的更改采用两阶段提交协议来保证其原子性。MemBase 中的所有服务器的地位都是平等的，并不存在一个专门进行管理功能的 Master 服务器，但是其数据副本管理采用了 Master-Slave 模式。每个虚拟桶有一台服务器作为主数据存储地，这台服务器负责响应客户端请求，副本存放在其他服务器内存中，其副本个数可以通过配置来指定。

MemBase 作为内存数据库，在架构设计上有比较完善的系统可用性保障措施，但是这种方法的缺点是所有副本数据存放在内存中，所以存储成本较高。

(3) Tokyo Cabinet 和 Tokyo Tyrant。Tokyo Cabinet(TC)和 Tokyo Tyrant(TT)的开发者是日本人平林干雄(Mikio Hirabayashi)，主要用在日本最大的 SNS 网站 mixi.jp 上，前者是一个高性能的存储引擎，而后者提供了多线程高并发服务，每秒可以处理 4～5 万次读写操作。TC 除了支持 Key-Value 存储之外，还支持类似关系数据库表结构的 Hash Table 数据类型并支持基于 Column 的条件查询、分页查询和排序功能，基本上相当于支持单表的基础查询功能，这也是 TC 受到大家欢迎的主要原因之一。TC 的主要缺点是没有 Scale 的能力，如果单机无法满足要求，则只能通过主从复制的方式扩展。另外，有人提到 TC 的性能会随着数据量的增加而下降，当数据量达到上亿条以后，性能会有比较明显的下降。

(4) Flare。Flare 是日本第二大 SNS 网站 green.jp 开发的。简单而言，Flare 就是给 TC 添加了 Scale 功能，同时给 TC 写了网络服务器(替换掉 TT)而形成的。Flare 在网络服务端之前添加了一个 Node Server，用于管理后端的多个服务器节点，因此可以动态添加数据库服务节点，删除服务器节点等。Flare 的唯一缺点就是它只支持 Memcached 协议，因此当使用 Flare 的时候，就不能使用 TC 的 Table 数据结构了，只能使用 TC 的 Key-Value 数据结构存储。

(5) DynamoDB。DynamoDB 是亚马逊 2012 年初发布的 Key-Value 模式的 NoSQL 存储平台，最初是为了满足公司内部需求的一个私有分布式存储系统，产品目标是提供一个共享型的数据库云服务。DynamoDB 建立在 SSD 结构上，并自动实现数据添加功能。具体做法是：将所有主键的哈希数值空间组成一个首尾相接的环状序列，为每台机器随机赋予一个哈希值，而该机器就负责存储落在一段哈希空间内的数据。数据定位使用一致性哈希，对于一个数据，首先计算其哈希值，根据其所落在的某个区段，顺时针进行查找，找到第一台机器，该机器就负责存储数据，对应的存取操作及冗余备份等操作也由其负责，以此来实现数据在不同机器之间的动态分配。DynamoDB 的顶层设计天然没有单点，每个实例由一组节点组成，从应用的角度看，实例提供 I/O 能力。一个实例上的节点可能位于不同的数据中心内，这样一个数据中心出了问题也不会导致数据丢失。同时可根据应用类型优化可用性、容错性和高效性，配置去中心化，人工管理工作少。其明显缺陷是可扩展性较差。由于增加机器需要给机器分配 DHT(Distributed Hash Table)算法所需的编号，操作复杂度较高，且每台机器存储了整个集群的机器信息及数据文件的 Merkle Tree 信息，因此机器最大规模只能到几千台。

(6) MongoDB。MongoDB 是一个介于关系数据库和非关系数据库之间的产品，是非关系数据库当中功能最丰富、最像关系数据库的。MongoDB 主要解决的是海量数据的访问效率问题。根据官方的文档，当数据量达到 50 GB 以上的时候，MongoDB 的数据库访问速度是 MySQL 的 10 倍以上。MongoDB 的并发读写效率不是特别出色，根据官方提供的性能测试，大约每秒可以处理 0.5 万～1.5 万次读写请求。MongoDB 支持的数据结构非常松散，是类似 JSON 的 bjson 格式，因此可以存储比较复杂的数据类型。MongoDB 最大的特点是它支持的查询语言非常强大，其语法有点类似于面向对象的查询语言，几乎可以实现类似关系数据库单表查询的绝大部分功能，还支持对数据建立索引，因此很多项目都考虑用 MongoDB 替代 MySQL 来实现不是特别复杂的 Web 应用。

(7) CouchDB。CouchDB 是一个开源的面向文档的数据库管理系统，可以通过 RESTful JavaScript Object Notation(JSON)API 访问。术语“Couch”是“Cluster Of Unreliable

Commodity Hardware”的首字母缩写，它反映了CouchDB的设计目标。CouchDB具有高度可伸缩性的特点，提供了高可用性和高可靠性，即使运行在容易出现故障的硬件上也是如此。

与现在流行的关系数据库服务器不同，CouchDB是围绕一系列语义上自包含的文档而组织的。CouchDB中的文档是没有模式的，也就是说并不要求文档具有某种特定的结构。CouchDB的这种特性使得它相对于传统的关系数据库而言，有自己的适用范围。一般来说，围绕文档来构建的应用都比较适合使用CouchDB作为其后台存储。CouchDB强调其中所存储的文档在语义上是自包含的。这种面向文档的设计思路更贴近很多应用的真实情况。对于这类应用，使用CouchDB的文档来进行建模会更加自然和简单。与此同时，CouchDB也提供基于MapReduce编程模型的视图，用于对文档进行查询，具有提供类似于关系数据库中SQL语句的能力。CouchDB对于很多应用来说，提供了关系数据库之外的更好的选择。

(8) Cassandra。Cassandra是Facebook在2008年开发出来的，随后Facebook自己使用Cassandra的另外一个不开源的分支，而开源的Cassandra主要由Amazon的Dynamite团队来维护，Cassandra被认为是Dynamite2.0版本。目前除了Facebook之外，Twitter和digg.com都在使用Cassandra。Cassandra的主要特点就是它不是一个数据库，而是由一堆数据库节点共同构成的一个分布式网络服务，对Cassandra的一个写操作，会被复制到其他节点上去，对Cassandra的读操作，也会被路由到某个节点上面去读取。对于一个Cassandra群集来说，扩展是比较简单的事情，只需在群集里面添加节点就可以了。Cassandra也支持比较丰富的数据结构和功能强大的查询语言，和MongoDB比较类似，只是查询功能比MongoDB稍弱。

Cassandra的单个节点的并发读写性能不是特别好，有文章说评测下来Cassandra每秒大约不到1万次读写请求，不过单纯评价Cassandra单个节点的性能没有太大意义，因为对于一个真实的分布式数据库访问系统而言，其并发性能取决于整个系统的节点数量、路由效率等综合因素，而不仅仅是单节点的并发负载能力。

(9) Voldemort。和Cassandra类似，Voldemort也是面向解决Scale问题的分布式数据库系统。Voldemort来自Linkedin这个SNS网站。Voldemort官方给出Voldemort的并发读写速度在每秒超过了1.5万次。

从Facebook开发Cassandra、Linkedin开发Voldemort可以大致看出，国外大型SNS网站对于分布式数据库特别是对数据库的Scale能力方面的需求极其迫切。前面提到，Web应用的架构当中，Web层和App层相对来说都很容易横向扩展，唯有数据库是单点的，极难扩展，Facebook和Linkedin在非关系数据库的分布式方面探索了一条很好的道路，值得借鉴。

(10) BigTable。BigTable是一种针对海量结构化或者半结构化数据的存储模型，是一个稀疏的、分布式的、持久化存储的多维度排序Map。BigTable的设计目的是快速且可靠地处理PB级别的数据，并且能够部署在上千台机器上。本质上说，BigTable是一个键值(Key-Value)映射。BigTable的键有三维，分别是行键(Row Key)、列键(Column Key)和时间戳(Timestamp)。行键和列键都是字节串，时间戳是64位整型；而值是一个字节串。可以用(Row:string，Column:string，Time:int64)→string来表示一条键值对记录。

行键可以是任意字节串，通常有 10～100 B。行的读写都是原子性的。BigTable 按照行键的字典序存储数据。BigTable 的表会根据行键自动划分为片(Tablet)，片是负载均衡的单元。最初表都只有一个片，但随着表不断增大，片会自动分裂，片的大小控制在 100～200 MB。行是表的第一级索引，我们可以把该行的列、时间和值看成一个整体，简化为一维键值映射。

列是第二级索引，每行拥有的列是不受限制的，可以随时增加或者减少。为了方便管理，列被分为多个列族(Column Family，访问控制的单元)，一个列族里的列一般存储相同类型的数据。一行的列族很少变化，但是列族里的列可以随意添加删除。列键按照 family：qualifier 格式命名。我们可以将列拿出来，将时间和值看成一个整体，简化为二维键值映射。

时间戳是第三级索引。BigTable 允许保存数据的多个版本，版本区分的依据就是时间戳。时间戳可以由 BigTable 赋值，代表数据进入 BigTable 的准确时间，也可以由客户端赋值。数据的不同版本按照时间戳降序存储，因此先读到的是最新版本的数据。加入时间戳后，就得到了 BigTable 的完整数据模型。

BigTable 使用集群管理系统来调度任务，管理资源，监测服务器状态，处理服务器故障。BigTable 使用 GFS 来存储数据文件和日志。数据文件采用 SSTable 格式，它提供了关键字到值的映射关系。BigTable 使用分布式的锁服务 Chubby 来保证集群中主服务器的唯一性，保存 BigTable 数据的引导区位置，发现 Tablet 服务器并处理 Tablet 服务器的失效，保存 BigTable 的数据模式信息，保存存取控制列表。Spanner 是 Google 的下一代 BigTable，也是第一个全球级的分布式数据库，可以将千亿规模的数据部署到世界范围内数百个数据中心的百万台服务器中，利用 GPS 和原子钟实现全球规模数据的一致性和实时性。

BigTable 是建立在 Google 自有的 GFS 基础上的，其技术具有保密性。但根据 Google 发表的论文，业界已经有很多它的开源实现。其中比较成熟的有 HBase、HyperTable 等，其实现思路与 BigTable 类似。此处不再详细介绍。

6.3　数据质量与数据治理

6.3.1　概述

数据治理(Data Governance)指的是对数据资产管理行使权力和控制的活动集合。作为较早开展数据治理的企业，IBM 对数据治理的定义是根据企业的数据管控政策，利用组织人员、流程和技术的相互协作，使企业能将数据作为企业的核心资产来管理和应用。

数据治理是技术与管理相结合的一套持续改善管理机制，贯穿在数据管理的整个过程中，通常包括了组织架构、政策制度、技术工具、数据标准、流程规范、监督及考核等，将其他几个数据管理职能贯穿、协同在一起，让企业的数据管理工作成为一个有机整体而不是各自为政。数据治理涉及的 IT 技术主题众多，包括元数据管理、主数据管理、数据质量、数据集成、监控与报告等。

数据治理的目标是提高数据的质量(准确性和完整性)、保证数据的安全性(保密性、完整性及可用性)，实现数据资源在各组织机构部门的共享，推进信息资源的整合、对接和共享，从而提升集团公司或政务单位信息化水平，充分发挥信息化作用。因此，所有为提高数据质量而展开的业务、技术和管理活动都属于数据治理范畴。事实上，数据治理并不是一个新生事物，可以说，有数据的地方就存在数据治理，只不过随着大数据的迅猛发展，它被提到了一个高度，作为一个独立的研究领域。

国内在数据治理理论方面的研究主要由数据治理原则(规定了治理时应遵守的基本原则和要点)、数据治理范围(界定了治理时应该重点关注的领域)和数据治理实施方法(包含了实现治理所需的基本方法论)等三部分组成。

目前国内企业所开展的数据治理工作还都处于初级阶段，很多企业的数据资产都或多或少面临着各方面的问题。当然，越来越多的国内企业也已经充分认识到企业最重要的核心资产是数据，越来越希望通过数据治理来创造更多的业务价值。

数据治理是一个质量控制规范，它将严密性和纪律性植入组织的信息管理、使用、改进和保护过程中。主要有以下四个国际组织在该领域进行了相关的研究与实践：

(1) 国际数据管理协会。国际数据管理协会的主要理论成果是DMBOK，总结了数据管理的十大职能，主要包括数据治理、数据架构管理、数据开发、数据操作管理、数据安全管理、参考数据和主数据管理、数据仓库和商务智能管理、文档和内容管理、元数据管理及数据质量管理，并把数据治理放在核心位置。

(2) 国际数据治理研究所。国际数据治理研究所(DGI)从 3 个层面(组织、规则、过程)总结了数据治理的十大关键要素(任务、关注点、数据利益相关方、数据治理部门、数据管理员、决策权、责任、机制、数据规则和定义、数据治理过程)，创新性地提出了DGI数据治理框架，该框架形成了一个从方法到实施的自成一体的完整系统。强调数据治理区别于信息治理，将数据治理归结为组织依据规则在治理范围实施的过程。

(3) 国际信息系统审计和控制协会。信息及相关技术的控制目标(Control Objectives for Information & Related Technology，COBIT)是一系列关于IT管理最佳实践(框架)的集合，由美国信息系统审计与控制协会(ISACA)和IT治理委员会于1992年创建。目前版本已更新到5.0。COBIT为管理人员、审计人员和IT用户提供了一套通用的测量、显示和处理的方法以及最佳的实践手段，帮助其通过在公司中使用信息技术和适当的IT治理与控制，使公司的利益最大化。

(4) IBM数据治理委员会。IBM数据治理委员会(IBM DG Council)通过结合数据特性和实践经验，有针对性地提出了数据治理的成熟度模型，将数据治理分为五级，即初始阶段、基本管理、主动管理、量化管理和持续优化。同时在构建数据治理统一框架方面，提出了数据治理的要素模型，将数据治理要素划分为支撑域、核心域、促成因素和成果四个层级。

6.3.2 数据治理准则

数据治理准则包括组织、元数据、隐私、数据质量、业务流程整合、主数据整合和数据生命周期管理。以下分别进行简单介绍：

(1) 组织：数据治理组织需要考虑将大数据纳入其总体框架中，包括宪章、组织结构、角色和责任。数据治理委员会可以寻找能提供大数据领域独特视角的新成员，如数据科学家。它还应决定任命社交媒体、RFID 和其他类型大数据的主管。最后，数据治理计划应在对现有管理人员的工作职责描述中增加额外的责任。

(2) 元数据：数据治理计划需要将数据与企业的元数据库进行整合，包括将数据术语纳入业务词库、从 Hadoop 中将技术元数据引入元数据库、确保数据血统管理。这能够将数据流从 Hadoop 引入技术元数据库、管理数据血统等。

(3) 隐私：数据治理需要识别敏感数据，并制定有关敏感数据的可接受使用政策。政策需要考虑因数据类别、产业和国家而异的规制。

(4) 数据质量：数据质量管理准则包括测量、提升和论证质量及整合组织数据的方法。为了在体量、速度和多样性上达到极致，需要采取有别于传统数据类型的方法对数据质量进行管理。

(5) 业务流程整合：数据治理计划必须识别需要数据的核心业务流程，因而必须识别支持数据治理的关键政策。

(6) 主数据整合：数据治理需要制定有关将数据整合到主数据管理环境的政策。

(7) 数据生命周期管理：数据治理团队需要创建数据物理库的指针，以便于进行记录保存和电子取整等活动。数据治理计划需要对压缩和存档政策、工具和最佳实践进行平衡，降低存储成本，提高应用绩效。

6.3.3 数据治理体系

数据质量治理涉及的几个关键环节包括数据全生命周期、元数据、主数据、数据质量、数据服务、数据标准和数据安全，以下分别进行简单介绍。

1. 数据全生命周期

任何事物都具有一定的生命周期，数据也不例外。从数据的产生、加工、使用乃至消亡都应该有一个科学的管理办法。将极少或者不再使用的数据从系统中剥离出来，并通过合适的存储设备进行保留，不仅能够提高系统的运行效率，更好地服务客户，还能大幅度减少因为数据长期保存带来的储存成本。数据生命周期一般包括数据生成及传输、数据存储、数据处理及应用、数据销毁四方面：

(1) 数据生成及传输：数据应该能够按照数据质量标准和发展需要产生，应采取措施保证数据的准确性和完整性，业务系统上线前应该进行必要的安全测试，以保证上述措施的有效性。对于手工流程中产生的数据，应在相关制度中明确要求，并通过事中复核、事后检查等手段保证其准确性和完整性。数据传输过程中需要考虑保密性和完整性的问题，对不同种类的数据分别采取不同的措施防止数据泄露或数据被篡改。

(2) 数据存储：这个阶段除了关注保密性、完整性之外，更要关心数据的可用性，对于大部分数据应采取分级存储的方式。对于存储备份的数据要定期进行测试，确保其可访问及其数据完整。数据的备份恢复策略应该由数据的责任部门或责任人负责制订，信息化管理部门可以给予相应的支持。同时还需要注意因为部门需要或故障处理的需要，可能对数据进行修改，必须在数据管理办法中明确数据修改的申请审批流程，审慎对待后台数据修改。

(3) 数据处理和应用：信息化相关部门需要对数据进行分析处理，以挖掘出对于管理及业务开展有价值的信息，为保证分析过程中数据的安全性，一般应采用联机处理，系统只输出分析处理的结果。但是实际中，因为相关数据分析系统建设不到位，需要从数据库中提取数据后再对数据进行必要的分析处理，在这个过程中就需要关注数据提取操作是否可能对数据库造成破坏、提取出的数据在交付给分析处理人员的过程中其安全性是否会降低、数据分析处理的环境安全性等。

(4) 数据销毁：这个阶段主要涉及数据的保密性。应明确数据销毁的流程，采用必要的工具，数据的销毁应该有完整的记录。尤其是对于需要送出外部修理的存储设备，送修之前应该对数据进行可靠销毁。

2. 数据标准

数据标准是集团单位建立的一套符合自身实际，涵盖定义、操作、应用多层次数据的标准化体系。数据标准的建立是集团单位信息化、数字化建设的一项重要工作，行业的各类数据必须遵循一个统一的标准进行组织，才能构成一个可流通、可共享的信息平台。数据治理对标准的需求可以划分为两类，即基础性标准和应用性标准：

(1) 基础性标准主要用于在不同系统间，形成对于信息的一致理解和统一的坐标参照系统，是信息汇集、交换以及应用的基础，包括数据分类与编码、数据字典、数字地图等。

(2) 应用型标准是为平台功能发挥所涉及的各个环节，提供一定的标准规范，以保证信息的高效汇集和交换，包括元数据标准、数据交换技术规范、数据传输协议、数据质量标准等。

3. 元数据

元数据是指描述数据的数据，它被用来概述数据的基础信息，以简化查找过程与方便使用，如创建数据的方法、数据的用途、创建的时间与日期、数据的创建者或作者、数据被创建在计算机网络的何处、用作标准、文件大小等。

4. 主数据管理

主数据管理的目标就是从各部门的多个业务系统中整合出最核心、最需要共享的数据(主数据)，集中进行数据的清洗和丰富，并且以服务的方式把统一、完整、准确、具有权威性的主数据传送给集团单位范围内需要使用这些数据的操作型应用系统和分析型应用系统。主数据管理的信息流应为：

(1) 某个业务系统触发对主数据的改动。

(2) 主数据管理系统将整合之后完整、准确的主数据传送给所有有关的应用系统。

(3) 主数据管理系统为决策支持和数据仓库系统提供准确的数据源。

因此对于主数据管理要考虑运用主数据管理系统实现，主数据管理系统的建设，要从建设初期就考虑整体的平台框架和技术实现。

5. 数据质量管理

数据质量管理包含对数据的绝对质量管理和过程质量管理，绝对质量管理指的是数据的真实性、完备性、自治性，是数据本身应具有的属性。过程质量管理指使用质量、存储质量和传输质量，数据的使用质量是指数据被正确的使用(再正确的数据，如果被错误地使用，就不可能得出正确的结论)；数据的存储质量指数据被安全地存储在适当的介质上(指当需要数据的时候能及时方便地取出)；数据的传输质量是指数据在传输过程中的效率和正确性。

完善的数据质量管理是保障各项数据治理工作能够得到有效落实，达到数据准确、完整的目标，并能够提供有效的增值服务的重要基础。数据质量管理的规划和实施包括以下内容：

(1) 数据质量管控体系的建立，包括数据质量的评估体系，定期评估数据质量状况。

(2) 在部门各个应用系统中的落实，包括每个应用系统中的数据质量检查等。

(3) 在最开始建立数据质量管理系统的时候，借助数据治理平台，通过建立数据质量管理的规则来集中化地建立数据质量管理系统，发现问题并持续改进。

(4) 数据质量管理与业务稽核的结合，通过业务规则的稽核来发现数据质量深层次的问题，将数据质量与业务一线结合起来，使业务人员对数据质量问题有更加清晰和明确的认识。

6. 数据模型

数据模型是数据治理中的重要部分，合适、合理、合规的数据模型能够有效提高数据的合理分布和使用，它包括概念模型、逻辑数据模型和物理数据模型，是数据治理的关键、重点。数据模型包含三个部分：

(1) 数据结构。数据模型中的数据结构主要用来描述数据的类型、内容、性质以及数据间的联系等。数据结构是数据模型的基础，数据操作和数据约束大都建立在数据结构之上，不同的数据结构有不同的操作和约束。

(2) 数据操作。数据模型中的数据操作主要用来描述在相应的数据结构上的操作类型和操作方式。

(3) 数据约束。数据模型中的数据约束主要用来描述数据结构内数据间的语法、词义联系、它们之间的制约和依存关系以及数据动态变化的规则，以保证数据的正确、有效和相容。

7. 数据安全

机密性、完整性和可用性是数据安全的基本特征，数据安全具有以下几个层面的含义：

(1) 数据本身的安全：主要是指采用现代密码算法对数据进行主动保护，如数据保密、数据完整性、双向强身份认证等，此外，还有基于行为的多级安全访问控制模型。

(2) 数据防护的安全：主要是采用现代信息存储手段对数据进行主动防护，如通过磁盘阵列、数据备份、异地容灾等手段保证数据的安全。

(3) 数据处理的安全：是指如何有效地防止数据在录入、处理、统计或打印中由于硬件故障、断电、死机、人为的误操作、程序缺陷、病毒或黑客等造成的数据库损坏或数据丢失等，某些敏感或保密的数据可能被不具备资格的人员或操作员阅读，造成数据泄密等后果。

(4) 数据存储的安全：是指数据库在系统运行之外的可读性。从这个角度说，不加密的数据库是不安全的，容易造成商业泄密，所以便衍生出数据防泄密这一概念，这就涉及了计算机网络通信的保密、安全及软件保护等问题。

6.3.4 数据治理参考流程

数据治理的核心是为业务提供持续的、可度量的价值，因此数据治理需要围绕数据和业务两条主线进行，前者与数据本身有关，后者与业务相关。数据治理统一流程参考模型①如图 6-1 所示。

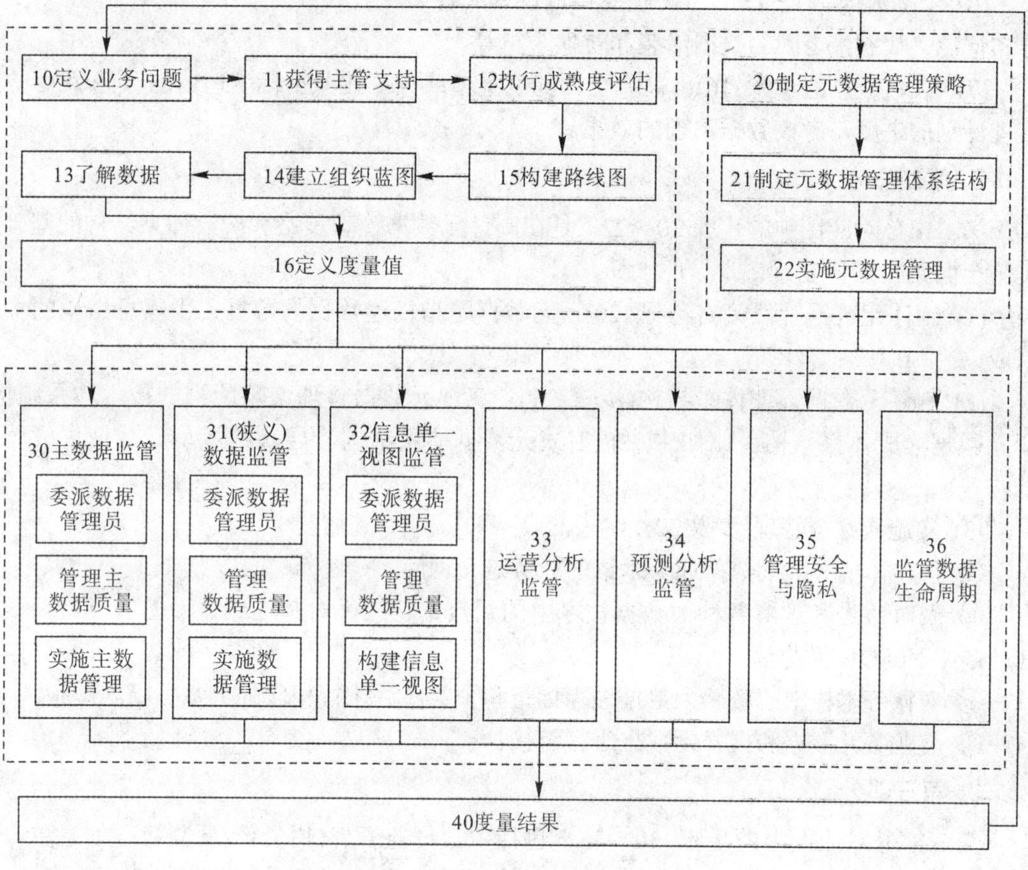

图 6-1 数据治理统一流程参考模型

整个数据治理分为四大部分。

1. 第一部分

第一部分对应图中的步骤 10～16，是在定义业务问题、执行成熟度评估的基础上定义数据治理路线图以及定义数值治理相关的度量值。

(1) 定义业务问题(步骤 10)：对特定问题或领域进行数据治理的紧迫程度以及数据治理能够带来的价值综合衡量，对排名靠前的问题或领域优先进行数据治理。

(2) 获得主管支持(步骤 11)：数据治理人员需要定期与企业高层管理人员进行沟通，保证数据治理计划可以持续获得支持和帮助。

(3) 执行成熟度评估(步骤 12)：在实施元数据管理过程中，可以参照元数据管理的成熟

① 取自 IBM 数据治理统一流程模型，有修改。

度模型①确认当前元数据管理所处的层次，并根据业务需要制订路线图实现元数据管理水平的提升。

(4) 构建路线图(步骤 13)：路线图是关于人员、流程和技术方案的短期和中长期计划。

(5) 建立组织蓝图(步骤 14)：组建具有足够权限的数据治理组织架构以便贯穿整个企业各个业务、技术和管理部门对整个信息供应链进行治理。

(6) 了解数据(步骤 15)：了解信息供应链中的各个环节的数据模型、主外键关系、数据分布情况、数据源之间的数据沿袭和转换逻辑等。

(7) 定义度量值(步骤 16)：需要全面的度量值或关键业务指标(KPI)来衡量和跟踪数据治理计划的进度，考核数据治理的效果。

2. 第二部分

第二部分对应图中的步骤 20～22，是在制订元数据管理策略和确立体系结构的基础上实施全面元数据管理。

(1) 制订元数据管理策略(步骤 20)：元数据是指描述数据的数据，由信息结构的描述组成。

(2) 制订元数据管理体系结构(步骤 21)：实现元数据管理策略所需的技术体系结构，即元数据集成体系结构，比如中央辐射式元数据体系结构，层次或星型元数据集成体系结构等。

(3) 实施元数据管理(步骤 22)：

① 创建体现关键大数据业务术语的业务定义词库。

② 及时跟进和理解各种大数据技术中的元数据，提供对其连续、及时的支持，比如 Hadoop、NoSQL 数据库。

③ 对业务术语中的敏感大数据进行标记和分类，并执行相应的大数据隐私政策。

④ 将业务元数据和技术元数据进行链接。

3. 第三部分

第三部分对应图中的步骤 30～36，包括主数据监管、(狭义)数据监管、信息单一视图监管、运营分析监管、预测分析监管、管理安全与隐私以及监管数据生命周期共 7 个可选步骤，可以根据具体的特定领域或者业务场景选择一个或者多个路径进行数据治理。

4. 第四部分

第四部分对应图中的步骤 40，根据之前度量值的设定(步骤 16 以及在之后的可选步骤中可能做了进一步的设置)评估数据治理结果并将结果反馈至第一部分(步骤 10)和第二部分(步骤 20)。

---

① 根据元数据管理的成熟度，大致可以分为 6 个级别：L0 级(初始状态)，元数据分散于日常的业务和职能管理中；L1 级(从属于业务系统)，元数据分散在各业务系统；L2 级(元数据统一存储)，元数据局部产生和获取，但会进行集中存储；L3 级(元数据集中管理)，增强元数据集中控制，不事先通知其他人无法修改；L4 级(元数据驱动管理)，构建元模型以及元元模型，优化元数据管理；L5 级(元数据管理自动化)，元数据管理高度自动化。

6.4　数据安全与安全治理

6.4.1　概述

随着大数据应用的不断推进，数据安全逐渐成为一个被广泛关注的重要问题。数据安全至少涉及用户隐私保护、数据可信和数据访问控制三个内容。

(1) 用户隐私保护。用户隐私保护就是对用户敏感数据进行保护，防止其在数据生命周期整个过程中(采集、发布、存储)被泄露和攻击，其中包括企业隐私数据保护和个人隐私数据保护。在大数据时代，不管是否愿意，人们的个人数据在不经意间被企业、个人搜集并使用，人们面临的威胁不仅限于个人隐私泄露，还在于基于大数据对人们状态和行为的预测。因此，在大数据时代，个人隐私保护(比如个人标识、属性、关系等)尤其重要。

(2) 数据可信。大数据时代的一个普遍观点是“数据可以说明一切，数据本身就是事实”，但是这样的假设是建立在数据可信的基础上的，如果数据被刻意伪造，则错误的数据往往会导致错误的结论；再比如在数据使用过程中，人工干预可能会引入误差，这种误差逐级传递下去就会最终影响数据分析的结果。因此保证数据可信会与数据质量治理耦合在一起。

(3) 数据访问控制。在具体的大数据应用场景下，大数据可能被用于多种不同场景，其访问控制需求十分突出，由于难以预设使用者角色以及难以预知每个角色的实际权限，因此难以对权限进行划分从而导致数据安全隐患，因此数据访问控制在大数据时代也是尤为重要。

在大数据应用场景下，由于数据资产庞大、涉及的数据使用方式多样化、数据使用角色繁杂、数据共享和分析的需求刚性，要满足数据有效使用的同时保证数据使用的安全性，需要极强的技术支撑。因此大数据时代的数据安全治理重要性凸显，与传统的数据安全保护也有大差异，具体见表6-3。

表6-3　大数据时代的数据安全治理与传统数据安全

对比要素	大数据时代的数据安全治理	传统数据安全保护
目标方面	以数据的安全使用为目标	以数据的安全防护、不受攻击为目标
对象方面	面向内部或准内部人员，以这些人员行为的安全管控为主要对象	面向外部黑客，以对外部黑客或入侵者的防控为主要对象
理念方面	以数据分级分类为基础，以信息合理、安全流动为目标	以区域隔离、安全域划分为目标
手段方面	以信息使用过程的安全管理和技术支撑为手段	以边界防护为主要安全手段
融合方面	安全产品技术和流程管理深度整合	管理与技术相对分离

6.4.2　一般思路

数据安全治理一般从数据状况梳理、敏感数据访问与管控、数据治理稽核三个角度展开。

(1) 数据状况梳理。数据静态梳理技术和数据动态梳理技术是目前进行数据状况梳理的两个基本方法，前者指的是基于端口扫描和登录扫描的方式完成对敏感数据的存储分布状况、数据管理系统的漏洞状况、数据管理系统的安全配置状况的数据采集技术，通过该技术帮助安全管理人员掌握系统的数据安全状态；后者指的是基于对网络流量的扫描，实现对系统中敏感数据的访问状况的梳理，包括敏感数据的存储分布、敏感数据的系统访问状况、敏感数据的批量访问状况、敏感数据的访问风险。

(2) 敏感数据访问与管控。数据访问管控的技术中包括数据运维审批技术、数据库防火墙技术、数据库存储加密技术、数据库脱敏技术等。

① 数据运维审批技术。数据运维审批技术又分为堡垒机技术和数据库专业运维管控技术，堡垒机技术通过将运维工具集中到指定设备上，所有对数据库的运维操作都将在这个设备上完成。但堡垒机对数据库的运维大多仅能控制到库这个级别，无法控制到更细粒度的对象，如表或列；同时对于图形化的运维工具无法做到控制。数据库专业运维管控技术可以控制到各种数据库操作(精确控制到具体的语句、控制语句执行的时间、控制执行的阈值)，同时满足事前审批、事中控制的模式，满足金融或运营商行业所需要的金库模式，这将极大提高数据库运维管控的准确性。

② 数据库防火墙技术。运维管控系统是针对内部人员对敏感数据访问行为的管理；但敏感数据除了内部人员访问外，也要面临黑客的攻击和入侵，或者第三方外包人员利用黑客技术突破常规的权限控制。因此需要通过数据库防火墙技术实现对于漏洞攻击的防御，包括 SQL 注入类的外部攻击以及提权漏洞、缓冲区溢出漏洞和 TNS 漏洞等。

③ 数据库的存储加密。数据库的存储加密是保证数据在物理层得到安全保障的关键，加密技术的关键是要解决如下几个核心问题：加密与权控技术的整合、加密后的数据可快速检索、应用透明技术(数据加密后原有应用系统不需要改造)。

④ 数据库脱敏技术。数据库脱敏技术是指解决数据模糊化的关键技术，通过脱敏技术来解决生产数据中的敏感信息在测试环境、开发环境和 BI 分析环境的安全。脱敏技术中的几个关键要素在于数据含义的保持、数据间关系的保持、增量数据脱敏、可逆脱敏。

(3) 数据治理稽核。数据治理稽核是安全管理部门的重要职责，以此保障数据治理的策略和规范被有效执行和落地，保障能够快速发现含有潜在风险的行为。但数据治理稽核面对大型企业或机构超大规模的数据流量、庞大的数据管理系统和业务系统数量时，也面临着很大的技术挑战。

6.4.3 数据脱敏

敏感数据又称隐私数据，常见的敏感数据有姓名、身份证号码、地址、电话号码、银行账号、邮箱地址、所属城市、邮编、密码类(如账户查询密码、取款密码、登录密码等)、组织机构名称、营业执照号码、银行账号、交易日期、交易金额等。

数据脱敏(Data Masking)又称数据漂白、数据去隐私化或数据变形，指的是通过对敏感数据(人工指定或者通过诸如基于数据特征学习以及自然语言处理等技术进行敏感数据识别的自动识别)进行脱敏，在保证数据可用性的同时，也在一定范围内保证恶意攻击者无法将数据与具体用户关联到一起，从而保证用户数据的隐私性。同时，修改后的数据要在保护隐私的前提下最大限度地保留原数据的整体信息(否则被发布的数据将毫无研究价值)。

1. 数据脱敏的类别

数据脱敏包括静态数据脱敏(SDM)和动态数据脱敏(DDM)，本质区别在于是否在使用敏感数据当时进行脱敏。

(1) 对于静态脱敏而言，数据管理员提前对数据进行不同级别的脱敏处理，生成不同安全级别的数据，然后授予不同用户访问不同安全级别数据的权限。静态数据脱敏一般用在非生产环境，在敏感数据从生产环境脱敏完毕之后再在非生产环境使用，一般用于解决测试、开发库需要生产库的数据量与数据间的关联，以排查问题或进行数据分析等，但又不能将敏感数据存储于非生产环境的问题。

(2) 对于动态脱敏来说，管理员通过元数据管理不同用户访问具体数据的安全权限，在用户访问数据的时候，从原始数据中按照用户权限动态地进行脱敏处理，动态数据脱敏(DDM)一般用在生产环境，在访问敏感数据时进行脱敏，一般用来解决在生产环境需要根据不同情况对同一敏感数据读取时需要进行不同级别脱敏的问题。

2. 数据脱敏的方法

数据脱敏的方法包括数据失真、数据加密和限制发布三类。

1) 数据失真

数据失真指的是通过添加噪声数据等方法，使敏感数据失真但同时保持某些数据或数据属性不变，从而保持某些统计方面的性质，通常的方法有以下三类：

(1) 随机化：即对原始数据加入随机噪声，然后发布扰动后数据的方法，常见相关技术有一般化与删除、随机化、数据重构、数据净化、阻碍、抽样等。

(2) 泛化和隐匿：泛化指的是通过降低准标识符属性值的精度，使得数据表中在准标识符属性上值相同的记录个数增加，从而降低攻击者通过准标识符属性标识个体的身份或个体的敏感值的概率。隐匿指的是去除单元值或一个记录的所有值或用诸如“*”等符号替代单元值。

(3) 差分隐私保护：差分隐私是基于数据失真的隐私保护技术，采用添加噪声的技术使敏感数据失真但同时保持某些数据或数据属性不变，要求保证处理后的数据仍然可以保持某些统计方面的性质，以便进行数据挖掘等操作。

2) 数据加密

数据加密指的是通过采用加密技术在数据挖掘过程隐藏敏感数据的方法，包括安全多方计算(即使两个或多个站点通过某种协议完成计算后，每一方也都只知道自己的输入数据和所有数据计算后的最终结果)、分布式匿名化(保证站点数据隐私、收集足够的信息实现利用率尽量大的数据匿名)等。

同态加密是一种加密形式，它允许人们对密文进行特定的代数运算得到仍然是加密的结果，将其解密所得到的结果与对明文进行同样的运算结果一样。换言之，这项技术令人们可以在加密的数据中进行诸如检索、比较等操作，得出正确的结果，而在整个处理过程中无须对数据进行解密，即不需要涉及数据本质即可完成对数据的相关操作，从而保证数据安全。

3) 限制发布

限制发布指的是有选择地发布原始数据、不发布或者发布精度较低的敏感数据，实现隐私保护。当前这类技术的研究集中于“数据匿名化”以保证对敏感数据及隐私的披露风险在可容忍范围内，主要的匿名化方法有 K-匿名化(K-Anonymity)、L-多样化(L-Diversity)、T-相近(T-Closeness)。

(1) K-匿名：模型通过匿名化数据表中的某些属性值使得数据表中任何一个记录都被包含在一个规模为 K 的等价类中，等价类中的记录不能根据准标识符进行区分，从而使得攻击者不能将目标对象和发布数据表中与其相对应的记录准确关联起来，只能以不大于 $1/K$ 的概率确定任何一个记录。

(2) L-多样化：为了解决 K-匿名模型不能抵制同质攻击和背景知识攻击的问题，L-多样化模型的主要思想是要求每个等价类中敏感属性值都必须包含 L 个不同的元素，考虑了对敏感属性的约束。L-多样化实际上就是在等价类中出现频率最高的敏感属性不超过 $1/L$。

(3) T-相近：为了解决 L-多样化模型可能面临的敏感属性分布不均衡问题，T-Closeness 模型能够保证在等价类中，敏感信息的分布情况与整个数据的敏感信息分布情况接近，不超过阈值 T。

6.4.4　数据隐私保护

伴随着大数据逐步并持续成为工业界和学术界普遍关注的热点，数据爆炸式的增长也带来了前所未有的机遇与挑战，一方面，基于大数据的处理、分析和共享等技术可以提高企业经济和社会效益；另一方面，隐私保护已经成为大数据应用领域亟待解决的重要问题。

1. 隐私保护技术面临的挑战

在大数据环境下，隐私保护技术面临着新的挑战。

(1) 大数据环境下独有的隐私问题使得传统的被动式隐私保护技术束手无策，并且数据生成者并没有主动参与隐私保护。

(2) 大数据的多样性带来的多源数据融合使得隐私泄露风险大大增加。

(3) 缺乏针对大数据隐私泄露造成的巨大损失而进行的妥善事后补救措施。

2. 隐私保护的法制化

2021 年 11 月 1 日起正式施行的《中华人民共和国个人信息保护法》(以下简称《个人信息保护法》)专门用于保护个人信息权益、规范个人信息处理活动、保障个人信息依法有序自由流动以及促进个人信息的合理利用。《个人信息保护法》规定：个人信息是指以电子或者其他方式记录的与已识别或者可识别的自然人有关的各种信息，不包括匿名化处理后的信息。并且在法律中对数据的处理、收集、使用等进行了限制和规定，尤其是对数据隐私的保护，法律要求数据的使用必须取得当事人的授权与认可。

在数据被采集到发挥其价值的过程中有三类与信息相关的人或机构参与其中，分别是信息主体、信息控制者、信息接收方。

(1) 信息主体：指的是拥有数据的所有权利，但是不直接拥有数据，有权处置数据，但是没有能力处置数据的人(或者机构)。

(2) 信息控制者：指拥有数据，但是不拥有数据的权利，有能力处置数据，但是无权处置数据，而又背负着保护数据的责任的人(或者机构)，在法律规范下，信息控制者须得到信息主体的授权才可以使用信息主体的数据。

(3) 信息接收方：指的是不拥有数据，且无权获取数据的人(或者机构)，在法律规范下，信息接收方向信息控制者请求数据并向信息主体提供服务，信息控制者需要对信息接收方提供的服务承担连带责任。

3. 隐私遁

1) 隐私遁的原理

南京邮电大学的孙国梓教授提出了一种信息主体主导的信息流转方案——隐私遁，其示意图如图6-2所示。

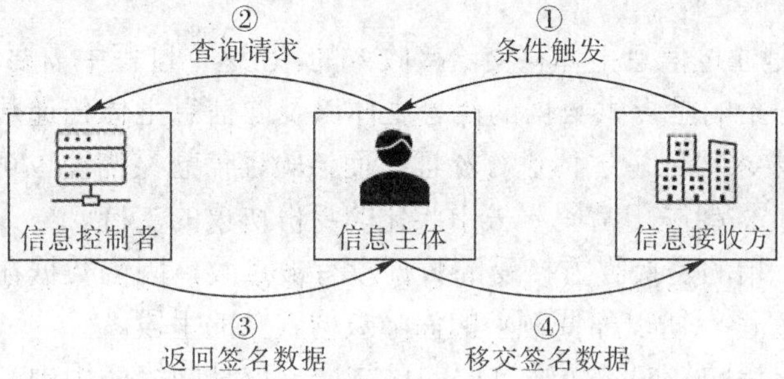

图6-2 隐私遁示意图

如图6-2所示，信息控制者和接收方之间通过信息主体进行交流，即这两者之间被信息主体隔离，因此信息控制者的法律风险被限制在其与信息主体之间，无须承担对信息接收方的业务带来的连带责任。信息流转方式如下：

(1) 首先由某个条件触发，信息接收方向信息主体提出数据请求。

(2) 信息主体向信息控制者发起查询请求。

(3) 信息控制者核实用户身份后再对数据进行数字签名，然后返回数据。

(4) 信息主体移交给接收方。接收方收到信息主体移交的数据后，核验数据的完整性以及信息控制者的数字签名，确认无误后予以采信使用。

由此可见，隐私遁方案中业务隔离的核心逻辑是信息的查询和移交是两次独立的用户行为，信息控制者的义务到信息主体为止，与信息移交无关。值得一提的是，该方案的可实现性也离不开法律的支持，《个人信息保护法》第四十五条明确了信息主体的查询权利，为隐私遁提供了有力支撑。

另外，《个人信息保护法》第二十四条规定："个人信息处理者向第三方提供其处理的个人信息，应当向个人告知第三方的身份、联系方式、处理目的、处理方式和个人信息的种类，并取得个人的单独同意"。这也意味着个人信息共享必须取得个人同意。因此在个人信息的流转过程中，就有信息主体的参与，隐私遁方案中信息主体参与了信息流转的做法也是符合法律精神的。

2) 隐私遁的优点

在具体实践中，隐私遁有以下几个优点：

(1) 隐私遁仅是线下业务的数字化，信息主体无须开放更多数据，也无须承担更多风险。

(2) 机构无须向信息主体以外的任何机构共享数据，这是一种比任何监管制度都严格的安全策略。

(3) 业务逻辑无须变更，只需要将原本线下流通的文件信息化即可。

(4) 业务系统无须升级，对接网关即可接入隐私遁。

(5) 隐私遁拥有比线下业务更严格的身份认证，安全策略更加严谨，业务审计可信度更高。

(6) 隐私遁比任何模式都更加开放，因为信息主体的自主参与，任何加入隐私遁的机构之间都可以迅速建立合规的信息合作。

3) 隐私遁的使用要求

隐私遁中数据是通过信息主体移交给接收方的，在这个过程中需要满足三个可信要求：

(1) 可信身份：指的是提供数据的信息主体以及向信息主体传递数据的信息控制者的身份是否可信，这要求对信息主体进行验证，而该验证信息又需要以可审计的方式在不同的机构间传递，因此需要基于密码学去中心化的身份协议的支持。

(2) 可信数据：指的是接收方接受的数据没有被篡改，因为数据在通过信息主体的过程中有可能被擅自篡改，所以需要额外的保障数据安全的手段。

(3) 可信传输：指的是网络传输过程的可靠性，这是网络应用中必然会遇到的问题，网络通信的信道是否可靠，是否会遭到人为攻击而导致数据泄露以及增加信息控制者的业务风险也是必须要考虑的问题。

6.5 大数据开放与共享

6.5.1 大数据开放与共享

1. 数据的获取

数据开放和共享是就数据授权程度而言的。开放数据研究院[①]按照授权程度的大小，数据获取被分为五种类型，分别是：

(1) 内部获取(Internal Access)：数据被封闭在某个组织内部使用，通过雇佣合同和内部政策来保护数据不被外泄。

(2) 定向获取(Named Access)：通过合约形式来明确指定数据的使用对象。

(3) 群体获取(Group-based Access)：通过认证形式在特定群体内部进行数据共享。

(4) 公开获取(Public Access)：通过授权协议来对数据使用设定限制条件。

(5) 所有人获取(Anyone Access)：对数据进行了开放授权，对所有人开放，是真正意义

① 根据其官网介绍，开放数据研究院(Open Data Institute，ODI)作为一个非营利组织，致力于与一系列组织、政府、公共机构合作，建立一个开放、可信的数据生态系统。

上的开放数据。

按照上述划分思路，在内部获取和所有人获取之间的三类获取都属于数据共享的范畴。所谓数据共享，指的是在不同地方使用不同计算机、不同软件的用户能够读取他人数据并进行各种操作运算和分析，数据共享一般专指不同部门之间的共享，如政府部门之间的数据共享、跨行政区域政府间的信息共享、政府与企业间的数据的合作和共享、企事业单位之间的数据共享等。

2. 数据的开放

所有人获取是数据开放的范畴，所谓数据开放，是指开放底层的数据，而不仅仅是数据衍生物，具体包括根据数据分析出来的结果以及开发出来的产品。数据开放有两个层面的含义：

(1) 在技术层面上，数据开放就是数据应当以可机读、未加密的电子格式公开，能够被任何人通过通用、免费的途径获取和利用。

(2) 在法律层面上，这些数据必须被置于公共领域或处于自由利用条款下，受到最低程度的限制，即在法律上允许数据利用者进行商业和非商业利用，因为这些信息已经不涉及国家安全、商业秘密和个人隐私了。

2010 年万维网发明人伯纳斯·李提出了开放数据的五星标准。

(1) 一星是基于开放授权在网上开放数据，用户可以查看、搜索、存储和修改数据，还可以与任何人分享这些数据，但对数据格式不做要求。

(2) 二星是指以可机读、结构化格式开放数据。

(3) 三星是指在满足二星的基础上，以非专属开放格式开放数据，使用户不需要使用专属的、付费的软件就可以分析数据。

(4) 四星是指在满足以上要求的基础上，采用 W3C 开放标准的数据，为某一个数据集设置固定的 URL 链接，便于使用者发现和链接到数据集的具体位置。

(5) 五星是指在满足以上要求的基础上，借助 W3C 标准和关联数据准则，使数据间实现关联，提供数据的背景。

6.5.2 政府大数据开放与共享

政府数据有狭义和广义之分，狭义的政府数据仅指由各级政府在依法履行职责过程中，制作或获取的、以一定形式记录和保存的各类数据资源。广义的政府数据不仅包括国、区域和地方政府、国际政府组织以及广义的公共部门所掌握的数据(如部门或行业后台信息报送库、国家基础数据库、政务共享交换平台、数据开放平台、信用信息平台、政务信息化系统等)，还包括外部机构为政府所创建的数据，以及掌握在外部机构手中但与政府项目和服务相关，并具有重大公共利益的数据(如气候气象、环境监测、科学试验等)。广义的政府数据也被称为“公共数据”。2017 年 2 月，中央全面深化改革领导小组第 32 次会议审议通过了《关于推进公共信息资源开放的若干意见》和 2018 年 1 月中央网信办、发改委以及工信部联合印发的《公共信息资源开放试点工作方案》都使用了“公共”一词来界定信息资源开放的最终范围。

所谓政府数据开放，指的就是在不违背相关政策法规且对公共利益不影响的基础上，免费向公众开放，使社会上任何人均能够获取及应用的相关数据。政府数据开放重点在于让原始数据能够彻底开放，所有人均能够开发利用这些数据，并且通过各种形式使人们实际需求得到满足。

在当前政府各项工作开展过程中，政府数据开放是一项十分重要的任务，也是政府数据再利用的一种必然趋势。通过原始数据的开放，可使社会创造力得以有效提升，对于经济创新发展以及构建开放透明政府都具有重要意义，这符合互联网时代发展的大趋势，也符合政府管理的国际发展动向，更符合政府建设和政务服务发展预期。

我国政府近年来也高度重视政府数据开放，2015 年 8 月，国务院印发的《促进大数据发展行动纲要》提出“稳定推动公共数据资源开放，加快建设国家政府数据统一开放平台”；同年，“十三五”规划提出“实施国家大数据战略”；2017 年 2 月，中央全面深化改革领导小组第 32 次会议审议通过了《关于推进公共信息资源开放的若干意见》，要求着力推进重点领域公共信息资源开放、释放经济价值和社会效应，并指出要保证开放数据的完整性、准确性、原始性、机器可读性、非歧视性、及时性等，方便公众在线检索、获取和利用；2017 年 5 月，国务院办公厅印发的《政府信息系统整合共享实施方案》指出，要向社会开放“政府部门和公共企事业单位的原始性、可机器读取、可供社会化再利用的数据集”；2017 年 12 月，习近平总书记在中共中央政治局第二次集体学习时强调，推动实施国家大数据战略，加快完善数字基础设施，推进数据资源整合和开放共享；2018 年 1 月，中央网信办、发改委以及工信部联合印发的《公共信息资源开放试点工作方案》也要求试点地区“提升数据的完整性、准确性、有效性、时效性。明确开放数据的完整性、机器可读性、格式通用性等要求”。

对于政府数据而言，整个生命周期涉及数据生成和发布、权限配置管理、网上流转、数据呈现、利用管理和更新管理等几个环节，每个环节都是技术、管理难题并举。政府数据开放与共享涉及的几个关键问题有数据确权、数据规范、数据质量管理、数据利用管理等，以下进行简单介绍。

1. 数据确权

数据确权是数据交易制度性的根基。所谓数据确权，就是指数据交易前要明确数据产权到底属于谁，权利不清晰就无法转让。

1) 数据确权的层面

数据确权需要从国家和个人两个层面进行研判。

(1) 数据主权：指的是国家享有对其政权管辖地域内的数据生成、传播、管理、控制、利用和保护的权力，数据主权包括数据管理权和数据控制权，前者指对本国数据的传出、传入和对数据的生成、处理、传播、利用、交易、储存等的管理权，以及数据领域发生纠纷所享有的司法管辖权；后者指主权国家对本国数据采取保护措施，使本国数据免遭被监视、篡改、伪造、毁损、窃取、泄露等危险的权力，保障数据的安全性、真实性、完整性和保密性。

(2) 数据权利：指的是一种兼具人格权和财产权双重属性的权利，包括数据知情同意权、数据修改权、数据被遗忘权等三大权属，主要功能是保障公民隐私空间。

2) 数据交易的原则

在数据确权过程中，面临的主要挑战是隐私保护问题，在数据交易时需要遵守以下原则：

(1) 搜集隐私信息必须经过隐私权人的同意。

(2) 无论是隐私还是隐私数据的开放，无论这种开放是有偿还是无偿的，开放者负有同等的保密保护义务。

(3) 隐私和隐私数据的法律应该与风险的控制能力相互统一，风险控制能力越高的，应该承担的责任就越大；获利能力越高的，承担的责任越大。

(4) 隐私保护要并入刑事责任，并且要划清具体的责任来保护、规范隐私数据的开放。

(5) 构建法律责任和相应法律制度时，需把法律规划和大数据技术要求统一起来。

2. 数据规范

数据规范就是要对各类数据 (主要是元数据和交换数据) 进行规范化定义和统一解释，实现业务部门、技术机构对政府数据资源的统一理解和规划，增进数据的一致性，减少数据格式转换，规避信息支离破碎，促进政府数据的信息集成和高效共享，提供高质量的数据服务。

3. 数据质量管理

政府数据开放意义下的数据质量包括真实性、一致性和时效性三个主要指标。真实性是指在网站上发布的数据必须是客观、真实，没有人为干扰的数据；一致性是指同一份分散在不同地方的数据、经过简单转化后的数据之间是否一致以及在业务上有关联的数据之间的逻辑关系是否正确和完整；时效性就是依靠发布和更新规则及时公开信息，拓展信息传播和推送渠道。

4. 数据利用管理

数据利用管理指的是建立政府数据集中管理和整合(再)利用的模式，这需要在顶层设计、利用流程管理、资产化管理、数据公开、共享与保密等方面建立相应的政策法规体系，进行前瞻性战略布局，包括尽快建立并推广统一的政府数据共享开放平台以及配备专责单位来协调提供相应的技术服务，规范数据表示和接口。

在具体实践中，还有一个问题值得探讨，就是政府数据的社会化利用是否收费以及如何收费。针对这个问题，国际上对其有明确收费规定，通常把信息作为资产进行管理。实际运作时我国政府数据社会化利用存在多种不同形式的间接收费(增值服务)，如需加工处理才能满足需求的数据、需提供调用接口才能满足需求的数据、需跨单位调取整合才能提供的数据、数据量庞大的原始数据、时间跨度较大的历史数据。显然，围绕数据收费需要同步建立政府数据管理机制，此处不再赘述。

随着当前大数据技术不断应用及发展，政府数据开发及应用虽然也得到一定发展，但在实际实践中仍有一定问题的存在。突出的障碍体现在以下几个方面，缺乏公共平台、共享不通畅、开放总量偏低、结构化程度低、公众参与反馈不准等；数据安全方缺乏具有指导性的规定和细则，导致政府在共享数据时不敢也不愿意迈出大步；政府 IT 系统大多是以“烟囱式”模式构建的，缺少顶层设计和接口的标准化；监管职能边界的模糊(不足够优化)导致上述现象更加突出。

在目前大数据环境背景下，为能够实现政府数据开放，政府部门相关工作人员应当提升政府数据利益主体的数据素养并加强对数据开放意义的认识，打造政府机构内部的数据开放文化，通过有效措施加强政府数据开放保障机制建设，细化数据开放政策指导和法律问题，在此基础上为数据开放的实现制定统一的数据规范和元数据标准，优化政府数据开放门户的用户体验，使政府数据开放得以更好实现，进而实现数据的更好利用，使其发挥更大价值。

6.5.3 大数据流通与交易

数据的本质是人与其他事物之间在数字化连接下的信息副产物，随着大数据技术的成熟和发展，大数据在商业上的应用越来越广泛，各行各业都需要数据作为发展经济的生产资源，在这个背景下有关大数据的交互、整合、交换日益增多，当交易的对象从一般意义上的商品变成了现在蕴含巨大价值的海量数据时，便诞生了大数据交易这一概念。

国外数据交易大致开始于 2008 年，一些前瞻性的企业开始加大对数据业务投入，知名的数据服务商有微软数据市场、亚马逊公共数据集、甲骨文在线数据交易等。随着数据交易的推进，一些围绕数据应用的新业态也初见端倪，如数据市场、数据银行、数据交易公约等。

1. 我国的大数据交易

我国的数据交易起步略晚，大致开始于 2010 年左右。2015 年 9 月，我国发布《促进大数据发展行动纲要》，明确提出要引导培育大数据交易市场，开展面向应用的数据交易市场试点，探索开展大数据衍生产品交易，建立健全数据资源交易机制和定价机制。在较短的时间内，我国的数据交易有了一定的发展，主要有以下四种形式：

(1) 基于大数据交易所(中心)的大数据交易：将分散在各行业领域不同主体手中的数据资源汇集到统一的平台中，通过统一规范的标准体系实现不同地区、不同行业之间的数据共享、对接和交换。这是目前我国大数据交易的主流建设模式，典型代表有贵阳大数据交易所、长江大数据交易所、武汉东湖大数据交易平台、上海数据交易中心等。

(2) 基于行业特定领域数据的大数据交易：基于行业数据标准较易实现数据的统一采集、统一评估、统一管理、统一交易。如电信、金融、交通等行业的数据交易起步相对较早，由于领域范围小，所以数据流动更方便。

(3) 数据资源企业推动的大数据交易：近年来，国内以数据堂、美林数据、爱数据等为代表的数据资源企业渐具市场规模和影响力。

(4) 互联网企业“派生”出的大数据交易：这种大数据交易一般是基于公司本身业务派生而来，与企业母体存在强关联性。数据来源主要来源于“母体”并以服务“母体”为目标。比如以 BAT 等为代表的互联网企业凭借其拥有的数据规模优势和技术优势在大数据交易领域快速“跑马圈地”，并派生出数据交易平台。

2. 大数据交易面临的问题

虽然大数据交易已经持续运营并使多边获益，但其中隐含着许多技术和非技术的问题亟待解决，比如：

(1) 数据交易环境有待完善：第一，国家层面数据交易的法律法规和行业标准尚未推出，使得数据确权、数据交易秩序等都缺乏法律保障；第二，政府层面尚未有专门的监管职能部门对其进行监管，使得数据交易出现问题和矛盾投诉无门；第三，大量数据源未被激活，使得数据交易不够活跃。

(2) 数据交易平台发展有限：当前数据交易平台的交易模式主要有两种：托管交易模式和聚合交易模式，这两种交易模式都是针对第三方的，对于中心自身是不设防的，中心有能力、也有机会留存交易数据，也就是中心自然变成了数据的拥有者，可以对数据做任何处理，包括转卖、再加工、再增值，因此某种意义上讲，数据交易中心形成了对交易双方的潜在威胁，从而导致数据交易得不到数据拥有方的支持和认可。

(3) 数据交易以“粗放式”为主：从交易内容来看，我国大数据交易以单纯的数据原材料买卖为主，数据算法、数据模型等交易尚未起步，数据价值得不到有效体现；从交易价格来看，目前交易过程中缺乏对数据定价的统一标准，难以准确衡量数据应有价值。

(4) 数据质量难以得到保障：数据质量包括数据的准确性、真实性、完整性、一致性、及时性等，如何度量和保障数据质量是大数据交易中不可回避的重要问题，牵涉到数据定价、交易数据合法性、及时性、可用性、安全性等问题。

数据的价值在于融合与挖掘，政府数据对公众的最大利益在于共享与开放。数据流通与交易有利于促进数据的融合挖掘。数据的共享开放、流通交易和保护与安全，对数据技术提出研究挑战，数据的共享、开放、流通、交流、使用和保护对法律的制定与执行提出了很高要求，同时还需要平衡数据的保护与数据的开发利用。亟须实施的举措至少包括加快标准立法建设，优化数据交易环境，加快数据开放进程，与数据交易形成良性互动，交易平台改进技术完善自身，消除对交易双方的潜在威胁，逐步推进“分类”交易原则，探索多种定价机制，等等。

6.6 小 结

本章顺序介绍了大数据管理涉及的若干主题，包括大数据组织与管理、数据质量治理、数据隐私及数据安全治理、大数据开放与共享。

大数据组织与管理是所有IT系统应用的基础，因此如何根据数据层、计算层和应用层的特点和约束进行针对性的设计和技术选型，使得“大型”“持久”“可靠”“共享”的指标得以有效落实是重中之重。

数据质量是大数据价值实现的基本保障，如果数据质量得不到保障，除了会导致后续的数据分析难度增加之外，还会导致分析结果的可信性大打折扣。

数据安全是大数据时代尤其强调的内容，大数据应用环境的安全治理指的是在系统安全、数据库安全、网络安全等保障下，如何保障隐私信息和敏感信息不被无授权存取。

大数据开放与共享是大数据价值实现的基础，唯有将按照某种策略组织和管理的数据，在有效的数据质量治理和安全治理的保障下，提供给应用方，才能最大程度实现数据的价值。而对于政府而言，将可以开放的数据共享给个人、机构或组织，这样可以大范围降低这些人或群体创新创业的门槛，有利于经济发展的同时，对建设透明政府也有重要意义。

第 7 章　数据赋能技术路径

7.1 引　言

2017 年 7 月 20 日，国务院印发了《新一代人工智能发展规划》，《规划》提出了为实现新型人工智能应该重点发力的八大基础理论，分别是大数据人工智能理论、跨媒体感知计算理论、混合增强智能理论、群体智能基础理论、自主协同控制与优化、高级机器学习、类脑智能理论体系、量子智能计算理论。

八大基础理论中的大数据人工智能理论旨在打穿数据孤岛，形成从数据到知识、从知识到智能的能力，进一步形成链接多领域的知识中心，支撑新技术与新业态的跨界融合与创新服务。

1. 数据孤岛产生的原因

数据孤岛是伴随着 IT 技术的发展以及其在不同领域的不断渗透过程中越来越凸显的一个现象，究其原因有如下几个方面(不限于)：

(1) 烟囱式软件开发模式：很多软件往往是由某个有具体需求的部门根据自己的需求开发或采购的，各个利益集体的软件通常只服务于自身，而不同软件系统的集成和融合没有机制保障；即便是同一个利益集体下的不同部门，也很难在软件开发之前就做好各种“自顶向下”的统一规范和设计，这就使得数据以孤岛的形式存放在不同利益集体的数据库里成为必然情况。

(2) 云计算的渗透应用：出于安全等原因考虑，许多基于云计算的软件在实际部署实施时往往会部署在不同的云服务厂家，这直接导致了数据被隔离在不同的数据库。

(3) 人们行为方式的多样化和碎片化：数据的本质是人行为模式的反映，而人的行为模式本身就是易变的(多模式的)，比如人们在不同的平台上采购货物、发表软文等，这些反映人们行为偏好、渠道偏好的数据很自然分布于不同的业务系统。

(4) 不断调整的部门职能：由于体制结构调整和业务部门职能调整等因素，本来属于同一个业务部门的功能被分到不同的业务部门，这就会使本来属于一个软件的数据权属也被分到不同的部门，进一步使得数据被隔离到不同的业务系统。

2. 大数据价值实现的路径

大数据价值实现的基本流程是富集和整合多个数据源中的数据，在数据治理的基础上进行数据连接，进而构建知识图谱，为后续提供数据服务。图 7-1 所示为大数据价值的实现路径。

图 7-1　大数据价值实现路径

图 7-1 中涉及的关键技术至少有：

(1) 可信数据采集与汇聚：数据源一般来自物联网、互联网、业务系统和行业标准数据库，不同数据源往往具有不同的数据交换和共享机制，且不同数据源的数据在实时性、数据类型等方面都存在着差异。在实际实施中，往往还存在数据库封闭、文档源码缺失、原开发团队缺位、第三方商业构件依赖等其他不利因素。在此情况下，高效、可信地进行数据采集与汇聚是大数据价值实现的核心基础。

(2) 数据治理：由于不同数据源所在软件系统的 IT 建设水平和质量治理标准不同，以及各数据集在生成、存储和采集过程中存在不完整、不一致、不准确等各种质量缺陷，导致数据可信性和价值大打折扣，这就意味着要使数据具备使用价值，必须对数据进行有效的质量治理。除了质量治理以外，还要进行有效的安全治理，以保证数据在使用过程中的合规性和安全性。

(3) 数据连接：由于不同数据源都是在某一方面刻画和描绘实体的属性信息，因此，将逻辑上彼此独立的数据以实体为中心进行连接，以获得实体的全面信息融合与理解是后续数据价值发现的重要基础。数据连接有以下几个难点：第一，来自不同部门的数据存在数据结构不一致、字段描述歧义等现象，难以对照整合；第二，数据集中描述事件的时间、空间等属性存在缺失、错位、模糊、格式不统一的问题，也为基于时空的数据整合带来困难；第三，数据集中包含大量非结构化内容，由于缺乏语义信息的挖掘及结构化描述，导致信息的价值未能有效利用。针对这些难点的突破涉及结构化数据信息提取、非结构化数据特征表示等技术方法。

(4) 知识图谱构建：在数据采集、汇聚、治理和连接的基础上，以实体或事件为中心构建知识图谱或事件知识图谱，从而能够为后续数据应用提供更全面的数据服务。在当下，知识图谱构建能力已经成为衡量大数据处理能力的重要指标之一。

(5) 数据服务：在实际部署应用中，数据服务往往以数据中台①的形式为后续应用提供服务。需要留意的是，数据服务通常与安全治理以及交易监管耦合在一起，前者注重数据能否服务于某个具体的应用以及当提供数据服务时如何保障数据安全；后者则专注于当数据作为交易对象时，如何进行数据价值评估、如何进行交易过程监管等问题。

3. 大数据价值实现的基础

大数据价值实现的四大基础支撑是算法、大数据、算力、领域应用。

---

① 中台架构的概念由阿里巴巴公司于 2015 年 12 月提出，目标是建立大数据时代更具灵活性的“大中台、小前台”机制，即前台的业务能够更敏捷、快速地应对变化，而中台将集合全局运营数据能力和产品技术能力，对前台业务形成强有力的支撑。数据中台就是在中台理念的数据化实践，指的是通过数据技术，对海量数据进行采集、计算、存储、加工，同时统一标准。数据中台把数据统一之后，形成标准数据，再进行存储，形成大数据资产层，进而为客户提供高效服务。

(1) 算法(Algorithm，A)：大数据场景下的算法一般指为了从数据中发现洞见而实施的相关算法，这类算法往往与数据耦合在一起，或者说，算法的有效实施必须要有数据加持，这也进一步表明了数据的重要性。在实际部署实施中，算法往往以算法中台①的方式提供计算服务。

(2) 大数据(BigData，B)：大数据价值实现的基础就是数据以及数据闭环，即从数据中发现洞见再将其反馈至业务系统中，前者被称为"业务数据化"，后者被称为"数据业务化"。如前所述，在实际部署实施中，数据往往以数据中台的方式提供数据服务。

(3) 算力(Computation Power，C)：在一定意义上算力是可以采购的，但应用场景必须事先发掘，找不到合适的应用场景，则大数据价值无法体现和实现。在实际部署实施中，算力往往以云模式的方式提供计算服务。

(4) 领域应用(Domain Application，D)：大数据价值实现以及大数据智能的目标在于"形成连接多领域的知识中心"，因此具体是什么领域就很重要。在大数据价值实现过程中，领域应用和场景发掘是关键性因素。

围绕上述大数据智能相关问题，本章扼要介绍数据赋能的一般路径和技术选型思路。本章下面的章节结构安排如下：7.2 节介绍数据分析的一般流程和技术选型思路；7.3 节介绍数据驱动、逻辑驱动的基本概念以及基于逻辑的数据驱动方法和应用思路；7.4 节简单介绍了通常意义上模型的部署和更新方式；7.5 介绍知识图谱的相关理论及技术应用；7.6 节简单介绍数据驱动的智慧+；7.7 节是本章小结。

7.2　数据分析的一般流程

如前所述，大数据分析的目标是从数据中获得洞见，并将此洞见应用于具体的业务场景中。数据分析的一般流程如图 7-2 所示。

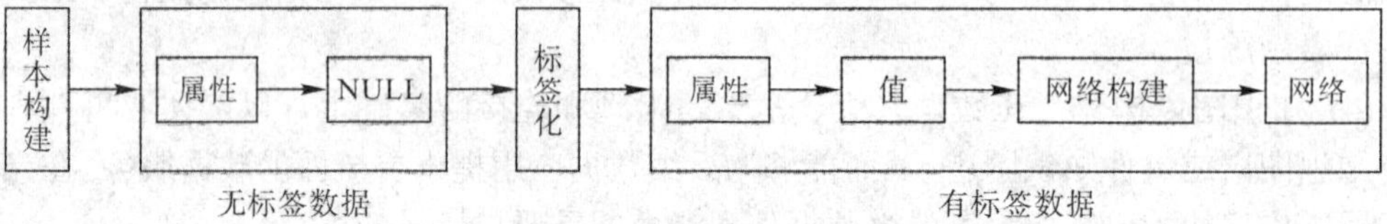

图 7-2　数据分析的一般流程

由图 7-2 可以看到，数据分析的基本流程是从业务系统提取数据(往往是历史数据)构建样本，此时的样本是无标签的；再通过对无标签数据进行标签化处理，获得有标签数据，进而挖掘数据的更多价值。

7.2.1　无标签数据分析

针对无标签数据可以应用很多非监督机器学习算法，比如通过关联规则挖掘、异常发现、聚类等操作来挖掘数据中的洞见。由于为数据添加标签成本太高，在很多场合无法获得专家的标注支持，因此自监督学习(Self-supervised Learning)成为针对无标签数据进行机器学习的重要方式，这是近期的一个研究和应用热点。

① 算法中台指的是中台理念的算法工具化实践。

自监督学习可以看作机器学习的一种“理想状态”，模型直接从无标签数据中自行学习，无须标注数据。自监督学习的核心在于如何自动为数据产生标签，因此有关自监督学习的很多研究都是围绕这个核心问题展开的。一般的思路是首先提出一个新的自动打标签的辅助任务(比如旋转图片①、打乱 Patch 顺序②等)，用辅助任务自动生成标签，然后利用此标签进行有监督学习。

自监督学习既可以看成有监督学习，也可以看成无监督学习。说它是无监督学习，是因为它全程不需要人来打标签；说它是有监督学习，是因为其监督信号完全来自数据本身。可以设想，在大数据分析需求日益增长且数据标注成本无法降低的当下，自监督学习一定会成为很多场合的技术选型。

7.2.2　标签化

标签化就是为无标签数据打上标签的过程，一般的做法是将无标签数据呈现给(相关领域)专家，由专家根据自己的经验，为数据打上标签。但在具体实践过程中，这种做法往往会遇到现实的挑战，因而引发很多有针对性的响应，简单罗列如下(不限于)：

1. 众包模式

将众包模式用于数据标注是工业界和学术界普遍关注的一个方向。众包是一种基于互联网分布式任务的求解模式，其基本流程是发包方将任务发送到众包平台，然后众包平台将任务分发给众包平台中的工人，再由这些工人通过合作完成任务，从而将过去独立个体或者少量个体无法或难以完成的任务在短时间内完成。将众包模式应用于数据标注的一个基本动机就是为数据打标签是一个很费人力的事情，如果单纯靠本单位内部人员根本在无法短时间内完成数据标注任务。不过需要注意的是，使用众包模式进行的数据标注必须要考虑到众包工人的能力边界，尤其是那些需要专业技能的数据标注，大多是不能通过互联网众包模式来完成的。另外还要注意到，即便是普通人能够胜任的数据标注工作，当采用众包模式进行的时候，也要考虑到众包任务如何有效管理、众包任务完成质量如何保障等问题。

2. 主动学习

如前所述，数据标注是一个极费人力的事情，当数据需要领域专家进行标注时，海量的数据会使专家的时间和精力往往无法全力投入标注中去。因此，一个朴素的想法就是，如果能从待标注数据中挑选出最有信息量的、最有代表性的少量数据，由专家对这些数据打标签，显然是一个既能保证数据标注人员的专业性、又能缓解专家精力有限问题的方案，这正是主动学习用于数据标签的动机，如何挑选最有代表性或最有信息量的样本也正是主动学习的主要研究内容。

7.2.3　有标签数据分析

针对有标签数据可以进行很多算法的应用，比如分类、回归等，这是大数据分析最主

---

① 输入一张图片，把图片随机旋转一个角度，然后把旋转后的图片作为输入，随机旋转的角度作为标签。

② 把输入的图片均匀分割成 3×3 的格子，每个格子里面的内容作为一个 Patch，随机打乱 Patch 的排列顺序，然后用打乱顺序的 Patch 作为输入，正确的排列顺序作为标签。

要的内容，围绕其展开的相关研究和应用思路也最为丰富，比如(不限于)：

1. 多模态学习

数据经过标签化后，一般呈现“属性-值”的形式。在具体实践中，属性往往表现出多模态特征。多模态学习(Multi-Modal Learning，MML)旨在通过机器学习的方法实现处理和理解多源模态信息的能力，目前比较热门的研究方向是图像、视频、音频、文本之间的多模态学习。在很多时候，多模态学习也被称为多视图学习(Multi-View Learning，MVL)①。随着互联网技术及应用的不断发展，多模态(多视图)数据已经成为大数据的主流，每个模态/视图编码数据对象的单个属性。不同的模态往往是相辅相成的，因此多模态学习必然成为大数据分析的技术选型。

2. 多标签学习

数据经过标签化后，一般呈现“属性-值”的形式。在具体实践中，值往往呈现多标签特征。

监督学习本质上是一种领域任务驱动的学习类型，即针对同一数据，不同领域任务的人可以打上不同的标签，而这些标签属于不同的标签空间。多标签学习(Multi-Label Learning)也称为多标签分类，旨在通过机器学习的方法预测输入实例所对应的所有标签。在大数据时代，对于同一个数据往往会有不同的价值判断和期望(比如一个病人的体检报告，它可能被标记上“高血压”“高血糖”等多个标签)，也就有了不同的标签空间，而不同标签空间中的标签可能是相关的，因此，如何充分利用标签的相关性进行多标签学习也势必成为大数据分析的技术选型。

特别注意的是，多模态和多标签问题往往是耦合在一起的，目前关于多模态多标签的学习一般围绕“模态-模态”“标签-标签”“模态-标签”的关系展开，其目标是在充分考虑模态之间的一致性、互补性、关联性的基础上实现多标签的学习。

3. 半监督学习

如前所述，获取高质量有标签样本的成本很高，在实际操作中，往往只有部分样本有标签，而大量样本没有标签，如何利用有限的有标注样本和大量的无标签样本进行学习训练就是一个典型的半监督学习问题，也是一个弱监督学习问题。

4. 数据增强

当训练数据量相对较少的时候，机器学习往往会产生过拟合问题，增加数据量是解决过拟合最基础的途径。但是收集样本数据和标注往往代价昂贵，为了解决此问题，会采用数据增强技术。数据增强(Date Augmentation)是指在有限的数据集上，通过多种数据增强方式(旋转、缩放、平移、裁剪、改变视角、遮挡某局部区域，这些都不会改变图片的类别标

---

① 多视图指的是对由多个不同特征集表示的数据进行机器学习，这种学习机制很大程度上受到来自实际应用中数据属性的驱动，其中样本由不同特征集或不同“视图”来描述。通常情况下多模态和多视图往往不加以区分，但两者也有不同，区别如下：多视图更接近机器学习，更抽象，而多模态更接近于应用，与实际的某一个应用结合；多模态所表现的可能是不同的对象，但之间有联系，比如文本和对应的音视频，而多视图一般指同一个对象不同的表现形式，比如一个 3D 物体不同角度或者不同频谱下的成像图像。

签)来实现训练样本数量的增加，从而获得一定程度上的性能提升。近些年，有些研究者通过条件生成对抗网络(Conditional GAN, CGAN)来生成带标签的样本数据，通过生成模型在原有数据上学习到数据的分布，从而生成新的样本，这种方式也可以在一定程度上提升网络性能。鉴于训练样本不足是实战中经常面对的问题，因此，数据增强技术也是大数据分析中经常使用的候选技术之一。

5. 迁移学习

在实际操作中，往往会发生这样的情形，目标领域的有标注数据很少，难以有效进行数据建模。因此一个自然的想法就是能否将其他类似领域(称为源域，源域中有标注数据获得容易)的数据、特征或模型中蕴含的知识迁移到目标领域中进行使用，这就是典型的迁移学习。

迁移学习的假设是已知有标注的源域训练样本和目标域无标记的训练样本，且源域和目标域样本来自不同的样本分布。这一研究问题也被称为领域自适应。在具体实践中，标准的领域自适应假设往往不能得到满足，这就给实际应用中的技术选型带来了新的挑战。

(1) 除了大量的无标记数据，目标域的样本数据也包含部分有标注的数据，这可建模为半监督迁移学习问题。

(2) 目标域的无标记数据中出现了源域中未出现的类别，这可建模为开集域适应问题。

(3) 源域的有标注样本包含部分带噪声标签的样本，这可建模为噪声域适应问题。

(4) 出于隐私或者安全考虑，源域的数据不能被目标领域获得，只有源域上训练出的模型对于目标域可用，这可建模为源域数据不可知的域适应问题。

由于迁移学习所针对的问题是具体实践中经常遇到的问题，因此迁移学习已经成为大数据价值实现中的一个重要范式。

广义上来看，“预训练+微调”也是一种迁移学习的范式，具体做法是将已经在大量数据上训练过的模型应用到目标领域的新数据集上，作为目标域模型的初始化，然后利用目标领域少量的标准数据对该模型进行继续训练(Fine Tune，微调)，从而在短时间内达到较好的效果，这种做法比较适合于目标领域没有足够数据(因而无法有效训练获得模型)的情形。由于在实际中应用领域数据的获取往往很难，但同时有众多预训练模型出现，因此，“预训练+微调”已经成为常用的做法。不过需要注意的是，这种做法往往会发生灾难性遗忘问题，即通过微调后的新模型已经不再适用原先模型适用的样本空间了。

6. 复杂网络分析

由于数据对象往往处于普遍联系之中，因此将数据网络化是当下数据分析的一个基本思路。复杂网络分析的基本流程是首先进行网络构建，然后在构建好的网络数据中进行数据分析。传统的网络数据分析方法一般从节点、关系、社团几个角度展开研究，比如关键(核心)节点发现、关系度量、社团发现、动态社团演化、信息传播等。需要注意的是，复杂网络分析和传统面向“属性-值”的机器学习方法是两类不同的技术路径，这就意味着复杂网络分析本身难以利用机器学习的众多成果。

7. 网络表示学习

网络表示学习也称网络嵌入(Network Embedding)、图嵌入(Graph Embedding)，它旨在将网络中的节点表示成低维、实值、稠密的向量形式，使其在向量空间中具有表示以及推理的能力，同时可轻松方便地作为机器学习模型的输入，进而可将得到的向量表示运用到常见的社交网络应用中，如可视化任务、节点分类任务、链接预测以及社区发现等任务，还可以作为社交信息应用到推荐系统等其他常见任务中。

8. 广义分布外检测

传统的分类模型都是在一个封闭的世界中进行训练，即假设测试数据和训练数据都来自同样的分布(In Distribution，分布内)。然而，部署的模型在实际使用中总是会遇到一些不属于封闭世界类别的数据(Out-of-Distribution，分布外)。模型应当如何去处理这些分布外样本是开放世界领域所关注的问题，具体包括如下几个彼此不同又相互有关联的任务：

(1) 离群检测。离群检测(Outlier Detection，OD)的任务旨在检测出给定数据集中与其他样本显著不同的样本，这种不同既可以来源于协变量偏移(Covariate Shift)①，也可以来源于语义偏移(Semantic Shift)。常用于诸如视频监控、数据清洗等场景。

(2) 异常检测。异常检测(Anomaly Detection，AD)的任务旨在找出测试集中所有偏离"预设的正常样本"的异常样本，这种偏移可能来源于 Covariate Shift 或者 Semantic Shift。需要注意的是，该任务通常假设另一种偏移类型不存在。常用于诸如工业检测、活体检测、伪证识别、视频监控、数据筛选等场景。

(3) 新类检测。新类检测(Novelty Detection，ND)的任务旨在找出测试集中不属于训练集中任何类别的"新类"样本，检测到的"新类"样本通常会为下一步增量学习(Incremental Learning) 提供更多的学习样本，或者作为全新的类型进行探索研究。常用于诸如视频监控、增量学习等场景。

(4) 开集识别。开集识别(Open Set Recognition，OSR)要求多分类器既能对测试集中属于"已知类别"的图片进行准确分类，也能检测出"未知"类别。

(5) 分布外检测。分布外检测(Out-of-Distribution Detection，OOD Detection)的任务旨在找出测试集中不属于训练集中任何类别的"新类"样本，并且在新类识别的基础上，同时完成多分类任务。相比于 OSR，OOD 的训练集可以是单类别或多类别。检测 Semantic Shift 一直是分布外检测任务的主流，常用于自动驾驶等领域。

9. 可解释性机器学习

所有数据驱动的方法都存在着一个弊端，由于算法以黑箱的形式封装了决策原理和过程，这就使得决策者无从了解决策原理，难以验证决策的可靠性和信任决策结果。另一方面，在开放动态环境中，数据不再服从独立同分布假设，这就使得数据驱动的人工智能算法可能在不可预估的情况下失败，所有上述隐患都给安全攸关系统的智能算法应用带来挑战。针对这些挑战，可解释性机器学习、因果推断以及鲁棒性分析都是目前工业界和学术界普遍关注的话题。在具体实践中，鲁棒性分析往往还与分布外样本检测、对抗样本生成等相关。

10. 联邦学习

传统大数据价值实现的一个假设是能够汇聚和整合各个数据源的数据，然后在此基础上进行数据建模，但是在具体实践中，尤其是在数据隐私保护和数据安全保护需求急切的

---

① 假设我们要拟合一个方程 $y=w\cdot x$，对于一个数据对(x，y)，x 是协变量，y 是因变量，w 是自变量，协变量偏移(Covariate Shift)指的是协变量的变化，也称统计偏移，往往源于对抗样本；语义偏移(Semantic Shift)就是因变量的偏移，往往源于新类别的加入。

当下，很多时候各个数据源的数据无法汇聚到一起。针对此情况，联邦学习给出了一个不汇聚各个数据源数据也能通过网络进行分布式协同训练达到数据建模目的的解决方案。因为数据权属问题而导致的数据无法汇聚已经成为一种常态，因此，联邦学习已经成为迎合此挑战的一个基本范式。需要特别指出的是，联邦学习解决的是数据无法汇聚到一起时如何进行协同学习的问题，其原始框架并不能解决个人隐私保护问题(个人隐私保护的一个关键是数据的使用需要获得当事人的认可，而这个关键环节，不是联邦学习能解决的)。

11. 对抗样本

对抗样本(Adversarial Example)是指在原数据集中通过故意添加细微的干扰所形成的输入样本，这类样本会导致训练好的模型以高置信度给出与原样本不同的分类输出。对抗样本的生成在攻击和防御方面均具有重要的理论意义和应用价值，在攻击方面，通过生成对抗样本来提升分类器的鲁棒性，比如为自动驾驶生成对抗性样本来提高目标识别的鲁棒性；在防御方面，对抗样本在隐私保护中也可以起到比较重要的作用，比如对需要公开的图像等资料进行添加扰动的操作，以做出相应的“对抗样本”，可以实现对真实数据的隐藏。

7.3　数据驱动方法进阶

7.3.1　演绎、归纳和溯因

所谓知识，指的是人类在改造世界的实践中所获得的认识和经验的总结归纳，可以在未来指导解决实践问题的观点、经验、程序等信息。在这句关于知识的最朴素的描述中，有三个基本要素：

(1) 情况(Case)：指的是在实践中观测到的数据(前件)。

(2) 规则(Rule)：指的是在实践中的经验总结(知识)。

(3) 结果(Result)：指的是在实践中观测(预测)到的数据(后件)。

演绎、归纳和溯因是逻辑推理的三大模式，也是人们日常生活和工作中发现和利用知识的三种形式，这三大推理模式也是围绕上述三大基本要素展开的。

1. 演绎逻辑

演绎推理指的是根据已经有的规则和情况，推理出结果。

系统的演绎逻辑(Deductive Reasoning)理论是两千多年前的亚里士多德创建的，演绎逻辑是研究演绎法、演绎推理的逻辑。演绎及演绎推理关注的是从一般推出个别，也常被称为必然性推理或保真性推理。

定理证明可以说是演绎推理的典型代表。演绎推理被诟病的一点是演绎的逻辑功能是从给予的陈述中把真理传递到别的陈述上去，而这是它所能办到的全部事情了。换句话说，演绎推理是空虚的，结论不能多于前提中所说的东西，它只是把前提中蕴涵着的某种结论予以说明而已。

2. 归纳逻辑

归纳推理是根据已经观察到的情况和结果，推理出规则。

归纳逻辑(Inductive Reasoning)①是研究归纳法、归纳推理的逻辑，归纳及归纳推理关注的是从个体推出一般，即以一系列经验事物或知识素材为依据，寻找出其服从的基本规律或共同规律，并假设同类事物中的其他事物也服从这些规律，从而将这些规律作为预测同类其他事物基本原理的一种认知方法。

机器学习是归纳逻辑的典型代表，但是归纳逻辑也具有一个致命的不足②，即便给定的经验数据是真实的，也无法保证归纳出的结果(规则)是准确的。

3. 溯因逻辑

溯因推理是根据已有的规则和结果，推理出情况。

溯因逻辑(Abductive Reasoning)是开始于事实的集合，并推导出其最佳解释的推理过程。溯因推理的思想萌芽可追溯到亚里士多德。亚里士多德在《前分析篇》中列举了推理的三种类型：即演绎、归纳以及溯回。哲学家查尔斯·桑德斯·皮尔士把溯因法引入至现代逻辑，他在1900年前主要使用这个术语来表示使用规则来解释观察，比如“如果下雨则草地是湿的”是用来解释草地是湿的这一已知规则。他后来强调溯因法是建立任何新东西的唯一逻辑过程。也就是说，他把科学的过程描述为溯因、演绎和蕴涵的组合，强调只要是关于科学的观念，就都能利用溯因得出，而且这些观念都可以利用演绎来进行验证。

7.3.2　从逻辑驱动到数据驱动

在早期，人工智能多是(演绎)逻辑驱动的，比如基于规则的推理(Rule Based Reasoning，RBR)。在RBR系统中一个规则的结论可以是另一个规则的前提，其求解问题的过程是一个反复从规则数据库中选用合适的规则并执行的过程。因此RBR推理可以转换为规则库的搜索问题。

后来出现的基于案例的推理(Case Based Reasoning，CBR)可以视为是数据驱动和逻辑驱动组合的早期尝试。简而言之，CBR基于这样一个观察事实：人们在解决问题时总是首先试图从以往经验中找到相似的案例，从中得到答案或启发。因此CBR的过程可以看作是一个“4R”的循环过程：

(1) 相似案例检索(Retrieve)：遇到新问题时，将新问题通过案例描述输入CBR系统；系统会检索出与目标案例最匹配的案例。此步骤是一个数据驱动的相似性度量问题。

(2) 案例重用(Reuse)：若有与目标案例情况一致的源案例，则将其解决方案直接提交给用户。此步骤可以视为演绎推理问题。

(3) 案例的修改和调整(Revise)：若没有相似案例，则根据目标案例的情况对相似案例的解决方案进行调整和修改，若用户满意则将新的解决方案提交给用户，若不满意则需要继续对解决方案进行调整和修改。此步骤可以视为学习、规划或者决策问题，需要人的参与。

---

① 古典归纳逻辑是由迟于亚里士多德近两千年的弗兰西斯·培根创立的，从19世纪末到21世纪初的百余年中，归纳逻辑经历了古典归纳逻辑阶段(17世纪20年代到19世纪中叶)、过渡阶段(19世纪中叶到20世纪20年代)、现代归纳逻辑阶段(20世纪20年代至今)，并获得了长足的发展。

② 休谟(David Hume)在《人性论》中提出的休谟问题也是针对归纳逻辑展开的思辨，以过去的经验为基础推断将来要经历的任何东西并没有逻辑上的依据。因此，从对特殊事例的归纳到普遍的规律，在思想上就需要一种非逻辑的跳跃，其结果可能是由真的事例导出假的命题。

(4) 案例学习(Retain)：对用户满意的解决方案进行评价和学习，并将其保存到案例库中。此步骤可以视为规则库维护问题。

再后来，当人工智能的研究进入到机器学习时代后，数据驱动的方法层出不穷，特别是在算力持续发展的基础上，数据驱动越来越展现出其优越性，已然成为最主要的人工智能方法。

数据驱动的方法也有其不可回避的一些缺陷，比如模型对高质量训练集依赖太大，模型可解释性太差，模型鲁棒性难以得到保障，等等。针对这些问题，有研究者提出将数据驱动学习问题的研究和逻辑推理结合在一起。

事实上，数据驱动的学习和逻辑驱动的推理一直是人工智能中的核心研究内容，在人工智能研究的历史中，两者基本是独立发展起来的(1956—1990 年是逻辑推理+知识工程作为人工智能主流的发展时期；1990 年后是机器学习作为人工智能主流的发展时期)。两者的结合需要将人工智能中逻辑推理、知识表示、机器学习等多个领域打通。2021 年 10 月 25 至 27 日首届国际学习与推理联合大会①在线上举行，进一步代表了国际上推理与学习相融合方面的重大趋势。

7.3.3　数据驱动 + 逻辑驱动

如前所述，逻辑推理容易利用规则知识，数据驱动的机器学习容易利用数据。从人类决策来看，通常需要结合知识和数据以解决问题。研究一个能够融合机器学习和逻辑推理并使其协同工作的统一框架，被视为人工智能界的圣杯挑战。

1. 机器学习和逻辑推理融合的常见技术

目前流行的逻辑推理技术通常基于一阶逻辑表示，而机器学习一般基于特征表示。两者几乎是基于完全不同的表示方式，难以相互转化，这使得两者的结合极为困难。为了融合机器学习和逻辑推理，很多研究者通常采用扩展其中一种技术来适应另一种技术的方法，比如：

1) *概率逻辑程序*

人们对概率逻辑程序(Probabilistic Logic Programming，PLP)的研究始于 20 世纪 90 年代初，目的在于将逻辑和概率两种方法结合，即结合前者表达实体间复杂关系的能力和后者对属性和实体上不确定性进行建模的能力。逻辑程序是一种基于逻辑的图灵完备语言，因而可作为结合逻辑和概率方法的一个候选工具。

自 PLP 诞生伊始，该领域的研究热度一直在稳步增长。研究人员提出了多种用于推理和学习的语言和算法。这些语言大致可分为两类：

(1) 使用分布语义定义的语言。在分布语义下，一个概率逻辑程序定义为一个正规逻辑程序上的概率分布。根据查询和程序的联合概率分布，可计算出查询的概率。这类语

---

① 该会议由四个有十年甚至三十年历史的会议联合形成：第 30 届国际归纳逻辑程序设计大会(ILP2021)、第 15 届国际神经符号学习与推理研讨会(NeSy2021)、第 10 届国际统计关系人工智能研讨会(StarAI 20-21)、第 10 届国际归纳程序方法及应用研讨会(AAIP2021)。这意味着国际人工智能领域关于“学习 + 推理”的几个研究社区终于整合到了一起，携手探索“学习 + 推理”的未来。

言的代表有概率逻辑程序、概率 Horn 溯因推理、独立选择逻辑程序、带标注析取的逻辑程序等。

(2) 使用知识库模型构造方法进行定义的语言。在知识库模型构造语言中，一个程序被视为一个用于生成基图模型的模板，可以是贝叶斯网、马尔可夫网等。这类语言的代表有关系贝叶斯网、CLP、贝叶斯逻辑程序和 Prolog 因式语言等。

总体而言，PLP 尝试扩展一阶逻辑以引入概率推理，这种做法重推理、轻学习，开头引进了一点机器学习的成分，之后几乎完全依赖逻辑推理解决问题。

2) 统计关系学习

(1) 统计关系学习。统计关系学习(Statistic Relational Learning，SRL)是集逻辑表示、似然推理、机器学习于一体，用于获取复杂数据中的似然模型，其中：

① “统计”指应用统计学习和推理技术及给予概率论的概率表示和推理机制，如贝叶斯、(隐)马尔可夫模型、随机文法、马尔卡夫网络等。

② “关系”指一阶逻辑表示，使用该方法的好处是能够很好地表示包括多个对象关系在内的复杂情况。

③ “学习”指的是在数据基础上得到概率关系模型。

(2) 统计关系学习方法。统计关系学习方法由似然关系模型和学习算法组成。

① 似然关系模型是关系的似然表示形式，通过将不同的概率表示和推理机制，如贝叶斯、(隐)马尔可夫模型、随机文法、马尔卡夫网络等，与关系、一阶逻辑表示相结合。

② 学习指的是基于数据来调整似然关系模型的过程，包括参数估计和结构学习两个任务。参数估计是在模型结构已知的前提下对参数进行估计；结构学习指的是模型和参数皆未知的情况下，通过学习得到，比如基于贝叶斯网络的 SRL 方法、基于(隐)马尔可夫模型的 SRL 方法、基于随机文法的 SRL 方法、基于马尔卡夫网络的 SRL 方法等。

总体而言，统计关系学习是基于领域知识构建初始化概率模型，然后利用数据来调整似然关系模型。这种方法重学习、轻推理，开头引进了一点逻辑推理的成分，之后几乎完全依赖机器学习解决问题。

2. 反译学习

上述这两类算法在学习和推理的方面总是“一头重、一头轻”，即总有一端的能力没有完全发挥出来。南京大学周志华教授在 2021 年首届国际学习与推理联合大会做的特邀报告“Leveraging Unlabeled Data: From‘pure learning’to‘learning + reasoning’”中提出反译学习。反译学习(基于溯因逻辑)是围绕弱监督学习问题展开了“学习+推理”的研究，并对二者进行了很好的平衡，其基本思路是：

(1) 根据领域专家经验构建知识库 KB。

(2) 给定一个初始分类器 M[①]。

(3) 将所有数据输送给 M，初始分类器猜测一个结果(标签)，得到结果之后就把它转化

① 初始分类器可以是预训练好的深度模型或者迁移学习模型，可以很简单，例如基于聚类或最近邻分类的预处理；其基本作用是让整个过程启动起来。在领域知识丰富可靠时，通过知识的利用可以使整个过程并不依赖于初始分类器的强度。

成一个知识推理系统能够接受的符号表示。

(4) 根据 KB 里的知识来发现有没有什么东西是不一致的。如果有不一致，能不能找到某一个东西，一旦修改之后它就能变成一致？或者修改之后使得不一致程度大幅度降低？

(5) 修改过的标签和原来的数据一起来训练一个新分类器用以代替掉旧的分类器 M。

(6) 上述(2)～(5)步骤可以不断迭代，直到分类器不发生变化，或者我们得到的伪事实和知识库完全一致则停止。

上述过程中，第(4)步就是在进行溯因推理，即根据已有的 Rule 和 Result 来推断 Case，通过一致性判断达到对 Rule 是否准确的认知，进而修正 Result 来达到一致性。在整个训练过程中，机器学习和逻辑推理互相依赖，循环往复处理，直到分类器与知识库一致(此时相当于分类器已经“学到”了知识库中的内容)或者分类器连续数轮不再提升。

总体而言，虽然反译学习的初衷是为了进行弱监督学习，但这种“学习 + 逻辑”的思路也可以推广到其他场合。

3. 先验知识

“学习+推理”的一个重要动机是在基于数据驱动的学习过程中能够结合知识，在具体的实践过程中，先验知识的引入也能够大幅提高训练模型的合理性，常见的做法有三类(不限于)：

1) 在模型的输入端增加先验

如图 7-3 所示，原始数据经过表示学习提取特征后送到分类器进行训练，目前端到端的表示学习(比如深度神经网络方法)能够自动学习到一些区分度好的特征，但往往拟合到的特征并非任务相关的特征。比如训练一个模型用于判断一张图片中的人脸是否涂抹口红。显然，在不增加额外约束的情况下，很难保证表示学习能学到口红这个特征。此时先验的植入思路可以是这样，从原始数据中提取出人嘴巴位置的信息，然后和表示学习提取的信息一起交给模型进行训练，这种做法相当于对嘴巴位置的数据给予了更大的权重，借此实现在输入端植入先验。

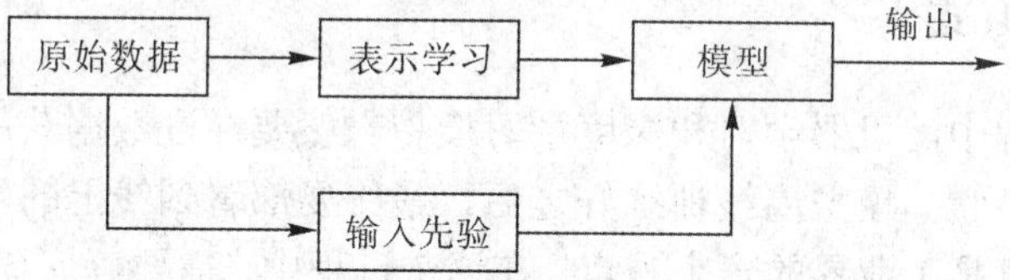

图 7-3　输入端增加先验示例

2) 在模型的输出端增加先验约束判断(推理机)

如图 7-4 所示，原始数据经过表示学习提取特征后送到分类器进行训练。我们可以在模型输出端增加一个推理机用作先验约束判断，如果推理机的推理结果为假，就表明此输出不合法，将此信号反馈给模型继续进行训练。其实这种做法类似于上文提及的反译学习，但是反译学习是通过溯因推理找出不一致的“伪标签”，通过修改“伪标签”实现数据驱动和知识驱动的融合。当下的做法是将不合法的信息作为损失反馈到模型训练中，思路还是有本质差异的。

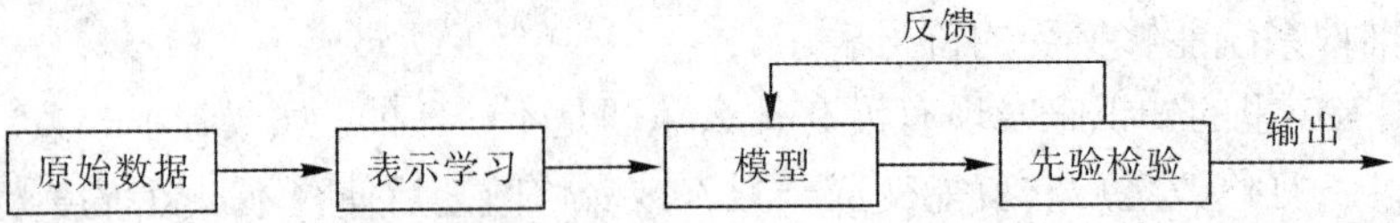

图 7-4 输出端增加先验示例

3) 使用新的模型以体现先验的引入

如图 7-5 所示，针对特定的学习任务，可以通过引入辅助学习的机制来进行先验的引入，具体做法是：原始数据经过表示学习提取特征后送到主分类器和辅助分类器中进行训练，其中辅助分类器的损失叠加到主分类器中的损失中，并反馈给主分类器中进行训练，这就使得辅助分类器的分类结果对主分类器的分类有了约束。当任务场景可以建模为若干彼此有约束的输出分类时，可以通过在分类器层引入此种辅助学习机制以实现先验知识(约束)的植入。

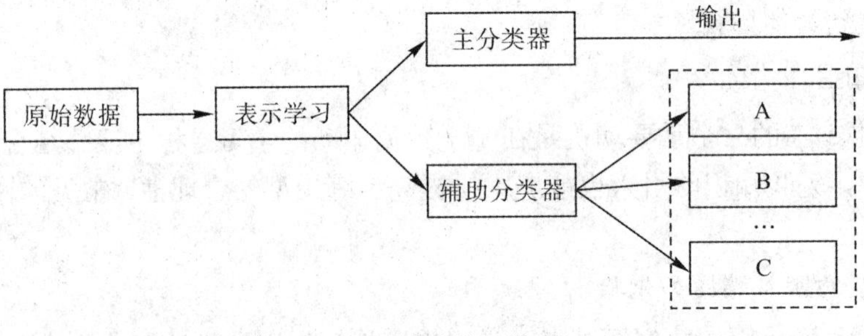

图 7-5 辅助学习模型

需要说明的是，由于先验知识与具体的应用领域有着密切关系，因此，目前关于先验知识的结合大多是一事一议型，尚无统一的解决方案。

7.4 模型部署与更新

7.4.1 模型部署方式

在离线训练过程中，机器学习和深度学习模型一般要经过数据获取、数据清洗、模型训练、模型评估等步骤。模型离线训练好之后，最终要部署到线上的生产环境。如何进行模型部署与更新一直是工业界的一个难点。在这个过程中，需要确保模型集成和现有 IT 架构顺利融合，这是一个非常复杂的工程问题。

针对模型部署，现有比较主流的方法包括自研平台、PMML、TensorFlow Serving 等原生 Serving 平台以及使用 Web 服务的几种方法。

1. 自研平台

由于 TensorFlow 等平台为了通用性，需支持大量冗余的功能，导致平台过重，因此很多大中型公司会选择自研机器学习训练与上线平台，优势是可以根据公司业务和需求进行定制化的实现，并兼顾模型 Serving 的效率。但自研平台迭代周期过长，往往只在大公司采用。

2. PMML

预测模型标记语言(Predictive Model Markup Language，PMML)是一种通用的以XML格式表示不同模型结构参数的模型表示语言，是目前表示机器学习模型的实际标准。在模型上线的过程中，PMML经常作为中间媒介连接离线训练平台和线上预测平台。

图7-6以Spark MLlib模型的训练和上线过程为例，解释PMML在整个机器学习模型及上线流程中扮演的角色。

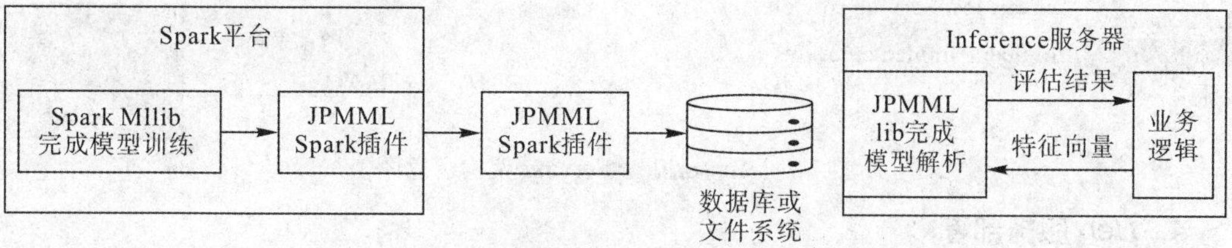

图7-6　Spark模型利用PMML的上线过程示意图

使用JPMML作为序列化和解析PMML文件的Library。JPMML项目分为Spark和Java Server两部分。Spark部分的Library完成Spark MLlib模型的序列化，生成PMML模型文件并保存到线上服务器能够触达的数据库或文件系统中；Java Server部分则完成PMML模型的解析，并生成预估模型，完成和业务逻辑的整合。

对于实时、大数据量的预测应用，采用SOA将训练好的模型转换成PMML，然后把模型封装成一个类，用Java调用这个类来预测。这种方式的好处是SOA不依赖于任何环境，JPMML在Java Server部分只进行推断，不用考虑模型训练、分布式部署等一系列问题，任何计算和开销都是在Java内部消耗，所以这种工程级别应用速度很快、很稳定。用这种方法同样需要提供两个东西，模型文件和预测主类。

3. TensorFlow Serving

TensorFlow Serving是TensorFlow推出的原生模型Serving服务器，是一个用于机器学习模型Serving的高性能开源库，它可以将训练好的机器学习模型部署到线上，使用gRPC作为接口接受外部调用。TensorFlow Serving支持模型热更新与自动模型版本管理，具有很好的灵活性。本质上来说，TensorFlow Serving的工作流程和PMML类的工作流程是一致的。不同之处在于TensorFlow定义了自己的模型序列化标准。利用TensorFlow自带的模型序列化函数可将训练好的模型参数和结构保存至相应的文件路径。

图7-7为TensorFlow Serving架构示意图[①]。客户端会不断给Manager发送请求，Manager会根据版本管理策略管理模型更新，并将最新的模型计算结果返回给Client端。

使用TensorFlow Serving部署模型最普遍也是最便捷的Serving方式是使用Docker建立模型Serving API。首先导出模型，将训练好的Tensorflow或者Keras模型进行导出，定义模型计算图，导入训练好的Ckpt文件，指定输入输出，创建Builder导出模型；然后使用Docker拉取TensorFlow Serving镜像，启动模型Serving API。TensorFlow Serving启动后，可以使用客户端并采用 gRPC 协议进行请求以及接收结果。注意：使用TensorFlow Serving部署模型时，需要提前把图像、文本或者其他数据进行预处理，转换成张量才能输入到模型中。

① 来源于官方文档，本书重新编辑。

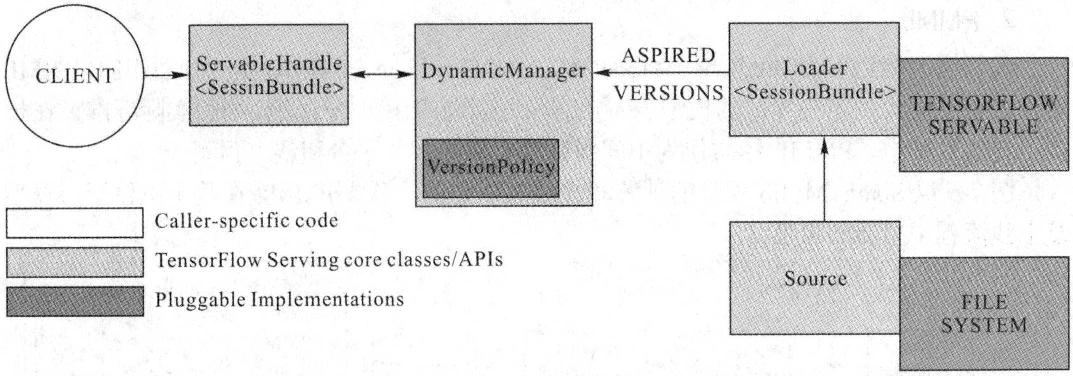

图 7-7　TensorFlow Serving 架构示意图

4. Web 服务部署

对于实时、小数据量的预测应用，可以采用一种简单易实现的方法，即直接使用一种 Web 服务来部署模型。基于 Python 框架的 Web 服务中常用的框架包括 Django、Flask 以及 Tornado。

Django 是用 Python 开发的免费开源的 Web 框架，本质上是一个服务端的 Socket 连接，但是功能极其强大，并且封装后的功能简单易操作，可以用于快速搭建高性能、优质的网站。

Flask 是一种基于 Python，并且依赖于 Jinja2 模板引擎(提供网页解析)和 Werkzeug WSGI 服务(PythonWeb 应用与 Web 服务之间的接口)的一种微型框架。和 Django 不同，Flask 轻巧、简洁，通过定制第三方扩展来实现具体功能。其高度的灵活性，是 Flask 受到广大开发者喜爱的原因。

Tornado 是 FriendFeed 开发的可扩展的非阻塞式 Web 框架和异步网络库。Tornado 和现在的主流 Web 服务器框架(包括大多数基于 Python 的框架)有着明显的区别，它是非阻塞式服务器，而且速度相当快。通过使用非阻塞网络 I/O，Tornado 可以扩展出成千上万的开放连接，使其非常适合长时间 Polling、Socket 和其他需要与每个用户建立长期连接的应用程序。

对于高并发应用场景，一般采用 Gunicorn Server 代替原始的 HTTP 请求。Gunicorn 是一个被广泛使用的高性能 Python WSGI UNIX HTTP 服务器，移植自 Ruby 的 Unicorn 项目。其使用 Pre-fork Worker 模式，具有使用简单、资源消耗轻量以及高性能等特点。

采用 Sklearn + Flask + Gunicorn 部署机器学习模型的流程是首先将 Sklearn 中训练好的机器学习模型，通过 Flask 框架搭建一个 Web 服务；然后使用 Gunicorn 来部署启动；最后使用 Java 在线上通过 HTTP 调用挂载好的服务即可。

7.4.2　模型更新方式

与“特征”的实时性相比，机器学习系统模型的实时性往往是从更全局的角度考虑问题。模型的实时性是希望更快地抓住全局层面的新数据模式，发现新的趋势和相关性。要发现这类全局性的数据变化，就需要更快地更新模型。而影响模型实时性最重要的因素就是模型的训练方式，如图 7-8 所示。

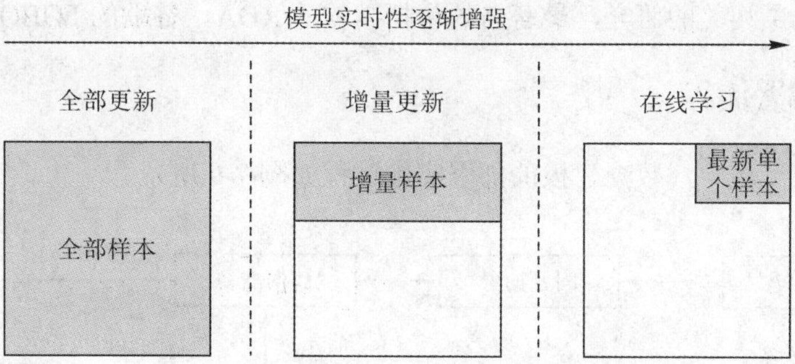

图 7-8　模型的实时性与训练方式

1. 定时全量更新

定时全量更新是模型训练最常用的方式。模型会利用某时间段内的所有训练样本进行重新训练，再用训练好的新模型替代过时的模型。但全量更新训练需要的样本量大，因此所需训练时间较长；全量更新往往在离线的大数据平台上进行，如 Spark+ Tensorflow，因此数据的延迟也较长，这都导致了全量更新是“实时性”最差的模型更新方式。事实上，对于已经训练好的模型，仅对新加入的增量样本进行学习就可以了，这就是所谓的增量更新。

2. 增量更新

增量更新是仅将新加入的样本喂入模型进行增量学习。从技术上来说，深度学习模型往往采用随机梯度下降(SGD)以及其变种进行学习，模型对增量样本的学习相当于在原有样本的基础上继续利用增量样本进行梯度下降。因此在深度学习模型的基础上，由全量更新改为增量更新的难度并不大。

由于仅利用增量样本进行学习，因此模型在多个 Epoch 之后收敛到的仅是新样本的最优点，而很难收敛到原所有样本加上增量样本的全局最优点。因此在实际的深度学习系统中，往往采用增量更新与全局更新相结合的方式。几轮增量更新后，应该在业务量较小的时间窗口进行全局更新，来纠正模型在增量更新过程后中积累的误差，实现在“实时性”和“全局最优”中间的平衡。

3. 在线学习

在线学习是增量更新的进一步改进。增量更新是在获得一批新样本时进行更新模型，而在线学习是在每次获得一个新样本的时候就实时更新模型。在线学习在技术上也可以通过 SGD 类的方式实现。但如果使用一般的 SGD 方法，在线学习会导致模型的稀疏性很差的问题。

关注模型的“稀疏性”某种意义上也是工程上的考虑，比如在一个输入向量达到几百万维的模型中，如果模型的稀疏性好，就可以在模型效果不受影响的前提下，仅让极小一部分维度的输入向量的对应权重非零，也就是说在模型上线的时候，模型的体积是很小的，这无疑有利于整个模型 Serving 的过程。无论是存储模型所需的内存空间，以及线上推断的速度都会因为模型的稀疏性受益。

如果使用 SGD 的方式进行模型更新，相比 Batch 的方式，容易产生大量小权重的特征，这就增大了模型部署和更新的难度。因此，为了在在线学习过程中兼顾训练效果和模型稀疏性，涌现了大量相关的研究，最著名的包括微软的 RDA，谷歌的 FOBOS 和 FTRL 等。

7.4.3 模型部署流程

在具体实施过程中，数据建模的部署实施过程如图 7-9 所示。

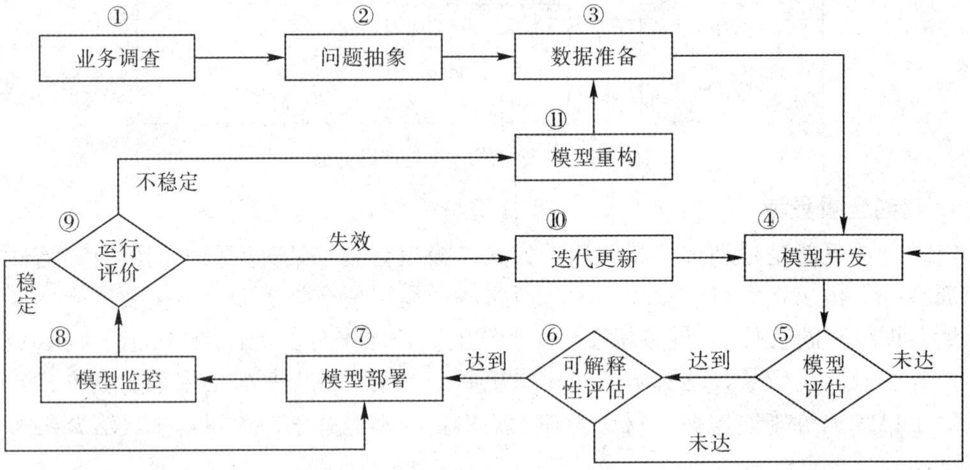

图 7-9 数据建模部署实施流程

由图 7-9 可见，一个完整的数据建模部署实施流程包含如下几个主要的步骤：

(1) 针对业务进行调查(第①步)，进行问题抽象(第②步)，进行数据准备(第③步)，进行模型开发(第④步)。

(2) 开发的模型需要经过模型评估(第⑤步)。如果评估结果表明该模型已经达到预先设定的指标要求，则继续进行模型可解释性评估(第⑥步)，否则继续进行模型开发。

(3) 如果模型可解释性评估达到要求，则进行模型部署(第⑦步)，否则继续进行模型开发。

(4) 模型部署后需要进行模型监控(第⑧步)。如果运行评价(第⑨步)为稳定，则继续进行模型部署；如果运行评价(第⑨步)表明模型已经失效，则需要将模型进行迭代更新(第⑩步)，然后继续进行模型开发；如果运行评价(第⑨步)结果表明模型不稳定，则需要进行模型重构(第⑪步)，重新准备数据进行模型开发。

7.5 知识图谱

7.5.1 概述

1. 知识图谱的概念

知识图谱(Knowledge Graph，KG)用于以符号形式描述物理世界中的实体(概念)及其相互关系，其基本组成单位是“实体-关系-实体”三元组以及实体及其相关属性-值对。实体间通过关系相互连接，构成网状的知识结构。具体而言：

(1) 每个实体或概念用一个全局唯一确定的 ID 来标识，称为标识符。

(2) 每个属性(值对)用来刻画实体的内在特性，而关系用来连接两个实体，刻画它们之间的关联。

2. 早期知识图谱的作用

最早知识图谱是谷歌及其提供服务所使用的知识库，目的是通过从各种来源收集信息以增强其搜索结果的展示。和之前的搜索结果相比，知识图谱在以下三个方面大幅度提高了 Google 搜索的最终效果。

(1) 找到正确的结果。由于一个关键词可能代表多重含义，所以知识图谱会将最全面的信息展现出来，让用户搜索到所想要含义的关键词的结果。

(2) 最好的总结。例如，当搜“玛丽·居里”时，不仅可以获得这个关键词的所有相关内容，还能获得居里夫人的详细生平介绍。

(3) 更深、更广，发现新知识。例如，当你搜索一个即将去旅行的地方时，你可能会发现有一本小说就叫这个名字，并且已经改编成了同名电影。

3. 知识图谱的延伸用途

随着技术的发展和应用的不断拓展，知识图谱的作用已经从最初的用于改善搜索效果延伸到了许多其他方面。

(1) Web 视角：像建立文本之间的超链接一样，建立数据之间的语义链接，并支持语义搜索。

(2) 自然语言处理视角：从文本中抽取语义和结构化数据。

(3) 知识推理视角：利用计算机符号来表示和处理知识。

(4) 人工智能视角：利用知识库来辅助理解人的语言。

(5) 数据库视角：用图的方式去存储知识。

4. 知识图谱的逻辑划分

在大数据时代，知识图谱的意义在于：作为一种语义网络，是大数据时代知识表示的重要方式之一；作为一种技术体系，是大数据时代知识工程的代表性进展。知识图谱逻辑上划分为数据层和模式层。

(1) 在知识图谱的数据层，知识以事实为单位存储在图数据库，图数据中有“实体-关系-实体”或者“实体-属性-属性值”两种三元组，存储在图数据中的所有数据将构成庞大的实体关系网络，形成知识“图谱”。例如，谷歌的 GraphD 和微软的 Trinity 都是典型的图数据库。

(2) 模式层在数据层之上，是知识图谱的核心。在模式层存储的是经过提炼的知识，通常采用本体库来管理知识图谱的模式层，借助本体库对公理、规则和约束条件的支持能力来规范实体、关系以及实体的类型和属性等对象之间的联系。本体库在知识图谱中的地位相当于知识库的模具，可以减少知识库的冗余知识。

5. 知识图谱的分类

从知识图谱的适用面来看，知识图谱可以分为通用知识图谱和行业知识图谱两类。

(1) 通用知识图谱：强调知识的广度。例如，Google 提出的知识图谱是面向全领域的通用知识图谱，适用于面向互联网的搜索、推荐、问答等业务场景。由于通用知识图谱追求的是知识的“广”度，因此更加强调“实体”，很难实现完整的、全局性的本体层的统一管理。除了 Google 致力做的通用知识图谱而外，很多产品也是围绕这个目标进行的，比如语言学类的 WordNet、MIT-ConceptNET、汉语开放词网等，百科类的 DBpedia、CN-Dbpedia、PKU-PIE 知识库、Zhishi.me 等。

(2) 行业知识图谱：指的是面向特点领域的知识图谱。由于目标对象包含行业内各种级别的人员、不同人员对应的操作和不同的业务场景等各种因素，所以需要一定的深度和完备性。相对于通用知识图谱而言，在具体的行业领域，一般都拥有严格与丰富的数据模式，这就使得行业知识图谱的实体通常属性较多，且具有严格的行业应用意义。由于行业的技术发展快或者应用场景更新快，因此数据模式无法预先确定，这是行业知识图谱在具体应用中的一个难题(体现在构架上)。行业知识图谱对准确度要求非常高，通常用于辅助各种复杂的分析应用或决策。例如，美国情报分析 Palantier 就是典型利用行业知识图谱进行情报研判的产品。

在实际应用中，往往是用通用知识图谱的广度结合行业知识图谱的深度，通过相互补充，形成更加完善的知识图谱。另一方面，通用知识图谱中的知识可以作为行业知识图谱构建的基础，而构建的行业知识图谱也可以融合到通用知识图谱中，从而达到更好的应用效果。

7.5.2 构建技术

知识图谱的构建就是从原始数据出发，采用一系列自动或半自动的技术手段，从原始数据中提取出知识要素，并将其存入知识库的数据层和模式层的过程。

知识图谱的构建有自顶向下和自底向上两种方法。前者专注于从百科类网站等高质量数据源中提取本体和模式信息，加入知识库中；后者是从公开采集的数据中提取出资源模式，选择其中置信度较高的新模式(经人工审核后)加入知识库中。在知识图谱技术发展初期，多数参与企业和科研机构都是采用自顶向下的方式构建基础知识库的。例如，Freebase 项目就采用维基百科作为主要数据来源。随着自动知识抽取与加工技术的不断成熟，目前的知识图谱大多采用自底向上的方式构建，其中最具影响力包括谷歌的 Knowledge Vault 和微软的 Satori 知识库，二者都以公开采集的海量网页数据为数据源，通过自动抽取资源的方式来构建、丰富和完善现有的知识库。

采用自底向上的方式构建知识图谱的过程是一个迭代更新的过程，每一轮更新包括信息抽取、知识融合、知识加工三个步骤。

1. 信息抽取

信息抽取(Information Extraction)是一种自动化地从半结构化和无结构数据中抽取实体、关系以及实体属性等结构化信息的技术，涉及的关键技术包括实体抽取、关系抽取和属性抽取。

1) 实体抽取

实体抽取也称为命名实体识别(Named Entity Recognition，NER)，指的是从文本数据集中自动识别出命名实体。实体抽取的质量(准确率和召回率)对后续的知识获取效率和质量影响极大，因此是信息抽取中最为基础和关键的部分。NER的早期研究一般是基于词典和规则的方法，再后来基于统计机器学习的方法比较流行，近年来随着深度学习研究热潮的兴起，很多NER的研究都是基于深度学习展开的。

2) 关系抽取

文本语料经过实体抽取，得到的是一系列离散的命名实体。为了得到语义信息，还需要从相关语料中提取出实体之间的关联关系，通过关系将实体(概念)联系起来，才能够形成网状的知识结构。

针对关系抽取的研究，早期多是基于监督学习的，如基于核函数的方法、基于逻辑回归的方法、基于句法解析增强的方法和基于条件随机场的方法。近年来，基于深度学习的方法在关系抽取中的使用越来越多。由于基于监督学习需要大量专家标注的训练样本并且标记样本十分昂贵，因此研究重点逐渐转向半监督、无监督和自监督的学习方式。所有这些研究的基础是预定义实体的关系类型，如雇佣关系、整体部分关系、购买关系以及位置关系等。然而在实际应用中，要想定义出一个完美的实体关系分类系统是十分困难的，这也成为工业界和学术界的关注热点。

3) 属性抽取

属性抽取的目标是从不同信息源中采集特定实体的属性信息。由于可以将实体的属性视为实体与属性值之间的一种名词性关系，因此也可以将属性抽取问题视为关系抽取问题。

百科类网站提供的半结构化数据是当前实体属性抽取研究的主要数据来源，虽然如此，但这只是人类知识的冰山一角，还有大量的实体属性数据隐藏在非结构化的公开数据中。如何从海量非结构化数据中抽取实体属性是值得关注的理论研究问题。一种解决方案是基于百科类网站的半结构化数据，通过自动抽取生成训练语料，用于训练实体属性标注模型，然后将其应用于对非结构化数据的实体属性抽取；另一种方案是采用数据挖掘的方法直接从文本中挖掘实体属性和属性值在文本中的定位，这种方法的基本假设是属性名和属性值之间有位置上的关联关系。事实上，在真实语言环境中，许多实体属性值附近都存在一些用于限制和界定该属性值含义的关键词(属性名)，在自然语言处理技术中将这类属性称为有名属性，因此可以利用这些关键字来定位有名属性的属性值。

2. 知识融合

通过信息抽取，实现了从非结构化和半结构化数据中获取实体、关系以及实体属性信息的目标。然而，这些结果中可能包含大量的冗余和错误信息，数据之间的关系也是扁平化的，缺乏层次性和逻辑性，因此有必要对其进行清理和整合。通过知识融合，可以消除概念的歧义，剔除冗余和错误概念，从而确保知识的质量。知识融合包含实体链接和知识合并。

1) 实体链接

实体链接(Entity Linking)是将从文本中抽取到的实体对象链接到知识库中对应的正确实体对象的操作，其基本思想是：首先根据给定的实体指称项，从知识库中选出一组候选实体对象，然后通过相似度计算将指称项链接到正确的实体对象。

早期的实体链接研究仅关注如何将从文本中抽取到的实体链接到知识库中，忽视了位于同一文档的实体间存在的语义联系，近年来学术界开始关注利用实体的共现关系，同时将多个实体链接到知识库中，这也被称为集成实体链接(Collective Entity Linking)。

实体链接一般有三个步骤：第一，从文本中通过实体抽取得到实体指称项；第二，进行实体消歧(Entity Disambiguation)和共指消解(Entity Resolution)，前者用于解决同名实体产生歧义的问题，后者用于解决多个指称项对应于同一实体对象的问题；第三，在确认知识库中对应的正确实体对象之后，将该实体指称项链接到知识库中的对应实体上。

2) 知识合并

知识合并指的是在构建知识图谱时，可以从第三方知识库产品或已有结构化数据中获取知识输入，包括合并外部知识库和合并关系数据库。

(1) 合并外部知识库。将外部知识库融合到本地知识库需要处理两个层面的问题：一是数据层的融合，包括实体的指称、属性、关系以及所属类别等，主要的问题是如何避免实例以及关系的冲突造成的冗余；二是通过模式层的融合，将新得到的本体融入已有的本体库中。

(2) 合并关系数据库。在知识图谱构建过程中，一个重要的高质量知识来源是企业或者机构自己的关系数据库。为了将这些结构化的历史数据融入知识图谱中，可以采用资源描述框架(RDF)作为数据模型。业界和学术界将这一数据转换过程形象地称为 RDB2RDF，其实质就是将关系型数据库的数据转换成 RDF 的三元组数据。

3. 知识加工

通过信息抽取和知识融合这两个步骤就能从数据中得到基本的事实表达和新知识，但这些新知识需要经过知识加工，才能保证知识库的质量。总体而言，知识加工包括本体构建、知识推理和质量评估三个基本步骤。

1) 本体构建

本体(Ontology)构建是以形式化方式对概念及其之间的联系给出明确定义，从而对概念进行建模。本体构建是同一领域内不同主体之间进行交流的语义基础。本体可以采用人工编辑的方式手动构建，也可以采用计算机辅助，以数据驱动的方式自动构建，然后采用算法评估和人工审核相结合的方式加以修正和确认。

2) 知识推理

知识推理指的是从知识库中已有的实体关系数据出发，经过计算机推理，建立实体间的新关联，从而拓展和丰富知识网络。知识推理是知识图谱构建的重要手段和关键环节。知识推理的方法可以分为两类：基于逻辑的推理和基于图的推理。前者包括一阶谓词逻辑、描述逻辑以及基于规则的推理，后者包括神经网络模型、Path Ranking 算法等。

3) 质量评估

受限于现有技术水平，采用开放域信息抽取技术得到的知识元素有可能存在错误(如实体识别错误、关系抽取错误等)，经过知识推理得到的知识质量同样也是没有保障的。因此在将其加入知识库之前，需要有一个质量评估的过程。另外，随着开放关联数据项目的推进，各子项目所产生的知识库产品间的质量差异也在增大，数据间的冲突日益增多，如何对其质量进行评估，对于全局知识图谱的构建起着重要的作用。因此，在知识图谱构建过程中引入质量评估有着十分重要的意义：可以对知识的可信度进行量化，通过舍弃置信度较低的知识，从而保障知识库的质量。

特别值得注意的是，人类所拥有的信息和知识量都是时间的单调递增函数，因此知识图谱的内容也需要与时俱进，其构建过程是一个不断迭代更新的过程。从逻辑上看，知识库的更新包括概念层的更新和数据层的更新。

(1) 概念层的更新是指新增数据后获得了新的概念，需要自动将新的概念添加到知识库的概念层中。

(2) 数据层的更新主要是新增或更新实体、关系和属性值。对数据层进行更新需要考虑数据源的可靠性、数据的一致性(是否存在矛盾或冗余等问题)等多方面因素。

当前流行的方法是选择百科类网站等可靠数据源，并选择在各数据源中出现频率高的事实和属性加入知识库。知识的更新可以采用众包的模式，而对于概念层的更新，则需要借助专业团队进行人工审核。

7.5.3　开源工具

以下介绍若干知识图谱开源工具。

1. Protégé

Protégé 是斯坦福大学医学院生物信息研究中心基于 Java 语言开发的本体编辑和知识获取软件，或者说是本体开发工具，也是基于知识的编辑器，属于开放源代码软件。这个软件主要用于语义网中本体的构建，是语义网中本体构建的核心开发工具。该软件提供了本体概念类、关系、属性和实例的构建，并且屏蔽了具体的本体描述语言，用户只需在概念层次上进行领域本体模型的构建。

2. DeepDive

DeepDive 是一类新型的数据管理系统，让人们能够解决数据抽取、整合和预测问题，最终建立一个复杂的端到端的数据通道，比如非结构化数据 BI 系统。之前的一些系统要求开发者完成抽取、整合和其他模块，而忽视了如何提升数据产品的质量，DeepDive 可以通过帮助用户建立自己的端到端系统，让用户专注于提升应用质量的那部分工作，它的关键点是如何在更短的时间内提供更高质量的数据。

基于 DeepDive 的系统可以被没有机器学习经验的用户使用，包括古生物学、基因学等方面的研究人员。DeepDive 使用机器学习算法训练的系统来减少各种形式的噪声和不确定性。它通过 Mindtagger 接口，基于规则、丰富的结构化领域知识让用户能够在较低的反馈下完成系统训练的工作。它的一个关键技术创新是解决了大范围的概率统计推断问题。

3. OpenKG

OpenKG 是中国中文信息学会语言与知识计算专业委员会于 2015 年发起和倡导的开放知识图谱社区联盟项目，旨在推动以中文为基础的知识图谱数据的开放、互联与众包，以及知识图谱算法、工具和平台的开源开放工作。目前，OpenKG 已经聚集齐了国内最主要的百科知识图谱，并在这些百科知识库的基础之上逐步延伸到其他垂直领域，如金融、医疗、电商、气象等。

4. ConceptNet

ConceptNet 是常识知识库，最早源于 MIT 媒体实验室的 OMCS(Open Mind Common

Sense)项目。OMCS 项目是由著名人工智能专家 Marvin Minsky 于 1999 年建议创立的。ConceptNet 主要依靠互联网众包、专家创建和游戏三种方法来构建。新版本导入大量开放的结构化数据，如 DBPedia、Wikinary、Wordnet 等。ConceptNet 知识库以三元组形式的关系型知识构成。ConceptNet5 版本已经包含 2800 万关系描述。ConceptNet 采用了非形式化、更加接近自然语言的描述，而不是形式化的谓词逻辑。与链接数据和谷歌知识图谱相比，ConceptNet 比较侧重于词与词之间的关系。此外，ConceptNet 完全免费开放，并支持多种语言。

5. 思知

思知(OwnThink)开放了对话机器人、知识图谱、语义理解和自然语言处理工具。知识图谱融合了两千五百多万实体，拥有亿级别的实体属性关系，机器人采用了基于知识图谱的语义感知与理解，致力于最强认知大脑。自然语言处理工具包的功能有中文分词、词性标注、命名实体识别、关键词提取、文本摘要、新词发现、情感分析等。其提供开放的 API 接口，可以定制个性化的应用场景，包括自主创建机器人、知识库、知识图谱等。

7.5.4　应用场景

知识图谱通过对实体、概念及关系的梳理，以图的方式表示知识，然后针对具体的应用领域，通过推理实现知识的应用。因此，知识图谱尤其适合在知识表示的基础上进行知识搜索、推理的场景，而数据场景、消费场景显然就不是知识图谱的适用范围。比如，对于二进制数据、日志数据以及流式数据，必须有其他软件工具配合，才可以利用知识图谱进行数据链接。此外，知识图谱也不适合数据统计、数据计算等场景。

总体而言，通过知识图谱，不仅可以将互联网的信息表达成更接近人类认知世界的形式，而且提供了一种更好地组织、管理和利用海量信息的方式，这就使其应用领域极其广泛。

(1) 在智能语义搜索应用中，当用户发起查询时，搜索引擎会借助知识图谱对用户查询的关键字进行解析和推理，进而将其映射到知识图谱中的一个或一组概念之上，然后根据知识图谱中的概念层次结构，向用户返回图形化的知识结构(其中包含指向资源页面的超链接信息)，这就是我们在谷歌和百度的搜索结果中看到的知识卡片。

(2) 在深度问答应用中，系统同样会首先在知识图谱的帮助下对用户使用自然语言提出的问题进行语义分析和语法分析，进而将其转化成结构化形式的查询语句，然后在知识图谱中查询答案。深度问答应用经常会遇到知识库中没有现成答案的情况，对此可以采用知识推理技术给出答案。如果遇到由于知识库不完善而无法通过推理解答用户的问题时，深度问答系统还可以利用搜索引擎向用户反馈搜索结果，同时根据搜索结果更新知识库，从而为回答后续的提问提前做出准备。基于知识图谱的问答系统大致可以分为基于信息检索的问答系统和基于语义分析的问答系统。

① 基于信息检索的问答系统。该系统首先将问题转变为一个基于知识库的结构化查询，从知识库中抽取与问题中实体相关的信息来生成多个候选答案，然后从候选答案中识别出正确答案。

② 基于语义分析的问答系统。该系统首先通过语义分析正确理解问题的含义，然后将问题转变为知识库的精准查询，直接找到正确答案。

(3) 知识图谱在几乎所有垂直行业都有其适用范围。例如，在生物学行业，知识图谱可以用于药物发现、辅助诊疗、中医辅助开方、相似病例发现等；在图书馆情报行业，知识图谱可以用于学科知识图谱建设、资源管理、专利分析、情报分析等；在金融行业，在金融企业知识图谱的基础上，利用金融交易数据构建金融交易知识图谱，然后在反欺诈、异常分析(异常交易、异常客户)、组团欺诈、失联客户管理、精准营销、智能投研等应用场景中提供支撑。

7.6 智慧+

“智慧+”的理念最早源于智慧城市。城市化改变了人们生活和工作的方式，变革了城市运行的管理方式，在促进二三产业转移、改善地区产业结构、提高区域整体水平、缩小城乡发展差距等方面都起到了重要作用。

但是随着城市化进程进入不同的发展阶段，总会出现一些称为“城市病”的问题。比如，在城市化初期阶段，城市各个功能用地混杂不分，功能区分不明确；在城市化中期阶段，就会出现交通拥挤、环境恶化、住房紧张等问题；在城市化后期阶段，又会出现大城市的中心空洞化、逆城市化等问题。

7.6.1 智慧城市的提出

针对“城市病”问题，IBM 在 2008 年提出智慧城市的理念和技术方案，其基本思路是：以“业务”为中心，通过技术创新以及项目创新(如 PPP[①])对业务系统进行精益化改造和研发。这种方案的不足在于：各个业务系统各自为政、无序展开，直接导致在具体实施过程中出现“越智慧、越愚笨”的问题。

在城市智慧建设的过程中，新型智慧城市的理念逐渐获得各界人士的认可。与智慧城市相比，新型智慧城市不再以“治疗城市病”作为唯一目标，而是以“公共服务与社会治理、城乡一体化、人与自然一体化”为新目标，更强调以“人”为中心，打破信息壁垒(社会资源“开放共享”)，分级分类推进新型城市建设，并且从人、技术、制度等多个层面充分考虑安全可控的保障。

新型智慧城市的本质是通过物联网连通虚拟和现实，通过大数据构建虚拟化城市，通过智能计算打造城市大脑，从而在城市治理模式、城市服务模式和城市产业发展方面都取得突破。

(1) 城市治理模式突破：提升政府管理能力，解决城市治理突出问题，实现城市治理智能化、集约化、人性化。

(2) 城市服务模式突破：更精准地随时随地服务企业和个人，城市的公共服务更加高效，公共资源更加节约。

(3) 城市产业发展突破：开放的城市数据资源是重要的基础资源，对产业发展发挥催

---

① PPP(Public-Private Partnership)即政府和社会资本合作，是公共基础设施中的一种项目运作模式。该模式鼓励私营企业、民营资本与政府进行合作，参与公共基础设施的建设。

生带动作用，促进传统产业转型升级。

为了鼓励和推动(新型)智慧城市的发展，我国各级政府部门也出台了众多政策和文件，如《国家智慧城市试点暂行管理办法》(2012.11)、《国家智慧城市(区、镇)试点指标体系》(2012.11)、《关于促进智慧城市健康发展的指导意见》(2014.8)、《关于推进数字城市向智慧城市转型升级有关工作的通知》(2015.5)、《关于开展智慧城市标准体系和评价指标体系建设及应用实施的指导意见》(2015.10)、《关于组织开展新型智慧城市评价工作务实推动新型智慧城市健康快速发展的通知》(2016.11)、《新型智慧城市评价指标(2016 年)》(2016.12)、《智慧城市时空大数据与云平台建设技术大纲(2017 版)》(2017.9)、《关于推进城市安全发展的意见》(2018.1)、《智慧城市时空大数据平台建设技术大纲(2019 版)》(2019.1)等。

目前，围绕着(新型)智慧城市建设，已经形成了贯穿智慧城市顶层设计、感知与通信、平台与基础设施、城市级计算、应用层(综合运营与典型细分领域，如数字政府、城市安防、城市交通、智慧医疗、城市治理、智慧旅游等)的完整产业链，涌现出了华为、中兴、软通动力、中国电科、烽火科技等明星企业(和方案)。

7.6.2　智慧城市 IT 架构

智慧城市建设的一般原则是以人为本、统筹兼顾、改革创新、协同共享和安全可控，一般架构如图 7-10 所示。

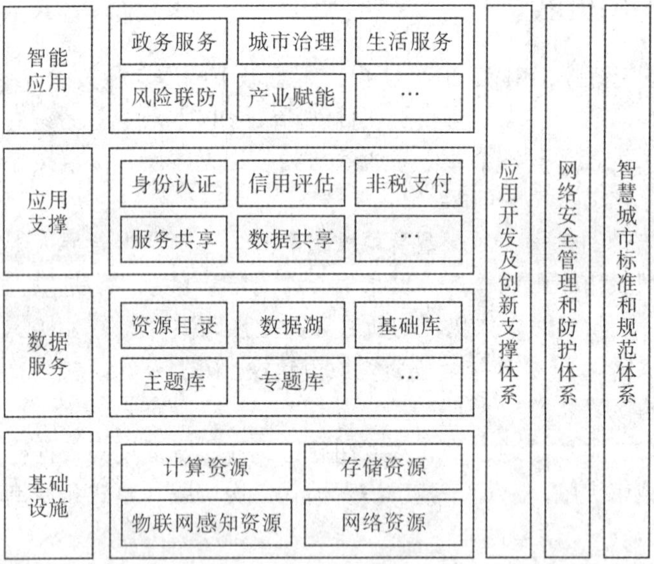

图 7-10　智慧城市的一般架构

如图 7-10 所示，智慧城市的一般架构是在应用开发及创新支撑体系、网络安全管理和防护体系、智慧城市标准和规范体系的基础上，自底向上分为基础设施层、数据服务层、应用支撑层和智能应用层。各层的职能分别是：

(1) 基础设施层：包括(不限于)网络资源层、物联网感知资源层、存储资源层、计算资源层等。

(2) 数据服务层：为各类细分的智慧城市应用系统提供统一的数据支撑服务，这也是深化数据汇聚共享、推进公共数据开放、释放数据要素价值的关键层，具体包括(不限于)资源目录、数据湖①、基础库、主题库、专题库等。在实际部署中，往往以数据中台的形式呈现。

(3) 应用支撑层：为各类细分的智慧城市应用系统提供统一的应用支撑服务，一般以业务中台的形式呈现，具体包括(不限于)身份认证、信用评估、非税支付、面向应用层的服务共享和数据共享等。在实际部署中，往往以业务中台的形式呈现。

(4) 智能应用层：以智慧城市的细分业务领域应用为重点，基于城市治理职能进行纵向统筹，整合共性管理业务，包括(不限于)政务服务、城市治理、生活服务、风险联防、产业赋能等。

7.6.3　智慧+

需要特别注意的是，智慧城市建设本身不是目标，智慧城市是为了让人的生活更美好、让企业的发展更有前景而部署实施的信息系统(数字化是核心，网络化是支撑，智能化是手段)。总之，在智慧城市这一概念的引领下，“智慧+”的理念逐步推广到其他各个(细分)领域，比如智慧交通、智慧医疗、智慧校园、智慧社区、智慧金融等。

总体而言，“智慧+X”具有(不限于)全面覆盖、深度互联、透明便民、安全可靠的特点，具体如下：

1. 全面覆盖

全面覆盖是针对智慧+X 系统的覆盖度而言的，至少包括三个方面的内容：

(1) 服务对象全覆盖，即智慧+X 系统必须服务于所有的服务对象，并根据服务对象的行为偏好、时间偏好、渠道偏好等提供精准、全面的服务。

(2) 感知全覆盖，即对服务对象和态势的感知必须全面覆盖，包括两个层次的内容，一是物联感知(如有)必须覆盖所有需要感知的信息(态势)；二是业务系统对于实体的数据记录必须完整无遗漏，以此来保障数据富集的完整度。

(3) 业务全覆盖，指的是智慧+X 系统必须全面响应所有功能需求，这包括两个层次的内容，一是所有业务系统的功能必须完整，不能有服务盲区；二是与服务对象沟通的所有渠道必须有业务系统支撑，借此保障系统服务的完备性。

2. 深度互联

深度互联是针对网络、系统和数据的无缝融合和连接而言的，至少包括三个方面的内容：

(1) 网络互联：指的是切实保障网络互通，真正实现物理信息系统的无缝融合。

(2) 系统集成：指的是智慧+X 系统的每一个子系统能够实现功能集成和融合。

(3) 数据融合：指的是打破数据孤岛，实现全系统的数据融合。

3. 透明便民

智慧+X 系统的本质是为人服务的，此处的人不仅包括自然人，也包括法人，因此透明便民至少包含两个方面的内容：

---

① 数据湖是一个以原始格式(通常是对象块或文件)存储数据的系统或存储库，通常是所有企业数据的单一存储库，用于报告、可视化、高级分析和机器学习等任务。

(1) 以人为本，让普通自然人能够便捷地获得各类服务并从中得到普惠。

(2) 赋能企业，为企业的发展提供持续的创新赋能服务，比如为企业提供数据中台服务、业务中台服务等。

(3) 高效服务，简化(精益)服务流程。

4. 安全可靠

对于智慧+X 系统而言，安全可靠至少包含三个方面的内容：

(1) 网络空间安全。任何一个 IT 系统必须保障网络安全、系统安全、数据安全等。

(2) 个人隐私安全。在数据作为生产要素的数字经济时代，尤其要在法律框架下，保护个人隐私不被非法使用。

(3) 物理系统安全。即 IT 赋能的对象本身是安全的，可以通过制度设定、IT 系统赋能等协同实现。

显然，上述这些特点也可以用于评估“智慧+”系统的建设进程

7.7 小　　结

数据赋能应用的重要基础是业务数据化以及数据业务化的闭环，前者专注于数据的富集与记录，后者的目标在于从数据中发现洞见并反馈到业务系统中，借此实现数据赋能。

本章在介绍大数据智能的基础上，围绕数据分析的一般流程简单介绍了针对无标签数据和有标签数据在实际应用中的一些技术选型思路，重点介绍了标签化和“学习+推理”的研究动机和进展，并对作为 IT 系统的智慧+X 系统进行技术梳理。

在具体实践中，往往来自数据层、计算层和应用层的特点使得传统数据分析方法难以适用。因此，针对具体实际的约束进行技术选型是数据赋能路中的重要环节。

第8章 获客问题

8.1 引 言

资金盈余者可以选择金融机构将闲余资金借贷给资金短缺者以使双方都因此获益，在这个过程中，资金盈余者获得利息，资金短缺者获得资金持续开展生产活动，金融机构则通过利息差获益。从这个角度而言，金融的本质就是资金的融通，金融机构在其中充当了中介、管理者和担保者的角色。对于金融机构而言，找到和拥有更多可信、价值度大并且忠诚度高的资金盈余者和资金短缺者意义重大，这也是金融机构获益的重要渠道。如何找到资金盈余者和资金短缺者，是典型的获客问题。

以支付活动为例，支付活动会牵涉到买卖的双方，如何在早期找到买卖双方并将其转化为自己的忠诚客户是金融机构非常需要关心的获客问题。这不仅是为了让更多的客户使用自己的支付渠道，还在于支付本身就是可以连接并撬动其他更多金融产品的重要渠道，因此在支付活动中获客的意义尤为重要。

值得注意的是，获客问题是传统金融机构及互联网金融机构乃至其他机构的共性需求，也是它们所共同面对的难题，比如：

(1) 对于传统金融机构而言，投资、融资及支付都是其关注的金融活动，但是随着互联网应用的渗透以及因此而引发的用户行为模式的变化，交易离柜、客户脱媒甚至逆零售特征凸显，这给传统金融机构的获客带来了极大的挑战，也导致传统金融机构的获客成本大幅提高。

(2) 对于传统金融机构在内的互联网金融机构而言，用户数据分散并难以利用，很难从碎片化、隔离化的用户行为数据中精准地发现潜在客户，也难以对客户的价值度进行评估，这也给获客带来了极大的挑战并直接导致获客成本大幅提高。

(3) 对于任何一个金融机构而言，即便获得了客户也难以保证客户的忠诚度以及活跃度，前者关注的是客户是否会流失，金融机构能否留住客户，是留客问题；后者关注的是这个客户是否持续、活跃地使用本金融机构的产品，金融机构能否不断提高客户的活跃度，是活客问题。因此，获客、留客、活客是三个彼此支撑和关联的命题，对于金融机构而言，同等重要。

表 8-1 给出了主要金融活动中涉及的获客、留客和活客问题。

表 8-1 不同金融活动中的获客、留客和活客问题

	投资活动	融资活动	支付活动	
	资金盈余者	资金短缺者	买方	卖方
获客	投资者在哪？	贷款者在哪？	购买者在哪？	卖家在哪？
留客	投资者会一直使用并会推荐自己的亲朋使用本司产品吗？	贷款者会一直使用并会推荐自己的亲朋使用本司产品吗？	购买者会一直使用并会推荐自己的亲朋使用本司产品吗？	怎样让卖家使用本司的支付渠道并推荐其上下游都使用？
活客	怎样让投资者持续使用本司产品呢？	怎样让贷款者持续使用本司产品呢？	怎样让购买者习惯性使用本司产品？	卖家的价值度如何以及需要怎样的配套激励机制？
示例	基金理财推荐、余额宝(支付撬动的理财)……	信用卡办理(O2O)、京东白条(在线支付时)……	微信红包大战、场景消费等产品研发……	补贴营销案、供应链金融……

另外一个需要注意的问题是获客问题中的“客”不仅指自然人，也包括各种经济组织、机构及法人等金融活动的主体，也就是说获客问题既是 2C(to Customer)问题也是 2B(to Business)问题。为了方便，除了特别介绍，本章提及的获客问题以“自然人”为主，那么获客问题可以归结如下：

(1) 谁(Who)：获得的“客”是谁？

(2) 在哪(Where)：获得的“客”在哪里(在哪里能获得“客”)？

(3) 何时(When)：在什么时候获得“客”？

(4) 做什么(What)：“客”正在做什么的时候能获得？

(5) 如何获客(How)：用什么模式或者方式获客(技术层以及非技术层)？

上述问题涉及用户定位、用户发现、用户画像、用户痛点发现、客户关系管理、精准营销(自动推荐)、竞品分析、营销案设计等诸多具体实际问题。

本章围绕上述问题从基本概念、技术路径等角度展开，本章章节结构安排如下：8.2 节介绍获客的基本概念、基本路径和一般框架；8.3 节介绍用户画像的基本概念、一般框架和技术选型思路；8.4 节介绍客户关系管理的基本概念、关键技术和应用场景；8.5 节介绍自动推荐和精准营销的相关内容；8.6 节是本章小结。

8.2 获客问题

8.2.1 概述

所谓获客，就是为某公司某产品获取客户。以银行为例，某些自然人(也包括法人)原先不是这个银行的客户，通过某种方式让这些人成为银行的客户，并愿意将自己的闲余资金存储在该银行，这就是典型的获客问题。其他方面，例如通过 App 以某种方式获取更多的用户下载量，通过公众号以某种方式获得更多的关注量……也都属于获客的范畴。

在讨论获客问题的时候一般会同时考虑获客成本、获客路径、获客渠道。

(1) 获客成本：指的是获得一个客户所需要花费的成本。比如为了增加App、公众号、网站平台的用户注册量而实施的各种营销活动所花费的成本均属于获客成本范畴，这里的营销活动有注册返利、广告、粉丝运营、内容营销等。获客成本与获客能力直接相关，而获客能力又与获客路径、获客渠道以及营运能力直接相关。

(2) 获客路径：指的是用何种模式、何种方式获得客户。比如自营或者外包营销团队、开设线下门店或体验店、做广告、买流量等都是具体的获客路径。例如，现在涌现出了很多的获客平台(App)，对于商家而言，与这些获客平台合作也是一种获客路径。还有前面提及的众筹，不仅是一种融资手段，本身也是一种获客路径，众筹是通过在互联网上发布产品信息并承诺将目标产品以某种价格反馈给用户，借此获得用户的投资从而可以捕获用户。此外，近年流行的基于 C2B 的产品制造本身既是一种生产制造模式，也是一种获客路径，在产品设计之初，就与用户进行全渠道的交流沟通，将用户的需求、偏好快速迭代到产品的设计与生产中，而用户因为参与目标产品的设计具有“贡献感”就会自然而然地产生“亲近感”，自然也就极容易成为目标产品的客户。

(3) 获客渠道：获客的一个基础就是要通过某种渠道和用户“搭”上关系。以传统金融机构银行为例，银行设立了很多的线下网点，早期用户会在银行进行金融活动，所以线下网点就是银行的一个获客渠道。但是在当前，人们的生活、工作、娱乐等各种活动的丰富度、多元化和随机性使得用户的活动模式发生了显著的变化，传统的线下网点获客已经不再合适，银行必须开发更多能够接触到潜在客户的渠道进行获客，比如互联网线上获客、线下应用场景获客等。值得注意的是，就目前的发展状况而言，单独依赖某一个渠道进行获客往往不是最优方案，多渠道融合是一个非常好的方式，有许多解决方案也是基于这个思路进行的。

8.2.2 获客路径

1. 用户

如前所说，所谓获客，就是某人在某个地点、某个时间、正在做某件事情的情境下，用某种模式或者方式，使这个人转变为某金融机构或某产品的客户。因此，获客涉及的五个要素就是 Who、Where、When、What 以及 How，具体如表 8-2 所示。

表 8-2 获客五要素

<table>
<tr><th>要素</th><th>描 述</th><th>特 点</th></tr>
<tr><td>谁</td><td>用户是谁?</td><td>(1) 既具自然属性又具社会属性。
(2) 用户痛点既包括可用性也包括用户体验性。
(3) 既具物理身份又具虚拟身份</td></tr>
<tr><td>在哪</td><td>用户在什么地方?</td><td rowspan="3">(1) 用户的工作、生活、娱乐具有多样性。
(2) 用户的偏好具有多样性。
(3) 候选的产品具有多样性</td></tr>
<tr><td>何时</td><td>用户在什么时间?</td></tr>
<tr><td>做什么</td><td>用户在做什么事?</td></tr>
<tr><td>如何</td><td>用何种模式、方式?</td><td>技术层面和非技术层面同步进行</td></tr>
</table>

1) 用户的特点

谈及获客，必须首先明确产品的目标用户或目标用户群是谁，明确了目标用户以后，就要在此用户群中寻找潜在用户，所有的获客模式和方式均应该按照潜在用户所具备的特点逐一进行响应。比如：

(1) 用户具有生物学意义上的自然属性，也就是说该用户具有普适意义上的痛点需求，这意味着完成目标用户群定位以后，就要对该用户群的需求(尤其是痛点需求)进行挖掘和定位。同时，又要注意到每一个用户都是一个社会人，都是社会网络中的一个节点，本身会与和其有强连接关系的节点有相似性及彼此依赖性。以自然人为例，所谓获客就是用某种模式进行用户需求定位，这不仅给用户需求定位分析增加了一个维度，也给用户的偏好分析增加了一个维度。

(2) 用户对产品或服务的需求源于两个层面，分别是可用性和用户体验性。前者聚焦于产品能够为用户的工作和生活带来实际的成效，包括有用性、安全性、高效性等；后者源于用户的主观判断，比如令其更舒适、更愉悦等。相对而言，前者更客观，而后者更主观，也是相对更难响应的，这往往与产品或服务本身以及用户的特点本身息息相关。

(3) 由于信息化在不同领域的渗透以及信息技术的发展，人和信息化产品的关系已经逐渐呈现出信息融合的态势，这意味着每一个自然人除了在工作、生活和娱乐方面有独立的物理身份之外，在不同的业务系统和平台上还拥有彼此独立的虚拟身份。对于获客而言，必须将其物理身份和虚拟身份统一化，这样才能从多个维度获得目标客户的多维信息，并进行整合和画像，从而实现对客户的精准营销和个性化服务。

2) 用户的偏好

每一个潜在用户都拥有自己的工作圈、生活圈和娱乐圈，也正因为这样，每一个用户都有自己的偏好，包括产品偏好、渠道偏好、地点偏好、时间偏好、行为偏好等，具体而言：

(1) 产品偏好：指的是当用户有很多候选产品可以选择的时候，该用户更愿意选择哪个产品。用户对产品的偏好有很多原因，但总体而言一定是用户更为偏好的那个产品在用户可用性以及用户体验性的响应程度上能更满足该用户。这意味着在进行获客时，将竞品分析纳入到具体的工作安排中是非常必要的，而竞品分析本身又是一个非常重要的大数据应用场景，此处不赘述。

(2) 渠道偏好：指的是潜在用户为了完成某个目标更愿意采用哪个渠道。以缴纳水电费为例，有些用户喜欢在线下门店进行办理，有些用户喜欢通过网上银行办理，而有些用户则喜欢通过如支付宝、微信的第三方支付进行缴纳。考虑到用户渠道偏好的不同，产品和服务提供商除了要尽可能提供全渠道的响应之外，针对目标客户还要通过其偏好的渠道进行不同的营销活动。当然，在这之前需要对该用户的渠道偏好进行分析和定位，显然渠道偏好分析也是大数据极其重要的一个应用场景，此处不赘述。

(3) 地点偏好和时间偏好：指的是用户更愿意在哪个地点与哪个时间段进行某种活动。地点偏好和时间偏好的不同意味着产品和服务提供商不仅要尽可能提供全场景的响应，针对目标客户，还要通过其偏好的地点和时间进行不同的营销活动。当然，在这之前需要对该用户的地点偏好和时间偏好进行分析和定位，显然地点偏好和时间偏好分析也是大数据极其重要的一个应用场景，此处不赘述。

(4) 行为偏好：指的是用户在完成某个功能或者目标的时候，当有多个行为方式(路径)可以进行选择时，该用户更愿意采用哪种行为方式。行为偏好不仅会耦合到前述的时间、地点偏好，在具体执行阶段，行为偏好也反映了用户的意识及思维特点，而这也是我们需要捕捉和分析的。显然这也是大数据极其重要的一个应用场景，此处不赘述。

3) 获客路径

所谓获客路径，指的是用何种模式、方式获得客户，可分为获客模式和获客方式。一般的获客路径如表 8-3 所示。

表 8-3 获客路径

	动作	描述	特点	举例
获客模式	购买	(1) 客户信息。 (2) 流量。 (3) 精准广告	能否裂变是关键	互联网广告、二维码引流等
	借	(1) 联合获客。 (2) 帮人成交或者增值。 (3) 组合成交，共同增值	共享客户，利用杠杆借力的方式获客	联名信用卡、电话营销等
	吸引	(1) 内容吸引。 (2) 产品吸引。 (3) 利益吸引。 (4) 游戏吸引	吸引力、关注度是关键	内容电商、返利营销、游戏营销等
	团	使用组团的方式	组团容易形成规模，降低人员、时间上的成本	拼多多、淘宝拼团等
获客方式	推式营销 Outbound Marketing	追逐客户：客户在哪，就到哪去获客	(1) 难度高。 (2) 成本高。 (3) 竞争激烈	电视广告、地铁广告、电梯广告、电话营销、Email 营销等
	集客营销 Inbound Marketing	让用户追逐产品：让用户主动选择使用产品来获客	(1) 难度低。 (2) 成本低。 (3) 竞争激烈	微信、微博、公众号等自媒体

2. 获客模式

购买、借和吸引是三种基本的获客模式。

1) 购买

直接从有目标客户群信息的单位或组织购买从而达到获客的目的，这是最为原始、简单和粗放的获客模式，但往往也比较有效。以垃圾短信为例，除了漫无目的群发垃圾短信外，很多广告短信恰是当事人进行了某种行动后推送的，背后的原因就是个人信息被泄露和贩卖，当然这个例子是灰色的。更为阳光的购买例子如从运营商或者商家购买具有某类标签的用户或者商家的信息，然后向这些用户或商家推送相关广告信息。此外，互联网广告也是一种购买的获客模式，其背后的逻辑是用户经常访问某个网站→商家在这个网站购买一个广告位→用户访问这个网站时通过广告位链接进入到本产品和服务平台。关键字拍卖以及广告位拍卖其实都是一种购买模式的获客模式。

2) 借

与拥有目标客户群的商家进行合作，通过采用双边(A 方、B 方)互补的模式实现目标客户群的共享。具体操作如下：

(1) A 方和 B 方联合进行营销案设计，从而使双边都获得客户。

(2) A 方帮助 B 方达成某种交易活动或者提供增值服务，并同时获得客户。

(3) A 方和 B 方联合提供解决方案从而达到组合成交和共同增值的目的，同时获得客户。比如四大行与 BATJ(百度、阿里、腾讯、京东)的战略合作就是一种利用双边优势进行彼此获客和获益的执行模式。对于互联网企业而言，拥有大量的客户群体，可以为银行端带来客户的引流，而银行在金融业务方面的专业性也为夯实互联网企业的金融业务提供了坚实的增值基础，这对于双边而言是共赢的。

3) 吸引

商家通过有吸引力的产品、营销案、内容或者活动来吸引目标客户群和潜在客户的关注，从而达到获客的目的。比如，富有竞争力的产品宣传(包括宣讲、路演、发布会等)、吸引客户的利益反馈(比如优惠券、折扣券等)、有用有趣的软文，此外粉丝运营以及网红运营也是一种吸引潜在顾客的方式。利用游戏吸引客户也是近年极为流行的一种获客模式，此处不再赘述。

3. 获客方式

1) 推式营销

推式营销(Outbound Marketing)是一种主动的营销方式，指企业通过大众传媒向公众主动推送产品信息，将产品信息广泛传播开来，达到推广公司产品的目的。推式营销是主动寻找潜在客户的过程，使潜在客户变成有效客户。营销方式包括电视广告、广播广告、印刷广告(报纸/杂志广告、传单、宣传册等)、电话营销、邮件群发、展销会、研讨会等。如前所述，由于潜在客户具有丰富的工作圈、生活圈和娱乐圈，又具有各自独特的产品偏好、地点偏好、时间偏好、行为偏好，这意味着进行广告推送必须有效响应目标客户群的上述特点，比如在最合适的地点、最合适的时间、通过最合适的渠道推送最具彰显力的广告。

2) 集客营销

集客营销(Inbound Marketing)是让顾客自己找上门的营销策略，是一种“关系营销”或者“许可营销”。营销者以自己的能力赢得顾客的青睐，而非通过传统广告方式去拉顾客。集客营销的核心方法论可分为四个阶段，分别是吸引阶段、转化阶段、闭环阶段、取悦阶段。

(1) 吸引阶段：通过某种方式或渠道吸引目标客户群的用户。几个常规的渠道包括：

① 用户可能通过搜索引擎搜索相应关键词来寻找目标产品，针对这部分潜在客户，产品和服务端需要发现目标客户群的功能需求，设计对应的关键词并进行搜索引擎优化，这也使得产品和服务端能够创造更多高质量的内容以便用户能够快速检索到。

② 如前所述，用户都是具备社会属性的，例如在虚拟世界用户一般都会在社交平台上活动，而用户的社交信息非常有助于搜索引擎优化，因而产品和服务端也可以通过社交媒体找到新的潜在客户，目前如知乎、微信、微博等的主流社交媒体平台都是建立品牌、塑造品牌、扩大品牌影响力的战地。

(2) 转化阶段：针对被吸引来的客户，要尽可能多地搜集和富集客户的情报和信息。以电商网站为例，可以通过分析用户的浏览路径来推测其偏好，借此推送更为精准的信息给客户，或者提供自动问答系统，自动回答用户的问题，甚至可以主动生成一些表单让用户进行填写，借此主动搜集有关用户的相关信息，并借此建立与用户未来的联系。

(3) 闭环阶段：通过对被吸引来的客户进行画像和分析，使用合适的渠道，在合适的时机推送相关信息，借此建立起和用户的闭环互动，并在互动中进一步完善用户相关信息，为更好地进行用户画像和精准营销提供支撑。

(4) 取悦阶段：通过各种关系维护方式保持和客户的沟通和联系，比如持续向用户推送用户关心和需要的专业文章、视频解读、产品白皮书、行业解决方案、成功案例、评估报告等，当然这些都得建立在对用户画像的基础上，并进一步持续保持产品的活度，甚至能够吸引其他客户使用本产品，从而在培养用户忠诚度的同时能够获得更多客户。

3) 内容营销

从获客方式上来看，无论是推式营销还是集客营销，内容营销都是非常重要的。推式营销更专注于广告文案，集客营销更专注于软文编制。具体而言，内容营销(尤其是集客营销)的必要性和意义还体现在：

(1) 通过撰写大量的软文进行营销，在发表文章篇次很多的情况下，当用户在互联网上搜索时就有很大可能检索到该产品的信息，借此实现产品的“曝光”；另一方面，通过将历史上发表的软文进行内容聚集，形成电子书，便于用户在碎片时间阅读和学习，从而进一步达到内容营销的目的。

(2) 通过撰写与产品有关的内容(文本、图像、音频及视频)进行营销，这本身对用户也是一种“产品教育”，在潜移默化中接受过“产品教育”的用户相对而言会更容易接受、更愿意使用相应的产品和服务，从而达到内容营销的目的。

(3) 通过高质量的软文撰写(包括线上或线下的讲座)，可以让自己成为该领域的“领袖”和“权威”，也便于为用户推送相应的产品和服务，从而达到内容营销的目的。

(4) 撰写的软文以电子版的形式发布在互联网上，便于传播、扩散，以获得更多曝光的机会和可能，从而达到内容营销的目的。

8.2.3 获客框架

1. 渠道及O2O获客

获客的一般战法可以从渠道和O2O两个维度进行探讨。

1) 渠道

前文提及，目标客户群有各自的渠道偏好，这意味着产品和服务端应该提供多个可能的渠道以便“连接”到所有可能的潜在用户，同时针对具体的某个潜在用户，使用适合其渠道偏好的沟通方式进行。这就意味着：

(1) 作为产品和服务的提供商，应该准备和提供尽可能全面的渠道，比如客服电话、手机 App、公众号、线下网点(体验店)、定期营销活动等。

(2) 需要对潜在用户的渠道偏好进行分析，挑选最匹配用户偏好的方式进行营销，这往往需要在大数据分析的基础上进行。比如由对类似群体人员的渠道偏好的分析结果可以预测出某个人也“应该”有什么样的渠道偏好，这尤其适合于在冷启动状态(对具体某用户的信息一无所知)下对某个用户进行分析。当拥有了更多用户数据的时候，自然可以对某个用户的渠道偏好进行更加精准的分析和预测。

(3) 值得注意的是，任何一个用户往往会通过多个渠道和这个世界进行交互，这意味着可以充分利用不同渠道的互补优势与用户进行交互，而不是仅通过单独的一个渠道进行。

2) O2O

O2O (Online to Offline) 指的是线上到线下。如前所述，目前我们已经生活在一个物理信息融合的时代，这意味着对于每一个潜在用户而言，他在线下有一个物理身份，而在虚拟世界可能拥有多个虚拟身份，为了更好地获客，需要将这些身份尽可能合并和连接到一起，借此实现对“同一个对象”进行更完备的信息融合和画像，将线下的商务机会与互联网结合，让互联网成为线下交易的平台，并借此提供更精准的营销服务。事实上，连接物理身份和虚拟身份包含了三个基本问题：物理身份识别、虚拟身份识别、物理身份和虚拟身份的融合和连接。

(1) 物理身份识别就是通过生物特征识别技术(包括虹膜识别、指纹识别、人脸识别以及其他生物特征识别技术等)识别出行为人的身份，在这个意义上而言，身份证号或者护照号也是一个虚拟身份。在实际应用场景中，需要将物理身份与身份证号关联起来，从而为具体的应用场景提供服务。

(2) 虚拟身份识别指的是通过在 IT 系统中遗留下来的标识某个用户唯一性的 ID 号识别出用户，比如身份证号、护照号、手机号以及遗留在不同业务系统中的用户名(比如微博、微信、淘宝、京东、QQ 等)，显然将不同虚拟身份合并和连接到一起对于获客而言意义重大。

(3) 由于互联网在工作、生活和娱乐等各个领域的渗透，每个潜在用户事实上都使用多个虚拟身份活跃在互联网上，并将其行为、意见、偏好等存放在了互联网上，因此线上的互联网世界和线下的物理世界要进行连接，线上营运和线下营运要进行互动，这有助于物理身份和虚拟身份的连接，也便于在线上和线下同时进行有针对性的营销。

综上，获客的基本动作是在给定(全)渠道营运、O2O 营运的支撑下，以各种活动吸引用户接触到产品和服务，包括业务驱动、场景驱动和数据驱动。

2. 业务驱动

由于潜在用户对某个目标和功能具有极大的黏性，因此对这个功能的需求非常迫切，所以必须和此产品和服务进行接触，这就是业务驱动。以传统金融为例，潜在用户因为对房贷、车贷等有需求，而这种需求只有银行能够提供，因此银行的贷款服务就是该潜在用户的刚性需求，在这种情况下，传统银行需要做的就是提供相较于竞品更多或更好的服务来吸引潜在客户；再比如“南京公安”微信公众号上线不几日便获得了10万人的关注量，并且关注人数不断增加，这正是由于潜在用户对于“南京公安”提供的应用服务具有极大的黏性，才能使其获客能力如此之强，这也是典型的业务驱动的获客方式。

3. 场景驱动

在金融服务行业，服务的群体受众很大，由于有多家机构能够提供类似的产品和服务，所以彼此相似甚至可以替代的产品很多。在这种情况下要做到更好地获客，除了要提高产品和服务的品质与竞品竞争，让用户能够知道和接触到产品更是关键。早期可以通过大量的广告进行线上和线下的宣传，但是广告的针对性和精准性有很大不足，因此需要开发更多的路径和用户进行接触和连接，场景金融就是在这个背景下被提出的。所谓场景金融就是人们在某一活动场景(工作、生活、娱乐等)中的金融需求体验，即“当你在某个场景中需要金融时，它恰好就在那儿”。比如在网上购物支付的时候，就会有类似京东白条、花呗等融资产品推送，再比如在国外用信用卡消费的时候，可能立刻会收到一条“可以提高信用卡的授信”的短信等。

4. 数据驱动

所谓数据驱动就是通过对目标客户群的相关数据的搜集和整理，对潜在目标客户群具体用户进行画像和标签化，以达到对具体某个用户(比如价值度大、业务匹配度大等)进行精准营销的目的。需要注意的是数据驱动的方式一般与前两种驱动捆绑在一起进行，比如用户因为对某个业务有需求而成为某个产品的客户，可以通过搜集客户信息并进行分析，精准推送其他相关产品，这可以为其他产品获客；另一方面，因为该用户使用了本司多个产品，能够增加该用户对本司的活跃度和忠诚度(有统计研究表明，对于金融行业而言，以银行为例，如果某个用户仅使用了某行的一个产品服务，该用户的流失概率远大于那些在该行使用了3个及以上的产品服务的用户)。再比如通过数据分析能够得到潜在客户群的时间、地点、行为等各类偏好，从而为场景营销提供基础数据保障；同时在具体某个场景进行营销活动时，如果能够对来访的用户有个“提前”的数据富集与画像，也有助于进行精准营销和提高获客的成功率和转化率。

8.2.4 典型应用

随着金融科技时代的来临，各大商业银行都在尝试将创新技术应用在金融业务中。获客成为金融活动中重要的一环，如何更精准获客、更有效触达潜在客户群体，已成为各家银行必须重视的问题。

1. 招商银行的获客创新应用

招商银行信用卡中心在获客方面提出了“轻者更轻、重者更重、融者更合”的发展战略。围绕线上数据获客的主轴，招商银行信用卡中心全面拥抱金融科技，逐步形成了“平台聚流、社交创流、外拓引流”的三轮数据获客结构。

(1) 依托掌上生活 App、手机银行等“生活消费+银行金融”服务平台，构建招商银行大零售流量聚合体系。

(2) 充分发挥互联网技术的优势，按照“互联网+社交”的营销战略，大力发展社交获客的创流模式。

(3) 紧扣互联网行业发展脉搏，通过大数据技术精准定位目标客户，利用差异化的创意接触并转化客户，并与互联网巨头和“独角兽”企业开展深入的战略合作，通过场景化获客平台实现了营销活动因场景而变、因人而变，有助于提升流量转化效率，全方位拓展移动互联网时代的获客版图。

2017 年起，招商银行信用卡中心不断进行技术创新，促进获客模式进化，将云计算、实时审核、生物识别等技术深度应用在获客的相关环节，逐步搭建起智能获客的全流程体系。同时，推出虚拟卡项目，实现获客的智能化、场景化、虚拟化及自动化，促进了流量资源及获客效率的大幅提升，打造极致的客户体验。

2. 其他公司对获客的创新应用

鉴于获客在金融领域的重要性，也有很多公司开发了有针对性的产品加以响应，比如：

(1) 百度金融智能获客。百度的获客产品通过对用户的行为特征进行分析，通过客户搜索、LBS、浏览等判断其是否有需求，及时跟进并响应用户需求的更新，然后通过对更多的行为特征进行搜集和画像，分析该客户有无贷款意愿、有无还款意愿、有无还款能力等，从而提高获客的精确性和时效性。

(2) 马上金融，LBS 场景营销的获客方式。马上消费金融推出了 LBS(Location Based Services，基于位置的服务)的商品分期预约服务，用户挑选到自己心仪的 3C 商品，可以通过马上分期 App 在手机上找到所在地附近的 3C 数码门店位置，还能看到商品供应情况、有无打折促销等信息，然后用户可以进行线上预约，成功后会有客服人员对接。马上金融一方面为店家提供了获客服务，同时也提高了其 App 的用户体验性，这也是马上金融本身的获客渠道。这种基于 LBS 场景营销的获客模式在大众点评等 App 早已实现，比如置身于某商场，打开 App 后，就能看到周边餐馆的位置、距离、评价等，还可以在线预约部分餐厅，这种基于 LBS 场景定位的策略，可以自然地将线上流量引导到线下。

(3) 迅销科技，基于社交场景的获客方式。MGM(Member Get Member，MGM)被认为是目前金融行业最有效的一种获客机制，它是通过会员带动会员的社交场景来叠加一定的利益刺激，从而提高拉新成功率。与传统的 MGM 方式不同，迅销科技的特色和创新运营在于其始终关注品牌与技术创新的融合，不仅能提供更高价值的杠杆权益，更能联动双方合作，定制跨界爆品，然后通过多平台的运营活动，以“品牌+工具+运营”的模式，实现传播共振，从而辐射到整个目标客户群并将其转化为交易客户群，并持续保持客户活跃度。以迅销科技对行业目标客户群生活场景的创新获客为例，金融目标客户群体的生活场景是多种多样的，如何深入场景帮助有效获客就异常重要。迅销科技整合了多方权益生态圈，筛选各场景中的包含品牌方在内的优质渠道，配合相应的品牌权益叠加，以多种激励回馈方式将外部渠道演绎为金融机构的“毛细血管”，同时结合积分平台的筛选，以积分模式为金融机构稳定输送优质客源，实现多渠道的创新获客。

8.3 用户画像

8.3.1 概述

用户画像指的是根据用户的社会属性、生活习惯和消费行为等信息抽象出一个标签化的用户模型。因此，用户画像是现实生活中的数学建模，其核心是要有一套标准的知识体系来进行用户画像，同时，还要有一套数据化、符号化、形式化的方式去描述这套知识体系，而这个知识体系就是本体论，本体论有一个特别朴素的实现，就是“标签”。

1. 标签

标签是用户某一维度特征的标识，构建用户画像的核心工作是利用大量数据进行分析和挖掘，从而为用户打标签。打标签的重要目的之一是为了让人能够理解并且方便计算机处理，比如能方便地帮助我们找到合适的内容及内容分类。

标签解决的是描述或命名问题，但在实际应用中，还需要解决数据之间的关联，所以通常将标签作为一个体系来设计。用户画像和标签之间的关系是一个整体和局部的关系，用户画像是整体，标签是局部，整体和局部的关系就需要通过“标签体系”体现。因此，用户画像所使用的技术方法就是基于标签体系所建立的，在具体“标签化”实际应用中，一般采用多级标签、多级分类的方式，以人的标签体系为例：

(1) 第一级标签可以是人口属性、行业偏好、购物偏好、渠道偏好等。

(2) 第二级标签是围绕第一级标签的进一步细化，比如，人口属性又可细分为基本属性和地理属性等。

(3) 第三级标签是围绕第二级标签的进一步细化，比如，基本属性又可分为性别、年龄、学历等。

特别注意的是，上述的多级标签体系仅仅是一个示例，在具体的应用场景中需要根据实际进行规划和设计。

在大数据时代背景下，用户信息充斥在网络中，需要将用户的每个具体信息抽象成标签，利用这些标签将用户形象具体化，从而为用户提供有针对性的服务。因此，用户画像作为一种刻画目标用户、联系用户诉求与设计方向的有效工具，在各领域得到了广泛的应用，用户画像最初是在电商领域得到应用并获得极大成功。

2. 用户画像的意义

“用户画像”这四个字可以分成两部分来看。

(1) “用户”是设计产品、提供服务的最终使用群体，简单来说产品的诞生就是为用户服务的，只有了解了用户才能设计出有用的产品。

(2) “画像”以一种生动形象的方式让看到它的人更容易理解画像想表达的内容。

3. 用户画像的应用场景

在产品生命周期的各个阶段，通过用户画像可以形象生动地表达出产品经理以及产品相关团队成员更容易理解的内容，从而可以了解产品的用户是谁、用户希望产品可以做什么以及用户在使用产品过程中做了什么。根据这三个目的，把用户画像分为三种应用场景：

(1) 了解用户是谁。用户画像一般包含的元素有用户基本属性(如照片、姓名、年龄、职业、爱好等和产品相关的属性)、需求(用户目前有哪些需求？)、用户故事(通过一个用户故事来描述用户会在什么情况下使用产品，可以理解为产品的使用场景)。

特别值得一提的是，在实际应用中，往往会就某一类别的“人”进行画像，比如大额定期存单客户、信用卡客户、对公客户、代发工资客户、大零售客户等。

(2) 用户希望产品可以做什么。在产品设计阶段，产品经理需要将产品的设计思路与构想提交给产品研发团队、交互设计团队和视觉设计团队进行设计开发。那么如何能让设计开发团队清晰理解产品经理想表达的思想以及用户的真实需求，这就需要使用用户画像进行辅助说明。通常以产品需求文档、原型图为主，用户画像为辅，让设计研发团队成员在设计产品过程中对产品的目标用户有一个更形象化的认识。

(3) 用户在使用产品过程中做了什么。了解用户行为也可以叫作用户研究，关于用户研究的内容就比较广泛了，比如用户数据挖掘分析、用户流失行为分析、用户推荐等，根据目的不同可以构建不同种类的用户画像。通常这个阶段的用户画像都建立在产品上线运营了一段时间的基础上，希望从某一个具体方面对某一类用户行为进行具体研究、分析，提出针对这一类用户的解决或推荐方案。

在构建用户画像的前期要根据构建目的来收集相关的用户信息，在用户画像构建完成后，使用用户画像去发现某一类用户群体，并提出针对这一类用户群体的具体解决方案。其实，用户画像的应用场景不只是上述三种常用的场景，具体问题还要具体分析。

8.3.2 基本流程

用户画像构建的基本流程一般可分为三步：基础数据收集、行为建模、构建画像。用户画像流程如图 8-1 所示。

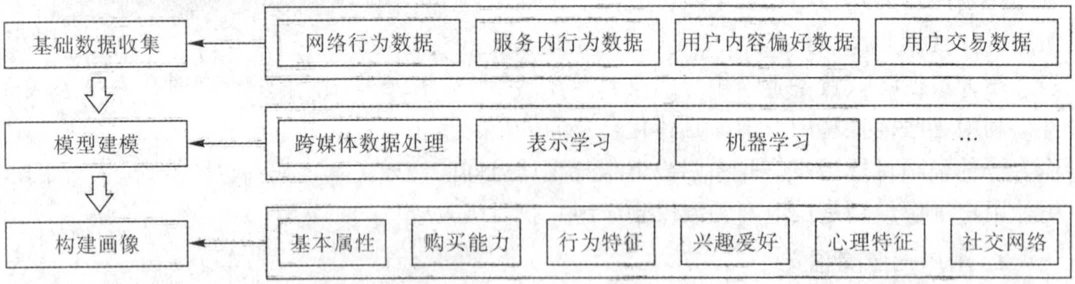

图 8-1　用户画像流程

1. 基础数据收集

数据是构建用户画像的核心依据，一切用户画像都要建立在客观数据的基础上。数据收集一般包括但不限于网络行为数据、服务内行为数据、用户内容偏好数据、用户交易数据这四类。如前所述，在实际应用中，数据源梳理也是大数据应用中的第一个关键步骤。

(1) 网络行为数据：包括活跃人数、页面浏览量、访问时长、激活率、外部触点、社交数据等。

(2) 服务内行为数据：包括浏览路径、页面停留时间、访问深度、唯一页面浏览次数等。

(3) 用户内容偏好数据：包括浏览/收藏内容、评论内容、互动内容、生活形态偏好、品牌偏好等。

(4) 用户交易数据(交易类服务)：包括贡献率、客单价、连带率、回头率、流失率等。

上述搜集汇总的数据需要经过清洗过滤等数据质量治理，形成可供后续分析建模使用的高质量数据(事实型数据)。

2. 模型建模

模型建模阶段是针对上阶段经过质量治理后的高质量数据，利用统计建模，数据挖掘、机器学习的算法，得到更为深刻的描述用户的信息。比如，通过建模分析，可以对用户的性别偏好进行建模，从而能对没有收集到性别数据的新用户进行预测；还可以通过建模与数据挖掘，使用聚类、关联的思想，发现人群的聚集特征。

3. 构建画像

在第二阶段的基础上，要把用户的基本属性(年龄、性别、地域等)、购买能力、行为特征、兴趣爱好、心理特征、社交网络等进行大致的标签化。进而结合业务场景需求，利用模型预测层的结果，通过对有相同需求的不同用户群体的客户打标签，建立一个业务模型，从而分析用户的活跃度、忠诚度、流失度、影响力等有助于业务开展的数据；在这一步之后，用户画像也基本成型。

需要注意的是，由于用户画像无法100%描述一个人，只能做到不断完善，因此，用户画像既要根据基础数据的变化不断修正，又要根据已知数据来抽象出新的标签，使用户画像越来越立体和精确。

8.3.3 典型应用

用户画像在互联网金融中的应用主要包括以下三个方面：

(1) 精准营销，为用户提供个性化的产品和服务。互联网上充斥着大量的用户数据，如支付或交易数据、社交数据、信用卡及银行卡大数据、手机App行为数据、征信大数据等，互联网金融企业通过收集利用大量的用户数据，对用户基本信息、消费明细、行为明细、产品明细等原始数据进行统计分析，归纳出用户的人口属性、信用属性、消费特征、投资爱好等特征，并通过模型构建，建立起包括用户基本属性、购买能力、兴趣爱好、心理特征等用户画像标签，对用户实施精准营销，并提供个性化的产品和服务。

(2) 通过信用评价，挖掘潜在客户。互联网金融企业通过第三方支付、电商交易数据、社交网络和生活缴费(水费、电费、煤气费、通信费)等数据来为用户画像，能够建立新型征信机制，对用户进行信用评价，挖掘潜在客户，并降低交易风险，扩大互联网金融服务的覆盖范围。例如，支付宝会根据用户的网购消费记录、线下消费记录、与他人的转账记录、蚂蚁会员积分等来为用户画像，判断一个用户的信用状态，由此来决定分配给这个用户的借呗或花呗的信用额度。对于淘宝或天猫卖家，蚂蚁小贷会根据卖家的月交易量及交易金额、月客户量、货物周转率和店铺排名等来给卖家进行信用评价。当这些卖家需要资金周转时，蚂蚁小贷会根据他们的信用给予相应的贷款。

(3) 进行风险管理。互联网金融提高了金融效率，扩大了金融覆盖面，但在创新过程中，也使风险管理模式跨越了地界和人际关系，呈现出许多新形式，而传统监管的滞后和法律的缺失非常不利于互联网金融风险的界定和防范。传统的金融风险，如市场风险、信用风险、流动性风险、技术风险、法律风险、道德风险等在互联网金融中都有不同程度的暴露，且表现出来的形式更为复杂。互联网金融企业可以利用大数据实时监控用户的交易行为，比如监测用户输入每个字母的间隔时间、地理位置的移动、交易行为、交易次数、交易金额等，然后与用户的画像进行对比，观察是否本人操作，这样可以有效保障用户的资金安全。例如，余额宝利用支付宝的大数据，对资金赎回客户进行画像，可以掌握客户申购赎回情况、客户结构和客户行为规律，从而对客户申购赎回规律做出预测，并做好预案来化解流动性风险，进而提升金融风险的防范和控制能力。

8.4 客户关系管理

8.4.1 概述

1. 客户关系管理诞生的背景

随着工业经济时代生产力的快速发展，全社会生产能力逐步得到提高，直接导致全社会生产能力和商品(尤其是同质商品)过剩。在这种情况下，客户的选择空间和余地显著增大，客户需求开始呈现个性化特征，市场竞争也变得十分残酷，因此产品只有满足客户需求，深刻了解客户的需求与喜好，才能实现市场销售。对于金融行业也是这样的。表现在：

(1) 互联网金融使得金融边界变得模糊，各类衍生品层出不穷，金融总供给超出市场需求容量。

(2) 客户偏好发生转变，批量同质量的产品无法满足客户的个性化定制需求，造成金融供需结构性失衡。

这些变化最终使金融服务由卖方市场过渡到买方市场，企业的经营管理思想也逐步从“以产品为中心”向“以客户为中心”转移。因此为了增加企业在市场中的竞争能力，必须在提高产品质量的同时，全方位做好客户服务工作，与客户建立稳固的关系，充分发掘潜在客户。采取以客户为中心的发展策略是企业提高核心竞争力的关键。如何提高客户的满意度和忠诚度也成为各企业关注的焦点，客户关系管理正是为这一目的而生的领域。

2. 客户关系管理的概念

客户关系管理(Customer Relationship Management，CRM)是指以信息技术为手段，以为更多客户提供服务和更好管理客户为目标来管理企业和客户之间的交互活动。CRM 能够影响客户忠诚度并提高企业的竞争优势，因此在制订任何一种 CRM 策略时，都应该将客户作为主要关注对象。

(1) 作为一种管理理念，CRM 起源于西方的市场营销理论，其核心思想是将企业的客户(最终客户、分销商和合作伙伴)作为最重要的企业资源，通过完善的客户服务和精准的客户分析来满足客户的需求，实现客户的终生价值。

(2) CRM 是一种旨在改善企业与客户之间关系的新型管理机制，它实施于企业的市场营销、销售、服务与技术支持等和客户相关的领域，要求企业关注的焦点从内部运作转移到客户关系上来。

(3) CRM 是一种管理软件和技术，它将最佳的商业实践与数据挖掘、数据仓库、一对一营销、销售自动化以及其他信息技术紧密结合在一起，为企业的销售、客户服务和决策支持等领域提供了一个业务自动化的解决方案。

(4) CRM 是企业供应链管理的延伸，借助互联网技术，CRM 突破了供应链上企业间的地域边界和不同企业之间信息交流的组织边界，建立起企业自己的 B2B(Business to Business)网络营销模式，将企业销售、经销商和客户整合到同一个平台上。

8.4.2 CRM 系统

CRM 系统可以实现对客户销售、支持和服务的全面管理，实现对客户群体的分类分析和行为分析、客户效益分析、交叉销售、客户流失分析、欺诈发现等，在一定程度上实现了业务流程的自动化。

CRM 系统主要包括(不限于)以下几个子系统：

1. 客户合作子系统

客户合作子系统用于对客户和企业进行交互方式的管理，通过建立一个获取意见的窗口来“聆听”客户的要求，并接受客户投诉，对客户的意见及时反馈，方便了客户和企业之间的互动。企业与客户联系的渠道包括电子邮件、呼叫中心、客服中心、网站和电子社区等。

需要注意的是，在构建与客户的沟通渠道时，要充分考虑到不同客户对渠道的偏好具有多样性，CRM 的一个很重要的功能就是要在企业和客户间建立和维护一个卓有成效的“一对一”关系，给客户提供充分个性化的服务，以达到提高客户满意度、保留住客户的目的。因此客户合作子系统要以线上线下并行的全渠道方式进行。

2. 数据分析子系统

数据分析子系统用于从客户合作子系统和企业其他运营环境中获取数据，利用如前所述的大数据技术对这些数据进行汇聚、处理、连接与融合，然后进行具有描述性、预测性或决策性的有效数据分析，实现制订的功能目标，比如分析企业客户的行为，寻找企业的潜在市场和预测可能的风险等，最后将分析结果反馈给业务操作子系统。

3. 业务操作子系统

业务操作子系统用于实现企业商业过程的自动化和优化，根据数据分析子系统得到的信息，制订相应的营销流程、销售流程、服务流程，然后实施整个活动，最后将活动中产生的数据、信息等记录到数据仓库中。

CRM 系统涉及的关键技术包括数据库及数据仓库技术、机器学习与数据挖掘技术、大数据技术、Web 技术、人工智能(尤其是辅助决策)技术等，此处不再赘述。

8.4.3 应用场景

1. 金融业对 CRM 重视的原因

银行业对 CRM 的重视源于变化的市场需求和管理理念的更新，是管理模式改变和核心竞争力提升的要求，也是电子化浪潮和信息技术等因素推动和促成的结果，主要体现在：

(1) CRM 是营销管理演变的自然结果。银行都希望扩大市场份额，挖掘潜在市场，继续提高销售收入和利润率，而银行业传统的营销方法越来越无法实现营销的目标。这就要求银行业在激烈的市场竞争中必须树立“以客户为中心”的经营管理理念，只有建立并维持良好的客户关系，才能在市场中长期拥有至关重要的客户资源。

(2) 银行业目前的经营管理体系及管理流程中出现了一系列使用传统管理方式方法难以解决的问题，加之业务创新和快速响应市场需求等都要求银行业必须更新经营管理模式，才能实现业务的自动化和辅助式技术的运行，因此必须寻找并确立与现代电子商务的调整扩张模式相匹配的经营发展战略。

2. CRM 在金融业的重要作用

CRM 对于金融业的意义在于通过 CRM 实现银行与客户的互动。金融机构建立了数据库及客户信息平台，一则可以为客户提供周到细致的服务，二则可以将此数据结合其他数据源的数据进行大数据分析，从而达到降低运营成本、规避经营风险、保留现有客户、发掘潜在客户并提高银行持续盈利能力的目的。

(1) 画像：通过描述用户的静态属性和动态属性(历史交互信息、产品应用情况等)，构建用户的画像，为后续数据分析提供基础。这里的用户不仅指个人，也指企业。

(2) 获客：帮助银行准确地发现盈利客户和具有盈利潜力的客户，包括信用卡客户预测、消费信贷客户预测、小微型企业网贷获客等。

(3) 留客：预测潜在的流失客户，借此及早进行断点客户营销，以期将客户留住。

(4) 活客：建立睡眠客户的立体画像，通过自动推荐或营销方案激活客户。

(5) 客户资产提升：通过对客户进行立体画像，使用自动推荐技术为客户提供合适的产品，一方面可以为新客户提供类似服务来实现新客户的价值提升，另一方面可以促进客户对到期理财产品的复购，从而更好地进行留客和活客。

(6) 新品研发：利用 CRM 系统中的数据对客户进行行为分析，分析客户的消费倾向，全面掌握客户偏好，帮助银行更有针对性地开发适合消费者需求的新产品及营销方案，并制订准确的营销服务策略，为银行争取客户提供了有力保障。

(7) 忠诚度维护：通过从产品满意度分析、竞品分析和用户的忠诚度分析等多个角度进行用户忠诚度维护，以便长期保持银行和客户之间的黏性。

(8) 整合商业银行内部的金融资源体系：CRM 在银行资源配置体系中发挥了承前启后的作用，向前与传统的电话银行、自助设备、网点机构及网络银行对接，构建起动态的银行服务前端体系；向后与银行管理、产品设计、计划财务、人力资源等职能部门对接，使银行业务系统能够高效顺畅地运行，借此实现更大范围的数据闭环，为全行各级、各类经营管理决策人员和业务管理人员提供全方位的决策和管理信息支持服务，进而实现业务处理流程的自动化，全面提高银行的运营效率。

(9) 减少银行经营的风险性：银行可以通过分析详细的交易数据来鉴别消费者是否有异常的行动，从而降低银行经营的风险。同时，CRM 可以辅助银行完善信用体系，降低贷款风险等。

(10) 社会效益方面：一则为建设金融领域开辟道路并提供经验；二则使商业银行更有能力向社会客户提供高品质、高效率、全方位的金融服务，为推动社会经济发展和提高人民生活质量起到积极作用；三则商业银行作为国家信息系统的一个子系统，建成使用后能提供更全面、及时、准确的金融信息，以便国家进行科学的宏观调控和决策。

8.5 自动推荐

8.5.1 概述

推荐系统是一种帮助用户以过去其他用户的选择为依据来选择有吸引力产品的工具。推荐系统有 3 个重要模块：用户建模模块、推荐对象建模模块、推荐算法模块。推荐系统把用户模型中的兴趣需求信息和推荐对象模型中的特征信息匹配，使用相应的推荐算法进行计算，找到用户可能感兴趣的推荐对象，然后推荐给客户。

推荐系统的形式化定义如下：设 C 是所有用户的集合，S 是所有可以推荐给用户的对象的集合。实际上，C 和 S 集合的规模通常很大，如上百万个顾客、上亿首歌曲等。设效用函数 $u(\,)$可以计算对象 s 对用户 c 的推荐度，即 $u: C\times S\to R$，R 是一定范围内的全序的非负实数，推荐系统要研究的问题就是找到推荐度 R 最大的对象集合 S^*，即

$$\forall c \in C, S^* = \mathrm{argmax} u(c,s), \quad s \in S$$

对于推荐系统的研究，既有重大的社会意义，又有重要的经济意义。一方面，它可以帮助用户在信息过载和知识过载的网络环境中有效查找自己感兴趣的知识；另一方面，它可以帮助商家更好地给用户推荐商品，提高商家的服务品质，扩大销售获益。推荐算法的研究一直是推荐系统研究的重点。随着对推荐系统实时性和准确性要求的不断提高，算法实现的技术难度也越来越大，需要不断地对算法进行完善，以适应时代的发展。

8.5.2 基本方法

推荐算法是整个推荐系统中最关键的部分。推荐算法的性能很大程度上决定了推荐系统的性能与推荐效果。目前关于推荐系统的研究都集中在提高推荐效率和改善推荐效果两方面。不同推荐算法的应用环境不同，推荐效率和效果自然也不同。目前主流的推荐算法大致可以分为以下几种：

1. 协同过滤算法

协同过滤(Collaborative Filtering)是研究最早并且应用最广的推荐算法之一。该算法的研究极大地推动了推荐系统的发展，在推荐算法体系中占有重要的研究地位，迄今为止仍有大量的论文针对此算法进行研究。

该算法的基本思想借鉴了人们在日常社交生活中购买商品的方法：如果自己的亲戚朋友购买了某件商品并且对该商品评价很好，那么自己在很大程度上也会尝试购买该商品。协同过滤算法正是把该思想应用到了推荐系统中。该算法根据相似度比较对象的不同可以分为基于用户的最近邻推荐和基于物品的最近邻推荐。

1) 基于用户的最近邻推荐

基于用户的最近邻推荐的基本思想是：首先，给定一个评分数据集和一个用户 c，在评分数据集中找出与当前用户在过去有相同偏好的用户 c_i，即最近邻计算；然后，对当前用户没有购买过的物品 o，利用其近邻对 o 的评分计算预测值。

此算法包含两个方面：一是寻找当前用户的最近邻(即计算用户之间的相似性)；二是计算当前用户对物品 o 的评分值。其中，寻找最近邻是该算法的核心，推荐系统中一般采用基于关联和基于余弦两种算法来进行计算。近年来，为了提高该算法的性能，一些学者提出了其他方法，如缺省投票、用户倒排评分、实例扩展和主流加权预测等。

2) 基于物品的最近邻推荐

基于用户的最近邻推荐在用户较少的情况下执行效率较高，预测值较准确，但对于一些有着数百万用户和物品的大型购物网站来说，执行效率并不理想。基于物品的最近邻推荐，由于其离线计算的优越性，已经逐渐取代了基于用户的最近邻推荐。

该算法的核心是计算物品两两之间的相似度。由于不涉及用户，因此可以在数据库中提前计算好。当需要对用户 c 推荐物品 o 时，通过确定与物品 o 最相似的物品 o_i，计算用户 c 对这些近邻物品 o_i 评分的加权总和来得到用户 c 对物品 o 的预测评分。其中，近邻数量受限于用户评过分的物品个数。由于这样的物品数量一般都比较少，因此计算预测值可以在有限时间内完成。

值得一提的是，从社会选择的研究角度来看，有学者提出可以将协同过滤重新解释为偏好聚合的过程。社会选择理论有助于评估和比较不同协同过滤方法的质量，因此社会选择理论在推荐系统中也有着举足轻重的地位。关于这方面的内容，本书不再赘述。

2. 基于内容的推荐算法

基于内容的推荐算法与协同过滤推荐算法不同，该算法不需要用户对物品的评分数据，且不需要比较多个用户或多个物品之间的相似度。该算法的基本思想是根据用户的历史兴趣数据，建立用户模型，然后针对推荐物品的特征描述进行特征提取，最后将物品特征与用户模型相比较，相似度较高的物品就可以得到推荐。

基于内容的推荐目前主要应用于文本的推荐，比如网页、新闻、文档等。

3. 基于社交网络的推荐算法

社交网络是现实社会中人与人之间关系的延续与扩展，社交网络极大地扩展了人与人之间的交际圈，将不同行业、不同职业、不同年龄的人联系起来，因此基于社交网络的营销具有巨大的商业价值和商业潜力。基于社交网络的推荐大体上可以分为两类，即基于邻域的社交网络推荐算法和基于网络结构的社交网络推荐算法。

1) 基于邻域的社交网络推荐算法

基于邻域的社交网络推荐算法的基本思想是查询社交网络中某指定用户的所有好友，根据好友的兴趣数据，向该用户推荐好友喜欢的物品集合。不过，即使是用户 u 的好友，不同的好友与用户 u 的熟悉程度和兴趣相似度也是不同的，因此算法中还要考虑好友与用户 u 的熟悉程度和兴趣相似度。

2) 基于网络结构的社交网络推荐算法

基于网络结构的社交网络推荐算法把用户和用户的好友，以及用户和好友喜欢的物品抽象为节点，如果用户之间存在好友关系，就会在用户之间形成连线，同时如果用户喜欢某一物品，也会在用户和物品之间形成连线。通过获取社交网络数据，就可以构建出用户和物品之间的网络结构图。

此外，根据用户之间的熟悉程度和兴趣相似度，可以定义用户之间边的权重；根据用户对物品的喜欢程度，可以定义用户和物品之间边的权重。在定义好节点、边和边的权重后，对用户推荐问题的求解就转化为计算用户节点和所有物品节点之间的相关性。取与用户没有直接边相连的物品，按照相关性的高低生成物品推荐列表。

4. 基于深度学习的内容推荐系统

在基于内容的推荐中，深度学习主要用来从对象的内容信息中提取对象的隐表示，从用户的画像信息以及历史行为数据中获取用户的隐表示，然后基于隐表示计算用户和对象的匹配度来产生推荐，其中深度神经网络模型可以作为有效的特征提取工具。因此，关于基于深度学习的内容推荐系统的研究往往转化为表示学习的研究。

8.5.3 典型应用

推荐系统可以帮助银行在市场上发展与已有客户具有相似需求的新客户，当有新产品推出时，可以根据产品属性，准确地为新产品定位目标客户市场，积极开拓新市场。因此，对于银行业来说，高质量、个性化的服务是降低其运营成本、主动适应用户需求、准确定位新产品、精准决策并最终提高竞争优势的重要保障。推荐系统在互联网金融中发挥了极其重要的作用，其典型应用场景包括：

1. 基于银行客户的推荐

首先搜集客户偏好信息(以用户-项目评分矩阵形式表示)，利用客户偏好信息建立客户兴趣偏好模型，然后通过此模型计算目标客户与其他客户的兴趣相似度，最后根据相似度向目标客户推荐其可能感兴趣的银行产品。该过程可由基于用户的协同过滤算法实现。

2. 基于银行产品的推荐

通过计算银行产品间的相似性找到产品的邻居产品组，进而利用客户对产品的历史交易信息或评价信息，对预估产品进行评分并以此为客户进行推荐，该过程可由基于物品的协同过滤算法实现。

上述两个应用场景生成并完善的客户-产品匹配矩阵可将不同类型的客户与不同属性

的产品进行匹配，从而实现根据客户偏好向客户推荐相应产品的目的。客户-产品匹配矩阵可以帮助银行发现已有产品的潜在客户，在客户需求发生变化时也可以及时响应以主动适应用户需求，有针对性的推荐更能满足用户需求的新产品，从而为实现“一对一营销”的个性化服务提供了可能。

8.6 小　　结

本章顺序介绍了获客问题、用户画像、客户关系管理和自动推荐的基本概念及相关内容。

获客是金融机构最重要的一个环节，几乎所有的营运活动都是从获客这一概念开始的。获客的重要问题是解决谁是“客”，“客”在哪里以及“客”有何特征偏好。第一个问题是产品的目标定位问题，第二个问题是全渠道全场景获客问题，第三个问题则是用户画像问题，上述所有内容都在客户关系管理的框架下进行，并在此框架下通过自动推荐为用户提供精准服务。

值得注意的是，自动推荐不止通过精准营销给商家带来了巨大的附加利益，同时也提高了用户满意度，从而增加了用户黏性，为实现“获客、留客、活客”的一体化奠定了重要的基础。

第9章 风控问题

9.1 引 言

所谓风险，指的是生产目的与劳动成果之间的不确定性，如收益不确定性、成本或代价不确定性。狭义的风险表现为损失的不确定性，说明风险只能表现出损失，不能从风险中获利的可能性。风险和收益成正比，所以一般积极进取的投资者偏向于高风险是为了获得更高的利润，而稳健型投资者则着重于安全性的考虑。广义的风险表现为收益或者代价的不确定性，金融风险属于此类。

风控是风险控制的简称，是指风险管理者采取各种措施和方法，消灭或减少风险事件发生的各种可能性，或者减少风险事件发生时造成的损失。

如前所述，金融就是对现有资源进行重新整合，从而实现价值和利润的等效流通。它是人们在不确定环境中进行资源跨期的最优配置决策的行为。世界的不确定性和动态性使得人们能捕捉到的当下信息必然是不完备的，这就最终导致人们在不完备信息条件下进行的决策充满着“必然”的金融风险。

无论是银行业还是消费金融场景下的任何一种直接与间接的借贷关系，都会产生风险。广义风险不仅包含贷款人违约，也包含借贷机构或参与者的自身运营风险，以及政策、环境等各个不可控因素。在排除了政策、环境、机构等因素后，狭义的风险仅为贷款人不还钱导致。借款不还的因素多种多样，或许是客观上的无能为力，或许是主观上的不愿意。为确保借款人可以还款，应采用必要的风控手段，如在贷前进行筛查，以确保贷款人的还款能力等。

金融行业是经营风险的行业，风险控制能力是金融机构的核心竞争力。金融风险控制简称金融风控，是指金融风险管理者采用各种措施和方法，减少或消灭金融交易过程中风险事件发生的可能性或减少风险事件造成的损失。所以，金融风控是金融交易过程中的一个重要环节。

传统的风控技术多由各金融机构自己的风控团队以人工的方式进行经验控制。但随着互联网技术的不断发展，整个社会发展大力提速，传统的风控方式已逐渐不能支撑机构的业务扩展；而大数据对大批量、多维度数据的智能处理，以及批量标准化的执行流程，更能贴合信息发展时代风控业务的发展要求。越来越激烈的行业竞争也进一步倒逼各个金融机构重视大数据技术在风控方面的应用。

大数据风控即大数据风险控制，是指通过运用大数据构建模型的方法对借款人进行风险控制和风险提示。随着相关外部数据的进一步开放，市场发展达到一定阶段后，风控从业者能够使用大数据技术构建风控模型，并将模型应用到授信定价、贷前审核、贷后监控、交易欺诈侦测等业务流程中。大数据技术在风险管理领域已经有了一系列应用实践和解决方案，比如：

(1) 利用有监督学习模型，基于可观察到的交易特征变量和给定“正确答案”的案件数据，模型从正确答案中学习什么是好的，什么是坏的，从而进行正确的风险预测。

(2) 在一些交易、账户登录等场景应用无监督学习模型，在没有“正确答案”的标签数据的情况下，通过分析欺诈用户和正常用户行为模式的异同，识别欺诈风险。

(3) 在信贷场景中，基于用户的多维度数据，利用信用评分的建模方法，综合用户信用相关的多维度信息，描述用户的信用等级，衡量用户的还款能力、还款意愿等，借此对用户的风险进行评估。

本章围绕金融风险，尤其是银行业风险及风控问题展开相关内容的介绍。本章的结构安排如下：9.2 节介绍银行业公认的巴塞尔协议；9.3 节介绍基于巴塞尔协议的风险管理体系以及重要风控措施；9.4 节简单介绍大数据风控的可行性、必然性、一般流程及产品示例；9.5 节详细介绍大数据风控的相关典型应用场景；9.6 节是本章小结。

9.2 巴塞尔协议

1974 年 9 月，由国际清算银行发起，美国、英国、法国、德国、意大利、日本、荷兰、加拿大、比利时、瑞典十国集团及中央银行监督官员在巴塞尔开会，讨论跨国银行的国际监督与管理问题。1975 年 2 月，巴塞尔银行监管委员会(Basel Committee on Banking Supervision，巴塞尔委员会)成立。

2009 年 3 月 16 日，巴塞尔委员会决定吸收澳大利亚、巴西、中国、印度、韩国、墨西哥和俄罗斯为该组织的新成员。

巴塞尔委员会成立的最初目的是通过各成员国向委员会派驻代表、各国代表以每年定期召开三至四次会议的方式，为各国金融监管者提供交流共享信息和观点的平台，通过签署各种合作协议达到促进银行监管国际合作、降低银行运作风险和维护全球金融稳定的目的。尽管巴塞尔委员会并不拥有超越各国主权的监管特权，其公布实施的各项协议文件也并不具备法律约束力，但是自巴塞尔委员会成立至今，其提倡的监管标准和指导原则在国际银行业中得到了广泛应用，大大提高了各国商业银行的风险管理能力。

《巴塞尔协议》是巴塞尔委员会制定的在全球范围内的主要银行资本和风险监管标准，是为了避免各国因监管方式差异，造成合作困难而提出的一个规范，确立了资本与风险之间的动态联系机制，这些文件的制定与推广对稳定国际金融秩序起到了积极作用。

1. 《巴塞尔协议》的意义

《巴塞尔协议》的推出意味着资产负债管理时代向风险管理时代过渡，同时《巴塞尔协议》也反映出报告制定者监管思想的根本转变，体现在如下几个方面：

(1) 监管视角从银行体外转向银行体内。此前的协议都注重如何为银行的稳定经营创造良好的国内、国际环境，强调政府的督促作用以及政府间的分工协作，对银行体本身尤其是对银行防范风险屏障的资本没有做出任何有实际意义和可行标准的要求。而《巴塞尔协议》则直指主要矛盾，从资本标准及资产风险两个方面对银行提出明确要求，从而避免了监管当局劳而无获或收获甚微的尴尬。

(2) 监管重心从母国与东道国监管责权的分配转移到对银行资本充足性的监控。协议规定：银行必须同时满足总资本和核心资本两个比例要求，总资本和核心资本都必须按明确给定的标准计量和补充。这既是对以往经验教训的深刻总结，也表明报告真正抓住了事物的本质。

(3) 注重资本金监管机制的建设。资本金监管的生命力在于它突破了单纯追求资本金数量规模的限制，建立了资本与风险两位一体的资本充足率监管机制。这表明协议的制定者真正认识到资本是防范风险、弥补风险损失的防线，因而必须将其与风险的载体(即资产)有机相连。而资产的风险程度又与资产的性质相关。

(4) 过渡期及各国当局自由度的安排表明，《巴塞尔协议》真正认识到国际银行体系健全和稳定的重要性，各国银行的监管标准必须统一。这种安排充分考虑到了银行的国别差异，以防止国际银行间的不公平竞争。

2. 《巴塞尔协议》的发展

由于监管思想深刻，监管理念新颖，考虑范围全面，制定手段和方法科学合理，因此《巴塞尔协议》成了影响最大、最具代表性的监管准则。此后围绕银行监管产生的核心原则或补充规定等，都是在该协议的总体框架下的补充和完善。《巴塞尔协议》的主要发展阶段如下：

(1) 1988 年发布《统一资本计量和资本标准的国际协议》《巴塞尔协议Ⅰ》，其核心内容就是针对国际性银行监管主体缺位的现实，突出强调了两点：一是任何银行的国外机构都不能逃避监管；二是母国和东道国应共同承担职责。《巴塞尔协议Ⅰ》的出台标志着国际银行业的全面风险管理体系基本形成。

(2) 1997 年底将市场风险资本要求纳入巴塞尔资本协议；1998 年 4 月对协议进一步补充，1999 年 6 月发布《统一资本计量和资本标准的国际协议：修订框架》征求意见稿；2004 年 6 月正式出台《巴塞尔协议Ⅱ》。

(3) 2010 年 11 月，20 国集团首尔峰会批准了巴塞尔委员会起草的《巴塞尔协议Ⅲ》，要求各成员国从 2013 年开始实施，2019 年达标。该协议显著提高了国际银行业资本和流动性的监管要求。在新的监管框架下，国际银行业将具备更高的资本吸收损失能力和更完善的流动性管理能力。

3. 《巴塞尔协议》的三大支柱

《巴塞尔协议Ⅲ》构建了全球银行业全面风险监管体系的三大支柱，分别是资本要求、监管当局对资本充足率的监督检查、银行业必须满足的信息披露要求。这三点通常概括为最低资本要求、监督检查和市场纪律。其中，最低资本要求是最主要的，后两项是对第一项的辅助和支持。

(1) 第一支柱重点对资本充足能力提出要求，将资本充足率作为衡量银行稳健经营、安全运行的核心指标，将风险划分为信用风险、市场风险和操作风险三个类型，各自量化资本要求。

(2) 第二支柱要求银行建立起合理有效的内部评估程序，用于判断银行面临的风险状况，并以此为基础对其资本是否充足做出评估，监管机构对相关工作进行监督检查。这一部分从政策、制度、流程三个方面将风险分为声誉风险、流动性风险、银行账户利率风险、集中度风险、战略风险、内部资本充足率程序、压力测试等。

(3) 第三支柱旨在通过市场力量来约束银行，特别强调提高银行的信息披露水平，要求银行及时、全面地提供准确信息，加大透明程度，便于利益相关方做出判断。

《巴塞尔协议》的出台促进了风险的量化，并在此基础上衡量资本占用，用资本金充足率将风险和资本联系起来，并定性为监管合规指标。

4. 最低资本要求

以下重点介绍第一支柱最低资本要求涉及的信用风险、市场风险和操作风险。

1) 信用风险

广义的信用风险分为三类。

(1) 贷款风险：由于贷款人违约不能及时收回贷款的风险。

(2) 流动性风险：商业银行自身的信用风险，指银行此时虽然有清偿的能力，但无法提供足额资金来应付资产增加需求，或履行到期债务的相关风险。

(3) 投资的信用风险：商业银行进行投资活动时，由于投资的商品价格下跌而给银行带来损失的风险。

狭义的信用风险特指贷款风险，在贷款业务进行时，信息的不对称使得信用风险增大，即银行不能完全了解借贷人的资产状况和还款能力，因此评估借贷人的偿还能力和意愿是应对此风险的重要手段，而这往往依赖征信来完成和实现。

2) 市场风险

广义的市场风险指的是由于市场因子价格不规律的波动使银行遭受损失的风险；狭义的市场风险专指股票市场的风险，即由于利率(利率在借贷期间发生意外变动)、汇率(汇率在一段时间内发生不利变动)、股票价格以及商品价格的波动给银行带来损失的风险。

3) 操作风险

操作风险(Operational Risk)是现代商业银行经营过程中最为重要的风险之一，《巴塞尔协议》将其定义为：由于不完善或有问题的内部操作过程、人员、系统或外部事件而导致的直接或间接损失的风险。按照风险类型，操作风险可以分为七类。

(1) 内部欺诈，即银行从业人员利用职权与外部人员勾结，违规操作给银行带来损失的行为。

(2) 外部欺诈，即外人利用银行工作程序或人为漏洞进行金融欺诈的行为。

(3) 雇用合同以及工作状况带来的风险事件，即不履行合同所要求的赔偿要求。

(4) 客户、产品以及商业行为引起的风险事件，即无法满足客户需要造成的亏损。

(5) 银行维系经营的实物资产的损坏。

(6) 业务中断和系统出错。

(7) 行政、交付和过程管理的风险。

9.3 风险控制

9.3.1 风险管理体系

巴塞尔全面风险管理体系包括风险治理架构体系、风险管理目标与政策体系、风险识别与量化体系、风险评估体系、风险定价与处置体系、风险控制体系、风险信息处理和报告体系等。该体系要求银行通过上述风险管理模块有效管理自身面临的信用风险、市场风险、操作风险、流动性风险、集中度风险、利率风险等。以下逐一介绍。

1. 风险治理架构体系

风险管理的触角应全面延伸到各项业务经营部门和过程控制中，具体体现在以下几个方面：

(1) 从纵向来看，风险管理部门应该实现自上而下的垂直管理。

(2) 从横向来看，风险管理部门在各个业务部门设立风险管理窗口，各业务部门的风险管理窗口人员直接由同级的风险管理部门进行考核、聘用和管理。

(3) 从管理文化上来看，要营造全员风险管理文化，使风险管理目标、理念和习惯渗透到每个业务环节，内化为每位员工的自觉行为。

2. 风险管理目标与政策体系

风险管理目标与政策的设定要以战略目标为依据，在最高层面风险管理目标的设置过程中确定明确的风险偏好和容忍度，具体体现在以下几个方面：

(1) 将风险容忍度贯彻到中观层面和微观层面的目标设定过程中。

(2) 根据风险偏好，对不同信用等级客户的信贷业务设定不同的经济资本分配系数。

(3) 以各项经营目标为标尺，以风险报告目标为手段，建立对责任人的激励约束机制。

3. 风险识别与量化体系

高管层根据风险偏好、容纳度和设定的风险管理政策，制订风险识别管理要求和工作流程，确定风险识别的精度、频度、深度和广度，设计风险识别、风险评估和风险应对管理办法。在风险识别上，全面覆盖对单一与组合资产、宏观与微观以及内部与外部事件的有效识别和职责分工，并明确差别化的风险识别模式和反应机制。

4. 风险评估体系

针对不同的风险，应采用不同的评估策略和方法。

(1) 在信用风险评估方面，通过实施“信用风险内部评级工程”，开发和改进对公信贷的风险评估工具，分别建立各业务条线的信用风险的评分系统。

(2) 在市场风险评估方面，开发系统化的市场风险评估工具，设置以风险价值为核心的市场风险限额体系，初步建立并逐步优化市场风险情景分析和压力测试模型。

(3) 在操作风险评估方面，初期应建立操作风险评分卡，每半年进行一次评估计量，逐步创造条件建立操作风险内部衡量法。

5. 风险定价与处置体系

风险定价与处置体系是指通过风险应对规划，明晰各类风险的应对政策，根据风险偏好、容忍度以及各类风险的特征，明确各类风险应对措施的适用范围，具体如下：

(1) 在信用风险领域，明确客户以及项目准入标准，全面梳理审批政策，制定清晰统一的信贷政策。

(2) 在明确的市场风险容忍度边界下，明确各类市场工具、产品及其组合的应对策略。

(3) 引入并启动操作风险和灾难性事件风险应对管理机制和决策流程。

总体上，要补充细化、提炼和归纳风险应对策略的具体措施，通过在全行范围内收集成功的风险应对方案，对既往经验进行提炼和归类，形成具体应对措施方法体系，建立并逐步优化风险应对决策程序，提高风险应对过程的科学性。

6. 风险控制体系

风险控制体系是指建立内部控制的“参数约束”，对业务层面、业务单元的关键风险点实施有效过程控制，在系统清理过去的规章制度，识别规章制度中有效部分的基础上，全面梳理业务和管理活动中的过程网络，解决过去制度中矛盾、重复、交叉的内容，建立一整套系统的、透明的、包括操作要求与控制要求的体系化文件，逐步改变以公文为载体，发布各种程序化业务和管理活动的模式，把所有的经营管理活动都纳入这种体系化、文件化内控管理。同时，要细化、分解、落实总行的制度体系，在关键制度不变的情况下，分支行可以根据自身业务特点对一些制度、流程做适当的变更。

7. 风险信息处理和报告体系

风险信息处理和报告体系是指建立包括信贷信息、市场风险信息、操作风险损失等在内的数据库，通过信息处理系统保持数据库更新，及时反映内外部风险信息等内容。银行要建立科学灵敏的风险报告制度，对银行的风险现状进行汇总、分析，对各种风险管理政策实施效果进行分析，形成定期、不定期综合及专题报告，按照一定程序报送行内董事会和高管层的各级风险决策机构。同时要针对不同类型的风险来区分不同的报告渠道和风险报告的职责分工。

(1) 通过整合信用风险、市场风险数据，实施集中化的信贷风险和市场风险数据库。

(2) 建立操作风险事件档案，初步建立操作风险事件案例库和数据库。

(3) 改进并完善风险报告制度，明确风险报告的频度、深度和职责，针对信用风险、市场风险和操作风险的不同特点，制订差别化的风险信息传导机制，建立纵向报送与横向报送相结合的矩阵式风险信息交流线路。

(4) 出台对外信息披露管理办法，对信息披露的内容、格式、频度及职责等进行规范，建立系统化、透明度高、及时性强的信息披露机制。

9.3.2　内控与合规

内控与合规是风控的重要措施。所谓内控，指的是商业银行为实现经营目标，通过制订和实施一系列制度、程序和方法，对风险进行事前防范、事中控制、事后监督和纠正的动态过程和机制。所谓合规，是指使商业银行的经营活动与法律、规则和准则相一致，合乎规范。“规”主要是指银行外部的法律法规，还包括银行内部的规章制度。合规风险是指商业银行因没有遵循法律、规则和准则可能遭受法律制裁、监管处罚、重大财务损失和声誉损失的风险。

合规部门的主要职责如下：

(1) 持续关注法律、规则和准则的最新发展，正确理解法律、规则和准则的规定及其精神，准确把握法律、规则和准则对商业银行经营的影响，及时为高级管理层提供合规建议。

(2) 制订并执行风险为本的合规管理计划，包括特定政策和程序的实施与评价、合规风险评估、合规性测试、合规培训与教育等。

(3) 审核并评价商业银行各项政策、程序和操作指南的合规性，组织、协调和督促各业务线和内部控制部门对各项政策、程序和操作指南进行梳理和修订，确保各项政策、程序和操作指南符合法律、规则和准则的要求。

(4) 积极主动地识别和评估与商业银行经营活动相关的合规风险，包括为新产品和新业务的开发提供必要的合规性审核和测试，识别和评估新业务方式的拓展、新客户关系的建立以及客户关系的性质发生重大变化等所产生的合规风险。

(5) 收集、筛选可能预示潜在合规问题的数据，如消费者投诉的增长数、异常交易等，建立合规风险监测指标，按照风险矩阵衡量合规风险发生的可能性和影响，确定合规风险的优先考虑序列。

(6) 实施充分且有代表性的合规风险评估和测试，包括通过现场审核对各项政策和程序的合规性进行测试，询问政策和程序存在的缺陷，并进行相应的调查。合规性测试结果应按照商业银行的内部风险管理程序，通过合规风险报告路线向上报告，以确保各项政策和程序符合法律、规则和准则的要求。

(7) 保持与监管机构日常的工作联系，跟踪、评估监管意见和监管要求的落实情况。

9.3.3 反欺诈

反欺诈是对包含交易诈骗、网络诈骗、电话诈骗、盗卡盗号等欺诈行为进行识别的一项服务。在线反欺诈是互联网金融必不可少的一部分。常见的反欺诈系统由用户行为风险识别引擎、征信系统、黑名单系统等组成。

金融欺诈是指以非法占有为目的，采用虚构事实或者隐瞒事实真相的方法，骗取他人财物或者金融机构信用，破坏金融管理秩序的行为。

金融反欺诈是指金融机构通过借助技术手段，改善业务流程，检测、识别并处理欺诈行为，以预防和减少金融欺诈的发生。

1. 金融欺诈的分类

随着国内互联网金融及消费金融的蓬勃发展，加之传统金融行业也在不断地往线上转移，由此催生了更多的欺诈形式。针对不同的金融产品和场景，金融欺诈有以下几种分类。

1) 根据欺诈主体分类

根据欺诈主体不同，金融欺诈可分为第一方欺诈、第三方欺诈、同行欺诈、合作伙伴欺诈和内部员工欺诈。

2) 根据欺诈手段和对象分类

根据欺诈手段和对象不同，金融欺诈可分为以下两种：

(1) 线上手段：通过互联网植入木马等方式盗取他人信息，在消费金融平台骗取贷款或者商品，或者在传统金融机构(包括电子银行)骗取贷款的行为。

(2) 线下手段：通过信用卡偷盗、信用卡测录等方式盗取其他用户账户资金的行为，或者通过伪造申请材料进行线下面对面申请贷款的行为。

3) 根据欺诈方式分类

根据欺诈方式不同，金融欺诈可分为以下两种：

(1) 申请欺诈：以欺诈为目的，申请个人信贷账户以骗取银行等机构资金的行为，可细分为虚假身份申请和虚假资料申请两类。

(2) 交易欺诈：在真实客户或银行不知情的情况下，欺诈者以非法获利为目的，通过传统渠道或者电子渠道的转账、支付、消费等交易造成或预期造成真实客户所拥有的各账户资金或银行资金损失的行为。

由于互联网消费金融平台的服务日趋多样化，由此引发的多种形式的欺诈行为是当前互联网消费金融公司面临的最大挑战。由于网络欺诈盛行，因此进一步要求互联网金融平台提高自身的反欺诈能力，加强用户身份核实，提高对交易欺诈等欺诈行为的防控能力。

2. 影响反欺诈公司商业模式的核心因素

影响反欺诈公司商业模式的核心因素包括数据的来源及质量特征、算法模型的有效性、系统构架以及对应的反制措施。

(1) 数据是反欺诈系统的基础。基于广度、维度和深度上的全面大数据覆盖，靠数据关联形成全面具体的用户画像。

(2) 反欺诈模型是核心竞争力。在获取了海量的用户数据之后，如何高效分析并隔离出中间的欺诈因子是反欺诈模型需要解决的问题。反欺诈模型一般包括业务规则引擎和机器学习模型。

(3) 系统架构直接影响用户体验及欺诈识别效果。有了数据和模型，整个反欺诈系统架构能否稳定、有效地工作，则直接与整个系统架构的处理性能有关。反欺诈系统架构的处理性能主要体现在系统的处理速度和系统整体的稳定性上。

(4) 有效的应对措施是反欺诈系统成功的关键。反欺诈措施是整个系统针对欺诈行为采取的主动应对措施，是对欺诈分子最直接有效的回应，用于保护平台和客户的利益不受损失。

3. 反欺诈技术的分类

从技术的运用层级和着力点来看，金融反欺诈技术可分为数据采集、数据分析、决策引擎等类型。

1) 数据采集

数据采集技术是用于从客户端或网络获取客户相关数据的技术方法。值得强调的是，数据采集技术的使用应当严格遵循法律法规和监管要求，在获取用户授权的情况下对用户数据进行采集。数据采集技术包括设备指纹、网络爬虫、生物识别、地理位置识别、活体检测等。

2) 数据分析

数据分析技术是运用数据分析工具从数据中发现知识的分析方法。机器学习技术是一种通过模型预测来反欺诈的数据分析技术。机器学习技术依赖数据，通过对数据的整理分析训练出合适的模型，再利用模型进行预测，达到反欺诈的效果。数据分析有有监督机器学习模式、无监督机器学习模式和半监督机器学习模式。

3) 决策引擎

反欺诈决策引擎是数字反欺诈体系的大脑和核心。一个功能强大的决策引擎可以将信誉库、专家规则和反欺诈模型等各类反欺诈方法有效整合，并为反欺诈人员提供一个操作高效、功能丰富的人机交互界面，大幅降低反欺诈运营成本和响应速度。对于决策引擎的好坏，应当从引擎处理能力、响应速度、UI 界面等多个维度进行综合判断。

9.3.4 央行风控措施

2017 年 5 月 15 日，中国人民银行官网宣告，成立金融科技(FinTech)委员会，旨在加强金融科技工作的研究规划和统筹协调，关注金融科技发展的动向和潜在风险。监管部门对金融领域关注已久，比如：

(1) 2014 年，央行成立发行法定数字货币的专门研究小组，论证央行发行法定数字货币的可行性。

(2) 2015 年，央行发布了《非银行支付机构网络支付业务管理办法》，规范支付业务的发展。

(3) 2016 年，金融科技被列入“十三五”规划。

(4) 2017 年面向金融领域的动作更是频繁：1 月，证监会整顿各类交易场所；2 月，央行剑指比特币交易，同时国家工程实验室获批；3 月，国务院总理李克强在工作汇报中提及大数据、云计算、物联网应用；4 月，央行集中存管备付金，同时积极稳妥地推进个人征信牌照发放工作；5 月，支付宝、财付通因用户实名制问题被央行罚款……

金融科技是防范金融风险的必备之器。防范化解金融风险，是金融工作的基础任务，也是金融工作的永恒主题。由于信息技术与金融业务深度融合，因此金融产品特性趋于模糊，风险更加隐蔽，传统的风控措施难以辨别、发现和定位风险，难以应对开放互联环境下的风险传导和放大效应，急需提升风险防范能力。金融机构可以运用大数据、人工智能等技术，实现风险特征精准刻画，对异常交易自动拦截，增强金融风险的预警预判和应急处置能力。金融监管部门也可以运用数字化监管协议等监管科技手段，实时采集风险信息，透过表象看本质，提升金融监管的专业性、统一性和穿透性。

9.4 大数据风控

9.4.1 概述

通常而言，金融机构一般是通过给客户的信用状况评分来计量贷款违约的可能性，并通过客户的风险水平进行利率定价。传统的信用测算主要是利用历史借贷数据和财务数据对借款人的违约风险进行分析和判断，尽管这种方法在很长一段时间内被金融机构广泛使用，但其评价标准单一，评估结果不够全面，同时存在一定的滞后性，更为严重的是，这种基于历史数据的评估方法无法对缺乏历史借贷数据的借款人进行信用风险评估。近年来，金融机构纷纷寻找新的手段，借助新的技术，尝试构建新的信用风险评估模型。大数据风控技术正是随着大数据处理技术、计算机科技和互联网技术的出现和升级而产生的一种基于数据挖掘、机器学习等大数据建模方法的信用评估体系，目前被金融机构广泛运用到贷前信审、反欺诈、贷后管理和追偿清收等环节中。

传统风控数据是强金融数据，主要依赖身份属性和金融交易数据；而大数据风控侧重于弱数据金融化，认为所有数据都是风险数据，形成“数据、建模、研判、决策”的闭环，使风控体系不断健壮成熟，大数据金融具有以下几个典型特征。

1. 评估维度多元化

评估维度从单纯依托金融体系数据向跨领域跨行业融合数据演进，目前用于金融大数据的数据来源至少包括(不限于)：

(1) 客户授权数据，包括手机设备信息、网络节点信息、浏览数据埋点、LBS 位置信息、通信录、通话记录数据等。

(2) 人行报告数据，包含大量自然属性、贷款办理、还款能力、逾期行为、用卡行为、担保、抵押等大量信息。

(3) 外部征信数据，涵盖各类黑灰名单、金融信息、网络借贷行为数据、各类收入数据、个人资产信息、消费能力、移动通信详细信息、社交信息等。

(4) 机构日常积累的其他合规数据源，基于多维数据源，为银行、支付机构等金融业机构提供公允、标准化、高质量的信用信息，提高整个行业资金流动的效率。

2. 参与机构多元化

市场化的征信机构、智能风控分析公司以及第三方数据公司各自贡献力量。

3. 应用场景多元化

通过市场化不断推动信用产品和应用场景的创新，而场景的多元化也意味着大数据风控的应用场景和模式越来越小，越来越细。模式和场景之所以关键，是因为从科学到商业、从治理到社会政策，它们都代表着竞争的前沿。

毋庸置疑，金融大数据拥有着广阔的发展前景。2017 年央行发文要求全国商业性银行于 2017 年 8 月底前，其他商业银行于 2017 年 12 月底前，完成基于大数据技术的银行卡风险防控系统建设，提升磁条交易风险管理水平。大数据风险防控系统建设一步一步从银行风控官的案头设想变成了需要切实落地的工作要求。在当前经济大环境下，银行业务风险水平上升，各家银行对提升自身风险防控能力的需求日益迫切，而银行传统风险管理体系存在缺乏灵活性、防控手段较为落后等弊端，而大数据覆盖面广、维度丰富、实时性高和人工智能技术飞速发展的优点，使银行风控成为大数据和人工智能的热点应用领域和方向。

9.4.2 一般流程

金融行业利用大数据进行风控已经取得了一定成效。使用大数据进行风控已成为美国等发达国家互联网金融企业的标准配置。

1. 规避风险的切入点

金融平台的风险主要集中欺诈风险和信用风险这两个方面，现有的平台基本都是从以下三个环节入手规避风险：

(1) 注册与登录环节。识别虚假注册，在注册环节识别虚假信息注册的账号，并进行拦截。

(2) 申请环节。通过对借贷人进行信用评估，可信度分级，评估欺诈风险与信用风险，确定能否放贷和放贷规模。

(3) 贷中和贷后预警。在贷中，通过对借贷者还款能力及相关借贷行为的持续分析，评估借款风险，灵活调整借贷额度；在贷后及时评估信用风险及时预警。

2. 大数据风控应用场景

以下列举些许典型应用场景：

1) 核实用户身份

传统的对用户身份的核实包括五个方面，分别是姓名、手机号、身份证号、银行卡号、家庭地址。金融机构可以借助国政通的数据来验证姓名、身份证号，借助银联数据来验证银行卡号和姓名，利用运营商数据来验证手机号、姓名、身份证号、家庭住址。如果借款人是欺诈用户，这五个信息可以从其他非法途径获得，这个时候就需要更为安全的验证方式，随着人工智能技术的发展，一些基于人工智能技术的生物识别方法在金融安全领域得到了广泛应用，诸如指纹识别、人脸识别、语音识别等。但是这些技术也存在一些问题，如指纹识别可以通过指纹贴等工具伪冒。对此，有研究人员提出了一种新型的指静脉识别技术，指静脉识别利用指内血管进行身份识别，是一种活体识别技术。相比较于指纹，指内血管无法伪造，安全性更高。

表9-1概括了人工智能的生物识别技术在金融安全领域的应用。

表9-1　生物特征识别技术在金融安全领域的应用场景

技术类别	指纹识别	人脸识别	虹膜识别	指静脉识别	语音识别
稳定性	高	中	极高	高	中
可采集性	高	高	高	高	高
准确性	高	中	极高	高	中
是否接触	是	否	否	是	否
便利性	高	极高	高	高	高
应用场景	内部授权、系统登录、移动支付、人证合一	自助终端、远程身份核查	门禁管理，押运管理等高安全要求级别的场景	自助终端集成	智能客服、远程开户、柜面身份核查

2) 分析用户提交的信息

大部分的贷款申请从线下移到了线上，特别是在互联网金融领域，消费贷和学生贷都是以线上申请为主的。线上申请时，申请人会按照贷款公司的要求填写多维度信息，例如户籍地址、居住地址、工作单位、单位电话、单位名称等。如果是欺诈用户，其填写的信息往往会出现一些异常，企业可根据异常填写记录来识别欺诈，例如填写不同城市但居住小区名字相同、填写的城市不同但电话相同、填写的单位不同但电话相同，还有一些填写虚假小区、地址和单位名称以及电话等。如果企业发现一些重复或虚假的信息，申请人欺诈的可能性就会很高。

3) 分析用户线上的申请

欺诈用户往往事先准备好用户基本信息，在申请过程中，批量作业快速填写，在多家网站进行申请，通过提高申请量来获得更多的贷款。

金融机构可以采集申请人在各个环节的行为，计算客户阅读条款的时间，填写信息的时间、申请贷款的时间等，如果这些申请时间大大小于正常客户申请时间则有可能是欺诈用户，比如，填写地址信息小于 2 秒，阅读条款少于 3 秒钟，申请贷款低于 20 秒等。再比如，用户申请的时间段也很关键，一般晚上 11 点以后申请贷款的申请人，欺诈比例和违约比例较高。这些异常申请行为可能揭示申请人具有欺诈倾向，企业可以结合其他的信息来判断客户是否为欺诈用户。

4) 分析移动设备数据

行为数据中一个比较特殊的就是移动设备数据反欺诈，金融机构可以利用移动设备的位置信息来验证客户提交的工作地和生活地是否真实，另外还可以根据设备安装的应用活跃度来识别多头借贷风险。

欺诈用户一般会使用模拟器进行贷款申请，移动大数据可以识别出贷款人是否使用模拟器。欺诈用户也有一些典型特征，例如很多设备聚集在一个区域，一起申请贷款。欺诈设备不安装生活类和工具类 App，可能还安装了一些密码破译软件或者其他恶意软件。

欺诈用户还有可能不停更换 SIM 卡和手机，利用 SIM 卡和手机绑定时间和频次可以识别出部分欺诈用户。另外欺诈用户也会购买一些已经淘汰的手机，其机器上面的操作系统已经过时很久，所安装的 App 版本都很旧。

5) 分析消费记录数据

常用的消费记录有银行卡消费、电商购物、公共事业消费记录、大件商品消费等。还可以参考航空记录、手机话费、特殊会员消费等方式。例如头等舱乘坐次数、高物业费、高尔夫球俱乐部消费、游艇俱乐部会员费用、奢侈品会员、豪车 4S 店消费记录等消费数据可以作为其信用评分的重要参考。

互联网金融客户，其电商消费记录、旅游消费记录以及加油消费记录都可以作为评估其信用的依据。有的互联网金融公司专门从事个人电商消费数据分析，只要客户授权其登录电商网站，其可以借助工具将客户历史消费数据全部抓取并进行汇总和评分。

6) 分析社会网络关系

信用风险评价是一种基于评价对象多属性的评判决策，常针对具有一定内在关联评价对象的多个评价指标进行定量计算，进而对评价对象多属性的综合结果做出信用风险角度的判定。而社会网络分析是为了适应研究社会结构和社会关系的需要而发展起来的一种分析方法。其主要思想为任何一个有人参与的社会过程都是由行动者及其社会关系组成的，而且会在特定的情景中形成特定的网络结构。

社会网络分析是对社会网络的关系结构及其属性加以分析的一套规范和方法。因为它主要分析的是不同社会单位(个体、群体或社会)所构成的社会关系的结构及属性，所以又被称为结构分析法(Structural Analysis)。例如，可以参考借款人常联系的朋友信用评分可以评价借款人的信用情况，一般会采用经常打电话的朋友作为样本，评估经常联系的几个人(不超过 6 个人)的信用评分，去掉一个最高分，去掉一个最低分，取其中的平均值来判断借款人的信用。这种方式挑战很大，只是依靠手机号码来判断个人信用可信度不高，一般仅仅用于反欺诈识别。

7) 分析司法信息

涉毒涉赌以及涉嫌治安处罚的人，其信用情况通常不会太好，特别是涉赌和涉毒人员，这些人是高风险人群，一旦获得贷款，其贷款用途不可控，贷款有可能得不到偿还。

可以利用当地的公安数据寻找这些涉毒涉赌的嫌疑人，但是难度较大。也可以采用移动设备的位置信息来进行一定程度的识别。如果设备经常在半夜出现在赌博场所或赌博区域例如澳门，其涉赌的风险就比较高。另外中国有些特定的地区，当地一部分人群从事涉赌或涉毒行业，一旦申请人填写的居住地址或者移动设备位置信息涉及这些区域，也要引起重视。涉赌和涉毒的人员一般没有固定的工作收入，如果申请人经常换工作或者经常在某一个阶段没有收入，这种情况需要引起重视。涉赌和涉毒人员活动规律比较特殊，经常半夜在外面活动，另外也经常住本地宾馆，这些信息都可以参考移动大数据进行识别。

9.4.3 典型产品

1. 典型的大数据风控产品

针对具体的场景，大数据风控已经取得了很大成就，很多公司推出了针对不同场景的大数据风控产品，比如：

1) 芝麻信用

芝麻信用是基于阿里巴巴的电商交易数据的互联网金融数据所建立起来的大数据风控产品，并与公安网等公共机构建立了密切的数据合作。芝麻信用除了考虑传统征信数据之外，还涵盖了信用卡还款、网购、转账、理财、水电煤缴费、租房信息、住址搬迁历史、社交关系等。利用这些方方面面的数据，推出了人脸认证的实人核实、直观量化用户信用情况的信用分、识别用户是否有不良记录的行业关注名单以及用于反欺诈服务的申请欺诈评分和欺诈信息验证服务。其中的信用分已得到一定规模的应用，用户可以根据满足不标准的信用分得到免押租车、租房等服务。

2) 京东金融

京东金融是京东数字科技旗下子品牌，其基于互联网数据，构建了业内领先的科技风控和消费者信用评估体系，帮助年轻消费者、市场长尾用户发掘和变现其信用价值。2014 年 2 月，京东金融推出明星产品“白条”成为业内首款互联网消费金融产品，2014 年 5 月，针对白条用户的量化评分卡落地，搭建了小白信用分个人征信评估体系。2015 年 6 月，京东金融投资美国大数据分析公司 Zest Finance，完善大数据风控体系，形成了由多种大数据机器学习模型构成的弱分类组合预测模型，运用机器学习算法和数据技术帮助金融机构做出更精准的金融风控及营销决策，使得更多借贷者能够获得信用服务、放贷方能获得更高还款收益。此外，在未来京东金融利用自身优势，结合合作伙伴的前沿数据技术，进一步完善我国的消费信贷信用评估服务，满足市场需求。

3) 百度金融

百度金融是百度发展迅猛的新兴业务，依托百度在大数据及人工智能领域的前沿开拓，正逐渐形成大数据风控、个性化投资顾问等智能金融模式，成为生态级互联网金融平台。在百度金融的业务架构中，百度消费金融以“百度有钱花”切入，利用大数据技术建立征信体系，让金融供给惠及大众，目前已在教育领域落地，用户可享受远程异地预授信，并获得秒批体验；百度理财结合百度人工智能研发成果，以智能投顾为着力点，为用户提供智能化的资产配置服务；百度金融风控体系，将风控管理经验与百度人工智能、大数据技术融合，独创具有百度特色的风控管理体系，守护用户资金安全。

4) 微众银行

腾讯旗下的微众银行作为国内首家民营科技银行，除了面临一般意义的银行金融风险外，还要面临互联网行业特性的挑战。自上线以来，微众银行结合监管部门的规定，以科技为依托，打造了一套独有的以“传统数据+互联网数据”为基础的互联网金融风控体系。依靠自身的大数据技术优势，微众银行对客户名单进行分析、筛选，并通过信用评级方法完成白名单的筛选过程。针对各类欺诈风险，如伪冒开户、虚假资料、道德风险、虚假交易、团体欺诈、账号盗用、机器恶意攻击等，形成了微众银行独有的欺诈风险防范工具箱系统，可实现快速制订和组装各类产品及欺诈防范策略，及时识别防控欺诈风险。

5) Zest Finance

Zest Finance 是一家美国金融科技公司，主要做的是将机器学习与大数据分析融合起来，提供精准的信用评分，其核心竞争力在于数据挖掘能力和模型开发能力。在其模型中，往往要用到 3500 个数据项，从中提取 70 000 个变量，利用 10 个预测分析模型，如欺诈模型、身份验证模型、预付能力模型、还款能力模型、还款意愿模型以及稳定性模型，进行集成学习或者多角度学习，并得到最终的消费者信用评分。目前已经开发出八类信用评估模型，包括市场营销、助学贷款收债、法律收债、次级汽车抵押贷款等，用于不同信用风险评估服务。

6) FICO

FICO 的全称为美国个人消费信用评估公司，通过使用预测分析技术帮助企业在整个组织和客户生命周期中实现决策的自动化、改进和关联性连接。FICO 与全球 80 多个国家和地区的客户携手，帮助他们提高客户忠诚度和盈利率、减少欺诈损失、管理信贷风险、满足监管与竞争要求并快速获取市场份额。大多数世界领先银行和信用卡发行机构，以及保险公司、零售商、医疗保险机构及其他公司都采用了 FICO 的解决方案。FICO 先后为包括中国工商银行、中国建设银行、中国银行、交通银行、招商银行、光大银行、中信银行、平安银行在内的中国著名银行提供了先进的技术、咨询和分析服务，以帮助银行有效管理信贷风险和业务增长，并实现合规性目标。

2. 大数据风控面临的挑战

应该注意到，大数据风控在具体实践中仍然面临巨大的挑战。

(1) 大数据风控技术无法解决数据孤岛问题。当交易在不同金融机构之间进行时，数据孤岛导致了信息的不对称、不透明，带来了大量的多头债务风险和欺诈风险。金融信贷行业若想利用大数据风控技术提升风控水平，就必须打破数据孤岛，解决信息不对称和信息获取不及时的问题。

(2) 数据低质的问题也一定程度上影响了大数据风控的质量，特别是来源于互联网的半结构化和非结构化数据，其真实性和价值密度很低。

(3) 关于数据的另一个问题是如何解决样本不平衡问题，在金融风控场景下，负例样本(如欺诈用户、失信用户、欺诈数据等)往往远远小于正例样本(正常用户)。

(4) 恶意欺诈与欺诈检测是此长彼消的持续博弈过程，这意味着风控模型需要持续改进和完善。

9.5 应用场景

9.5.1 基于大数据的反洗钱

洗钱是一种将非法所得合法化的行为，现代意义上的洗钱是指将毒品犯罪、黑社会性质的组织犯罪、恐怖活动犯罪、走私犯罪、贪污贿赂犯罪、破坏金融管理秩序犯罪、金融诈骗犯罪的所得及其产生的收益，通过金融机构以各种手段掩饰、隐瞒资金的来源和性质，使其在形式上合法化的行为。

反洗钱是指政府动用立法、司法力量，调动有关的组织和商业机构为了预防通过各种方式掩饰、隐瞒上述犯罪所得及其收益的来源和性质的洗钱活动而采取相关措施的行为。

目前，常见的洗钱途径涉及银行、保险、证券、房地产等各种领域。从国际经验来看，洗钱和反洗钱的主要活动都是在金融领域进行的，几乎所有国家都把金融机构的反洗钱置于核心地位，国际社会进行反洗钱的合作也主要是在金融领域。

传统的反洗钱模型会对一段时间内客户的交易行为进行分析。比如，从各系统交易流水表中提取一段时间内客户的账号、客户号、客户名称、对手账号、金额数量大于一定限额的外币交易，这里面还要考虑单日交易的交易额是否超过一定额度，或者在一段时间内流动总金额是否超过一定限额，有时还要考虑每次交易金额是否都是 100 的整数倍等。显然，传统做法有很大的局限，比如在反洗钱的监测系统技术的应用过程中，自动的可疑支付交易电子识别系统管理滞后。在无法实现大额和可疑资金交易数据信息由计算机系统提取的情况下，各商业银行只能依靠人工提取和手工上报，以至于反洗钱的工作量很大，效率也很低。

早期的反洗钱系统都是针对上述不足展开的，比如美国 FinCEN 的 FAIS(FinCEN Artificial Intelligence System)处理流程可以分为几个阶段，每一阶段的输入是上一个阶段的输出。

(1) 对交易进行分类。按个人或企业进行分类，产生的新元素称为主题，按银行账户进行分类产生的新元素称为账户。

(2) 数据分析。利用交易中的指标或通过交易计算的派生指标评价可疑的交易、主题和账户，并对它们进行一系列的可疑程度打分。

(3) 人机交互。根据评分及其他准则，分析员挑选主题或账户，利用关联分析，画出金融活动网络图来判断正常的交易活动和洗钱活动。

反洗钱监管数据量的增大使数据的潜在利用价值上升，将大数据技术应用于反洗钱工作能够充分发挥商业银行的数据优势，具有风险管理更完善、风险预防比重更高、判断能力更精确、反洗钱工作效率提升等优点。

大数据技术的应用使得反洗钱监管形成一个从数据收集、整合、分析、挖掘到展示的完整闭环。它的起点是多个独立的关系型数据源(多是金融机构在日常经营中产生的大量数据)，经过数据整合之后形成统一的、多元的数据仓库，再根据监管需要重新取出若干数据或构造多维立方体进行联机分析，或进行数据挖掘，发现潜藏的规律和趋势。

反洗钱“大数据”的重要组成部分是金融机构在日常经营中产生的大量数据，但这并不意味着要控制所有的数据，仅仅吸取那些重要部分就可以了。例如，与金融机构初次建立业务关系的客户身份基本信息、符合规定金额的一次性金融服务的交易明细、现金存取等高风险业务的明细信息或清单等。特别需要注意的是，反洗钱监管数据需要制订相应制度，确定不同种类的数据保存和删除时间，这不但杜绝了数据仓库的数据冗余，还可以激励数据使用者在有限的时间内尽力挖掘数据的价值。

除此之外，数据的价值很大一部分体现在二级用途上，所以建立隐私保护和保密模式的重心，不仅在于收集数据之初取得个人同意，还应该放在数据使用者为其行为承担责任上。当然，对于反洗钱监管的行政行为，必须设立规章，规定数据使用者应如何评估风险、如何规避或者减轻潜在危害。

在数据分析方面，由于交易往往涉及多个节点形成的关系网络，因此，复杂网络分析往往是主要的候选技术之一。比如，将交易构建成网络后，从复杂网络的异常交易结构入手，通过对异常交易进行风险量化，从而发现高可疑度的洗钱团伙，为后续集中力量开展洗钱调查打下坚实基础。

最具代表性的基于大数据的反洗钱产品是腾讯的财付通反洗钱系统、京东金融的反洗钱平台、北京捷软世纪信息技术有限公司的 Actimize 银行反洗钱产品、上海新致软件股份有限公司的反洗钱检测管理系统、中软融鑫反洗钱监测平台、锦悦软件反洗钱系统等，此处不再赘述。

9.5.2 基于大数据的第三方支付欺诈检测

第三方支付指的是由具备一定实力和信誉保障的独立机构作为第三方，居于买卖家之间进行收付款作业的交易方式。在中国，第三方支付被称为网络支付业务，是指收款人或付款人通过计算机、移动终端等电子设备，依托公共网络信息系统远程发起支付指令，且付款人电子设备不与收款人特定专属设备交互，由支付机构为收付款人提供货币资金转移服务的活动。常见的第三方支付系统有 PayPal、支付宝、财付通等。

欺诈是指以使人发生错误认识为目的的故意行为。网络支付中的欺诈主要通过木马、盗号、假币、虚拟交易、信用卡套现、盗卡、伪造卡、钓鱼网站等手段来实现，其种类有未经授权交易欺诈、信用卡/借记卡盗用、收款方的信用欺诈、利用买家保护与卖家保护政策的欺诈、同谋、洗钱等。当欺诈发生时，受害者可能是买家、卖家和支付机构。

1. 第三方支付内部流程

一个完整的第三方支付内部流程一般包括参数校验、支付路由、风险评估、生成订单、调用渠道服务、更新订单和发送消息这 7 步，对于一些比较复杂的服务，还会涉及异步通知。具体的处理步骤如表 9-2 所示。

表 9-2 第三方支付内部流程

步骤	功能	描述
1	参数校验	对输入执行参数校验，避免接口受到攻击。 (1) 验证输入参数中各字段的有效性，比如用户 ID、商户 ID、价格、返回地址等。 (2) 验证交易主体、交易对手等账户是否处于可交易状态。 (3) 验证订单号的有效性，为了避免用户缓存某个 URL 地址，还需要校验下单时间和支付时间是否超过预定的间隔。 (4) 验证签名(防止支付接口被伪造，也可以在网关中统一完成)
2	支付路由	根据用户选择的支付方式确定完成该操作的合适支付渠道(支付路由会综合考虑收费、渠道的可用性等因素来选择最优方案)
3	风险评估	检查本次交易是否有风险，根据评估结果返回以下三种输出的某一个。 (1) 阻断交易：表明交易是高风险的，需要终止，不执行第 5 个步骤。 (2) 增强验证：表明该交易有一定的风险，需要确认下是不是用户本人在操作。 (3) 放行交易；表明本次交易是安全的
4	生成订单	将订单信息持久化到数据库中
5	调用渠道服务	通过第三方通道来完成执行。一般银行渠道的调用比较简单，可以直接返回结果。一些第三方支付会通过异步接口来告知支付结果
6	更新订单	对于同步返回的结果，需要在主线程中更新订单的状态，标记是支付成功还是失败。对于异步返回的渠道，需要在异步程序中处理
7	发送消息	通过消息来通知相关系统关于订单的变更
8	异步通知	如上述流程，其中涉及调用远程接口，其延迟不可控

表 9-2 所示的步骤中，比较关键的是前 3 步，尤其是第 3 步风险评估，需要通过风控系统评估和降低支付风险，比如，通过生物探针技术发现本次交易行为与往常不一样(生物探针技术能够根据用户使用 App 的力度、手指触面、滑屏速度等指标判断用户的使用习惯，并将其固化为用户的一种“特征”)、通过行为序列技术发现交易记录有异常(根据支付方历史交易金额、购买产品类别等进行对比)、通过关系图谱技术分析交易主体关系的异常(交易对方是否被列入黑名单，购买产品与历史购买产品的关联度太小)等。

2. 防止网络欺诈的方法

为降低网络欺诈案例中的赔付损失，各个支付机构开始健全风险管理机制，提高反欺诈技术，主要方式有：

(1) 实行实名制认证：对卖家入驻、买家注册的入网资格严格把控并验证客户身份，对消费者举报过的商家进行关注和复审，甚至关闭与其合作的通道。其次在绑定和交易时要验证支付结算工具的合法性。

(2) 加强技术安全保障：在技术上使用数字签名、PCI-DSS 认证、数字证书加密以及密码安全控件相结合的金融级别的安全控制体系，以此确保通过支付机构的每一笔支付均能够获得最高级别的安全保障，不断完善风险控制硬件基础设施。

(3) 完善支付风险控制：重点内容包括风险评级和信用评级、黑白名单制度、欺诈监控管理与报告、可疑欺诈交易监测、由专业的风险团队分析处理欺诈事件。

(4) 对用户建立交易保障和赔付机制：用来保证买卖双方避免遭受欺诈、促进公平交易，是一种交易保障。

(5) 建立风险管理平台：用户在网上的非正常交易可在平台中被及时抓取，并得到解决或引导，同时为客户遭遇网络欺诈时争取解决时间，将损失降到最低。风险控制平台能24 小时提供事前、事中和事后的风险分析，建立业务风险规则引擎是最直接有效预防欺诈交易和发现欺诈行为的手段。

(6) 风控模型建立：在风险控制平台上建立基于统计学的“风控模型”。并保障模型的可扩展性。利用先进的数理统计技术，如神经网络模型进行深度的数据挖掘，发展交易欺诈风险评分模型，来预测用户交易存在欺诈行为的概率，为制订智能型反欺诈策略提供科学的依据。

(7) 借鉴反欺诈经验：学习国内外反欺诈的 IT 技术和管理经验，借鉴传统银行业和老牌网络支付行业的反欺诈经验，对欺诈风险控制也有极大的促进作用。

随着第三方支付和网上银行业务的发展，实时发现欺诈或是疑似欺诈的交易有助于及时采取相应的风险控制措施，从而有效预防欺诈带来的负面影响，降低其对整个经济系统的影响。从信息系统安全的角度考虑，这个问题可以看作是预测问题，通过尝试探查第三方支付操作中的不规则动作，发现可能的欺诈行为。

3. 防止网络欺诈的风控系统

防止欺诈的传统做法是采用人工方式进行甄别，即银行人员观察客户的交易账单，发现其中的问题，由于交易量巨大，这种工作往往是低效甚至是无效的。随着计算机和信息技术的发展，让自动化发现客户账户中不规则和可疑交易成为可能。但是，考虑到主流业务规则的快速变化、支付欺诈手段层出不穷，金融反欺诈技术也在不断进化，这使得设计和开发这样的识别系统变得十分困难。因此，使用机器学习和数据挖掘技术，通过数据建模，从大量不同类型的数据中发现欺诈行为，已经成为这一领域的主流思维。

下面简介基于大数据与人工智能的风控系统。

1) 蚁盾风控

蚁盾风控是支付宝的一代风控系统，数字身份识别、智能风控以及数据隐私保护是其三大关键能力，数字核身是数字化时代风控的关键环节，是金融机构在线了解客户的手段。以人脸识别、指纹识别、虹膜识别、活体检测等技术为主的生物识别，以及智能设备终端、传感器识别等，组成了蚁盾风控大脑数字核身解决方案。下面重点介绍智能风控，具体体现在以下四个方面：

(1) 智能监控预警(AI Ray)：传统风险监控方式是系统级监控，比如将某个阈值设置在5%或者是10%，属于统一(静止)规则驱动。蚁盾风控将业务经验预警和模型驱动的智能预警相结合，能做到对问题的智能下探，实现自动监控。

(2) 多层级漏斗智能识别与决策(AI Decision)：风控大脑自底向上设置了5个不同的风险识别层级(T0～T4)，在每个层级实施不同的策略和方法不同，具体如表9-3所示。

表9-3 蚁盾风控5个层级描述

序号	层级	描 述
T0	终端层	在用户使用的移动终端上作风险识别
T1	可信层	快速识别层，比如判定某账号在相应的Wi-Fi或4G环境下是安全的，是一个可信的环境，那么就快速通过，借此减轻风控系统压力
T2	风险层	深度识别层，通过大量的风险策略和模型去判定这个交易是否有风险，此层是风险识别的主战场
T3	决策层	异步识别层，针对一些特定场景和风险，使用具体算法提升整个风控算法的覆盖率和准确率
T4	保障层	识别出风险后，在风险决策上使用模型驱动的个性化风险决策(根据用户的喜好和可用性、适用性推荐不同的校验方式，例如老人尽量推荐使用人脸；手机丢失不能使用短信验证了，就改为其他验证方式等)，给出最终的风险决策操作

(3) 智能分析洞察(AI Insight)：蚁盾风控大脑强调人机协同的理念，充分利用计算机的自动化和高性能(如存储、搜索、比对等重复性的工作)以及人的主观能动性(如洞察分析)，通过计算机实现快速定位异常，将可能的异常交易和对象缩小在一个相对较小的范围内，然后，由人来分析判定是不是存在风险。

(4) 智能优化(AI Optimize)：策略的产生需要经过多维分析、策略推荐、仿真、上线等几个过程，时间和人力成本很高。而采用机器学习方式，则能够有效降低这些成本。其中一个很重要的概念是迁移学习，迁移学习可以实现同样的模型在切换了应用场景后，仍然具有较好的效果。

2) AlphaRisk

AlphaRisk是支付宝第五代智能风控引擎，其不仅能够对每个用户的每笔支付进行7×24小时的实时风险扫描，同时通过不断新增的风险特征挖掘和优化算法迭代的模型，能够自动贴合用户行为特征进行实时风险对抗，在数亿交易中准确识别用户被骗支付的欺诈风险交易，不足0.1秒就能完成风险预警、检测、管控等复杂流程。

AlphaRisk 通过应用 AI 技术，颠覆了传统风控的运营模式，将人类直觉 AI(Analyst Intuition)和机器智能AI(Artificial Intelligence)进行了结合，打造了这个具有机器智能的风控系统。AlphaRisk 包括风险感知(AI Perception)、风险识别(AI Detect)、智能进化(AI Evolution)、自动驾驶(AI Auto Pilot)四个模块。

(1) 风险感知：通过 7×24 小时实时监控预警，负责解决事前风险预警、事中风险感知、事后风险应对的运营问题。

(2) 风险识别：通过 5000+风险特征以及八大评分模块，提供毫秒级的精准风险识别能力。

(3) 自动驾驶；基于风险场景和用户状态智能推荐管控策略。

(4) 智能进化：通过模型自动迭代、自动机器学习、特征自动生成和风险模型攻防，实现 T+0 在线模型自动更新。

9.5.3 基于大数据的企业贷后风险评估

作为风险管理活动的组成部分，风险评估提供了一种结构性的过程以识别目标如何受各类不确定性因素的影响，并从后果和可能性两个方面进行风险分析，然后确定是否需要进一步处理。企业贷后风险评估即企业贷款后的风险评估。

1. 基于大数据的企业贷后风险评估的组成

基于大数据的企业贷后风险评估主要包括以下几个部分：

(1) 打通行内外“信息孤岛”，自动获取批量数据。为帮助提升企业各类信用在银行融资中的征信作用，经企业授权，通过与相关部门合作，大数据系统对接政府机构数据公开端口，连接因地区封锁和部门分割形成的外部“信息孤岛”，自动接收并即时导入最新外部数据，系统获取信息的覆盖面广且取数充分，构筑起外部信息交互的工作平台。

同时需融合内部各条线的信息干支，在内部数据闭环的基础上实现信息共享，增强市场敏锐度和机会把握能力。不仅批量获取小企业在银行内部的账户性质、日均存款、销售收入、资产规模、净资产等法人信息，还获取了企业主及配偶的结算流水、信用卡交易等个人信息，强化内部信息的整合运用。

此外，互联网数据也是企业贷后风险评估的重要来源，企业经营产生的经营数据、互联网订单数据、评价数据、互联网影响力、信息传播能力以及舆情数据等都可以作为重要的参考维度。

(2) 利用大数据分析技术自动分析监测信息。传统的贷后监控平台大多数仅仅实现信息数据的简单堆砌和全量展示，对业务分析、风险提示、预警应用、发展指引等方面均缺乏针对性纠偏和指导。大数据技术在这一实际运行中，其分析应用能力(至少)体现在：

① 清理分析原生数据，形成有效的再生数据。在获取的原生大数据中，通过数据质量治理形成再生数据，以确保预警信号发布的准确性。

② 分析再生数据之间的关联关系、对应关系和勾稽关系，不断校验、对比、总结内在规律，遴选关键数据。

③ 按照上述数据对信贷业务的重要性程度，初步归纳出优质客户、一般客户与退出客

户的数据特征和数据差异性。

④ 通过总结历史不良成因归纳出小企业信贷业务风险特征，大数据系统设定预警指标和预警值，并为不同产品设置差别化的预警信号。

⑤ 按预定规则有效整合关键数据，大数据系统最终形成以“交易数据、行为数据、经营数据、履约数据”四大板块为核心区块的小企业贷后远程监测体系，实时进行风险预警。

⑥ 把新发生的不良贷款放回大数据系统进行预警重检，不断校验预警指标的合理性，以实现数据有效利用、不断优化升级预警结果的准确度和有效率。

(3) 自动化贷后风险预警。大数据系统有别于传统贷后管理方法和风险监测技术，是仅借助现有少量硬件设备、低成本运行的独立性生产系统。优势特点表现在：

① 经企业授权，通过与相关部门合作，大数据系统对接行内外数据源，无须人工反复干预，确保了原生数据的准确性和及时性，打破以往人工成本高的瓶颈问题。

② 通过程序规则设计，系统通过大数据技术进行前瞻性布局与敏感性分析，无须人工参与加工，确保了数据应用的有效性，构建起小企业经营风险的自控工作机制。

③ 根据预警值的偏离度，自动将信贷客户分为“正常客户、观察客户、预警客户”并实施“分类管理、一户一策”贷后管理机制，差别化设定贷后检查措施，针对性防范并化解风险事项。

④ 该系统中所有信息均在同一平台上集中展示，数据可视化程度高，便于全体小企业经营管理人员的查询与下载。同时，其强大的可持续性开发功能允许开发人员能轻松通过增加任一子模块来自动对接行内外各个数据平台接口，提高系统升级优化的及时性；同时系统管理人员也能根据本行发展需求和风控要求，自由增减预警指标、修正优化预警参数，确保预警质量。

2. 大数据在企业贷后风险预警体系的应用

大数据在银行客户贷后风险预警体系的应用主要领域包括单客户风险预警、客户群风险预警、风险传染预警等。

1) 单客户风险预警

在单客户贷后风险预警系统建设中，一种做法是在企业贷款支用环节，在客户支用贷款资金以后，银行可以采用大数据手段，采集企业资金流向数据，分析企业资金流向规律，对企业未按照约定支付、支付规律出现异常的行为进行预警。另外一种常见的做法是建立客户大数据信息监测库，动态抓取社交媒体、网站新闻、环保、工商、税务、海关、企业股票价格、企业债券价格、企业CDS价格等涉及客户的外部信息，通过文本分析及内容挖掘技术，对涉及企业的关键词和负面新闻进行识别，将识别后的信息转换成标准分类，建立企业信息索引库，结合企业在银行内部的征信信息、交易流水信息、贷款逾期信息、资金往来异动信息等，部署企业信息预警规则，建立完整的企业预警信息系统。在此基础上，将其和银行信贷系统打通，把预警系统中按规则触发的信息，发送总分支行的有关责任主体，完善贷后预警体系。

2) 客户群风险预警

大数据在客户群风险的监测和分析中典型的应用之一是担保圈风险监测。银行可以根据数万信贷客户之间互相担保关系的大数据，生成担保圈关系图谱，并建立担保圈风险监测体系。在担保圈中，可以找出担保圈中的关键风险人，一旦担保链中出现崩塌式违约，可以及时切断风险在担保链上的波浪式传导。在担保圈中，找出高危担保圈、良性担保圈，实现担保圈风险分类、监控和处置。类似思路也可用于建立上下游供应链企业客户群、集团客户群、商圈客户群风险动态监测和预警等。

3) 风险传染预警

利用大数据发现客户在银行不同产品之间风险梯次传播规律，实现不同产品之间的风险预警，及时止损。如可以根据中小企业的法人代表和实际控制人的个人贷款风险特征(如信用卡额度及使用情况)，监测小企业公司贷款的风险状况，还可以通过企业员工代发工资情况监测企业资金链变化和经营风险等。反过来，也可以根据企业贷款风险情况，分析企业主个人贷款(如个人经营性贷款、个人消费贷款、信用卡)风险状况的变化，减少风险在各贷款产品之间的相互传导。在零售领域，也可以根据信用卡风险特征变化监测个贷风险特征情况。

3. 大数据在企业贷后风险管理的应用实例

(1) 成立于 2014 年的百融(北京)金融信息服务股份有限公司是一家利用大数据技术为金融行业提供客户全生命周期管理产品和服务的高科技公司。百融金服与传统风险管理模式在评估内容、技术手段、数据来源、分析维度、评估模型等方面都有很大的区别，并且不受限于借款对象是否有信贷历史，因此有效弥补了传统风险控制模式覆盖面不足的缺陷，极大降低了单个用户的征信成本。百融金服引入的机器学习技术，让信贷弱相关变量发挥作用，引入了知识图谱技术，打通了多来源数据之间的关系，为银行的信贷风险管理奠定了良好的技术支撑。针对大量信贷不良用户均存在失联的情况，百融金服利用互联网行为、社交关系等数据，对信贷不良用户及其主要联系人进行数据修复，使信贷不良用户恢复至可触达状态，大大提高了不良贷款的回收率。

(2) 金电联行(北京)信息技术有限公司成立于 2007 年，是国内一家利用大数据理论和云计算创建的客观信用评价体系为中小微企业提供信用融资授信、为金融机构提供量化风险管理、为政府社会信用体系建设提供服务的技术型国家高新科技企业。它提供的具体服务包括：向用户提供企业社会行为的信用记录查询、评价和跟踪；将企业信用的数据综合展示在一个平台上，以供用户一站式查询企业在工商、税收、司法、环保等社会方面的动态信用评价和记录；综合提供各种政府公开的企业社会行为方面信用数据的查询；按照工商信息、税收信息、司法信息、环保等模块结构性展示企业社会信用报告；提供企业的社会信用评价报告。

(3) ADVANCE.AI 成立于 2015 年 6 月，总部位于新加坡，以 AI+大数据为东南亚市场的企业提供信用评估、反欺诈、e-KYC 等服务。其信用评估产品包括信用评分、欺诈评分、多头评分、电信评分、风险关注名单等。ADVANCE.AI 在千万级的东南亚本地样本的基础上基于千维特征建立各个场景的征信模型，从多个维度综合评估用户信贷风险，依托大数据、云计算、机器学习等技术，提供 e-KYC 解决方案、智能决策引擎和联合建模服务，覆盖贷前审核、贷中监控和贷后催收全生命周期的风险管理。

9.5.4　基于大数据的催收管理

应收账款管理是指在赊销业务中从授信方(销售商、借方)将货物或服务提供给受信方(购买商、贷方)，债权成立开始，到款项实际收回或作为坏账处理结束，授信企业采用系统的方法和科学的手段，对应收账款回收全过程所进行的管理。广义的应收账款管理分为拖欠前管理(从债权开始成立到应收账款到期日这段时间的管理)和拖欠后管理(应收账款到期日后的账款管理)，前者往往称为应收账款管理，而逾期后的账款管理叫作商账追收(Debt Collection)，俗称催收。

1. 催收管理的目的

催收管理一般有以下四个目的：

(1) 催缴应收款，防止不良借款演化成坏账。

(2) 为了维护账户资料，记录新的联系信息，包括客户新的电话、地址、工作单位，也就是完善客户资料。

(3) 了解账户逾期的原因，协商并且寻找解决账户债务问题的途径。因为不是所有的账户都有足够的还贷资金，所以可能需要重新商量还款计划。

(4) 为了反馈风险信息，校准市场拓展和信贷审批政策。

2. 催收行业的变化

催收是一个很传统的行业。传统的催收包括电话催收、信函催收、上门催收等方式。这些催收作业完全依靠人力完成，且没有对案件进行分类，企业出于对绩效的追求，往往仅能通过增加人均作业量来提升收款效率和加快收款速度，也正是因为这样，早期的催收管理往往被认为是劳动密集型产业。另一方面，传统催收往往和“红油漆”“暴力”等字眼同时显现在公共新闻上，这就容易引发对催收行业的偏见；加之催收是一个非标准化的个性服务，很难被技术革新。此外，不良资产的处置，包括不良资产估值和风险定价的专业机构，在中国都非常缺乏，这也使得催收在中国一直处于“欠发达”状态(以美国为例，美国的金融和信用体系已经经历了超过 200 年的发展期，加上其更为先进的科学技术和完善的法律机制，美国的催收行业目前已经是典型的科技密集型产业)。随着互联网金融的发展，特别是诸如现金贷的兴起，催收行业发生了翻天覆地的变化：

(1) 贷后业务需求快速增长。互金和现金贷的兴起导致催收行业的需求大幅度增加，很多甲方将催收独立出去单独运作。

(2) 人员成本不断上涨。由于现金贷等业务快速扩张，导致催收行业人员缺口巨大，人员成本翻倍增长。

(3) 贷后行业数据及科技渗透率低。目前大多数公司贷后管理仅停留在报表和系统层次，较为落后，急需科技提升效率。

(4) 随着业务规模上升，贷后数据及催收语音库规模呈指数增长，为大数据赋能积累了大量数据。

3. 智能催收的数据来源

由于上述种种契机，基于大数据的智能催收开始在市场上崭露头角并迅速发展。以 True Accord 公司为例，该公司声称自己“利用机器学习和行为分析等手段，实时了解客户行为，并及时更新解决方案”。到 2016 年底，True Accord 已有 60 万用户，并获得 1270 万美元融资。值得一提的是，这家公司此时仅拥有 15 名员工，完全颠覆了催收公司“劳动密集”的传统观念。

大数据催收的基础是建立对债务人的全方位信息监控，其主要的数据源类别有(不限于)：

(1) 通过其身份、身份特质和行为偏好等数据的海量对接，使催收人员在线上即能轻松对债务人的信息进行全方位了解和监控，从而形成对失联客户的信息修复。

(2) 为了有效改善债务人失联这个行业痛点，在传统催收数据中融入社交数据，借此精准勾勒逾期客户画像，拓宽债务人的联系渠道，这也是目前的一个通常做法。

(3) 除了文字数据的整理和分析之外，有些平台已经和语音识别等技术进行结合(特别适合于催收过程中的数据采集)，开发基于机器识别和处理技术的自然语言系统，将催收记录标准化。

4. 智能催收管理的应用

在对债务人有了充分了解的基础之上，依托人工智能技术，通过智能分案模型，自动对应与其相适应的催收人员，采取合适的方式，才能完成催收。大数据在智能催收管理上的应用主要集中在催收模型体系构建和催收业务优化两个方面。

1) 催收模型体系构建

催收模型体系构建是实现智能化催收的核心，一般包括：

(1) 贷中/贷后模型。利用 AI 和机器学习技术可以构建贷中/贷后模型，通过分析用户的身份信息、交易与还款行为以及互联网行为等数据，输出用户的逾期/还款概率，从而对用户进行分群，针对不同还款意愿和能力的用户采取不同的资源组合(机器人或者人工)和催收策略(短信、IVR 语音通知、电话、上门拜访等)。

(2) 用户画像模型。对催收用户画像的目的是在分析还款概率的贷中/贷后模型的基础上，找出不同用户群体之间的相同特征，能够促进催收作业的优化，增加或修复用户的触达方式。同时，这种特征的提取还能反馈到贷前，成为信贷审批和反欺诈的依据。

(3) 拨号策略模型。拨号策略模型根据拨打效率和回款率等相关维度对催收座席进行聚类分析，挑选通话效率高、回款率高的座席作为研究数据。通过训练，模型最终能够根据目前的催收场景，给出号码拨打的概率预测。拨号策略模型能够帮助精简后台信息，提升催收作业的效率。

(4) 话术策略模型。话术策略模型通过研究催收话术，构建专门用于催收的次序模型，结合用户画像，实时推荐催收话术。话术策略模型的输入需要以完善的催收次序模型作为基础，而催收次序模型则需要众多的借款人行为、征信信息(如身份信息、信用信息、社交信息、消费信息和第三方数据信息等)作为输入。通过建模，我们可以将需要推荐的话术匹配到相应的模型。最终，话术策略模型将能够根据客户的触达历史，提供建议的应对话术，使优秀经验得到固化和推广。

2) 催收业务优化

大数据在具体催收业务中赋能体现在以下若干场景：

(1) 智能外呼：催收前端外呼是高度标准化的客服提醒业务，智能催收机器人(智能客服)可以在催收执行环节进行语音催收，从而分担人工电话催收的工作压力。

(2) 合规检测：在催收平台中嵌入声纹识别系统，一旦识别到辱骂现象，催收员与债务人的通话便会被自动中断，以此来保证催收行为的规范化。

(3) 智能质检：智能质检机器人通过实时对外呼通话进行监控，实时捕捉催收员的情感、态度、不合规话术、敏感词等，实现 7×24 小时无盲点智能实时质检，避免了当前人工质检特有的人力耗费大、滞后性大、覆盖度不高的缺陷。

(4) 智能报表系统：报表是贷后精细化运营的核心工作，但是报表生成耗费大量人力，所以可视化强的智能报表系统尤为重要。

(5) 智能分案：分案核心的目的是实现资源的优化配置，让最合适的人在最合适的时间通过最合适的施压力度催收最合适的案子。智能分案需要将催收员情况与案件难易情况进行匹配，对催收策略与模型进行匹配，实现资源最优化配置。

(6) 催收难度预测：一般先期主要依靠数据处理技术获取公开数据，其后建立用户画像，根据个性化的评定指标，衡量客户的催收难度，进而为信用定价。该过程一般放在放贷的风险评估阶段。

(7) 风险预警：通过大数据和人工智能技术实现对债务人的贷后跟踪，对存在主观赖账或存在资金风险的债务人提前预警，从而起到风险预判的作用。

(8) 催收策略研判：根据债权人的评定等级和现有的催收手段，选择合适的催收频度和催收策略。

5. 智能催收公司的业务范围

目前基于大数据智能催收的公司有很多，其大致的业务范围/模式如下：

(1) 依托大数据寻找失联借款人，对其进行失联修复，代表公司有催天下、搜赖网和百融金服等。

(2) 借助语音识别、自然语言处理和语音合成等技术实现智能语音外呼，代表公司主要有中科汇联公司和腾讯云金融联络机器人。

(3) 使用人工智能技术对催债业务进行质检，监视催收专员与债务人的通信，并提醒质量控制人员注意催收专员的不当行为，以确保催收服务的质量并减少债务人的投诉，代表公司是捷通华声。

9.5.5 基于大数据的保险欺诈检测

1. 保险欺诈及传统预防保险欺诈的方法

保险欺诈是指投保人提供虚假信息以增加保险公司的理赔金额，本质上是信息不对称下的道德风险问题。保险欺诈的主要形式有(不限于)虚构保险标的保险诈骗、不具有可保利益的保险欺诈、对标的风险状况作虚假陈述的保险欺诈、超额投保的保险欺诈、重复投保的保险欺诈、出险后投保的保险欺诈、人为制造保险事故的保险欺诈、虚拟保险事故的保险欺诈、夸大损失金额的保险欺诈等。

保险欺诈行为一方面直接损害了消费者权益，造成了保险服务资源的浪费；另一方面也增加了保险公司的运营管控成本，降低了保险理赔服务效率，甚至危及保险行业的良性发展。

传统上，预防保险欺诈一般是建立保险欺诈识别因子。以车险为例，国际上总结了36个因子，如车辆损失与报告的交通事故无关，小碰撞却产生了大的修理成本，出险车辆是破旧的老车，产险公司的代理人没有见过该投保车辆，被保险人曾有过往的犯罪记录，出险车辆快速修理完毕等。一般针对具体的保险案件，对上述因子进行识别(往往要建立识别模型)，然后在此基础上构建欺诈检测模型进行检测。早期的识别方法主要有统计回归、专家系统、神经网络等。

2. 国外基于大数据的保险欺诈检测

2000年，美国风险管理机构(Risk Management Agency, RMA)成立了战略数据采集办公室，与农场服务机构整合了农业生产者的信息，并与美国塔尔顿州立大学设立的农商卓越中心(Center for Agribusiness Excellence, CEA)合作开发识别欺诈、滥用、浪费农业保险项目资金的保险公司、保险业务员以及农户。从2001年开始，CEA管理RMA的数据仓库并开发了多种数据挖掘项目，其中抽查表 (Spot Check List，SCL)被认为是最有效的检测欺诈行为的方法。

抽查表是指CAE利用各种数据挖掘技术，依据不同方案的权重给农户打分，生成最有嫌疑的农户名单。这份名单随后被送至 RMA 下的合规监察办公室进行进一步的审核，并根据该办公室的经验对移除名单上的农户或新加入的嫌疑农户提出意见。最后，农场服务机构(FSA)拿到最终名单，向名单上的农户发送信件，告知他们在抽查名单(SCL)上，会有被现场检查农田的可能。通过利用数据挖掘技术确定嫌疑名单的方式，缩小了检查的范围，降低了监管成本。

随着出险数据的积累以及科技的发展，大数据和人工智能等技术逐渐被应用到保险反欺诈领域。大数据在保险欺诈识别中的应用可以贯通于投保、保险期、出险环节。比如，在投保时，可以利用大数据快速高效获取投保人、被保险人的个人信息，研判其投保意图和出险概率等；在保险期内，保险人通过大数据网络及时获知被保险人或被保险标的的风险状况变化；在出险时，通过新的索赔案与历史案件库对比，快速获取相关情况及数据。大数据应用于保险欺诈检测的难点和关键环节在于：欺诈信息缺乏行业共享(行业共享是指客户理赔信息的及时共享、统一的欺诈风险信息库、广泛的异地协查网络、商业保险与社会保险之间的信息实时对接、隐私保护、数据平台构建)，社会反保险欺诈意识严重缺失，反欺诈调查缺乏有效模式(包括欺诈检测方法的研究与动态、自适应更新等)。

在欺诈信息行业共享方面，美国的保险服务办公室(Insurance Service Office，ISO)作为全美最大的保险信息数据供应商，其CSA(Claim Search Auto)系统可以帮助客户搜寻有关车辆盗抢、损坏、抢救等信息。因此，美国九成多的保险公司以及多个保险基金、互助保险机构、州保险部的反欺诈局都加入了该系统。

3. 中国基于大数据的保险欺诈检测

在国内，中国保险信息技术管理有限责任公司(简称中国保信)是一家保险服务公司，其主要职责是建设和运营保险业信息共享平台，为提升保险业风险管理水平、促进行业转型升级提供支持。为了实现全国范围内保险全行业内部数据的共享和车险的深层次发展，中国保信全面整合了 14 个分散的车险信息平台，构建了全国新一代车险信息平台。车险平台与公安、交管、运输等相关政府部门和汽车产业链以及车联网等相关信息机构对接，在车险承保、理赔、反欺诈等方面发挥重要作用，是一个以数据为核心的大数据平台。基于车险平台数据，中国保信建设了独立于车险平台的车险反欺诈信息系统。该系统通过连通保险公司、监管部门等客户端口，并通过信息共享，有效提供车险欺诈识别、车险欺诈风险预警、欺诈犯罪详细等相关信息，支持跨公司、跨区域案件查询，串、并欺诈案件信息，能有效识别团伙欺诈和职业欺诈。

以车险为例，目前行业内已有一些大型财险公司、保险行业服务机构、互联网企业在积极探索大数据反车险欺诈，帮助传统的车险反欺诈管理向智能化、模型化转型升级，并取得了一些成绩。

1) 中国太保的“听风者”

中国太平洋财产保险股份有限公司将语音情绪识别技术应用于车险反欺诈领域，研制的“听风者”产品将情绪特征分为喜、怒、哀、沉、惊、恐、厌 7 种，在车险报案环节嵌入语音情绪识别，对客户报案时的语音进行自动识别，然后将识别到的语音与具体的车险欺诈场景进行匹配，分析情绪变化，测算欺诈指数，并将欺诈指数高的案件及时推送给处于理赔现场的查勘员，进而实现风险前置。

2) 中国人保的“芯理赔”

中国人保财险依托每年超过 2000 万笔案件和千亿级别赔款的车险理赔数据资源，将理赔专家的人工经验与 AI 智能技术相结合研发出前端科技理赔工具，并与中后端系统相结合的新型理赔模式，实现了对保险事故风险的立体、全方位防范支撑。

理赔专家通过自主研发或合作引进了连杆测量工具、数码内窥镜、红外线测温仪、电子听诊器等科技理赔工具，将这些科技理赔工具应用于智能水淹模块，通过大数据分析快速完成水淹车辆事故智能损失确定，为维修厂提供车辆维修指导，减少维修厂“低损高赔”的欺诈风险。

9.5.6 基于大数据的金融期货市场风险监控

1. 金融期货的分类

金融期货(Financial Futures)是指交易双方在金融市场上，以约定的时间和价格，买卖某种金融商品的具有约束力的标准化合约。金融期货作为期货中的一种，具有期货的一般特点，但与商品期货相比较，其合约标的物不是实物商品，而是传统的金融商品，如证券、货币、利率等。金融期货一般分为以下几类：

(1) 利率期货：是以利率为标的物的期货合约，包括以长期国债为标的物的长期利率期货和以两个月短期存款利率为标的物的短期利率期货。

(2) 货币期货：是以汇率为标的物的期货合约，是适应各国从事对外贸易和金融业务的需求而产生的，目的是借此规避汇率风险。

(3) 股指期货：是以股票指数为标的物的期货合约，不涉及股票本身的交割，其价格根据股票指数计算，合约以现金清算形式进行交割，是目前金融期货市场最热门和发展最快的期货交易。

(4) 外汇期货：是交易双方约定在未来某一时间，依据约定的比例，以一种货币交换另一种货币的标准合约交易，它是以汇率为标的物的期货合约，用来规避汇率风险。

(5) 国债期货：是通过有组织的交易场所预先确定买卖价格并于未来特定时间内进行钱券交割的国债派生交易方式。它是一种高级的金融衍生工具，是在 20 世纪 70 年代美国金融市场不稳定的背景下为满足投资者规避利率风险的需求而产生的。

2. 金融期货的特点

金融期货交易是指交易者在特定的交易场所通过公开竞价方式成交，承诺在未来特定日期或期间内，以事先约定的价格买入或卖出特定数量的某种金融商品的交易方式。与一般商品期货相比，金融期货具有如下几个特点：

(1) 交割更加便利。相比于实物商品期货需要对交割时间、地点、方式作严格的规定且实物期货清点、运输比较烦琐，金融期货的交割要简单很多。

(2) 交割价格盲区大大缩水。相比于商品期货存在的较大的交割成本(运输、库存、检验等)，金融期货基本上不存在类似成本，因而价格盲区要小很多。

(3) 套利交易更简单。相比于商品现货交易额外费用高、流动性差、很难进行等特点，金融期货市场本身具有额外费用低、流动性好以及容易进行的优点，吸引了一批有实力的机构专门从事期货套利交易，这一方面促进了期货交易的流动性，另一方面也使得期货价格和现货价格之间的差额始终保持在一个合理的范围内。

(4) 逼仓行情难以发生。在商品期货中，当期货价格与现货价格有着超出合理范围的较大差价时，出现的逼仓行情在金融期货中难以发生，其原因：一是因为金融期货市场太大，庄家难以操纵；二是因为强大的套利力量将埋葬那些企图发动逼仓行情的庄家；最后，一些实行现金交割的金融期货，期货合约的最后交割价就是当时的现货价，这等于建立了一个强制收敛的保障机制，杜绝了逼仓行情的发生。

3. 金融期货的风险

金融期货在发挥风险规避和价格发现功能的同时，如果使用不当也会引发巨大风险：一方面，过度投机、异常交易、市场操纵等行为都可能引起金融期货市场剧烈波动；另一方面，由于金融期货与现货资产存在高相关性，因此金融期货或现货市场某一环节的变化都可能引发跨市场的相互传导，严重时会诱发整个金融市场的系统性风险。

按照风险发生的范围，金融期货交易中可能发生的风险可分为系统性风险和非系统性风险。

(1) 系统性风险：又称市场风险，是指由经济、政策及外围经济环境等宏观因素引起的风险，一般来说，对不同的市场主体均会造成不利影响，投资者一般很难回避。系统性风险根据风险来源，又可分为市场外部风险和市场内部风险，前者是指由来自期货市场外部因素引发的风险，如自然灾害、政局动荡等；后者是指由期货市场内部因素引发市场波动，使投资者预期收益与实际收益发生背离的风险，如中介机构人员流动产生的人才风险、市场悲观情绪造成的恐慌风险等。

(2) 非系统性风险：也称为可分散风险，是指由于某种因素的变化而对期货市场某一品种带来收益损失的可能性。非系统性风险通常是由特定事件引发的，只对该事件所牵涉的特定合约品种造成影响。非系统性风险较容易规避，可以通过更换合约品种或组合投资的方式进行避免。

4. 新型金融期货给市场带来的挑战

各种新型金融期货市场的上市也给市场风险监管业务带来许多新的挑战，体现在：

(1) 由单产品监控向多产品监控转变，带来新的业务和技术问题，包括：

① 金融期货市场进入多产品监控后，市场规模膨胀，引起交叉风险控制等复杂问题。研究交叉风险控制问题，需要结合理论与实际进行提前预判，对建设市场风险监控系统提出了挑战。

② 金融期货市场进入多产品监控后，客户规模、交易结算数量、合约数量随之显著提高，监控人员需要大幅度提高对市场热点、涉嫌违规点的发现、跟踪、分析和处理能力，监控工作非常繁重，这一方面需要采用更加高效、高性能的指标预警机制，另一方面，还需要改善使用体验，采用更直观的方式，让监控人员快速掌握市场全局和微观的变化情况。

(2) 新型金融期货产品往往具有许多新特征，需要研究与之相适应的违规行为识别方法、处置原则等。

(3) 自动化交易利用其强大的计算机处理能力，根据交易模型算法发出交易指令，具有单笔报单量小、报单总笔数高、时间间隔短、报单撤单率高等特征。自动化交易提高了市场的流动性和价值发现效率，但也带来了一系列新兴风险。比如，自动化交易普遍采取止损策略，当市场出现大幅度波动时，会自动触发一系列相关金融产品的连锁交易，从而引发金融市场的多米诺骨牌效应。自动化交易的兴起对世界各国金融市场风险监控模式发起了严峻挑战。以我国金融高期货市场为例，高频数据的发布频率是微秒级，与之关联的还有跨市场产品数据、会员公司数据、结算数据等，单日累计的数据量达到 TB 级，具有规模大、变化快、异构、价值密度系数等大数据典型特征，现有风险控制系统难以保证金融期货市场在自动化交易冲击下稳定发展。

5. 大数据在金融期货市场的作用

随着大数据分析与处理技术的不断发展，基于大数据的分析和处理方法为金融期货市场风险监管提供了有效的技术支撑。构建大数据中心，基于大数据的资源共享，建立大数据平台系统，完善风险控制与投资者行为分析，在期货市场中很多方面都大有可为。

(1) 在监管模式允许的范围内，探索接入外部期货公司数据、保证金监控中心及互联网数据，通过海量交易数据对投资者行为进行分析，可以大幅度提高期货交易所和期货公司客户服务和产品服务的精准度，增强客户体验。

(2) 可以对期货公司及其子公司的大数据进行整合，并进行深入挖掘，通过投资者交易行为的分析，为期货交易所及其他机构监管、监察以及采取风险控制提供数据支持，不断提升监管效益。

(3) 在大数据的基础上，建立交易者信用评价系统将有助于交易所完善风控、推动会员业务创新。同时，能够为未来保证金监管制度的发展和完善提供技术支持。

6. 期货市场大数据的收集

期货公司应当针对自己的特色有选择性地收集相关数据，同时形成自身的逻辑体系。

(1) 在经纪业务方面，对投资者的投资偏好、客户来源等方面的数据做具体的收集，为更好地服务经纪业务做铺垫。

(2) 在投资研究方面，应当尽可能在数据的精确性、时效性等方面做更多的努力，同时也应当尽可能搜集产业链数据，为形成完整的基本面分析链条作铺垫。

(3) 在产品设计和程序化方面，利用更多高频数据，并从中寻求一定的交易规律。

7. 期货市场大数据的整合

通过对不同期货交易数据源的不断收集，可以形成规模可观的大数据资源库。依托于大数据资源库，期货交易所集团、期货公司与其母公司以及股东单位旗下公司拥有的巨量的客户资源都可以得到有效整合和共享。

(1) 以大数据分析为基础，通过海量交易数据对投资者行为进行分析，提高期货交易所和期货公司客户服务和产品服务的精准度，助推高端服务以及定制化服务，增强客户体验。

(2) 随着期货公司设立风险管理子公司以及资产管理子公司，业务种类增加，复杂程度提高，风险也在不断加大，并且由于这些业务都在子公司层面开展，因此可能存在监管盲区。

中国证监会于 2015 年正式启动了中央数据库建设，将分散在系统各单位(部门)的业务运行数据集中统一，为大规模数据研发做了准备。中央数据库一期建设已经汇集了中国结算、沪深证券交易所、投保基金公司、中证金融、期货市场监控中心、全国股转公司、证券业、基金业协会、会机构部等系统主要单位部门的大部分数据，包括历史数据以及每日更新增量数据，并定期向会计师事务所、资产评估机构、债券评级机构、地方政府金融办等机构规律性地采集结构化数据。随后进行的中央数据库二期建设从系统相关单位部门补充新业务数据以及其他相关数据。同时，在发挥中央监管信息平台各业务系统建设的基础上，中央数据库开展了专项、长期的数据质量治理，启动了数据标准化建设、不同数据间关联关系建设，逐步建立了市场全景图像，着力解决各市场数据分割分裂的问题，初步打破了信息孤岛，在一定程度上奠定了信息监管、科技监管的数据基础。

围绕“以客户为中心”的理念，期货公司在大数据应用上的实践和研究开始逐步加速。以南华期货为例，在大数据和 IT 的支持下，公司战略性地开发了基于客户数据池的个性化服务体系，该体系建立在 CRM 系统之上，可以根据客户的行为分析，为客户提供实时的、针对性的策略服务、风险管理产品以及对客户交易行为的诊断，让客户在风险管理和投资管理上得到提升。

值得注意的是，无论是客户风险控制还是公司风险控制，大数据都可以极大提升期货公司处理风险的能力。业内人士指出，一方面，期货公司可以在云计算的基础上，建立统一的服务器作为从业人员管理平台，完成合规性风控和道德风险最小化管理；另一方面，由于有了数据支撑，期货公司比过去更了解客户的交易模式、交易行为等，可以对其进行市场风险监控、合规风险监控。

9.5.7 基于大数据的地方金融风险预警

现代科技与金融的融合愈加紧密，地方中小企业和广大散户群体对融资服务的需求也持续膨胀扩张。在此背景下，小额贷款公司、互联网金融企业、融资租赁公司、商业保理公司等一系列新型的地方融资机构也如雨后春笋般持续涌现。这些金融机构在满足地方融资需求、拉动区域经济增长的同时，也因缺乏全面有效的监管而隐藏着各类金融风险，扰乱了地方金融秩序。

这类由地方金融机构引发的金融风险就是地方金融风险。地方金融机构就是由地方政府管理的金融机构，具有地方税收属性、地方业务属性、当地政府管理三个特征。判断地方金融风险的重要标准是看地方政府是否需要对在其管辖的行政地域所发生的金融风险负责。地方金融风险的主体是城市商业银行、城乡信用社、地方性证券公司、地方性保险公司、信托投资公司、财务公司、典当行、担保公司等。

1. 地方金融风险的分类

目前学术界把地方金融风险分为六类。

(1) 市场风险：是一个不稳定因素，在地方金融的发展过程中也不可预测，主要包括利率风险、汇率风险、股票价格风险、商品价格风险、宏观政策风险等。在金融机构的各个工作环节当中，都有可能产生市场风险。

(2) 信用风险：是指贷款人由于自身各种原因而无法偿还贷款，导致违约的风险。信用风险会给金融造成较大经济损失。信用风险是地方金融风险主要风险之一。

(3) 操作风险：由于地方金融机构操作人员的业务素质较低或者业务操作失误所带来的风险。

(4) 流动性风险：指地方金融机构没有足够的现款清偿债务和保证客户提取存款，使其信誉遭受损失而形成的风险。

(5) 创新风险：地方金融产品创新中知识产品金融与互联网金融具有的风险。前者包括法律风险、知识产权价值风险、权属风险及质押物处置风险；后者则是基于互联网金融业务所产生的不确定性和不可控性，以及发生损失的可能性。

(6) 关联风险：由于金融市场特别是银行和实体经济之间相互关联，从而因一个环节出现问题而“牵一发而动全身”引起连锁反应，最终产生市场危机的风险。

2. 地方金融风险预警的发展

地方金融风险预警是根据对地方金融机构风险状况静态和动态的监测情况，通过一定的技术手段，对风险较大和风险突然加剧的地方金融机构及时进行预警的方法和过程，以督促地方金融机构加强防范和化解风险。这样做一方面可以减少监管成本，另一方面，通过对不同层次指标的进一步研究可以发现地方金融风险问题的根源，有利于及早发现危机信号，采取有效措施，从而进行有效治理。随着互联网金融在中国的不断蓬勃发展，地方金融风险监管也越来越得到地方政府重视，比如：

(1) 2014 年，北京金融局和拓尔思旗下子公司金信网银合作探索“监管科技”，构建了以“冒烟指数”来动态量化并监测预警企业风险的指标体系，同时搭建“打击非法集资监测预警平台”。

(2) 2016 年，金信网银为深圳金融办提供技术和服务支持，推出“海豚指数”，引导深圳将辖区内小额贷款公司、融资担保公司、区域性股权市场、典当行、融资租赁公司、商业保理公司、地方资产管理公司等七种类金融机构纳入监管，强化对全市辖区内投资公司、社会众筹机构、地方各类交易场所等的监管，有效推动了地方监管格局的良性发展。

(3) 2017 年，金信网银与重庆市金融办搭建了“重庆市非法集资监测预警平台”，开发了“重庆金融安全卫士”。通过“重庆市非法集资监测预警平台”，实现了对当地企业的风险排查、全息画像、监测预警、分析报告、信息查询、风险提示等功能，为早发现、早预警、早处置，更加精准地防范和打击非法集资提供了重要技术支撑。

(4) 2019 年 4 月，浙江温州市金融办宣布，温州“金融大脑”系统正式上线，将对温州地区网络借贷平台进行风险识别和预警。

(5) 2018 年 4 月，青岛场外市场清算中心发布了青岛地方金融风险监测预警平台，该平台能够多维度、实时、量化展示各金融企业的运营状态，形成“未然指数”，快速识别风险点并提示预警。

3. 基于大数据的地方金融风险预警

大数据技术越来越成为金融行业的有力武器，通过海量数据进行风险识别、度量、计算和分析，将数据隐藏的无数信息资源通过分析并加以开发利用，可帮助金融行业实现实时的风险管理，促进风险管理能力的提升，如：

(1) 金信网银于 2018 年 6 月推出“火眼金睛”服务产品。“火眼金睛”是基于大数据、云计算、人工智能，应用“冒烟指数”风险量化指标实时监测地方金融风险，集合可视化服务、可视化报告、深度分析于一体的监管科技服务产品，可辅助地方金融办摸清地方风险底数，实现常态监管。

(2) 中软融鑫借助二十余年为人民银行、银监会、保监会等国家级监管机构服务所积累的丰富监管系统建设经验和成熟产品，以及在深圳金融办积累的地方金融监管系统建设经验，特别推出统一监管产品——“地方金融监管系统”，旨在汇集“7+4”种行业监管，利用大数据、区块链、人工智能等先进技术，结合中软融鑫自有业务优势，帮助监管机构对宏观经济金融形势、金融运行状况、行业发展的统计分析，实现科技监管、智慧服务。

4. 基于大数据地方金融风险预警系统的原则

目前地方政府普遍给予用大数据技术构建地方金融风险预警系统很大支持，系统主要包括数据收集、数据管理、数据分析、风险模型构建与优化等模块。通过对当地金融机构以及金融活动的动态监测，实现地方金融风险的预警。基于大数据的地方金融风险预警系统必须满足以下原则：

1) 系统性原则

地方金融风险预警系统是对地方金融风险监测、预警和处置系统，必须做到以下几点。

(1) 涵盖区域金融经济活动各个方面，包括存款吸收与付出，贷款发放与回收，有价证券发行与转让，保险、信托、国内国际货币结算等。

(2) 涵盖区域金融活动各个业态，包括银行业、保险业、证券业、信托业、租赁业等；涵盖区域金融活动中各类参与者，包括中央银行，金融机构，公司企业、社会大众以及监管机构等。

(3) 渗透到区域金融活动每个环节，甚至基于金融虚拟性和信用性还必须考虑民众舆论动向。

(4) 统筹考虑国家和区域宏观经济运行情况、经济社会发展状况和行业发展情况等。

2) 时效性原则

地方金融活动具有高速变化的特点，地方金融风险转变速度非常快，要准确可靠地预警和保护，必须保证区域金融风险预警系统具有良好的时效性，能及时识别、判断区域金融活动中的风险因素，对区域金融风险预测和响应，为监管机构进行区域金融风险管控提供最具时效性的信息，预留充足的时间空间。

3) 可操作性原则

在构建地方金融风险预警系统时要注重系统的可操作性，要结合区域经济和社会发展实际，做到可靠、易行；在数据收集和系统分析过程中，选取的社会经济指标、数据统计分析方法、系统建模处理要易于操作、有利于分析。

5. 地方金融风险预警系统实例

以广东省金鹰系统为例，它有10个子系统，包括非法金融活动主动识别系统、网络舆情监测预警系统、非现场信息监管系统、金融广告监测系统、非法金融活动监测预警系统、投诉举报管理系统、资金统一监管系统、非法集资数据报送系统、风险处置管理系统和电子合同存证系统。该系统在风险预警事前、事中和事后的监管中发挥作用。具体如下：

(1) 事前主动识别风险和持续监测预警。利用大数据和人工智能技术，实时追踪失信被投诉举报的地方金融，刻画出风险企业的关联图谱，根据企业的收益率，刻画出风险企业的关联图谱，根据企业的收益率、涉众面、危害性、传染度、投诉率等5个维度设计了三级指标体系，建立金融风险企业的分类评级模型，最终得出企业的风险分类评级，此外，通过分析和归纳的非法金融活动的风险特征，总结为非法集资、非法支付和非法代币等7类，对全量的基本样本数据进行训练和预测，建立这7类风险企业的数据分类，最后与腾讯、国家互联网应急中心等平台的数据进行校验，筛选出违法违规金融企业的参与人数、参与人员的地理位置、涉案资金、增长速度等信息。

(2) 建立地方金融机构非现场信息监管体系。相比传统的信息报送系统，广东省网络借贷信息中介非现场信息监管系统实现API与平台的交易系统进行对接，实时抓取平台借款人信息、出借人信息、项目信息、投标信息、运营信息、出借人在网络借贷平台上账户资金及借款人放款还款信息，对平台借款人和投资者地区分布、年龄分布等进行大数据分析，及时了解平台规模、借款集中度等情况，通过大数据分析平台的借款人、项目担保方、电子合同等信息、对项目的真实性进行自动研判。

(3) 金融消费者权益保护机制。目前金融广告在获客、产品营销等环节，存在大量严重夸大收益、隐瞒风险的现象，从而产生较多的纠纷和投诉事件。广东省建立金融广告监测中心，通过“高收益”“零风险”“保本保息”等14 335个核心关键词，实时监测近110个互联网站点。利用大数据分析金融广告总体走势，准确发现违法违规广告行为。

9.6 小　　结

风控是金融机构的核心竞争力。风控(风险管理)指的是通过采取各种措施和方法，消灭或减少风险事件发生的各种可能性，或者减少风险事件发生时造成的损失。

《巴塞尔协议》是巴塞尔委员会制定的在全球范围内主要的银行资本和风险监管标准，是为了避免各国监管方式差异，造成合作困难而提出的一个规范。该协议经历了三个主要的发展阶段，确立了资本与风险之间的动态联系机制，促进了风险的量化，对稳定国际金融秩序起到了积极作用。

内控和合规是基于《巴塞尔协议》风险管理体系常用的重要风控措施。随着大数据处理技术、计算机科技和互联网技术的飞速发展，基于数据挖掘、机器学习等大数据建模方法的大数据风控技术，正广泛运用于贷前信审、反欺诈、贷后管理和追偿清收等环节中(现有的风控大都是从注册与登录环节、申请环节、贷中和贷后预警这几个环节入手)。在反洗钱、第三方支付欺诈检测、企业贷后风险评估、催收管理、保险欺诈检测、金融期货市场风险监控、地方金融风险预警等典型风控场景中，大数据都有着很好的表现。

第10章 征信问题

10.1 引　言

借贷关系是基本的金融关系。借贷能否顺利进行，取决于借贷双方的利益取向是否能够达成彼此接受的平衡状态。怎样让借款人成为“一个有良好信用的人”并能保持良好的信用状态呢？内因上取决于借款人的诚信意识，外因上取决于有无征信制度的全面约束。因此征信体系建设已经成为现代金融体系的基石。

社会信用体系是市场经济发展的必然产物。在信用交易成为市场交易的主要方式、信用工具被大规模使用以及信用风险日益显著的背景下，社会信用体系成为影响一个国家经济发展的重要方面。经过上百年的市场经济发展，发达国家形成了相对完善的社会信用体系，征信是社会信用体系中重要的一环。

征信就是专业化的、独立的第三方机构为个人或企业建立信用档案，依法采集、客观记录其信用信息，并依法对外提供信用报告、信用评估、信用信息咨询等服务，帮助客户判断、控制信用风险，进行信用管理的活动。根据对象不同征信分为个人征信和企业征信。

征信起源于信息不对称，无论是资金供给者与资金需求者之间的直接融资或间接融资，还是商人与商人、商人与消费者之间的普通贸易，这些交易的完成都需要搜寻交易对手——企业或个人的详细信用情况来消除信息不对称问题，从中选择优质交易对手，以确保交易能够安全完成，征信机构可以帮助解决交易前的逆向选择问题。例如，征信机构通过对资产负债及投资活动等信息进行采集、整理、加工和发布，银行利用这些信息可以准确了解借款者的信用，从而做出是否借贷和是否提高借款利息的决定；商人通过征信机构提供的交易对手信息，可以判断是否进行交易、是否进行赊销、赊购等行为。

需要注意的是，一个完整的征信体系应该是对债务人信息的全覆盖，不管债务人在哪个行业或哪个领域活动。这意味着不存在所谓的行业征信，也意味着征信的数据源应该来自各个行业或领域的数据，此时大数据征信自然就得到了各边的关注。

大数据征信是利用数据分析和模型进行风险评估，依据评估分数预测还款人的还款能力、还款意愿以及欺诈风险。在金融风控领域，大数据指的是全量数据和用户行为数据，目前使用的是围绕客户与客户信用情况高度相关的数据。随着互联网+的发展，互联网上产生了大量与个人征信相关的数据，大数据征信的出现有效解决了没有进入征信范畴，但同时又需要借贷人群的借贷问题。这些群体通常包括年轻人、少数族裔、小微企业等在内的弱势群体，这些群体往往没有信用记录，无法对其进行信用评分或者信用评分较低，无法进入正规金融体系。通过大数据征信，授信机构可以掌握这些群体的信息，增加评价维度，帮助授信机构更好地了解其信用状况。大数据征信利用数据实施科学风控，不只用于经济金融活动，还可将应用场景从经济金融领域扩大到方方面面，如租房租车、预订酒店、签证、婚恋、求职就业、保险办理等各种需要信用履约的生活场景。

随着互联网应用的不断普及和渗透，通过互联网进行投资、理财已经成为时尚便捷的生活方式，大数据金融为民众生活提供了便利，征信则愈加重要。

本章扼要介绍征信的基本概念，重点梳理个人征信和企业征信基本研究内容和关键技术。本章章节结构安排如下：10.2 节介绍征信、大数据征信的基本概念并介绍大数据征信的产业链；10.3 节介绍个人征信的基本概念、发展状况以及产品案例；10.4 节介绍企业征信的基本概念、发展历程以及行业案例；10.5 节是本章小结。

10.2　征　　信

10.2.1　概述

信用是指在交易的一方承诺未来偿还的前提下，另一方为其提供商品或服务的行为，是随着商品流转与货币流转相分离，商品运动与货币运动时空分离而产生的，其本质是一种债权关系，即授信者相信受信者具有偿还能力，而同意受信者所做的未来偿还的承诺。但当商品经济高度发达，信用交易的范围日益广泛时，信用交易的一方想要了解对方的资信状况就会极为困难。此时，了解市场交易主体的资信就成为一种需求，征信活动也应运而生。

1. 征集的分类

征信一词源于《左传·昭公八年》中的“君子之言，信而有征，故怨远于其身”，大意是君子的信用是可以被证明的。现代意义上的征信一词其实是个外来语，是 20 世纪 90 年代末上海在参照美国模式开展个人信用体系建设试点时，从英文 Credit Bureaus 意译而来的，其本意是指从事信用信息征集调查的机构，受我国传统文化的影响翻译为征信机构。征信服务可为防范信用风险、保障交易安全创造条件，促进形成诚信者受益、失信者受惩戒的社会环境。按照不同的分类标准，征信大致分为以下几类：

(1) 按业务模式可分为企业征信和个人征信。企业征信主要是收集企业信用信息、生产企业信用产品的活动；个人征信主要是收集个人信用信息、生产个人信用产品的活动。相对而言，企业征信成熟度较高，国外有很多成熟的经验可以参考。目前我国企业征信牌照的发放以备案制为准，个人征信牌照以审核制为准。

(2) 按服务对象可分为信贷征信、商业征信、雇佣征信以及其他征信。其中，信贷征信主要服务对象是金融机构，为信贷决策提供支持；商业征信主要服务对象是批发商或零售商，为赊销决策提供支持；雇用征信主要服务对象是雇主，为雇主用人决策提供支持；另外，还有其他一些征信活动，诸如市场调查、债权处理以及动产、不动产鉴定等。

(3) 按征信范围可分为区域征信、国内征信、跨国征信等。其中，区域征信一般规模较小，只在某一特定区域内提供征信服务；国内征信是目前世界范围内最多的机构形式之一，尤其是近年来开设征信机构的国家普遍采取这种形式；跨国征信这几年正在迅速崛起，此类征信之所以能够快速发展，主要原因有：

① 西方国家一些老牌征信机构为了拓展自己的业务，采用多种形式向其他国家渗透。

② 由于世界经济一体化进程的加快，跨国经济实体越来越多，跨国征信业务的需求逐

步增强。但是由于每个国家的政治体制、法律体系、文化背景不同，跨国征信的发展也受到一定的制约。

(4) 按征信用途可分为公共征信、非公共征信、准公共征信。其中，公共征信是出于社会管理的需要，征信结果免费提供给社会，如政府职能部门、行业协会、商会、联盟开展的征信属于这类征信；非公共征信是指征信用于自己授信和业务管理，征信过程不公开，自产自销，实质是自我信用风险管理和控制，如银行信贷授信、企业信用销售中的客户征信部都属于这类；准公共征信即专业征信，是独立第三方开展的中介服务，征信结果供社会查询使用，具有社会影响力。

2. 征信体系的模式

社会信用体系作为一个以信用为内容的体系，是指为促进社会各方面信用承诺而进行的一系列安排的总称，包括制度安排、监管体制、宣传教育安排等各个方面或者各个小体系。征信体系是社会信用体系建设的一部分，是指采集、加工、分析和对外提供社会主体信用信息服务的相关制度与措施的总称，包括征信制度、信息采集、征信机构、信息市场、征信产品和服务、征信监管等方面。征信体系的主要功能是通过建立企业和个人信用记录，开展信用信息查询和信用状况的综合评价，使信用活动的授信方及时、充分地了解信用申请人的资信状况和偿债能力，防范和化解信用风险，降低融资成本，提高融资效率，促进中小企业、低收入者贷款难等问题的解决，增加信贷总量，支持经济增长。在实践中，征信体系的主要参与者有征信机构、金融机构、企业、个人以及政府。从国际发达国家的经验看，征信体系模式主要有三种。

1) 市场主导型征信模式

市场主导型征信模式的特征是征信机构以营利为目的，收集、加工个人和企业的信用信息，为信用信息的使用者提供独立的第三方服务。在此信用体系中，政府的作用一方面是促进信用管理立法，另一方面是监督信用管理法律的贯彻执行。美国、加拿大、英国和北欧国家采用这种社会信用体系模式。

以美国征信体系为例，美国的征信服务机构具有以下明显特征：

(1) 在机构组成方面，征信机构主要由私人和法人投资组成。

(2) 在信息来源方面，民营征信机构的信息来源广泛。除银行和相关的金融机构外，还来自信贷协会和其他各类协会、财务公司或租赁公司、信用卡发行公司和商业零售机构等。

(3) 在信用信息内容方面，民营征信机构的信息较为全面，不仅征集负面信用信息，也征集正面信息。

(4) 在服务范围方面，美国民营信用调查机构面向全社会提供信用信息服务，服务的对象主要包括私人银行、私人信用机构、其他企业、个人、税收征管机构、法律实施机构和其他联邦机构以及本地政府机构等。

2) 政府主导型征信模式

政府主导型征信模式是以中央银行建立的“中央信贷登记系统”为主体，兼有私营征信机构的社会信用体系。中央信贷登记系统是由政府出资建立的全国数据库网络系统，直接隶属于中央银行。中央信贷登记系统收集的信息数据主要是企业信贷信息和个人信贷信息。该系统是非营利性的，系统信息主要供银行内部使用，服务于商业银行防范贷款风险和央行进行金融监管及执行货币政策。欧洲征信业的发展主要采用的是政府主导型模式，欧洲对于征信的立法最初是源于对数据、个人隐私的保护，因此与美国相比，欧洲具有较严格的个人数据保护法律。

欧洲的政府主导型征信模式与美国的市场主导型征信模式的差别体现在三个方面：

(1) 信用信息服务机构是被作为中央银行的一个部门而建立，而不是由私人发起设立。

(2) 银行需要依法向信用信息局提供相关信用信息。

(3) 中央银行承担主要的监管职能。

3) 会员制征信模式

会员制征信模式是指以行业协会为主建立的信用信息中心，为协会会员提供个人和企业的信用信息互换平台，通过内部信用信息共享机制实现征集和使用信用信息的目的。在会员制模式下，会员向协会信息中心义务提供由会员自身掌握的个人或者企业的信用信息，同时协会信用信息中心也仅限于向协会会员提供信用信息查询服务。这种协会信用信息中心不以营利为目的，只收取成本费用。

日本的征信体系是会员制征信模式。目前，日本的信用信息机构大体上可划分为银行体系、消费信贷体系和销售信用体系三类，相应的行业协会分别是银行业协会、信贷业协会和信用产业协会。这些协会的会员包括银行、信用卡公司、保证公司、其他金融机构、商业公司以及零售店等。由于日本的行业协会在日本经济中具有较大的影响力，三大行业协会的信用信息服务基本能够满足会员对个人信用信息征集考查的需求。

3. 中国征信体系的特点

中国目前的征信体系是以政府主导的公共征信体系为主，以私营征信体系为辅，其典型的特点(和困难)包括。

(1) 当前主要是以央行为首的一些部门在推行，并没有对消费者或者银行以外的金融机构公开，且彼此之间信息不共享。

(2) 我国人口流动性强，征信服务没有在全国范围内推广普及，个人的信用信息没有实现沟通共享，无法满足互联网金融时代金融服务的要求。

(3) 针对企业征信方面，在我国中小企业通过股票融资和发行债券融资的渠道都比较狭窄。由于信息不对称的原因，公众对于中小企业的信息获取较少，无法对中小企业进行合理判断；加之中小企业财务数据不规范，其财务信息的准确性无法获得大众认可。

(4) 目前我国在征信方面的立法基本还属于空白，比如征信体系建设涉及公民的个人隐私保护，对个人信息的收集、利用等均需要用法律做出明确的规定和规范，而我国相关法律建设的滞后也影响了征信体系建设的进程。

(5) 在中国人的传统观念中，诚信只是一个道德层面的问题，还没有成为一种规制，纳入到生活方方面面的考量标准中，换句话说，目前在中国还缺乏可以孕育征信体系的土壤。

征信体系的不健全，借贷双方信息的不对称，会严重危害我国经济、金融的可持续发展。

10.2.2 互联网征信

1. 传统征信

传统征信一般是通过线下渠道来收集并整理个人或企业的相关信息，并对外提供信用风险防范，进行信用管理的活动。传统征信的典型特征如表10-1所示。

表10-1 传统征信的典型特征

数据来源	数据源相对单一，采集频率比较低；一般以金融机构的信贷数据为主，政府部门、个人申报作为补充
数据格式	结构化数据为主
评价思路	用历史信用记录判断未来信用水平
分析方法	回归、聚类、分类等
服务人群	仅能服务于拥有信贷记录的人群，对冷启动客户难以服务
应用场景	贷款审批、信用卡发放

传统征信在方便个人贷款、辅助金融授信决策、防范信用风险、提升金融获得性方面有着关键性的作用。传统征信主要以人工采集为主，以家庭住址、通信方式、房产情况、银行流水作为细节点，来判断是否放贷。传统征信的数据主要来源于银行、证券、社保等体系内构成的一个数据循环，数据基本完整，主要用于资产评估等。

2. 互联网征信

随着互联网金融的兴起，互联网征信得到了工业界和学术界的普遍关注。狭义的互联网征信是指采集个人或企业在互联网交易或使用互联网服务中留下的行为数据，利用大数据、云计算等技术进行信息评估的活动；广义的互联网征信还包括采集个人或企业使用互联网金融服务所留下的信贷等数据以及通过线下渠道采集的公共信息等数据，进行信用评估的活动。

相比较于传统征信，互联网征信具有数据来源更大、分析深度更深、应用场景更广的特点，传统征信与互联网征信的区别参见表10-2。

表10-2 传统征信与互联网征信的区别

	传统征信	互联网征信
数据来源	金融机构的信贷数据为主，政府部门、个人申报作为补充，数据来源范围较窄	来源更广，信息主体在互联网上的行为、交易、社交及言论数据都是采集范围，内容更丰富、评价维度更大
征信对象	覆盖更多的是和金融机构已经发生过关系的用户，如借贷、信用等	只要在互联网上有活动痕迹，就会被测算、评估
应用领域	用历史信用记录判断未来信用水平	实时反映实体行为轨迹以推断其履约能力，可用于借贷、租房、租车、预定、预授权等多个领域

互联网征信尽管与传统征信有着诸多不同，但其本质还是征信的范畴，符合征信活动或征信行业的原则：

(1) 真实性原则：不能以自己的好恶擅自修改个人或企业的信用记录。

(2) 全面性原则：采集数据要尽可能全面，包括历史信用记录中的正、负面记录。

(3) 及时性原则：及时追踪并更新被征信人最新的信用状况。

(4) 商业秘密保护原则：保密原则是征信行业之本。

10.2.3 大数据征信

从技术流来看，征信本质是将分散在不同信贷机构、碎片化的局部信息，加工融合成具有完整视觉效果的全局信息，从中挖掘出风险信息。就此层面来看，征信数据是天然的大数据。而互联网技术及应用的普及，使得互联网中以数据通信为载体的个人信息及行为信息更易被采集，互联网和大数据技术使得可以用来参与评估的数据维度越来越丰富，如电商的交易数据、社交类数据、网络行为数据等，所有上述互联网引发的现象使得征信数据的大数据特征更加明显和突出。

1. 大数据技术的优势

大数据技术的优势体现在：

(1) 大数据征信的数据来源较广，不仅包括传统征信主要参考的信贷历史数据，还包括客户交易行为、人际关系等半结构化数据。多样化的数据来源可以从更多不同角度反应一个人的信用状况，经过合理筛选后，比传统征信的结论更加全面、可靠。

(2) 能够利用IT先进技术，将支离破碎的数据整合起来，形成有用的信息。

以信用体系最全的美国为例，5C1S(Character、Capability、Capital、Condition、Collateral、Stability)是美国对借款对象进行贷前分析和审查时惯用的评价体系，主要以借款者的基本信息、财务状况和过往借贷行为等与借贷对象经济行为直接相关的数据为基础，而这些数据也正是美国各大征信机构主要搜集的数据。与美国类似，我国央行征信中心也主要以个人基本数据、金融数据(主要是信贷和信用卡相关数据)、公共数据(包括税务、工商、法院、电信、水电煤气等部门的数据)以及个人信用报告查询记录这四个类别为主。事实上，传统征信所使用的数据已经完全具备了大数据的所有特征。随着征信大数据时代的到来，如何迎接和响应其中的挑战，这是摆在每一个大数据相关工作者面前并需要关心的问题。

2. 征信机构

2015年1月，中国人民银行下发了《关于做好个人征信业务准备工作的通知》，要求芝麻信用等8家机构做好首批个人征信业务的准备工作。这8家机构大致可分为以下5类。

(1) 依托互联网巨头成立的征信机构，如芝麻信用、腾讯征信。

(2) 依托金融巨头成立的征信机构，如前海征信。

(3) 基于线下交易数据成立的征信机构，如考拉征信、华道征信。

(4) 主推反欺诈业务的征信机构，如中智诚征信。

(5) 老牌的第三方征信机构，如中诚信征信、鹏元征信。

这8家机构在大数据征信方面各有侧重，首批个人征信业务的启动标志着大数据征信时代的来临。

传统征信采用的人工采集模式，能够获得较为真实的借贷人信息，能从安全的角度出发，仔细分析借贷人的所有信息；而大数据征信则是利用自身的海量数据优势和用户信息，从财富、安全、守约、消费、社交等几个维度来评判，为用户建立信用报告，形成以大数据为基础的海量数据库。

大数据的发展致使多种替代数据被应用在信贷领域中，所谓替代数据，指的是除传统金融机构外，从诸如政府部门、公共事业单位、互联网公司、科技公司等领域获取和征信有关的数据，如个人的支付、交易、消费、社交、上网痕迹、网络搜索、生活轨迹等，这些数据可以替代传统机构的征信数据(或者作为传统征信数据的补充)。国外征信机构广泛探索利用替代数据支持信贷，如通过采集电信、有线电视、租赁等账单支付数据，移动设备、电子邮件、社交媒体等网络数据及社会关系信息对无信用记录者和薄信用记录者提供征信服务。国内征信机构也加大了对替代数据的采集力度，目前除了实现对银、证、保领域借贷信息的共享外，还采集了社保、公积金、环保、欠税、民事裁决与执行等替代数据。

另一方面，大数据的高速性特点加速了信息的集中以及数据流动速度，征信系统就能快速甚至实时地做出对客户偿债意愿和偿债能力的判断，在保证信息时效性、提升信贷效率的同时，也能更好防范金融领域中的各类风险。

3. 征信机构挖掘大数据的模式

大数据与随之而来的新型数据处理技术能够深入挖掘已有数据的价值，也能提高以前低价值数据的价值，还可通过发掘数据之间的内在联系赋予数据新的价值。征信机构挖掘数据价值的模式主要有：

(1) 横向采集关联数据，如通过广泛采集政府部门、公用事业单位所掌握的企业工商登记、纳税、财务报表、社保公积金缴纳、水电气缴费、知识产权等信息，分析研究其内在关联并提供征信服务。

(2) 纵向垂直整合信息资源，如通过对供应链上下游企业之间应收应付信息的整合和确权，以供应链金融为载体，建立供应链上大型企业和中小微企业间的信用传导机制，开拓出征信业务新模式。

(3) 深入挖掘数据内涵，如通过深入挖掘税务信息价值，与商业银行合作开发深度基于税务数据的征信产品，提供更具针对性的征信服务。

4. 大数据征信的优势

相比较于传统征信，大数据征信的优势如表 10-3 所示。

表 10-3 大数据征信的优势

	描 述	优 势
数据采集	网络行为数据、企业服务范围内行为数据、用户交易数据、授权数据源、第三方数据源、合作方数据源、公开数据源	(1) 数据源更多，弥补了传统征信覆盖面不足的缺陷。 (2) 数据类型多样化，能全面反映个人和企业的信用情况。 (3) 数据实时更新，使得信用评估可以更实时
数据建模	文本挖掘、自然语言处理、机器学习等	分析手段更丰富且数学模型可以动态持续更新和自动化计算
画像构建	基本属性、购买能力、行为特征、兴趣爱好、心理特征、社交网络等	用户画像更丰满、评价维度更广
风险定价	申请模型、行为监控模型、还款能力模型、还款意愿模型、欺诈模型、违约模型、催收模型等	评价更客观和精准

5. 大数据征信产业链

随着我国社会信用体系建设步伐的不断加快以及大数据应用的推进，大数据征信产业链逐渐成熟。大数据征信产业链的相关方包括上游的数据生产者、中游的征信机构及下游的征信信息使用者：

1) 上游数据生产者

从数据的来源渠道看，大数据征信比传统征信数据来源更加广泛，除了来自金融机构和政府部门，还有基于互联网的交易和社交信息等。目前与征信相关的大数据来源可以分为四大类：

(1) 信用交易数据生产者。信用交易数据是从事金融活动时所产生的数据，此类数据主要来源于金融服务机构。我国金融服务机构大体可以分为三类，包括金融机构、类金融机构和互联网金融机构，这三类机构构成了我国的金融服务体系。

(2) 商品和服务交易数据以及行为数据生产者。一些电商、金融、娱乐、旅游等企业，以及水、电、气、话、教育、医疗等公用服务机构，利用自有的工作机制和网络平台，收集本机构留存的客户买卖商品和享受服务中的身份信息、业务信息和社交行为信息，并对这些数据进行有序加工整理，形成数据库。由于不同企业和服务机构处于竞争状态，彼此力争形成自己所谓的“闭环”，提供他人分享的内在动力不足，所以这类信息也主要是企业和服务机构自身的客户信息。

(3) 政府公开信息和公共服务信息的数据生产者。政府公开信息里特别常用的就是企业工商注册的信息，主要是行政司法机关掌握的企业和个人在接受行政管理、履行法定义务过程中形成的信息。公共服务信息最常见的有工会服务信息、社区服务信息以及信用中国及地方的信用信息平台的公开信息等。

(4) 通过技术手段爬取或非常渠道获得的其他各种领域的数据。对于很多企业来说自身数据积累相对有限，因此通过技术手段从互联网渠道爬取或者以非常规渠道从黑市交易获得机密数据，也成为一种数据获取之道。此类数据的种类多样，可能有涉及各种行业数据或者涉及企业和个人的信息。

2) 中游征信机构

总体来说，征信大数据应用实施过程就是把没有关联关系的大量数据通过一些分析和处理，转变成有用信息并最终形成决策，从而有效防范风险。这个过程可以分为四个阶段：

(1) 对通过各种采集渠道获得的各类型的征信数据进行收集和存储。

(2) 将积累的数据进行清洗、加工后，变成有价值的信息。

(3) 信息深度挖掘，从信息中发现知识。

(4) 对未来的事件进行风险预测，从而采取相应的决策来防范风险。

由以上对征信数据源的分析可知，与征信相关信息的数据采集渠道复杂、数据来源不可追溯、数据结构多样，因此针对不同的数据群体的不同特点，需要选取不同的处理和解决办法。

3) 下游信息使用者

作为征信产品，其形态可能包括诸如个人征信报告、企业征信报告、个人信用评分、企业信用评分之类的基础产品，也有以此为基础的增值服务(产品)，如大数据征信平台、大数据检测预警、大数据风险排查等。金融、政府和商业领域都存在着征信产品的潜在用户，各领域常用的数据征信产品总结如表 10-4 所示。

表 10-4 各领域常用的数据征信产品

领域	常用征信产品	作　用
金融	银行评级及其他评级报告、专项评价报告、信用咨询类服务、企业征信、金融机构服务等。该领域的产品主要为从事金融活动的相关方提供，例如担保机构、小贷公司、保理公司、融资租赁公司等	旨在帮助金融活动的相关方收集被调查对象的真实、有效数据信息，经过征信机构判断、评价、分析后，甄别与防范在从事金融活动的过程中各种可能发生的风险
政府	评级或评价报告、筹建咨询报告、征信调查服务、信用体系建设咨询等	该领域的产品主要服务于政府部门、行业协会等。例如社会信用体系建设咨询产品，是征信机构结合信息化的技术手段为地方或行业社会信用体系主管部门提供规划编制、平台建设、体系设计等服务
商业	评级或评价报告、投融资咨询报告、征信评价报告、供应链管理服务、系统开发等	该类产品是针对商业发展或商务合作开展的大数据征信服务

10.2.4 问题和困难

如上所述，互联网和大数据的应用为征信带来了跨越式发展，但与此同时，大数据征信对隐私保护和数据安全提出了更高的要求。

1. 大数据征信面临的问题

目前大数据技术与征信行业的结合仍面临着不少潜在问题和风险。这些风险主要存在于对数据主体权益的保障与征信数据处理的质量及可信程度上，具体有以下几个问题。

1) 数据壁垒问题

大数据征信的前提之一就是征信数据的信息共享，但是征信机构之间相互竞争，自然不愿意轻易共享数据源，因此如何打破机构间的壁垒，建立可持续的信息交换机制，并保证信息交换后不被滥用，还需要在法律、政策、技术等层面制定相应标准。

2) 数据质量难保障

大数据征信倒逼系统设计人员去寻找和挖掘更多对征信有贡献的数据源，但是当前大数据行业没有形成统一的数据处理与分享规则，掌握数据的机构众多，各自有各自的数据来源，在缺乏统一标准化的专业术语、技术标准及行为规范的情况下，形成了一个个信息孤岛；另一方面，由于数据量的庞杂和数据源单位安全管控限制，导致数据大多来源于网络爬取，数据来源良莠不齐，数据不完整、质量没保障，同时数据准确性、及时性、完整性难以得到保证，产品与服务的公正性也得不到保证。

3) 数据隐私难保护

信息技术的高速发展、互联网的快速普及和大数据的爆发式增长在为个人提供极大便利的同时，信息安全的保护也面临着严峻挑战。征信行业拥有大量敏感度高、私密性强的个人信用信息，是国家的关键数据资源。大数据行业的快速发展导致数据跨境监管难度上升，国家安全数据、个人隐私、商业秘密数据的跨境安全难以得到保障。进一步，由于目前对使用大数据的机构没有明确的规范和管理方式，这既容易导致大数据行业由于缺乏监管而产生违法采集、过度采集、滥用个人信息和商业机密的问题，致使个人隐私和商业秘密无法得到有力保护，也不利于大数据行业的健康有序发展。

4) 新技术的应用问题

数据隐私保护是当下大数据征信领域的突出问题，传统技术难以解决这些问题，而未经过时间验证的新技术引入也存在较大风险。以区块链在金融领域的应用为例，在“互联网+”时代，区块链为陌生环境建立信任机制的意义重大，但是区块链存在私钥丢失、系统相对封闭、用户数据“被遗忘”等隐患，也尚未完全融入现有的征信监管体系。

5) 征信机构独立性问题

征信机构为放贷机构的风险管理提供外部信息支持，理应是一个独立的第三方机构，正如《征信业管理条例》要求征信机构必须符合两个“第三方”原则，即信息来源于第三方以及信息提供给第三方。而目前部分征信机构明显与该要求不符，甚至大数据征信的数据搜集方和征信报告的使用方存在融合的趋势，双方的接近也带来了新的风险。比如，在我国批准的个人征信机构中，芝麻信用、腾讯信用隶属于阿里巴巴和腾讯集团，而这两大互联网企业旗下又分别有小额贷款业务，模糊了征信机构“独立第三方”的边界。

6) 同人不同信用问题

目前，在我国，除了中国人民银行征信中心，中央银行还批准了芝麻信用、华道征信等 8 家民间征信机构。各家征信机构的数据来源不尽相同，有的来源于金融交易数据、公共信息数据，有的则来源于自身业务发展所积累的数据，它们的算法技术也有所差异，这就导致了对同一用户的信用评估结果在不同征信机构之间存在差异的问题。

7) 评估是否有效

比起美国征信行业经历近百年的发展建立起如 FICO Score 等个人信用评分体系，我国征信行业尚未成熟，未能建立起经受时间检验过的个人征信评估体系，且各个征信机构间无法做到数据有效共享。以芝麻信用为例，该征信产品仅以个人用户的部分互联网数据以及用户自愿提交的部分隐私信息来评估个人信用，并未接入央行征信体系，无法获得用户真实有效的个人信贷数据以及用户在其他平台上的互联网数据，这种情况下所建立起的信用评估模型是否有效，仍需时间来检验。

8) 行业内部竞争

互联网征信的崛起将依赖与传统征信行业的协作，但也必将对传统征信行业造成冲击与侵蚀。一方面，由于信用数据涉及企业和个人的切身利益，因而无法通过传统数据交易平台进行共享交换，这就导致在正规市场采集信用数据的渠道极其有限，使得传统征信机构在采集数据上耗费大量成本，导致用于数据分析及征信产品研发的资金比例缩水，征信机构无法过多关注征信产品的质量，继而影响了征信机构的水平与信誉。另一方面，当下征信业中，以借贷状况为主的信用记录约95%为央行所掌握，尚不完善的传统征信行业呈现出一家独大的局面；然而基于规模化优势的银行等金融传统中介信用评估模式，由于其覆盖范围小、数据片面、调整僵化等局限性，越来越不适应信息社会的发展。在大数据时代和大数据征信时代到来的当今，银行业具有的传统实体与专业人员的规模化优势在信息社会中被极度弱化，而拥有技术优势的科技公司、拥有互联网客户平台资源优势的公司以及未来拥有智能产品的“物联网”平台类制造业巨头等，都可能凭借其数据优势与平台资源切入征信业务，从而挑战银行业信用中介的核心地位。

9) 法律法规不完善导致个人隐私泄露

大数据征信在采集、存储个人信息数据的过程中，很容易受到网络病毒、木马及黑客的攻击，出现安全漏洞导致信息泄露。另外，隐私保护逐渐成为全球各国的共识，我国在2021年11月1日已经正式实施数据隐私保护法，但还没有具体的司法条文解释和相对应的技术方案(标准)。因此，如何兼顾征信的效率和隐私保护的公平公正是一个挑战。

2. 大数据征信问题的解决方法

针对大数据征信的问题和困难，有以下一些可以借鉴的建议和应对方案。

1) 成立数据交易平台

要构建多元化的个人信用信息数据环境，不仅要从多领域进行数据的收集，还要进行数据的融合共通，建立个人信用信息数据交易平台，形成数据交汇以避免数据孤岛的出现，这样不仅能够保障企业的利益，同时加强了企业之间的交流和合作，保证了个人信用信息数据的全面性，从而使互联网征信行业的发展更加稳健。因此，成立数据交易平台是未来的大趋势。

2) 增强互联网征信中用户信息的权益和隐私的保障

首先，完善个人信用信息的立法保护；其次，要建立详细的互联网征信企业的采集授权制度，明确规定互联网征信企业数据收集的范围，保障用户对于自己信息被采集的选择权和知情权，避免个人信用信息数据被过分使用而给用户带来危害和损失，以及在用户不知情的情况下授权给第三方而导致危害和损失；最后，指导并增强用户在互联网上的信息保障意识，推行用户实名身份登记、安全证书、电子签名等安全服务用以保障用户的信息隐私安全，防止个人信息泄露。

3) 建立并完善互联网征信企业的监管体系

对于监管机构，应该成立一个专门针对互联网金融信息安全的监督、管理机构，从个人信用信息的角度设立隐私管理制度，明确如何采集征信信息并且对其进行整合、分析、挖掘等，保护好每一个环节个人信息的绝对安全。监管的相关机构应该明确监管原则，将市场的活力、创造力和风险管理相融合，适度合理地进行监管工作，在保证行业发展和用户权益的情况下，为互联网征信企业创造良好的发展环境。

4) 加快完善征信组织体系

应整合金融机构、政府和互联网信息，使中国征信行业达到开放、统一、精准度高的标准。有关部门应该推动政府相应部门参与征信体系的建设，采取有效措施避免提供数据过程中产生的法律风险。应加快金融机构、政府和互联网三方信息整合的进度，在符合有关政策法规的情况下建立三方之间信息开放的平台，真正实现各方信息的有效整合。同时吸取国外征信评级的先进经验，确定科学的评价体系，使征信机构在适应市场机制的同时，形成信息全面、维度广泛、权威性强的平台，从根本上提高信用评分的精准度，拓宽实用性。

10.3 个人征信

10.3.1 概述

个人征信是指依法设立的个人征信机构对个人信用信息进行采集，然后依法进行加工整理，最后依法向合法的信息查询人提供个人信用历史记录，形成个人信用报告。个人信用报告就是由公正的第三方整理出的个人金融方面的信息，而这些信息可以被其他金融机构查询并以此作为一个对授信申请人判断的重要依据。

1. 个人征信的应用

个人信用数据的应用场景具有极大的想象空间，很多已经在商业银行中有具体应用实践。

1) 信贷判断

征信数据最基本及主要的用途是用于银行对于贷款的授信决策，这也是征信信息的起源。最初，银行仅将征信信息用于信贷决策，但随着征信数据类型的拓展，以及搜集与分析技术的不断发展，征信数据目前已经可以应用到整个信贷生命周期，包括是否给予信贷、贷款额度、期限及定价的信贷决策阶段，贷中监控预警或降低贷款额度的贷中阶段，以及贷款到期后无法偿还时制订贷款清收方案的贷后阶段。

2) 拓展客户

互联网的金融浪潮，一方面促进银行开拓网络化的渠道，推出网上银行、手机银行、微信银行，把银行营业厅搬到了网络上；另一方面将金融业务互联网化，推出线上贷款、线上销售理财等产品。这种网络金融产品包括两种模式：一种是客户在网络申请，向银行提出邀约，银行根据信息审批；另一种是银行根据客户的征信信息主动营销，将金融产品的要素与个人征信数据匹配，由银行提出邀约，客户同意后达成金融产品的合约。在后一种模式下，征信数据起到了对客户分类分层、精准营销的作用。

3) 业务合作

在数据为王的大数据时代，各商业机构均将数据作为重要资源。例如，当双方无资金及客户合作空间时，以数据共享或数据验证等为内容的数据合作就成为新的合作领域，这种应用属于新兴的银行数据运用范畴。

2. 信用局的起源和发展

1860 年，美国第一家信用局在美国纽约的布鲁克林成立。经过 100 多年的发展，尤其是20世纪70年代开始的兼并风潮，全美国大约2250家信用机构经历了残酷的洗牌过程，如今，美国征信局分为3家大型公司与300多家小型征信公司两大阵营。在美国，评估消费者信用、提供个人信用服务的中介机构叫信用局或者消费信用报告机构。目前美国主要的信用局为Equifax、Experian和TransUnion三家，而其他大大小小的1000多家信用局大多隶属于这三大信用局。三大信用局虽然实行的是自由的市场运作模式，但皆有国资背景，以保证其数据来源的强制性，从而保证数据的完整。

信用局对个人信用的评分模型，主要采用的是由美国FairIsaac公司提出的FICO评分，FICO信用分模型利用高达100万个大样本的数据，首先确定刻画消费者的信用、品德、支付能力的指标，再把各个指标分成若干个档次，规定各个档次的得分，然后计算每个指标的加权，最后得到消费者的总得分。FICO信用分的评分范围是325～900分。从整体框架上来说，美国的个人征信体系主要包括数据的采集与评价、信用法规的建立与实施、信用行业的监督与管理。

个人数据主要包括个人身份信息、信贷信息以及公开信息，如姓名、家庭住址、联系电话、信用卡、债务收入比例、银行开户情况、毁誉信息、个人收入、公用事业记录等，这些数据主要来自各类金融公司。

三大信用局收到这些信息后，将对信息进行“加工”，计算出个人信用分。通常个人信用分在300～850分之间，分数越高，说明客户的信用风险越小。个人的信用评分就是三大信用局的“产品”，它们将这些“产品”出售给机构，主要包括消费信贷的授信方、商业银行、保险公司、雇主、司法部门及消费者个人。目前，个人信用报告是需求量最大的信用产品。

当然，为了保护个人隐私，美国也对哪些信息可纳入信用评分、个人信用报告的适用范围做了明确的规定。根据有关规定，调用他人的个人信用资料需得到被调用人的同意或者司法部门的授权。

作为个人，有权向信用机构质疑自己的不良信用记录，或者在确认了不良记录之后，可通过清理、重组债务、加强理财、偿还债务等方式，来修复自己的信用记录。比如，在还清贷款后两三年内对个人进行观察，如果没有污点，就可以消除其不良记录。

在欧洲，公共征信系统在一开始就是将企业征信与个人征信结合起来的，在此基础上的欧洲私营征信局系统也参照了该模式的发展。由于并购的盛行，加上美国征信机构的跨国并购，欧洲的私营个人征信机构逐渐被几家大的跨国公司所控制，欧洲私营个人征信机构具有明显的美国信用机构的特点。

在日本，1973年第一个个人信用信息中心成立，1988年成立了全国银行个人信用信息中心，信息数据库也实现了统一运作与管理。株式会社日本信息中心(JIC)由日本信用信息中心联合会管理，而该联合会由作为其股东的全国33所信息中心组成。1976年10所机构第一次组成了该联合会，并于1984年进一步形成全国规模的网络。株式会社信用信息中心(CIC)在日本个人征信制度产业中是最大的，前身包括以汽车系统和流通系统的信用卡公司为中心的信用信息交换所和以家电系统的信用公司为中心的日本信用信息中心等。CCB成立于1979年8月，其起源与单位构成与CIC较为类似，股东包括信用销售公司、信用卡公司、担保公司、消费金融公司等。2009年，CCB并入JIC，之后JIC并更名为JICC(日本信用情报机构)。

10.3.2 我国个人征信的发展历程

近年来，随着普惠金融的迅速发展，尤其是网贷、消费金融等行业的发展，个人征信行业蕴藏了无限的需求和潜力，也成为信用行业关注的焦点。目前，我国个人征信市场在消费金融、网贷等互联网金融快速发展的背景下，面临着极大的机遇和挑战。

(1) 我国个人征信还处于初级发展阶段，征信体系以央行征信为主。1999 年中国人民银行以地方个人信用体系建设工作为切入点，在上海市开始试点工作。1999 年 7 月，上海市政府发起成立了主要从事个人信用信息服务的上海资信有限公司，开始把分散在各银行和社会有关方面的个人信用信息归集起来，进行采集、存储、加工，形成个人信用档案信息数据并为各有关方面提供个人信用报告服务。

2003 年 9 月 30 日，国务院正式公布中国人民银行新“三定”方案，批准人民银行成立征信管理局，赋予其“管理征信业，推动建立社会信用体系”的职责。

2013 年，《征信业管理条例》正式实施，我国征信业步入有法可依的轨道。同年，《征信机构管理办法》颁布。2014 年，发布《征信机构信息安全规范》《金融信用信息基础数据库用户管理规范》等征信标准。2018 年 1 月，中国互金协会携 8 家批筹个人征信机构欲成立信联(百行征信)，央行公示受理了百行征信有限公司(筹)的个人征信业务申请。

从我国个人征信行业的发展历史不难看出，我国的个人征信体系是以政府为主导的。在个人征信产业链中，数据处理等核心环节主要由央行征信中心、上海资信等 8 家试点的个人征信机构及新成立的信联提供。除此之外，一些大数据公司还会利用技术优势，提供反欺诈、黑名单等产品和服务。

表 10-5 所示为美国个人征信行业发展阶段及特点，通过对比可以发现，我国目前与美国 20 世纪 80 年代左右的发展情况较类似，处于法律完善时期。对标美国的发展路径，我国的个人征信行业离成熟的市场还有很大的发展空间。

表 10-5 美国个人征信行业发展阶段及特点

时 间	发展阶段	特 点
20 世纪 20 年代	探索阶段	非营利阶段，1906 年确定信息共享机制，信贷主题以零售商为主
20 世纪 20—60 年代	发展阶段	大众消费文化盛行，催生信贷需求。大萧条导致违约率上升，社会关注征信，逐步形成体系
20 世纪 20—80 年代	法律完善期	若干法律出台，奠定征信法律基础。金融机构提供身份甄选服务。银行卡联盟 Visa、MasterCard 建立，扩大信贷需求
20 世纪 80—21 世纪	并购整合期	银行跨区经营，并购频繁，催生全国性征信需求。信息技术发展使征信机构全国性经营成为可能，三巨头出现
21 世纪至今	稳定发展期	三大征信机构的“三足鼎立”格局形成。国内市场区域饱和，开拓海外市场，应用范围不断扩大

(2) 个人征信需求壮大及大数据技术进步为个人征信发展提供无限可能。

信贷规模直接决定了征信市场的大小。自2015年以来，我国消费信贷余额保持高速增长，增速超过20%。截至2017年底，消费信贷余额规模达到36万亿元，同比增长25%。消费信贷的快速增长，为个人征信带来了市场基础，也为个人征信机构的信用评估业务提供了市场空间。

近年来，我国的互联网金融呈现爆发式增长，但征信并不能满足互联网金融行业发展的需要。征信机构的所有业务都是围绕数据展开的，大数据技术的发展大大提升了数据的多元性和可获性。大数据下的个人征信是指对网络交易、经商等经济和社会活动过程中产生的个人信用信息，利用现代通信与信息处理技术进行处理后得出结论，并提交公司、机构或个人使用。例如，阿里巴巴、腾讯、京东等平台每天都会产生大量的个人资料和交易信息，从中可以产生相应的个人信用信息。由于这些信息是海量的，而且是即时变动的，因此结合央行、政府部门提供的信用信息，可以历史地、相对完整地描绘出一个人真实的信用"图案"。

(3) 有效覆盖人群偏少，个人信用意识薄弱。截至2019年底，央行征信中心收录10.2亿自然人的信息，有贷款记录的约4.8亿人，央行个人征信的覆盖率为50%左右。而美国在2014年这一比率就高达92%。在国内，信用多用于金融信贷领域，而在美国，信用深入居民生活，成为一种资产。融360的《维度》调查报告就显示，超过10%的用户不关心自己的个人征信，近30%的用户不了解自己在央行的个人征信情况，40%的用户不知道央行的不良征信记录如何消除，我国居民个人信用意识薄弱现象突出。

(4) 征信机构独立性不足，数据孤岛的"囚徒困境"难破。世界近百年发展历史证明，只有独立第三方开展的个人征信才更有公信力。而国内的商业征信机构并不是完全独立的第三方。另一方面，数据是征信行业的基础，我国约80%的数据都掌握在政府部门，政府的数据开放度很低，而批筹的8家个人征信机构虽然都有大量的平台数据，但都希望形成自己的闭环，客观上分割了市场的信息链，而且每家的信息覆盖范围受到限制，信息不广、不全带来产品的有效性不足，也不利于信息共享，个人征信并未走出数据孤岛的"囚徒困境"。

10.3.3 国外案例

1. ZestFinance

近些年，美国互联网金融公司ZestFinance受到国内互联网金融专业人士的热捧，其基于大数据的信用评估模型也越来越受到关注和效仿。

ZestFinance原名ZestCash，是美国一家新兴的互联网金融公司，2009年9月成立于洛杉矶，由互联网巨头谷歌(Google)的前信息总监道格拉斯·梅瑞尔(Douglas Merrill)和金融机构Capital One的信贷部高级主管肖恩·卜德(Shawn Budde)(曾管理过收益超过10亿美元的次级信贷业务)联合创办。

1) ZestFinance的理念

ZestFinance的研发团队主要由数学家和计算机科学家组成，前期主要通过ZestCash平台提供放贷服务，后来专注于提供信用评估服务，旨在利用大数据技术重塑审贷过程，为难以获得传统金融服务(Underbanked)的个人创造可用的信用，降低他们的借贷成本。ZestFinance 的商业理念有：

(1) 为弱势群体制造信用的普惠金融思想。ZestFinance 认为，它的使命是为每一个人创造公平而且透明的信用信息。ZestFinance 最初的服务对象是只能使用高利贷的人群(称为借贷日贷款人群)，通过大数据挖掘出他们的信用信息，帮助他们享受正常的金融服务。ZestFinance 假定每一个消费者都是“好”人，希望通过搜集证据，证明信贷信息不完整人群真正的信用状况，进而帮助他们实现享受正常金融服务的权力。

(2) 从非传统征信视角看信用。个人征信的目的是通过搜集数据来挖掘出消费者已有和潜在的信用信息，数据和具体的技术只是征信的手段和工具。消费者的信用状况与其信贷记录联系最紧密，是强相关的，所以传统征信是从消费者的信贷记录挖掘其信用状况。但是消费者的信用状况与其信贷记录并非一一映射的关系，还会与消费者的其他信息和行为有联系，尽管这种联系可能较弱。

与传统征信相同，大数据征信对消费者的信用评估也是基于两个基本面的信息：消费者的还款能力和消费者的还款意愿。所不同的是，在传统征信中，数据依赖于银行信贷数据，而大数据征信的数据不仅仅包括传统的信贷数据，同时也包括了与消费者还款能力、还款意愿相关的一些描述性风险特征，这些相关性描述风险特征的抽取与筛选是 ZestFinance 的技术核心。相比于传统征信数据的强相关性，这些大数据征信的数据与消费者的信用状况的相关性较弱，ZestFinance 就利用大数据技术搜集更多的数据维度来加强这些弱相关数据的描述能力，这样就使大数据征信不依赖于传统信贷数据，可以对传统征信无法服务的人群进行征信，实现对整个消费者人群的覆盖。

2) ZestFinance 的技术优势

ZestFinance 的优势在于其强大的数据挖掘能力，能开发出新颖的信用评估模型，从大数据中挖掘出更多不易被发现的消费者信用信息。相对而言，ZestFinance 的技术选型具有以下几个特点：

(1) 采用了基于多角度学习的评分预测模型。传统的信用评分模型一般有 500 个数据项，从中提取 50 个变量，利用一个预测分析模型做出信用风险量化评估。而在 ZestFinance 的新模型中，往往要用到 3500 个数据项，从中提取 70 000 个变量，利用 10 个预测分析模型进行集成学习或者多角度学习，进而得到最终的消费者信用评分。

(2) 评分模型不断更新。当 ZestFinance 不断进行数据搜集和增加新数据源时，评分模型也在不断更新。从 2012 年至今，差不多每一个季度就会推出一个新的信用评估模型，虽然这些新的模型仍然会遇到数据充足性和数据可得性的挑战，但是模型的持续改进提高了其信用风险评估水平。

(3) 评分模型不断细化。ZestFinance 最早从事的是信贷审批，仅有信贷审批评分模型，随后不断细化其评估模型来支持不断推出的新的信用风险业务。ZestFinance 融合多源信息，采用了先进机器学习的预测模型和集成学习的策略，进行大数据挖掘，再由信用评估分析模型形成最终的信用分数。此外，其开发了 10 个基于机器学习的分析模型，对每位信贷申请人的超过 1 万条数据信息进行分析，并得出超过 7 万个可对其行为做出测量的指标，这些在5秒钟内就能全部完成。

(4) 挖掘丢失数据，变废为宝。丢失数据(Missing Data)指的是机器学习中某一些数据项因为种种原因造成了缺失。较多的丢失数据会给建模带来挑战。由于ZestFinance利用的是多维度的大数据，所以丢失数据的现象更加突出。ZestFinance 处理丢失数据也有其独特之处：

首先，ZestFinance 不断改进其评分模型，增强其处理丢失数据的能力，最新的评分模型可以处理超过30%的丢失数据。

其次，ZestFinance 充分利用丢失数据之间的关联，以及丢失数据和正常数据的交叉，探寻数据丢失的原因，在特定的应用场景下，通过这样的深耕细作，获得了一些有用的消费者信用信息。

2. Kreditech

成立于 2012 年的 Kreditech 公司是德国著名的 Fintech 公司。Kreditech 拥有包括Kredito24、K24、Flexinero 以及Zaimo等在内的多个网络借贷平台，提供24小时不间断贷款申请服务。Kreditech基于大数据分析，采取纯线上贷款审批操作，提供包括小额分期贷款、个人财富管理、电子钱包、透支及支付等服务。据统计，Kreditech的单笔最高贷款金额为500欧元，平均审核时间为35秒，平均到账时间为 15分钟。

针对特定借款人，Kreditech采集约两万个动态数据点，运用算法对借款人行为进行匹配分析。在此过程中，Kreditech尤其注重分析申请人的社交及消费数据。通常，Kreditech会要求访问申请人的Facebook或Tweet主页，以分析其朋友圈状况、个人社交动态甚至好友信息等。与此同时，Kreditech也会要求访问申请人的eBay或Amazon主页，以了解其电商消费习惯、移动手机使用情况以及个人位置信息等重要数据。除此以外，Kreditech还会对申请人使用的浏览器、操作系统、输入出错率、取消键使用频次以及填写问卷所用时长等看似无关紧要的行为进行分析。Kreditech 的实践表明，大数据技术与社交数据的结合，确实能够降低信贷违约率。

10.3.4 国内案例

1. 中国人民银行征信中心

2006年3月，经国务院批准，中国人民银行成立征信中心。征信中心作为中国人民银行直属单位，为我国企业和个人统一建立征信信息数据库，负责数据库的建设、运营、维护等活动，统一管理我国企业和个人的征信档案。2008年，中国人民银行征信中心在上海正式成立，总部位于上海浦东新区。2013年年初，根据国家颁布的《征信行业管理条例》，明确中国人民银行征信中心是国家建设的金融信用信息基础数据库。自2013年10月28日起，继江苏、四川、重庆3个省、市试点之后，中国人民银行个人征信报告网上查询服务试点扩至9个省、市，增加北京、山东、辽宁、湖南、广西、广东等6个试点。截至2017年11月20日，中国人民银行征信中心在31个省和5个直辖市都设有分中心，征信报告查询网点覆盖我国的各级市、县。

中国人民银行征信中心是世界规模最大、收录自然人信息最全、征集信用信息数据最多、使用频率最高的集企业征信信息和个人征信信息为一体的征信档案管理数据库。截至2015年年中，中国人民银行征信中心共为8.6亿自然人建立个人征信档案，为2000多万家企业和其他组织建立企业征信档案。这些档案信息以银行业的信贷信息为中心，逐渐覆盖纳税、环保、个人公积金缴存、个人社保缴存、公共事业欠费、民事裁决与执行信息等，使商业银行、农村信用社、信托公司、租赁公司、汽车金融公司、小额贷款公司等大量的非银行类金融机构接入中国人民银行征信中心。这些金融机构可以将其收集到的客户信息上传至个人征信中心的征信档案数据库。同时征信中心为其提供征信查询服务，形成以企业和自然人征信信息为中心，以银行和其他授信机构为主要服务对象，以个人征信报告为输出形式的具有我国特色的个人征信档案管理活动。

2. 芝麻信用

芝麻信用是2015年初推出的第三方征信机构，它是根据各式各样的数据而设计得出的信用体系，可以通过阿里云计算、机器学习等独有的技术手段来反映各个用户的信用情况，已经在融资租赁、借贷款、花呗、借呗、信用卡等多个领域实现应用，为客户提供不同的服务。伴随着支付宝的广泛使用，芝麻信用作为其附属产品，使用人群也越来越多。2017年芝麻信用与建设银行合作，共同推动了线上线下业务并存的发展模式，增加了电子支付等新型业务，打通了信用体系，加强了芝麻信用在普通大众心里的权威性，使得其应用途径进一步拓宽。

相对而言，芝麻信用在数据源、评分评级尤其是延展应用方面，有着独到的特点和优势，下面进行简单介绍。

1) 海量数据源

芝麻信用拥有广泛的数据来源，一方面阿里巴巴旗下的支付宝、淘宝、天猫等各个电商平台用户众多，众多的用户带来了庞大的信息源，其个人身份信息、支付情况、购买情况都可作为信用评级的重要依据。另一方面，与阿里巴巴合作的许多机构提供了很多数据，如一些公共机构为芝麻信用提供了政府部门的公开信息。2017年初中国建设银行在与支付宝合作以后，也为芝麻信用提供了金融信贷、个人投资等相关的行业信息。除此之外，一些私人的运营商也会与芝麻信用进行信息互换合作。这些渠道为芝麻信用提供了庞大的数据源，芝麻信用再运用大数据技术将其整合成数据信息资源库，为后续的信用评分评级提供了支持与保障。

2) 评分评级体系

芝麻信用分是在用户与芝麻信用签订服务协议后，依据用户在花呗、信用借还等功能平台的各项使用数据，运用阿里云计算、人工智能等独有或新兴技术手段，建立的评价模型。芝麻信用分反映各个用户的基本信用情况，其评分构成包括用户的信用历史、个人行为偏好、履约能力、身份认证、人际关系等五个方面的内容。分数值的范围是350～950分，且信用水平与分数为正比关系。依照不同的分数，将用户划分成不同等级，等级越高的用户可以得到更多的便利服务作为回报。

3) 评分产品应用

芝麻信用与阿里旅行等众多商家签订了合作协议，使得芝麻信用评分不仅可以应用于信用借贷，而且在人们日常生活服务等方面都有很好的应用。

在生活服务方面，芝麻信用不断扩大合作企业的范围，涵盖衣食住行等各个方面。芝麻信用与女神派、美丽租、百格租包等企业合作，提供免押金租服饰配饰服务；与哈罗单车、神州租车、一嗨租车、安飞士租车等公司合作提供出行服务；与阿里旅游合作，用户可以更加便捷地办理到新加坡的签证；与未来酒店、途家、住百家等企业合作，为用户提供住宿服务，用户可在全国超过6000家酒店享受免押住宿。

在消费金融方面，芝麻信用与花呗和蚂蚁借呗以及天猫开新车合作。只要用户的芝麻信用分高于600分，就可以在花呗上申请到额度，在使用淘宝购物付款时，可以先用花呗进行支付，等到还款日时再还款，相当于传统的信用卡功能。同样地，当芝麻信用高于一定分数时，用户可以在蚂蚁借呗上申请一定的贷款额度，当用户急需资金时，可以在蚂蚁借呗上贷款使用，同时，用户每使用一次蚂蚁借呗的贷款并按时还款，又可增加用户芝麻信用的评分。芝麻信用最近又推出了信用购车服务，其与天猫开新车合作，芝麻分750及以上的用户，符合购车要求时可立马把新车领回家。其操作流程同线下的车贷模式是一样的，只是把传统的去银行或者汽车金融公司办理汽车贷款的服务搬到了线上，利用芝麻信用的评分作为切入点，进行线上贷款购车。

需要说明的是，虽然芝麻信用的体系、技术等各个方面相对于国内其他征信平台有很大的优势，但其现有的征信方式、信用评价模型还存在缺陷，无法对征信质量做出保证，随时可能爆发巨大的信用安全风险，对芝麻信用平台造成不可估量的影响。

10.4 企业征信

10.4.1 概述

企业征信也叫作商业征信，是指征信机构作为提供信用信息服务的企业，按一定规则合法采集、汇总分散在社会各方面的企业信用信息，形成企业征信数据库，加工整理形成企业信用报告等征信产品，有偿提供给经济活动中的贷款方、赊销方、招标方、出租方、保险方等有合法需求的信息使用者，为其了解交易对方的信用状况提供便利。

1. 企业征信的作用和价值

企业征信的主要作用和价值体现在：

(1) 能够增强企业间信用信息的透明度，降低交易成本。

(2) 有利于建立企业信用的记录、监督和约束机制。

(3) 有助于为企业的交易和信用管理决策提供信息和评估支持。

(4) 为金融机构与企业间的合作提供资信信息方面的支持。

(5) 为整个国家社会信用体系的建立和完善奠定基础。

2. 企业征信机构的业务模式

随着信用经济的日益发展和经济全球一体化的推进，征信的地位迅速上升并受到世人的广泛关注。20世纪60年代后，世界各国进入了经济高速增长时期，国内外贸易大幅度增加，交易范围日益广泛，企业征信业务量也随之迅速增大，从而进入了大规模信用交易的时代。企业征信机构的业务模式如图 10-1 所示。

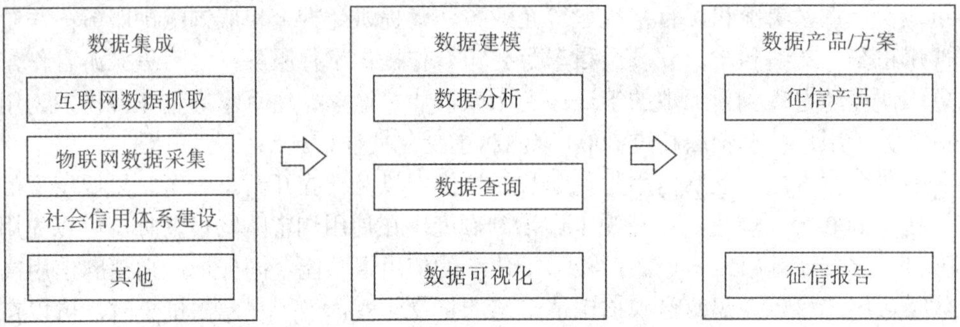

图 10-1　企业征信机构业务模式

3. 企业征信的数据来源

企业征信的流程雷同于一般大数据价值实现路径，即数据集成、数据建模和数据产品方案，一般而言，企业征信的数据源包括：

(1) 政府监管信息：企业基本资质、质量检查信息、行政许可资质、行政奖罚信息、商标/专利/著作权信息、人民法院判决。

(2) 银行信贷信息：中国人民银行信贷评价信息、商业银行信贷评价信息、小额贷款公司及民间借贷评价信息。

(3) 行业评价信息：行业协会(社团组织)评价信息、水、电、气、通信等公共事业单位评价信息。

(4) 企业运营信息：企业财务信息、企业管理体系评估信息。

(5) 市场反馈信息：消费者、交易对方、合作伙伴、员工等不同身份的实名评价信息。

(6) 其他数据源：包括互联网数据、物联网数据、社会信用体系建设等。

4. 企业征信的主要产品

企业征信的主要产品一般包括以下三类：

(1) 基本产品：企业信用报告、企业财务报告、风险指数报告、企业信用概览、深度信用报告、信用监测等。

(2) 信用管理咨询类：信用风险诊断、信用管理组织机构建立、信用管理流程设计、信用评价模型开发、信用政策和预警体系制订，以及信用管理培训。

(3) 金融服务类：向企业推荐金融产品以及贷款能力评估。

5. 发达国家的企业征信

第二次世界大战后，一些国家经过经济恢复时期后，到 20 世纪 60 年代普遍进入了经济高速增长时期，国内外贸易量大幅度增加，交易范围日益广泛，企业征信的业务量也随之迅速增大，从而进入了大规模信用交易的时代。又经过几十年的发展，发达国家的征信服务业已经比较成熟，形成了比较完备的运作体系和法律法规体系，对各国经济发展和规范市场秩序起到了重要作用。

(1) 美国。在美国，完全依靠市场经济的法则和运行机制，以征信公司的商业运作形成了企业征信管理体系。在这种运作模式中，利益导向是核心。

美国的征信是市场化运作的，这是其自由经济思想在征信业的具体表现，一切通过法律体系来规范。1849 年，John M. Bradstreet 在辛辛那提注册了首家信用报告管理公司，通过多年的经营积累，逐步发展成为企业征信领域中规模最大、历史最悠久并最具影响力的领先企业——邓白氏集团(Dun & Bradstreet Corporation)。20 世纪 30 年代第一次世界经济危机的大规模爆发，大批公司破产，许多债务因为诸多企业的破产而成为坏账。这种经济泡沫的破灭使得政府和投资者重新认识到征信的重要性，政府制定了一系列扶持信用管理机构的条例，民间征信机构就此蓬勃发展。20 世纪 60 年代末期至 80 年代期间，美国国会先后出台了 16 项法律，对商业银行、金融机构、房产、消费者等的资信调查、商账追收行业进行明确立法，允许相关信用信息的公开披露，形成一个完整的法律框架体系。

(2) 欧洲。在欧洲，采用以政府和中央银行为主导的企业征信管理体系，这种模式是政府通过建立公共的征信机构，强制性要求企业和个人向这些机构提供征信数据，并通过立法保证这些数据的真实性，这种做法通常效率较高。

20 世纪 80 年代以前，欧洲银行资金充沛，大公司和固定客户很容易从银行获得融资款。此时，市场对企业征信的需求量不大，主要是由公共征信系统采集公司和贷款数额较大的个人客户的信息，为中央银行更好地监督金融市场、提供防范金融风险服务。20 世纪 80 年代后，全球市场格局发生了重大变化，间接融资地位下降，新兴产业不断崛起，征信又重新被投资人和金融家们加以重视，用来评估企业申请贷款和信用额度的资质，私营企业征信机构开始兴起，尤其在德国和意大利，渐渐居于国内市场主导地位。私营企业征信机构主要为商业银行、保险公司、贸易和邮购公司等主要的信息使用者提供服务，其采集的信息具有覆盖人群广、总量大、信息来源渠道多、信用记录更全面等特点。

(3) 日本。在日本，由银行业协会建立的会员制征信机构与商业性征信机构共同组成企业征信管理体系。

日本最早的企业征信公司为商业兴信所，成立于 1892 年。公司成立后，初期业务开展并不顺利，仅有 31 家会员，主要面向银行提供征信。日本征信业企业初期数量很多，价格竞争激烈。随着市场的日趋成熟，20 世纪 60 年代起寡头集中的趋势日益明显，帝国数据银行(以下简称“帝国”)和东京商工两家占据了市场份额的 60%～70%，并将这一态势保持至今，呈现出集中垄断的长期性、稳定性。

10.4.2 我国企业征信的发展历程

现代市场经济是建立在法制基础之上的信用经济，高度发达的信用体系在防范金融风险、提高市场资源配置效率等方面发挥着积极作用。

1. 我国企业征信的发展阶段

与发达征信国家百年以上的企业征信历史相比，中国企业征信要晚得多[①]，我国企业征信系统建设大概分为三个阶段：

(1) 探索阶段(1991—1996 年)：纸质贷款证的出现形成了征信系统的早期雏形。20 世纪 90 年代初，原中国人民银行深圳分行为了解决企业多头贷款和拖欠、逃废银行债务的行

① 1932 年 6 月，上海成立中国第一家会员制的征信机构——中国征信所，由章乃器任董事长。然而经过多年战乱，商品经济发展无门，国民经济全面崩溃，征信业没有生存的余地，最终夭折。

为，适应银行对贷款信息共享的需求，首先开始施行“贷款证”制度。贷款证是企业向国内各金融机构申请办理贷款的证明书，它统一由中国人民银行颁发，对象是具有法人资格的所有企业和事业单位，贷款时由银行在贷款证上如实登记，偿还贷款后作还款记录。1992年，多个省份在辖内选取地级市进行试点探索，全国范围内的“贷款证”制度初步展开。1996 年，试点成功的“贷款证”制度在全国得到推广。

(2) 起步阶段(1996—2005 年)：随着 IT 技术的发展，将纸质贷款证变为电子贷款卡成为现实。1996 年，厦门、宁波等地开始试行贷款证电子化管理，将企业信贷信息输入电脑，以供商业银行查询，同时将贷款证更换为贷款卡。贷款卡所关联的企业信贷信息通过电子方式记载成为银行信贷登记咨询系统的雏形。1997 年，中国人民银行开始筹建银行信贷登记咨询系统。1999 年底，银行信贷登记咨询系统上线运行。2002 年，银行信贷登记咨询系统建成地级行、省级行、总行三级数据库，并实现全国联网查询。

(3) 发展阶段(2005 年至今)：银行信贷登记咨询系统升级为全国集中统一的企业征信系统。2005 年，中国人民银行启动银行信贷登记咨询系统升级工作。2005 年 12 月，企业征信系统实现主要商业银行的全国联网运行，并在天津、上海、浙江、福建 4 个省(市)开通查询用户试运行。2006 年 6 月末，企业征信系统实现所有中资、外资商业银行和有条件的农村信用社的全国联网运行，并于 2006 年 7 月末完成全国范围内与银行信贷登记咨询系统的切换工作。

2. 我国企业征信发展面临的困难

经过十几年的发展，国内征信业在企业主体数量、从业人员队伍及其知识结构等方面都有较大提升，但行业整体的经营情况却不乐观。进入大数据时代，当中国个人征信业希望借助大数据实现跨越式发展的同时，中国企业征信业也希望利用大数据工具实现行业快速发展，但仍存在业务模式断裂和数据链条不畅、社会征信体系尚待建设完善且行业整体集中度过低等问题。在中国，企业征信发展困难的原因在于：

(1) 首先是非标性，不同的行业，如农业、林业、建筑行业以及高新技术产业等的征信都不太一样，每个模型也是不一样的，一个模型无法解决所有问题。

(2) 企业数据的高维度给数据建模带来了极大的困难。

(3) 企业违约数相对有限，这对于数据建模是个极大挑战。此外，企业面临的风险非常复杂，如民间借贷、风险市场等。对于企业来说，非金融的数据也非常重要。

(4) 小微企业的数据严重缺失，一个最大的特点就是中国的财务数据基本是不可靠的，特别是中小企业，这个对企业征信也是非常困难的。

(5) 企业征信机构普遍比较小，且存在商业模式千篇一律，征信产品单一，应用层次浅的问题。

总体而言，国内企业征信行业仍以征信为核心，以数据整理和报告呈现为主业，缺乏像美国企业征信业龙头邓白氏那样的行业寡头。

10.4.3　国外案例

1. 邓白氏

邓白氏是美国企业征信业龙头，除提供传统的征信报告外，还联合费埃哲开发出小企业信用风险评分、中小企业“胡佛分析”(Hoover’s Analytics)等多样化的征信产品工具，变身进化为以提供企业风险管理和市场营销方案为核心的商业咨询机构。

邓白氏通过自有企业数据库、向个人征信机构(全联、艾克飞和益博睿等) 购买以及与政府机构合作等方式获取数据，利用自身强大的数据开发建模能力并联合费埃哲等实力企业开发出各类产品与方案，为企业提供服务，同时企业的更新数据又不断充实自身的数据库，用于完善数据产品方案。如此，邓白氏从数据集成、数据开发到数据产品方案形成了前后紧密衔接的生态体系。

企业作为社会组织的三大核心职能是财务、生产和营销，邓白氏作为系统解决方案的供应商，提供的风险管理和市场营销方案恰恰针对了企业的财务与营销管理的刚性需求，所以每一家企业都会成为邓白氏的潜在客户，因此，邓白氏积累了二百多个国家不同行业数亿家企业的多维数据。

2. Kabbage

美国的Kabbage于2008年创立，是一个基于大数据征信的在线贷款平台，其给予网络小店的信贷服务开创了“网商贷款”的新模式。

微小电商，特别是网店，通常规模小、没有固定资产，在经营过程中经常遇到资金短缺，暂时性周转不良的情况。面对困境，微小电商很难从银行等传统金融机构获得信用贷款或者是尽快得到放款，Kabbage就是从这一市场需求切入。

网店商家在Kabbage申请贷款后，会进入一个初步审查。Kabbage的初审包括审查商户是否有足够的网络销售时间和交易数据，经营情况如何(销售量、库存量、营业收入等)，通过初审后，Kabbage利用其核心审核模块进行数据分析得到一份独特的信用报告，根据报告结果来确定是否可以向商家进行放款以及确定相应的利率是多少。

不同于目前全球各地广泛使用的FICO，其评分数据主要直接与信贷行为相关，Kabbage独创的信用评分体系则需要使用多元数据。Kabbage的数据来自第三方平台，比如，Kabbage的合作伙伴Google Analytics给予网络分析信息；网商经常用来记账的软件商Quickbooks给予账务信息；UPS等物流公司给予物流信息；Kabbage甚至提醒客户将Facebook和Twitter与网站账户绑定，考察店家在社交网络上与客户的互动情况和行为习惯等指标。从运营交易数据，物流发货数据，到社交网络数据，Kabbage把互联网上相关的每一种数据转化为与信用相关数据，开创了电商放贷的新模式。

10.4.4 国内案例

国内企业征信市场由传统征信和互联网大数据征信组成，央行征信中心是国内最大的信用基础数据库，此外鹏元、中诚信等传统企业征信是企业征信市场重要的补充。互联网征信典型企业如企信宝、小蓝书等。

1. 央行中心征信

央行征信中心采集的信息分为基本信息、借贷信息和其他信息。基本信息包括企业在人民银行申领贷款卡和办理年卡等业务时提供的基本信息材料、商业银行在企业办理信贷业务时采集到的基本信息，如机构标识信息、重要股东信息、登记注册信息、财务信息、高管及主要关联人信息等；借贷信息包括各接入机构以报文形式发送给征信系统的借贷信息、各接入机构以互联网接入方式报送的借贷信息，如信贷交易合同信息、信贷资产质量分类、企业负债信息、企业还款记录、其他反应信贷交易特性的数据项等；其他信息则是与政府部门、数据源单位合作采集，包括履行相关义务信息、后付费非金融相关负债、公共部门相关信息等。

2010 年以来，征信系统先后接入小额贷款公司、资产管理公司、保险公司、融资性担保公司、证券公司等非银行金融机构用户。近年来，征信中心一直在积极推动小微金融机构全面接入征信系统并为其提供征信服务。

央行征信中心企业征信产品分为基础产品和增值产品。

(1) 基础产品为企业信用报告，分为银行版、政府版、社会版、自助查询版。报告内容包括基本信息、信贷信息、公共信息、声明信息，其中基本信息包括企业的身份信息、主要出资人信息、高管人员信息等；信贷信息为企业在金融机构的当前负债和已还清债务信息，是信用报告的核心部分；公共信息是企业在社会管理方面的信息，如欠税信息、行政处罚信息、法院判决和执行信息等；声明信息包括企业项下的报数机构说明、征信中心标注和信息主体声明等。

(2) 增值产品包括关联企业查询(包括关联企业名单及关系表、关联企业群信贷业务及被起诉信息汇总表、关联企业群的贷款业务集中还款时间统计表)、对公业务重要信息提示、企业征信汇总数据(包括信贷结构类汇总数据、信贷特征类汇总数据)、征信系统信贷资产结构分析、历史违约率(包括银行业所有客户违约率、本机构客户在银行业发生信贷业务的违约率)等。

2. 启信宝

启信宝(苏州贝尔塔数据技术有限公司)是一家根据中华人民共和国法律组建并存续的公司，作为聚合了多维度、多层次企业信息的征信企业，能够提供全国 7500 万家企业的工商、司法、知识产权、舆情等信息查询服务，并通过数据分析、处理，为用户降低执业风险、经营风险、投资风险、借贷风险等提供建议。其征信产品可通过三种形式访问，包括手机端随时随地查询、在线系统查询、强大的数据接口查询。

启信宝提供的业务包括工商信息、对外投资、法院判决、法院公告、变更记录、企业年报、失信信息、被执行人、企业链图、司法拍卖、经营异常、专利信息、商标信息、著作权、域名信息、公司信息、招聘信息、关联族谱等。

与传统征信企业相比，启信宝在数据收集、数据处理、产品及服务提供上都有所升级。在数据收集方面，启信宝拥有全量工商数据及全景企业数据；在数据处理方面，启信宝通过互联网技术手段更新及处理所有信息，挖掘数据间的相关性；在产品服务方面，产品易用性较强，提供动态数据信息，可保证实时更新。启信宝实现了最新信用数据可随时查看，其信用报告的提供时间大大缩短，而传统企业征信提供信用报告通常需要 4～5 个工作日。

启信宝有以下几个优势：

(1) 及时性：随时可以查看最新的数据，甚至可获得推送数据。

(2) 多样性：多维度的企业征信数据。

(3) 全面性：覆盖全国 7500 万家企业信息。

(4) 深度性：通过智能挖掘得到完整的企业关系，如企业链图及关联数据。

(5) 同步性：启信宝移动端、PC端可实时同步。

10.5 小 结

本章简单地介绍了征信、个人征信、企业征信的基本概念和基本流程及典型产品示例，个人征信和企业征信在应用上呈现融合趋势。

随着我国征信业的逐步发展，国务院有关部门、一些地方政府已经或正在积极推动建立本系统或本地区的征信体系，我国征信法律法规体系处于不断完善中。

鉴于征信的重要性，政产学研用各边都对征信给予了极大的关注和投入。随着关注深度的推进，应用场景也在不断拓展，体现在：

(1) 风险评估种类不断细化，从单一信用风险到资产预测、破产预测、偿债预测、收入预测等细化风险。

(2) 从简单评分产品到定制化的数据应用与工具对接服务，评分产品仅为初级筛选，同时作为模型输入对接定制化的客户应用和工具。

(3) 从规避风险领域拓展至市场推广领域，如帮助企业找到潜在目标客户，提升营销效率等。

第 11 章　金融大数据应用场景

11.1 引　言

金融服务业指的是从事金融服务业务的行业，我国金融服务业目前包括(不含港、澳、台)四个分支，分别是银行、证券、信托和保险。金融服务业是现代社会不可缺少的重要服务手段。金融机构具有典型的中介属性，通过为买方与卖方消除信息差而从中获益，比如，银行低吸储高放贷，为了保障放贷安全，就需要对贷方进行征信和风控，从而降低了贷款过程中信息不对称带来的风险。

伴随着时代的进步和金融本身的不断发展，金融机构承担的中介职能不断演进和分化，目前的中介职能至少体现在三大方面：

(1) 支付中介。支付是金融最早期的职能，金融业在早期主要行使代客支付的职责，在此过程中，金融机构建立了强大的业务网络，从而构建了专业高效的支付系统。

支付中介虽然最为古老，但至今仍是银行的主营业务之一。

(2) 信用中介。当资金的供需双方出现不对称时，金融机构作为信用中介，既能通过掌握的交易双方的信用信息作出投资决策，也能通过发放贷款等业务创造信用，进而支持经济和社会发展。因此，信用中介不仅是金融行业的核心职能，也是其赖以生存的立命之本。

作为核心职能，信用中介还交织在其他中介职能之中，如银行票据业务不仅承载支付功能，也蕴含了信用转换。

(3) 撮合中介。支付中介和信用中介的最大特点是以连接双边交易的间接形式为主，但是随着市场对金融交易效率要求的提高，局限于双边间接模式的交易已无法满足市场需求，于是出现了第三种形式的中介职能——撮合中介。撮合中介为各类证券等金融资产赋予流动性提供了基础。由于交易所在资金融通速度和效率上的巨大优势，撮合中介也成为金融业发展最迅速的领域。

数字化、网络化和智能化技术的持续发展以及在金融各个领域的深入应用，一方面深刻改变了传统金融业的运作模式，提升了金融业务效率；另一方面也积累了大量的数据，这些数据散布于不同的业务系统数据库中，具有典型的大数据属性。按照“数据业务化”的指导思想，从这些数据中挖掘洞见并反馈到业务系统中，在实现数据价值实现的同时，又满足了数字化背景下客户便捷、高效、个性化服务的金融需求，让金融机构能够更加精准地了解客户需求，从而提供更具针对性的金融服务和金融产品。

在前面三章关于获客、风控、征信的介绍基础上，本章继续介绍金融大数据应用场景的相关内容，本章将具体聚焦于支付、投资顾问、投资研究、保险、监管科技等几个主要的金融业务，探讨其中的大数据应用问题。

本章章节结构安排如下：11.2 节介绍支付、支付驱动的应用场景及大数据应用契机；11.3 节介绍投资顾问及智能投顾的基本概念、发展历程、关键技术及应用；11.4 节介绍投资研究及智能投研的基本概念、发展历程、关键技术及应用；11.5 节介绍保险的基本概念和大数据应用场景；11.6 节介绍监管科技相关内容及大数据应用场景；11.7 节是本章小结。

11.2 支　付

11.2.1 支付驱动的应用场景

支付是金融的基础功能，会影响金融活动的形态。互联网金融模式下的支付方式以移动支付为基础，通过移动通信设备、利用无线通信技术来转移货币价值以清偿债权债务关系。

移动互联网和多网融合将进一步促进移动支付发展。随着 Wi-Fi、4G、5G 等技术的发展，互联网和移动通信网络的融合趋势已非常明显，有线电话网络和广播电视网络也会融合进来。在此基础上，移动支付将与银行卡、网上银行等电子支付方式进一步整合。未来的移动支付将更便捷、更人性化，真正做到随时、随地、用任何方式进行支付。随着身份认证技术和数字签名技术等安全防范技术的发展，移动支付不仅能解决日常生活中的小额支付需求，也能解决企业之间的大额支付需求，替代现金、支票、信用卡等银行结算支付手段。

1. 移动支付系统的特点

互联网金融模式下，移动支付系统具有以下特点：

(1) 所有个人和机构法律主体都在中央银行的支付中心(超级网银)开通账户(存款和证券登记)。

(2) 证券、现金等金融资产的支付和转移通过移动互联网络进行。

(3) 支付清算完全电子化，社会基本不再需要现钞流通，就算有极个别小额现金支付，也不影响此系统的运转。

(4) 二级商业银行账户体系将不再存在。

在金融科技红利扩大与人口红利衰减的背景下，效率和成本共同驱动着金融智能化的发展。区块链、大数据、人工智能等金融科技的发展正在深入到风险管理、资产定价等金融核心领域，推动着金融业向智能化方向发展。在支付清算领域，人工智能将给支付服务提供者带来巨大变革，而这会取代许多重复性的工作岗位，减少人工干预环节，促进企业由劳动密集型的作业团队转变为知识密集型的智慧工厂。

2. 人工智能在支付系统的应用

近几年，AI 开始进入全球银行系统，而且在众多国家都已经有实际应用。印度的 CICI 银行、HDFC 银行在不同的经营领域内逐步引入人工智能技术，进行反洗钱、流动性和支付交易管理等尝试。新加坡 XZ 银行首创的纯数字银行(Mobile-only Bank) DigiBank，就是一项整合生物识别和人工智能等先进技术的创新性银行革命。意大利的 Euklid 利用人工智能技术，尝试实现用户支付体验升级以及自动化运营。摩根大通也将 AI 技术融入投行业务中，通过人工智能进行股票交易及结算。除了促进支付方式发展外，AI 在降低支付风险上，也有出彩表现。Fraugster 公司以人工智能为基础，开展支付欺诈探测，以准确地预测欺诈行为。俄罗斯 Yandex 公司利用深度学习计算技术，对安全及恶意的网站进行学习分类，保障网络支付安全。

在金融科技迅速兴起的大背景下，国内银行机构纷纷开始 AI 新尝试。平安银行 2015 年在手机银行首创"智能语音"支付功能，客户通过该功能可以自动判断收款人的相关信息和交易过程中的金额信息，最后实现"语音支付""语音取现"等操作。此外，利用手指静脉识别技术，引入"智能钱柜"，实现系统记账与出纳分离的现金自动处理模式。交通银行 2016 年研发出全国金融领域第一款真正"能听会说、能思考、会判断"的智能理财机器人，能够为客户提供专业金融服务，帮助客户实现预支付操作等。北京银行积极探索人脸识别技术在支付流程中的应用，将人脸识别技术创新性地融入柜台对客户身份的认证操作中，提升柜台业务效率。浙商银行在 2015 年首推 ATM 刷脸取款，进一步优化了用户在自助设备取款的流程。支付宝产品利用人脸识别技术，完成支付流程的身份认证工作。

目前，通过人工智能创新支付业务的优势主要表现在以下几个方面：

(1) 人工智能创新支付方式。以人脸识别、语音识别、生物识别为代表的人工智能技术正改变传统支付方式，激励创新支付手段，促使银行、非银行支付机构创新智能支付服务。

(2) 人工智能提升用户支付体验。通过"智能语音"服务、生物识别身份认证、智能投资顾问等方式为客户带来更快捷、更智能的操作体验，进一步提升了客户服务水平、节约了人工运营成本。

(3) 人工智能提高支付运营效能。通过现实人脸图像与联网核查图像、客户身份证图像交叉比对，由人工智能算法引擎完成身份认证，从而加强了金融服务供给、提升了金融服务效率、提高了支付运营效能。

3. 人工智能在金融其他领域的应用

目前，随着人工智能在金融行业的渗透，其相关技术已广泛应用于智能账户、智能支付工具、智能清算系统、智能监管等领域。

1) 智能账户

账户体系是金融交易的核心，也是支付业务的基石。通过人工智能的图谱计算技术对账户进行聚类和关联分析，基于协同账户准确把握用户画像，能够全面获取金融服务的需求、精准识别支付清算的风险。从信息平台用户体系到交易平台交易账户与支付账户分离，再到交易平台交易账户与支付账户关联。通过关联银行Ⅱ、Ⅲ类账户与支付账户，有利于银行和非银行支付机构创新获客、活客、资金运营、交易金融等业务模式，加快实现互联网化、场景化和平台化经营。

此外，通过人工智能自动化技术可以提高客户验证的效率。通过"人工智能＋区块链技术"可实现数字化身份信息的安全、可靠管理，在保证客户隐私的前提下提升客户识别的效率并降低成本。通过程序化记录、储存、传递、核实、分析信息数据，可省去大量人力成本、中介成本，提高准确性和安全性，所记录的信用信息更为完整、难以造假。

2) 智能支付工具

传统 POS 终端在过去十几年一直保持形式和内容不变，存在升级麻烦、功能单一、扩展性差、缺乏互动性等一系列问题，已经不能满足场景化和个性化支付的需求。随着智能移动 POS 技术的发展，不同商业模式参与方都可以参与智能化平台的个性化应用并创造出更多的特色化服务，如从传统的收银、小票打印到刷卡、二维码等多种支付解决方案；从会员管理到营销管理等。

移动智能终端是推动线上线下场景融合、提升支付服务水平和服务能力的基本保障。首先，智能终端对接了用户移动支付的需求，能够提供便利的移动支付方式。其次，智能终端以移动支付为基础入口，连接了商户和消费者，让商户能够记录消费者的精准消费信息，从而进行精准营销。这能够帮助实体店通过互联网触摸到消费者，并与之建立全渠道、深层次的线上互动，增强消费体验，发展智慧消费。

3) 智能清算系统

目前，构建企业级支付系统是实现企业战略转型与业务创新的需要。企业通过植入智能终端设备，对内统一支付结算平台，内置智能路由，实现公司内部各系统接口统一，并根据不同业务规则选择最优路由进行支付，实现高效结算、智能对账。对外可集成多家支付平台，为企业用户提供更多支付通道。

通过人工智能技术，可以设计支付结算系统，智能选择入款、出款渠道，从而提高支付成功率，降低网关成本。网关会自动化、智能化分析用户选择的支付方式，综合考虑收费、渠道的可用性等因素，通过深度学习算法、知识图谱计算来选择最优方案，确定用来完成该操作的适合支付渠道。

4) 智能监管

金融领域已经采用不同计算机预测算法，通过人工智能技术进行风险模型分析，应用于如 VaR、信用评级、风险准备金、长尾风险、行为分析、反洗钱等领域。其中运用到的算法和技术包括在线过程分析(OLAP)、聚类、相关性分析、决策树、热点分析、神经网络、预测模型、画像技术、自组织网络、网络数据挖掘等。

人工智能技术的出现将有效提升上述算法和模型的精度，提供更加有效的风险评估。

(1) 通过人工智能反欺诈，自动挖掘文字、数据和影像等信息进行深度理解，发现并标注风险警示。

(2) 通过人工智能优化风险模型并求解各变量间量化指标，实现信用风险管理。

(3) 通过人工智能增强学习算法(也称为 Q-Learning 算法)防范支付清算尾部风险，将极端事件引入风险分析框架，通过智能化量化风险等级，实现风险评价。

同时，企业在监管要求的指导下，也建立起符合智能监管的智能风控体系。整个智能风控的起点从获取数据开始，再到建立模型，其中最重要的是反欺诈和信用评定两项工作，最后是将模型在实践中不断优化和迭代。

11.2.2 第三方支付驱动的应用场景

随着移动支付和小微企业商业需求的变革与深化，大数据正在与第三方支付深度结盟，由大数据衍生的二次挖掘和精准营销将成为第三方支付下的一个业务增长动力。有行业人士指出，大数据是第三方支付企业浑然天成的优势。在超过10年的发展历程中，第三方支付积累的海量支付信息本身就是大数据，这些大数据具有体量大、覆盖全、质量高的特点。事实上，在移动支付时代，这些支付大数据对于第三方支付企业来说不亚于一座有待挖掘的潜能无限的“金矿”。如果能对支付大数据进行深度挖掘、科学分析，则第三方支付可以据此开展为商户提供精准营销、客户服务、资金融通等增值服务的工作。

移动支付属于互联网金融的一个环节，因此可以从互联网金融的应用场景中窥见移动支付所产生数据的应用领域。仅仅利用移动支付数据，可以完成的事情是有限的，但结合互联网金融其他环节的数据，就可以更好地完成精确营销、信用评估等任务。

1. 精确营销

大数据的应用使得互联网金融改变了传统的营销模式，互联网企业通过对客户在网络上的交易、支付、行为数据信息的挖掘和分析，对客户进行分类，从而实现精确营销。有研究表明，通常对场景类环境数据、用户经历和朋友关系等人文数据、购物和位置等行为数据，建立连接变量模型，进行相关分析，可以实现对客户的分类管理。对客户细分后，可以定向投放广告和订制产品，达到精确营销的目的。比如，支付宝从硅谷聘请了两家数据分析实验室从事行为分析工作，把客户细分成50个族群进行研究；亚马逊从用户以往浏览、购买行为中挖掘潜在需求；梧桐理财网推出的2万元起点的“梧桐宝”的互联网理财产品，预期年化收益率为8%～10%，目标客户是能够承担“两万元起投”的中产阶级；速溶网推出的“速溶360”，目标客户是在校大学生及毕业生；“住金所”的“安心-过桥贷”，目标客户是中小微企业的银行贷款周转业务。

2. 信用评估

互联网金融的新模式引发了对涉足互联网金融的个人、企业身份认证和信用评估的变革，除了对评估对象静态信息的分析外，更重要的是对变化中的动态信息进行分析挖掘，建立用户的信用评分和征信模型。比如，对涉足互联网金融的企业在供应链的各个环节(如订单、库存、下线、结算、付款等关键环节)产生的数据进行清理建库、分析挖掘，进而建立企业的信用等级模型和算法，并根据其信用等级、成长性、未来发展预测等给予不同的信用额度，达到支持实体经济之目的。阿里小贷和上海科技金融研究院联合推出的科技型企业的财务信用系统、上海资信有限公司推出的网络金融信息共享系统(NFCS)等都是互联网金融信用系统建设的有益尝试。

对于个人用户，除了注册登记的实名制静态信息外，其在网络上的购物、支付、投资、生活、公益等数据形成上百种场景的信息流，将这些静态和动态数据结合起来，就能形成用户的行为轨迹，通过交叉检验，对用户的真实身份进行识别，进而建立信用打分模型和算法，对客户进行分类，再提供针对性服务。阿里巴巴基于淘宝商户的数据，对其电商生态圈内潜在的客户提供纯信用贷款，其和腾讯拟推出的“虚拟信用卡”，使用户可以实现网上申请，经过对用户交易大数据核查，即可授予一定的信用额度。信用支付也是基于同样的原理。刚上线的微众银行采集了贷款人的传统数据、社交数据和其他类数据(其中传统数据包括贷款人的银行储蓄、贷款和信用卡数据，社交数据包括贷款人在微信、QQ、腾讯微博和游戏、理财通等的数据)，对贷款人的身份进行识别，进而通过大数据分析对贷款人进行信用评估，并依此给出贷款人的贷款额度。阿里巴巴的芝麻信用、腾讯的征信产品、微信的公众号个人信用评分等都是互联网个人征信的开始。

11.2.3　第三方支付引发的洗钱与反洗钱

1. 给第三方支付带来洗钱风险的原因

第三方支付平台有被用来洗钱的风险，原因有以下四点：

(1) 第三方支付账户的弱实名认证并不能充分识别客户身份。

(2) 第三方支付平台的互联网虚假交易为洗钱提供隐蔽渠道。

(3) 第三方支付的收单业务为非法套现提供便利渠道。

(4) 第三方支付的部分跨境支付脱离监管范围。

2. 第三方支付预防洗钱的思路

在第三方支付应用场景下，反洗钱的基本思路大致如下：

(1) 构建多维度的“客户画像”。第三方支付平台上的大数据包括身份属性数据、网络行为数据、用户内容偏好数据、用户交易数据、生活习惯数据等，可以呈现出一个立体的、真实的客户形象。

(2) 提高可疑交易发现的灵敏度，提高可疑交易判断的可信度。第三方支付平台上大数据的丰富性和多样性，使得监管部门能够充分利用各行各业的大数据来提高整个社会的洗钱风险预警能力。反洗钱监管部门可以通过数据分析，实时修订风险评估指标参数，构建风险模型，有效监测和预测不同行业、不同机构、不同产品的风险程度，提高对风险掌控的敏感性和精确性。

(3) 监管部门制订出务实高效的监管方案，完善风险管理。大数据技术可以通过知识挖掘、异常行为识别，排查潜在的洗钱风险，对日常监管中已有的规则形成有效补充，可以完整、准确地反映出被监管机构的风险状况，有利于监管机构实现风险为本的监管思路，制订出务实、高效的监管计划及时防范和化解风险，完善风险管理。

(4) 提高反洗钱调查的效率。使用大数据给客户画像，综合客户往来资金和非资金关联关系，结合电子商务动态信息，可快速识别用户真实身份，判别虚假交易。大数据技术中的关联分析、神经网络技术、决策树算法等各种分析和挖掘方法可以使反洗钱调查变得更快捷，有利于在第一时间锁定犯罪线索。

3. 第三方支付预防洗钱大数据的分析方法

具体到第三方支付，通过采用适当的数据挖掘技术，尤其将线性回归、聚类、分类、决策树等预测模型应用于第三方支付大数据挖掘，可以有效预测用户身份信息是否真实、是否存在虚假交易、是否涉及洗钱及所处阶段、是否存在隐藏的身份关系，对于反洗钱防控具有重要作用。

(1) 线性回归分析方法可以利用已有反洗钱数据，建立洗钱活动的某一阶段与资金流入流出等支付数据之间的相关性模型，从而判断某些支付账户是否存在可疑的洗钱活动及其所处的阶段，并对该阶段某些环节的相关数据和发生概率进行预测。

(2) 聚类分析方法一方面可以通过用户设备地址识别关联用户和关联账号，另一方面从交易末端账号对应的银行卡号往前追踪可以识别关联客户，从正向的用户入口和逆向的终端银行账户交叉验证可以识别同一用户或用户群，发现关联交易。

(3) 分类分析可以从海量支付数据中找到能够反映洗钱行为、网络、模式、路径及地点等因素之间存在重要关系的数据，使分析人员可以有的放矢，提高反洗钱行为分析的针对性。同时，通过对不同时间点上的支付数据进行分类和聚类，还可以帮助分析人员摸清洗钱各个环节的时间序列及该环节的特点。

11.3 投资顾问

11.3.1 概述

1. 传统投资顾问

1) 投资顾问的分类

投资顾问(Financial Advisor)简称投顾，是指专门从事提供投资建议而获取薪酬的人士，是投资服务中非常重要的角色。投资顾问有广义和狭义之分。

(1) 狭义的投资顾问：特指在证券行业(如证券公司或专业证券投资咨询机构)为证券投资者(通常为股民)提供专业证券投资咨询服务的人员。投资建议服务内容包括投资的品种选择、投资组合以及理财规划建议等。

(2) 广义的投资顾问：指的是为金融投资、房地产投资、商品投资等各类投资领域提供专业建议的专业人士。

2) 主体是人的投资顾问的弱点

传统投顾的主体是人，因而存在着一些人类的天生弱点，比如(不限于)：

(1) 精力有限：人工服务经常出现无人应答或繁忙等情况，而且人也不可能精通所有投资领域。

(2) 恐惧贪婪：人类在恐惧和贪婪时经常会做出错误的判断，从而造成不必要的损失。

(3) 主观臆断：传统投顾的主体难免会在投资决策中利用以往经验或市场感觉做出主观判断。

(4) 利益冲突：由于佣金收入的存在，传统投顾的主体可能更倾向于短线交易，这与投资者利益冲突。

2. 智能投资顾问

1) 智能投顾的发展

互联网技术与算法驱动的数字化投顾最早在 2005 年出现于美国，2010 年左右逐渐兴起。理性(谨慎)投资者需要专业化理财指导、个人投资者理财知识匮乏、市场上存在大量适合自动化投资的标的、个人投资账户委托操作和跨平台投资具有便利性、金融科技的发展吸引了大量资本进入等诸多原因，使得数字化投资得到了各方的普遍关注，其发展路径大致如下：

(1) 在线顾问：表现形式是投资顾问的互联网化，互联网的发展使得机构可以充分利用线上流量入口的特征，将投资顾问服务拓展到更多客户。由于编辑成本几乎为 0，因此更多长尾用户得到了相应的服务。

(2) 初步智能化：互联网思维和大数据技术促进了对产品的简化和创新，通过标准化产品可降低成本，新兴技术的融合使服务效率更高。

(3) 智能投顾：利用人工智能和云计算，通过机器自我学习，充分利用市场和外部信息，进行投资决策，全流程由机器完成。

2) 智能投顾的服务层次

智能投顾又称理财机器人、机器人投顾，是利用大数据分析、智能化算法、量化金融以及投资组合优化等理论模型，根据投资者的风险承受水平、预期收益目标以及投资风格偏好等要求，为用户提供投资参考，并监测市场动态，对资产配置进行自动再平衡，提高资产回报率，从而使投资者实现零基础、零成本、专家级的动态资产投资配置。

智能投顾的服务从广义上可以分为三个层次。

(1) 第一个层次是最简单的，通过大量数据分析提供一般意义上的投资建议，不会因人而异。

(2) 第二个层次是根据服务对象的特征或偏好，给出个性化的投资建议，但不进行交易。

(3) 第三个层次是在第二个层次的基础上，为服务对象提供交易服务，包括完全自动交易、人工投资顾问协助交易和自执行交易。

通常所理解的智能投顾，一般提供第二到第三个层次服务的智能。智能投顾服务对象的年龄、投资期望、投资期限和风险承担能力各有不同，甚至所偏好的基本投资方法也各有差异，所以针对数量众多的服务对象，智能投顾给出的投资建议也会因人而异。

3) 智能投顾的特点

传统投顾一对一的投资理财询问有着服务成本高、服务对象少、知识储备不足、经验较少、存在道德风险等缺点，而智能投顾将人工智能和大数据等技术引入投资顾问领域，可处理海量信息，快速应对时势，规避个人主观决策风险、道德风险。智能投顾的主要特点如下：

(1) 智能投顾的投资逻辑是基于人工智能技术和大数据分析，针对不同客户给出定制化的最优方案。首先基于大数据搭建金融模型并不断优化，然后由智能机器人根据用户的收益和风险偏好提供个性化资产配置方案，其投资原理仍然是马科维茨提出的现代组合理论。智能投顾一方面拥有主动投资的特点——投资者可以根据自己的主观判断选择合适的标的类型以及投资风格，另一方面又具有量化投资优势。

(2) 智能投顾追求“最优组合”，而非高收益。智能投顾会给用户提供一整套资产配置策略，其背后遵循的逻辑是“在用户的风险承受范围内给出资产配置的最优解”。所谓最优解，就是对风险和收益的平衡，而不是单纯地追求高收益。此外，还需要具备根据市场变化实时调整资产组合的能力。当经济数据或资产表现数据发生比较明显的变化时，智能投顾系统会发起调整资产配置的请求，并拟合出新的收益曲线，由用户决定是否要更改配置。同时，用户也可以自己调整资产配置，调整后由智能投顾系统拟合出收益率曲线，让用户判断是否接受。

(3) 智能投顾可以更好地化解风险。区别于目前理财产品的风险分散理念，未来智能投顾的资产配置特别是资产大类的分散，能够真正规避系统性风险。目前机构为用户配置不同的个股、不同的ETF基金等都不是真正的分散投资，因为这依然无法避免如股市崩盘的系统性风险。大类资产之间的相关度低，甚至一些大类资产间存在负相关，这样才能通过调整投资配比来获得比较稳定的收益。

4) 智能投顾的优势

智能投顾近年来之所以得到快速发展，主要是因为它具有以下优势：

(1) 满足个人投资者的个性化需求。个性化是智能投顾的重要特点之一。客户在使用智能投顾的过程中，无须掌握太多市场和金融知识，只需要输入自己的年龄、财务状况、风险偏好等信息，智能投顾会综合考虑这些特点鲜明的个性化特征和目标，为客户提供最有可能满足其目标或计划的个性化、差异化的投资方案。比如，年轻人以及近期支出较少的人可以较多地配置权益、商品等市场波动较高的资产；而老年人和支出计划较高的人应该更多地配置债券等固定收益类资产。

(2) 投资门槛低，费用低廉。与传统投顾提供服务所要求的资金门槛相比，智能投顾要求的投资门槛非常低，很多甚至没有要求。传统的资产配置服务仅提供给高净值人士的私人银行、主权基金等大型机构，并且需要支付给投资顾问高额的服务费和咨询费，而智能投顾以其媲美投资专家的专业性、较低的投资门槛和较低的服务费用，极大地解决了广大普通投资者长期以来对专业化投资服务的需求，从而产生规模效应。服务费用低廉，小额资产投资者也可以享受到同等质量的服务。

(3) 免受情绪影响，提高投资理性。智能投顾的另一个特点就是在组合管理过程中较少受资产管理者本身的情绪影响，完全依据历史数据、优化或自我学习等智能方法，制订投资方案。智能投顾的核心思想是在理论指导下总结实践经验，运用恰当的量化投资模型，提供个性化的投资建议。这个过程完全不受投资者的情绪影响。

(4) 有利于培养正确的投资理念。智能投顾的发展有利于培养个人投资者正确的投资理念。散户群体的最大投资特征就是羊群效应①。散户在投资过程中往往满足于小赚，并且长期持有浮亏股票等待回本。智能投顾面向广大受众，提供优化的资产配置方案，对投资组合进行动态的风险管理，有助于投资人逐渐树立正确的投资和风险控制理念。

11.3.2 发展历程

1. 国外智能投顾的发展历程

2008年开始，以美国与欧洲国家为中心，一些提供在线资产管理服务并收取相关手续费的金融公司相继成立，在线专业投资咨询服务迅速兴起。近几年，随着移动技术的迅猛发展，其增长势头进一步凸显。目前，全球提供智能投资顾问服务的公司数量众多，其业务形式也是多种多样，遍布美国、欧洲、加拿大、澳大利亚、新加坡、印度、韩国等各个国家。

2008年，美国成立POWR(Point of Wealth Register)公司，以众多个人投资者为服务对象，提供特殊化的储蓄 ATM 服务，该项业务能够使投资者有效利用现金存款、潜在存款及退休年金等进行投资理财活动。

---

① 羊群效应是指散户群体根据市场上流传的信息进行买卖操作，而很少考虑到资金的性质和规划，以及标的证券的价格波动性等市场特征。

2011 年，英国在线投资咨询公司 Nutmeg 成立，不仅在线开户十分便利，而且仅收取1%的服务费用，大幅低于传统公司收取 7.5%的交易手续费，因此受到投资者欢迎。公司成立不到 3 年就吸收了 4 万名客户，取得了一定成功。目前，英国除了在线提供投资咨询服务的公司外，还相继出现了一些通过个人平台提供资产管理业务的公司。

2011 年 12 月，美国在线资产管理公司 Wealthfront 成立，正式注册为美国证券交易委员会的投资咨询业者，提供自动化的投资组合理财咨询服务。Wealthfront 以个人投资者为主要客户，兼顾部分法人客户，其用户主要投资 ETF 基金。

2013 年美国成立的 Kensho 基于云计算在硬盘设置了 9 万个变量(如企业业绩、经济指标，政策变化，风险参数等)，通过大数据分析和机器学习，自动探知最新新闻，把国外的金融分析师平均需要耗时 40 小时完成的报告在几分钟内自动完成，给客户提供综合性解决方案。

2013 年，新加坡的 Dragon Wealth 公司成立。该公司由瑞士信贷亚洲和太平洋地区私人银行部门的最高负责人和投资咨询部门高管合作创立，利用手机移动应用程序提供在线资产管理服务。该公司与大数据及整体解决方案供应商建立了战略合作关系，通过搜集同等收入群体的投资动向、会员的投资组合策略以及各种网络上的外部公开信息后，为客户提供信息整合后的投资组合建议。Dragon Wealth 公司的最大特点是向客户提供与客户投资倾向和资产规模类似的同类组的投资分析报告。

2015 年 3 月，成立于 1971 年的传统人工投资顾问服务公司美国嘉信理财(Charles Schwab)推出智能投顾产品 Schwab Intelligent Portfolios。

2015 年 5 月，美国先锋公司(Vanguard)推出了智能投顾服务。

2015 年，韩国大宇证券、现代证券、NH 投资证券、三星证券等争相推出智能投顾产品。

2016 年 1 月，韩国总统工作报告中提出《关于活跃智能投顾的方案》，在相关机制得到保障后监管部门将允许智能投顾业务直接面向大客户提供服务。

2016 年 3 月，韩国金融委员会(FSC)表示，将大力扶持以大数据为基础的在线投资咨询业务，力推智能投顾成为新一代国民资产管理工具。在风险可控的基础上，将对相关业务监管采取放松态势，支持智能投顾等金融创新业务发展。

2. 国内智能投顾的发展

国内智能投顾市场发展紧随国际潮流。在欧美蓬勃发展态势下，我国智能投顾公司，包括璇玑、资配易、摩羯智投(招商银行)、蓝海智投、弥财等在内的数十家公司，亦快速兴起。此外，我国传统金融机构同样快速布局，2016 年 8 月广发基金率先推出“基智理财”，成为第一家推出智能投顾服务的基金公司；2016 年年底招行率先推出智能投顾产品——摩羯智投，目前摩羯智投占据国内智能投顾资金管理规模的多数；民生证券和品钛集团旗下的璇玑宣布合作开发数字化资产配置系统；长江证券推出 iVatarGo 国内首款智能财富管理系统等。

1) 国内智能投顾平台的分类

当下国内的智能投顾平台可以分为银行系、券商基金系和互联网公司系，不同背景的智能投顾平台在战略定位、运营模式、产品种类方面差别很大。

(1) 银行系智能投顾：是由各商业银行推出的智能投顾产品，主要投资对象为银行理财产品和代销的公募基金，为银行理财顾问业务的延伸。

(2) 券商基金系智能投顾：是由券商和基金运营的平台，得益于在证券投资领域完善的业务牌照，几乎覆盖资本市场中所有资产种类，是资本市场财富管理业务的延伸。

(3) 互联网公司系智能投顾：运营主体为互联网公司，目前投资对象不仅包括传统资本市场资产类型，还包括网络借贷等互联网理财产品；既涵盖了国内资本市场，也布局海外资本市场。

2) 国内智能投顾平台的运营模式

随着智能投顾业务的融合发展，不同类型企业联合推出智能投顾产品的情况开始出现，通过资源互补提升了业务创新的质量。此外国内智能投顾平台在运营模式上差别很大，按照为客户提供服务方式的区别，可以分为混合推荐型、独立建议型和一键理财型三种：

(1) 混合推荐型平台：该平台向客户推荐的投资组合中同时包括自有产品和外部产品。通过对用户的年龄、资产、投资期限和风险承受能力等方面进行分析，平台对各类产品占比进行配置。

(2) 独立建议型平台：相较于独立开发理财产品，该平台更加专注于为客户提出资产配置建议，并代销其他金融机构的产品。

(3) 一键理财型平台：根据客户需求代客户完成资产配置，仅仅对客户提供预期收益率。

当前中国智能投顾平台的投资标的也呈现出多元化的态势，包括股票、债券、ETF、公募基金、另类投资等。

11.3.3　应用模式

1. 基于决策流程的投顾模式

基于投资决策流程，智能投顾一般可细分为五种模式：

(1) 智能数字分析：综合利用智能搜索和智能分析技术完成投资咨询服务，智能搜索主要是基于大数据分析和人工智能技术，从大量含有噪声的信息中快速准确地找出有价值的信息，提高信息获取及搜索效率；智能分析是智能搜索的进一步深化，利用自然语言处理、深度学习、知识图谱等技术，分析宏观经济、公司业绩、网络舆情等数据，判断事务之间的关联性，提供细分金融投资咨询服务。

(2) 社交投资：利用社交平台将职业投资顾问持仓情况及业绩分享在平台上，供广大普通投资者作为参考，部分平台提供一键下单等交易服务，这也是一种获客和引流手段。

(3) 主题投资：根据热点实事、投资主题或者理念创建投资组合，组合策略同样分享在平台上供普通投资者参与和选择，相关主题如“机器人”“新能源汽车”“人工智能”等。

(4) 量化策略：一般指将量化投资爱好者或专业人士将量化策略分享于平台上，供其他投资者参考及选择，同样部分平台提供交易功能，用户可于平台上直接购买该策略并一键下单购买策略中包含的金融产品。

(5) 全流程管理：基于现代资产组合理论，根据客户信息分析及风险偏好及承受能力，配置不同资产以达到最优。该模式属于被动投资，不以追求高收益为目标，而是追求长期稳定收益为主。

2. 基于人力参与程度的投顾模式

按人力参与程度，智能投顾分为机器导向、人机结合以及以人为主三种模式。

(1) 机器导向：在智能投顾产业上升时期，几乎所有的公司模式都是以机器导向为主，国外以 Wealthfront、Betterment、嘉信理财智能投资组合为代表；国内以弥财、蓝海智投等公司为代表。

机器导向模式的核心优点在于技术门槛低、费用低，缺点在于无法吸引大量高净值客户，导致其资管规模存在天花板。针对高净值客户，人工投顾显得必不可少，因此人机结合的投顾模式逐渐受到重视，有望成为扩大投顾规模的发展趋势。

(2) 人机结合：嘉信理财于 2017 年 3 月推出“Schwab Intelligent Advisory”人机结合新业务，投资者可以随时通过电话或视频会议获得理财顾问的专业建议，并获得由智能投顾的算法模型给出的基于 ETF 的投资组合建议。

智能投顾鼻祖 Betterment 于 2017 年 1 月推出人机结合的理财服务——“Betterment Plus”和“Betterment Premium”，其中 Betterment Plus 门槛 10 万美金，费用 0.4%，投资者每年可与专业理财顾问进行一次电话咨询；Betterment Premium 门槛 25 万美金，服务费 0.5%，投资者可随时获得专业理财顾问的电话咨询服务。

2017 年 6 月，恒生电子发布智能投顾产品 BiRobot3.0，其产品特点中特别表明需要有人值守。

(3) 以人为主：除了上述机器导向和人机结合两种模式外，投顾还包含以人为主的模式，目前以社交跟投和投资策略为主流模式，国外以 Motif、Covestor 为代表，国内以雪球、金贝塔等公司为代表。

3. 智能投顾面临的问题

与传统人工投资顾问方式相比，智能投顾具有各种优势，但我国目前智能投顾还处于发展初期，技术水平、法律法规、人才储备、信息保护等方面都存在不足。比如：

(1) 缺乏确切的法律监管机制、现行法律限制了投资顾问的业务范围。

(2) 智能投顾业务所需的牌照门槛很高。

(3) 投资者保护相关制度供给不足。

(4) 产品销售导向缺乏投顾的独立性和客观性。

(5) 短期理财产品为主，缺乏长期财富增值产品。

(6) 汇管制限制智能投顾的业务拓展等。

智能投顾作为一种人工智能投资顾问，其自动化、低成本、个性化的特点，能够降低投资门槛和投资风险，在我国财富管理市场上具有较强竞争优势和广阔发展空间。

11.4 投资研究

11.4.1 概述

1. 传统投资研究

投资研究简称投研，是指通过对金融市场、行业、公司进行基本面分析，建立财务分析模型、估值模型等，从而确定证券的合理价值。同时，通过技术分析、演化分析等对具体投资操作的时间和空间进行判断，最终将以上两方面的研究结果用于投资决策。

传统的投资研究流程一般包括三个步骤，第一步是通过互联网信息门户、金融终端、文献资料、公司网站等途径获得市场、行业、公司、产品的基本信息，并提取信息中的数据及知识；第二步是基于第一步中得到的知识，运用逻辑推演、运算等方法提炼出观点；第三步是将分析研究结果以合适的方式呈现出来。

在以上的各个步骤中，传统的方式均存在着一定的局限性，表现在：

(1) 在信息搜索及知识提取步骤中，人工获取信息往往不够及时，提取信息的过程与研究人员的知识体系有很大的关系，使得信息往往不够完整、随机性较强，提取到的数据和知识也不能较好地体现被研究事物的全貌。

(2) 在分析研究步骤中，人工分析易受到情绪、偏见、知识体系等方面的影响，稳定性较差；同时在大量的信息、数据之间找寻关联，洞悉事物之间的内在逻辑，对研究人员的信息处理能力、逻辑分析能力、专业知识水平等均要求较高。

(3) 在观点呈现步骤中，人工整合、发布研究结果用时较长，使整个流程的时滞性更强。

2. 智能投资研究

智能投研是指通过人工智能、大数据、知识图谱等技术对数据、事件、观点等信息进行综合性、自动化的处理和分析，提高投资决策人员的工作效率和分析、投资能力。

从产品和业务角度看，智能投研可以为投研人员节约大量的时间和精力用于思考和推理等高级分析活动，其优势表现为：

(1) 智能投研能有效拓展信息的获取渠道，对大量信息进行即时处理，从而提高分析的全面性，同时降低研究人员对于某细分领域的专业知识门槛。

(2) 智能投研可以完整、理性地揭示事物之间的联系，避免情绪、偏见、知识体系不足等方面的影响，稳定性较佳。

(3) 智能投研可以即时呈现观点，此外对于某些涉及大量固定格式的撰写工作，如合规性文件、IPO 文件、研究报告等文件中的某些章节，智能投研可以完成自动化生产。

从机构角度看，大型金融机构为保持竞争力，依靠其平台优势对智能投研等新技术拥有快速试错的能力，可以进行积极探索。获取智能投研产品的主要方式有自建技术、与供应商合作、通过并购获得能力等。中小金融机构通过智能投研可以以较低的成本提升自身投研效率与效益，也可以通过对国外案例及国内大机构的模式的学习和验证，决定开展智能投研业务的时机。

智能投研的最终目标是自动实现从搜索到投资的一步跨越，现阶段仍然处于初期阶段，未来发展前景巨大。目前，智能投研在交互体验、数据动态关联、自我学习能力等方面已经有了本质飞跃，利用知识图谱、动态智能搜索、语义识别等已经可以自动实现上下游产业链分析、智能财务模型等。

11.4.2 发展历程

智能投研的行业历史还比较短。2000 年，美国黑石集团开发了 Aladdin 系统，使用自然语言处理技术对文档进行解析，提供风险管理和投研咨询信息，已初具智能投研雏形。2001 年，Tim Berbers Lee 在科学美国人杂志上发表文章，首次提出语义网络技术以及数据互联。

2004 年，Palantir 公司通过融合多源数据，构建互联数据网络，从中发掘出事物隐藏联系。2010 年前后，国外创业公司率先试水智能投研，Alphasense、Kensho 等陆续成立，成为近年来大热的 Fintech 公司。2010 年，Alphasense 推出面向金融投资人员的智能搜索引擎，通过整理碎片信息，为用户提供金融信息搜索，被称为投资者的 Google。2013 年，Kensho 成立，早期服务于高盛内部，专注事件与资产的相关性研究，以问答形式为用户提供投资建议，被誉为金融投资领域的问答助手 Siri。

2013 年左右国内智能金融领域也出现了创业高峰，智能支付、智能营销、智能客服类公司密集成立。2014 年，天弘基金成立大数据中心，建立投研云系统(信鸽、鹰眼)。2015 年，文因互联成立，陆续发布智能搜索，公告自动化阅读等工具。2016 年，通联数据成立萝卜投研，产品包括智能咨询、智能搜索等；嘉实基金、华夏基金开始探索智能投研。2017 年至今，国内多家智能投研创业公司成立，并陆续获得千万级别投资。国内的智能投研行业经历了早期的探索试错之后，自 2017 年以来，入局者众多，关注度和投资热度均有所提升，但无论从数据积累、技术水平，还是落地场景等方面，与国外均存在差距，行业整体仍处于早期探索阶段。

11.4.3　应用案例

智能投研是虚拟机器人基于客户自身的理财需求，通过算法和产品来完成以往需要人工提供的理财顾问服务，是一种新兴的在线财富管理服务，用户无须掌握太多市场和金融产品知识就可以使用该服务。它运用云计算、大数据、人工智能等技术将资产组合理论等其他金融投资理论应用到模型中，再将投资者风险偏好、财务状况及理财规划等变量输入模型，为用户生成自动化、智能化、个性化的资产配置建议，并对组合实现跟踪和自动调整。

投研和投顾在国内均属于投资咨询业务范畴，需要遵守相关业务规定。国内虽尚未出台针对性的法规，但智能投研和智能投顾并没有从本质上改变投研和投顾业务的本质。

从客户层面来看，智能投研主要针对机构，如基金公司、券商资管、银行资管、保险资管等 B 端企业级客户；智能投顾则对普通投资者开展，提供合理的资产配置建议。

智能投研和智能投顾二者之间在一定程度上可以进行互补。智能投研的终极目标是希望能够辅助投资策略，延伸来看，也包括在资产配置策略方面提供方案，这也使得智能投顾具有极大的协同性。因此可以将智能投研视作智能投顾的支持环节。

智能投研已经引起工业界的广泛关注，以下简单介绍几个典型公司及产品：

1. Kensho

Kensho 成立于 2013 年，旨在为投资问题提供实时答案。投资者只需要在一个简单的文本框中简单直白地输入问题，如“三级飓风袭击佛罗里达州时，哪个水泥股涨幅最大？”“苹果发布新 iPad 时，哪个供应商股价涨幅最大？”等，Kensho 就可以在几分钟内给出答案，并且预测准确率较高，而这个工作量对于传统分析师来讲，即使找全了数据也需要几天才能完成。Kensho 是基于云计算技术建立的全球事件数据库(包括政治、经济、自然等各领域)，是目前世界上最大的数据和信息库之一。其 AI 平台基于机器学习系统抓取数据，搜索及建立国际事件与资产价格之间的相关性；基于事件对资产未来价格走势进行预测，并能实现良好的人机交互性；基于知识图谱提供国际事件的实时画像。高质量的数据库、强大的数据处理能力、先进的机器学习能力以及数据可视化能力为其构建了决定性的竞争优势。Kensho 于 2017 年 4 月获得标普国际(S&PGlobal)领投(其他投行包括高盛、摩根大通、美银美林、摩根士丹利、花旗集团和富国银行)的 B 轮 5000 万美元融资，同时获得标普国际提供的最新的金融数据包。2018 年 3 月，标普全球收购了 Kensho，5.5 亿美元的收购价格使之成为人工智能领域最大的交易之一。

2. AlphaSense

AlphaSense 成立于 2008 年，主要产品为智能搜索引擎，它将高级语言搜索和自然语言处理相融合，面向金融投资领域，从文件/新闻和研究中集合所有投资信息并进行语义分析，对全球公司数据进行趋势分析，允许用户搜索、浏览和分析关键数据点、趋势和主题等内容。

AlphaSense 的业务模式专注于信息度丰富和碎片化的基本问题，为企业客户和金融客户提供智能商业洞察平台，并且有 App 端产品，全球有 800+客户，包括投资机构、咨询公司、银行和律所等。AlphaSense 增加了美国经济内容，并将其投资者演示文稿扩展到全球 9500 多家公司，创造了最广泛的投资者关系演示报道，允许用户将自己的内容上传到平台，以便与其他内容一起进行索引和搜索。

3. 通联数据

通联数据成立于 2013 年 12 月，其业务模式是以通联积累的基本面投研数据信息为基础，向金融机构输出标准化产品，主打智能搜索和在线投研工具。其投研平台名为萝卜投研。

萝卜投研分为智能搜索、投研工具、财务预测三个模块。

(1) 智能搜索：以公司积累的海量金融数据和另类数据为基础，根据用户搜索意图，智能展示投资相关信息，包括财务数据、业务数据、竞品数据、研报图表摘录等。

(2) 投研工具：用户可在线构建投研框架，用可视化的方式展示行业分析逻辑，对数据进行动态计算、图表分析、异动跟踪与提醒等。

(3) 财务预测：通过机器学习技术建立财务分析模型，结合多维度信息进行盈利预测，形成标准化模板，辅助用户对上市公司进行估值。

4. 鼎复数据

鼎复数据成立于 2015 年 8 月，其业务模式是为信用债市场的相关机构提供复眼风险预测系统，并可以按需进行定制，比如为银行提供企业贷款风险管理服务、为各类金融投资机构提供数据及投研工具。主要产品有三个，分别是复眼风险预警系统、公告宝、PDFree。

(1) 复眼风险预警系统：分为债券版和信贷版，运用数据采集、NLP 等技术全天候监控信息，覆盖维度包括经济周期、行业特征、公司治理、公司评级、负面舆情等方面，对债券发行人/信贷主体的违约风险进行实时跟踪、分析、预警。

(2) 公告宝：每分钟自动更新最新公告，对公告数据进行可视化提取，并提供横向、纵向历史比较页面。

(3) PDFree：免费提供 PDF 中表格智能抽取(有无边框均可)，并能够自动合并跨页表格。

5. 文因互联

文因互联成立于 2015 年 11 月，其业务模式是从具体场景出发解决单点问题，面向 B 端客户提供如自动化审计、公告文本解析等标准化模块产品，也可以为企业开发定制化模块。

(1) 自动化审计：利用人工智能算法从文档中自动提取出财务指标，并根据财务规则核查财务指标关系。实现财务报表结构化及自动化核计等功能，在 1 分钟内完成报告的财务指标复合，大大降低了过去人工检查的成本。

(2) 自动化监管：除了包括合规检查、自动申报、自动评级、系统风险防范、信披自动化、数据治理等监管流程自动化外，还基于知识图谱应用，对企业进行风险信息监控、事件追踪、新闻舆情分析等主动监管。

(3) 部分银行业务自动化：结合银行内外部数据(工商、投资、知识 产权、诉讼、担保等)，从非结构化文本中识别实体，进行实体消歧与实体链接，同时提取特定相关的关系与属性值。

6. 熵简科技

熵简科技成立于 2017 年 9 月，其业务模式是为基金公司部署投资决策辅助工具，按是否定制来收取不同等级的费用，主要业务有：

(1) 另类数据追踪：基于 Hadoop、Spark 框架自建数据分析系统，对各大电商平台、GitHub 等进行持续的数据监控，能够形成行业及公司层面的前瞻性指标。

(2) 决策辅助工具：通过案例化的方式，拓展现有投资框架的分析维度，帮助专家机构更前瞻准确地发掘机会、规避风险。

7. 香侬科技

香侬科技成立于 2017 年 12 月，其业务模式是为机构客户提供定制化人工智能系统解决方案，采用对金融信息平台用户采用基本功能免费、增值服务或者特色数据收费的模式，主要业务有：

(1) 智能金融信号平台：利用人工智能算法自动搜集全网公开信息，解析非结构化文本和图表，建立海量金融数据库，以问答+搜索的形式更全面、高效、准确提供数据的整合、分析、呈现等功能，平台还提供一键生成可视化报告、热点行业公司监测、市场异动追踪提醒等增值服务。

(2) TO B 解决方案：结合公司人工智能算法优势和 B 端客户具体要求，为金融机构和大型国企等打造基于自然语言处理技术的信息整合、分析、展示平台。

11.5 保　　险

11.5.1 概述

1. 传统保险的意义及起源

保险是指投保人根据合同约定，向保险人支付保险费，保险人对于合同约定的事故所造成的财产损失承担赔偿保险金责任，或者被保险人死亡、伤残、疾病或者达到合同约定的年龄、期限等条件时承担给付保险金责任的商业保险行为。

(1) 从经济角度看，保险是分摊意外事故损失的一种财务安排。

(2) 从法律角度看，保险是一种合同行为，是一方同意补偿另一方损失的一种合同安排。

(3) 从社会角度看，保险是社会经济保障制度的重要组成部分，是社会生产和社会生活“精巧的稳定器”。

(4) 从风险管理角度看，保险是风险管理的一种方法。

自有人类以来，各种自然灾害、意外事故就时常威胁着人类的生存与发展，为了寻求防灾避祸、安居乐业之道，人类萌生了对付各种自然灾害、意外事故的保险思想和一些原始形态的保险做法，中外历史上对此均有记载。中国早在夏、商、周时代，就形成了保险的思想。《礼记》中记载：“故人不独亲其亲，不独子其子，使老有所终，壮有所用，幼有所长，矜、寡、孤、独、废疾者皆有所养”，这是中国最古老的社会养老保险思想。但仅仅是一种道德主张而已，并非真正经济化货币化的保险思想。真正意义上保险的萌芽，最早起源于海上保险。在十五六世纪，海上保险逐渐发展，出现了奴隶贩子为运往美洲的非洲奴隶投保海上保险，可以被视作人身保险的萌芽。

2. 现代保险

随着保险不断发展，现代保险业逐渐形成。伴随着金融科技的迅猛发展，如何利用包括人工智能、区块链、云计算、大数据等科技，围绕保险业务流程，通过改善产品、营销、企业管理、信息咨询、平台构建、新技术运用等方面升级保险生态系统，借助信息验证、风险评测、核保核赔、医疗健康等应用场景提升保险行业相关生态主体的价值，最终实现克服行业痛点，服务消费者，服务供给侧改革的目标，成为目前业内的一个关注热点。

1) 现代保险业相关科技面临的挑战

随着时代的变迁，目前建立在云计算、大数据、人工智能技术上的金融科技力量能显著提高优化资本的效率。虽然目前保险科技应用取得了阶段性成果，但是总体来看还处于起步阶段，大多数应用还是不平衡、不充分、浅层次和碎片化的。当前保险业相关科技面临如下挑战：

(1) 技术挑战。与保险相关的创业公司在2015年正式爆发，经过两年多时间摸索，衍生出标准化保险服务流程。其中一些公司得到资本认可并获得融资，但是人们对于大数据、人工智能、区块链在保险行业的落地预期过高，实则这三项科技本身存在很多问题，保险科技相关行业前路只是看似光明，比如：

① 目前国内保险行业大数据积累量低，大量非结构化数据尚待结构化处理。对于创业公司来说，自营数据有限，并受制于其他平台数据。

② 人工智能的发展需要大量训练数据，但是保险行业内数据孤岛现象非常严重，这也是限制人工智能在保险业发展的最大因素。

③ 目前国内各领域、企业间并不希望主动置换数据的共享权益，因此区块链在国内的发展受阻，距离区块链技术的落地还有待时日。

(2) 监管挑战。保险科技在为保险行业发展带来重大机遇的同时也隐藏着诸多危机，需要把握好实现发展与预防风险之间的平衡尺度，利用传统的保险监管模式已经无法适应新形势下行业发展要求，比如：

① 保险科技自身所具备的混业特性与现行的分业监管体制无法匹配，当前金融监管体系中依然存在着条块分割和监管竞争，无法形成监管合力。

② 区块链导致行业风险更为复杂多变，未来需要全面研究和思考区块链网络中如何强

化职责履行，利用何种机制来切实保障消费者及企业的合法权益，利用什么样的认证体系来有效降低参与主体的信用风险等诸多关键性问题。

③ 缺少统一协调的监督管理机制造成了保险科技创新在实践中欠缺必要的监管，使得互联网保险及新兴科技的产生与发展逐渐显现出诸多隐患和危机。这些问题都亟待强化监管主体间的协调机制。

2) 活跃在保险业中的企业

在金融科技迅猛发展的当下，在保险行业，有如下若干活跃的角色：

(1) 传统保险企业通过保险科技进行升级转型。人保、国寿、平安、泰康等大型保险公司通过整合原有的信息技术部门，组建数据中心或科技平台，将其功能由后台技术支撑更多向核心业务流程驱动转变。此外中小保险公司也结合自身实际，在细分领域开展数字化运营。

(2) 专业互联网险企发展迅速。众安保险、易安保险等专业互联网保险公司采用扁平化的组织结构，依托大数据和云计算建立具备数据挖掘、处理、存储的核心系统，提高自身运营效率和服务针对性，实现了较高的发展速度。

(3) 互联网巨头开始进场。阿里巴巴、百度、腾讯、京东等互联网巨头结合自身的用户流量数据优势，通过与保险公司合作、发起设立保险公司等方式布局保险业。

(4) 科技企业积极参与。大量科技公司依靠保险科技优势，通过关注长尾需求开发保险产品、根据渠道特点设计定制化产品、提供保险服务保障等方式，共同打造保险生态圈的多元环境。

11.5.2 基本流程

1. 保险行业的现有状态

保险行业大数据战略规划刚刚起步，相对于银行和证券公司，保险公司在电子化、数据化、移动化、平台化方面还处于落后状态。

(1) 很多保险公司信息化工作没有完成，客户保单信息查询和更改仍然是手工和自动化相结合。

(2) 保险行业对大数据商业价值应用的敏感度不高，大多数保险公司并没有将应用大数据列为保险公司基础能力进行建设。

(3) 很多保险公司还没有建设移动 App，即使有了移动 App 的保险公司，其功能只是集中在保单的简单查询上，并没有将移动 App 定位为客户入口和主要渠道。

(4) 保险行业内部数据还处于信息孤岛状态，保险公司对内部数据价值认识不完整，大部分内部数据的价值没有被充分挖掘，大数据价值变现缺少应用场景。

2. 现代保险的应用场景

随着科技的发展，大数据技术给整个金融行业都带来了巨大的影响，尤其是保险行业的发展，通过大数据能够进一步发掘数据的价值，进行商业价值的输出，实现降低成本、精准营销、优化决策的目标，甚至可以进一步催生新的产业、生态和模式，为客户提供个性化的产品及高效的承保流程来优化客户体验。主要应用场景有：

(1) 产品设计：以传统保险市场为基础，通过大数据帮助保险公司对客户进行画像，利用画像技术帮助保险公司从不同角度来了解客户的需求与偏好，依据客户的特点，并结合竞品分析，设计更加符合个性化、定制化的保险产品。此外，险企还针对网络经济对风险保障的新需求，开发出一批场景化、碎片化的互联网保险产品，如退货运费险、账户安全险、航班延误险等。

(2) 营销方面：通过大数据帮助保险公司对客户价值进行量化分析，从而将客户分级并标签记录，进而根据分析结果为各类客户提供差异化、个性化的服务，最终提升客户黏性，实现精准营销。

(3) 承保方面：保险公司可以通过运用大数据技术分析行业数据，发现新的市场需求和潜在客户，此外，大数据技术还有助于精确定价保险产品，实现费利率个性化。

(4) 运营方面：大数据可以帮助保险公司在理赔环节通过数据挖掘技术对比历史类似案例，从而可以根据历史数据分析建模，进而对各个案例进行损失类型细分、评分，制订个性化的理赔方案，最终实现半自动化的处理流程。

(5) 风控方面：通过大数据分析可以精确识别理赔中可能存在的欺诈模式、欺诈行为和高风险人群，从而提高保险公司的反欺诈绩效，降低理赔风险。

3. 大数据在保险业中的优势

大数据的战略意义不仅在于掌握庞大的数据信息，而在于对这些含有意义的数据进行专业化处理。大数据技术在保险业的应用具有得天独厚的优势。

(1) 保险业拥有大量的数据，且每时每刻新增量巨大，保单中的数据不仅仅限于交易数据本身，还有所有用户行为产生的数据，比如去一趟门店，何时去的，和保险代理人进行一次访谈，谈话中聊到的个人社会关系信息，等等。

(2) 保险经营的基础是大数法则，而大数据的核心是预测，是评估概率最有力的武器，大数据在保险价值链的方方面面都有所体现，尤其以产品设计、产品定价、产品营销、服务和管理等方面为重点。

总体而言，大数据分析在保险业存在四大主要应用切入点，分别是业务结构化、客户视角营销、核保管理以及危机管理。

11.5.3　应用案例

大数据分析技术、标签数据、客户行为数据、全局数据可以帮助保险企业改变保险产品的定价方式。基于大数据技术和全局数据的产品设计模型可以帮助保险公司设计出较高收益、较低风险概率的产品。客户行为数据和标签数据可以帮助保险公司了解客户特点，设计出满足客户需要的保险产品。以数据分析和客户需求为出发点的保险产品设计，将会在产品收益、客户体验、风险管理等方面取得领先。国外一些领先的保险公司在设计保险产品时，已经利用大数据分析技术进行设计，并取得了较好的市场反馈，产品的盈利可观。大数据将会帮助保险公司设计出风险分析充分、适应客户需要的保险产品。

1. Metromile 公司车险数据应用

Metromile 是美国旧金山的一家汽车保险机构，也是美国第一家基于车载信息监控设备，通过客户安装的智能设备记录行驶里程而计算保费的车险公司。

Metromile 公司通过给用户的车安装 Metromile Pulse 和 Metromile Tag 两款装置来收集客户的实际驾驶里程数，从而根据汽车驾驶里程数进行个性化车险定价。打破传统模式下由于数据不足而统一定价造成车辆使用率较低的客户以更高保费补偿车辆使用率较高客户的不公平现象。

值得一提的是，基于以用户为基础的汽车保险(Usage-based Car Insurance)计划，Metromile 不仅会依据车主的某些具体驾车习惯(例如驾驶速度、突然转弯或踩离合的频率)来制订保费，还会收集这些相关数据来提醒车主更安全有效地驾驶。

Metromile 汽车保险的费用分为两部分：固定费用和按里程变动的费用，其计算公式为

$$每月保费总额 = 每月固定保费 + 每月行车里程 \times 单位里程保费$$

其中固定保费和单位里程保费会根据不同车主情况有所不同(例如车主年龄、驾驶记录、车辆类型、信用等因素)。当一位客户购买一份 Metromile 车险保障时，他会收到第一个月的固定费用通知；在这个月结束时，他会收到根据他这个月驾驶里程情况而设定的下一个月的固定费用，以此类推，该客户每个月都会按时收到动态变化的保费账单。

2. The Climate Corporation 自助农业险

Climate 保险公司提供的产品属于自助定制型保险产品。投保人可以自行在电脑端或移动端页面通过选择要投保的农田区域，模拟在这片区域未来可能出现破坏农业生产的恶劣天气，再综合各方面数据因素计算，最后自动生成符合投保人需求的农业险产品。这种定制型农业保险既可以将未来发生气象灾害的损失降到最低，也可以满足投保人对农业保险多种多样的需求。例如，客户可以登录公司的网站，先输入农田所在地的邮编选择代理人，再选择农业耕作时需要投保的气温、降雨量范围、特殊天气等要素，接着自动生成订单。Climate 一旦收到订单，则会自动在 100 毫秒内综合分析天气预报数据、30 多年来的中国气象局数据以及投保人所在地的地质调查数据，进而得到分析结果，给投保人开出保费。假如投保人由于意外天气而遭受损失，将会自动获得赔偿。Climate 公司的平台汇总了 2500 万个地点的气象监测点数据，同时综合 1500 亿个土壤监测数据记录，10 万亿个气候数据指标，以及 50 TB 的实时数据，并在精算模型的测算下生成了农业气象指数保险，由此给保险产品定价。Climate 公司还在美国各地超过 30 000 个的气象站覆盖了雷达设备，通过雷达监测来估计降水量，同时也提高了对大气表层的观察力。Climate 公司在数据处理的过程中还需要识别和消除有缺陷的数据，从而提高对各种异常天气预测的精准性，让农民更有信心地实施农田管理决策。

Climate 公司的智能农业平台包括 Climate Fieldview Prime、Climate Fieldview Plus。Climate Fieldview Prime 软件平台为农民提供基层农业数据和气象数据，可以随时随地观测当下田间的具体情况和未来田间可能出现的情况，保证农民及时做出正确的耕种决策。智能平台可以根据监测到的降雨量和风速等数据来判断哪块地更适宜耕种，同时平台上提供实时信息数据。例如，当前和未来该地的降雨量、田间农作物生长阶段、雷达监控的信息。当农田所在区域出现恶劣天气时或田间农作物遭受病虫害时，农民均会提前收到警报。该平台每天零时都会发送邮件给农民，告知未来 24 小时的天气情况。Climate Fieldview Plus 软件平台的优势是提供无缝的农场数据连接以及影像功能，让农民对田间作物有更深刻的了解，并帮助他们充满信心地作出农场经营的重要决策。农民可以通过实时数据识别田间问题，从而快速采取行动。例如当农民掌握了当前农田内的作物密度，他就能以此为依据确定下一个季度的施肥量。另一个优势是地质数据的可视化，简易操作的电子地图能帮助农民比较地质。

11.6 监管科技

11.6.1 概述

1. 监管科技的起源

监管科技(RegTech)最早起源于金融机构应用新技术满足监管和合规要求，由Regulation 和 Technology 两个英文单词结合而来，目前业界对监管科技还未形成统一的定义。英国金融市场行为监管局将监管科技定义为“运用新技术，促进达成监管要求”；国际金融协会则将监管科技定义为“有助于高效达成监管、合规要求的一类技术应用”。虽然定义不同，但是其本质内涵都在于应用新技术来高效、低成本地满足金融机构应对监管和合规要求的金融创新模式，具体包含两个层面的意思。

(1) 监管机构应用新技术为金融创新行为制订监管标准，规避监管套利，提升监管能力和效率。

(2) 金融机构利用新技术提升自身风险管理和合规经营能力，进而满足监管和业务发展要求。

2. 监管科技的特征

综合多边视角的观点，监管科技具有以下几个核心特征：

(1) 数字化：基于报告数字化和合规流程的自动化，能够快速收集和分析处理复杂的数据，实现了由了解客户 KYC (Know Your Customer)①到了解数据 KYD(Know Your Data)的转变。

(2) 敏捷性：充分利用云计算、容器、适配器等技术具备快速部署应用能力，能够以最小扰动融入现有系统。

(3) 实时性：能够实时监控各种指标，并生成报告和解决方案，以最小成本达到监管和合规要求。

(4) 共享性：共享多种维度和细粒度的监管数据，并对监管合规数据形成统一的标准，实现整个金融体系宏观监管和单一机构内部微观监管有机统一。

(5) 智能化：充分应用机器学习、深度学习等各种技术，自主从监管数据中学习各种规则，高效快速地识别风险，具备自学习能力。

11.6.2 发展历程

1. 监管科技的发展阶段

纵观金融监管发展的历史，经历着金融发展自由化导致金融危机、金融危机后加强监

---

① KYC 最初指的是在金融服务中，通常需要验证客户的身份、适合性和与该客户维持商业关系所带来的风险。当下 KYC 已经扩展到非金融行业、金融科技，甚至非营利组织也开始使用，以期帮助企业更好地理解客户及财政交易以及管理风险。

管这一周而复始的规律。监管科技在金融发展、监管改革和科技发展三重因素共同推动下不断发展，其发展经历了三个阶段：

1) RegTech 1.0 阶段

RegTech 1.0 是指从金融市场电子化开始到 2008 年全球金融危机这段时间所采用的监管技术。

此阶段金融机构进入规模快速扩张期，金融服务范围从国内延伸到国际，监管方面也制定了一系列监管法案，成立了国际组织(例如国际清算银行 BIS、巴塞尔委员会、反洗钱金融行动特别工作组 FATF 等)加强国际监管合作。监管科技主要依赖于金融工程和量化风险模型，一方面支持经济和金融的全球化、国际化，减少跨境支付清算的风险，另一方面金融机构进行量化风险管理，满足监管合规要求。随着信息通信技术(ICT)发展，发达国家完成了金融电子化，在支付清算和证券交易领域尤为明显。在技术巨大推动的作用下，金融快速发展，金融机构和监管机构对金融安全充满信心。但监管技术没有同步发展，随后产生了 1987 年全球股灾、2001 年互联网泡沫崩盘、2008 年全球金融危机。

RegTech 1.0 阶段众多技术手段对监管的影响更多是工具层面的应用，通过采购或研制成熟高效的软硬件工具或设施，满足会内部门和派出机构基本办公和特定工作的信息化需求，提升监管工作的数字化、电子化、自动化、标准化程度。监管与科技结合的紧密程度明显弱于此后的 2.0 阶段和 3.0 阶段。

2) RegTech 2.0 阶段

RegTech 2.0 主要是指从 2008 年全球金融危机后到金融科技产生前这段时间所采用的监管技术。

2008 年金融危机引起监管和市场参与者高度重视，之后陆续采取了一系列措施加强监管；2009 年成立金融稳定委员会 FSB，发布了恢复和处置计划 RRP，推出了金融市场法人识别码系统 LEI，加大对违规金融机构的惩罚力度。本阶段监管科技实现了监管合规义务和技术的结合，完成监管和合规数据报送的自动化和流程化，建立开放式微观标准化金融数据收集和共享系统、实现数据报送的细粒度、高精度、高频度，而且能够满足不同市场的不同要求，使得监管能够监控到创新产品、复杂交易、市场操纵、内部欺诈等，提高监管合规能力。

RegTech 2.0 阶段监管科技的应用主要包括反洗钱、KYC 合规要求、实时审慎监管报送、资本评估和压力测试、交易账户风险管理等。其工作内容主要是通过不断丰富、完善中央监管信息平台功能，优化业务系统建设，实现跨部门监管业务的全流程在线运转，为大数据、云计算、人工智能等技术在监管科技 3.0 阶段的应用打下良好的基础。

3) RegTech 3.0 阶段

RegTech 3.0 主要是指金融科技产生后所采用的监管技术。

在 RegTech 3.0 阶段，物联网、大数据、人工智能、区块链等技术深入应用到监管科技中，不仅能够提供高效低成本的监管，而且引发金融监管方式的变革。例如，区块链技术有望在证券市场、场外衍生品市场、票据市场等清算结算领域取得重大进展，以提升全球市场的效率和稳定性。2016 年印度的“India Stack”数字化战略平台，通过指纹和虹膜生物识别实现个人身份认证，集成银行电子账户实现了医疗、社保、津贴支付和转移，对外提供支付接口 API 和电子客户洞察 KYC 输出，实现数字化交易的标准化，便于人们快捷高效地享受到金融等各种服务。本阶段是以数据为中心的监管，核心是数据主权和算法监管，建立涵盖监管者和被监管者的金融监管大数据平台和"监管沙箱"，包括监管政策建模、合规规则标记、监管合规报告标准化、各种风险(信用风险、市场风险、操作风险)模拟工具、统一的合规检查工具等。

RegTech 3.0 通过监管数据共享与集成，建立数据驱动的监管和算法监管，最终实现审慎性监管，防范金融风险。其工作核心是建设一个运转高效的监管大数据平台，综合运用电子预警、统计分析、数据挖掘等数据分析技术，围绕资本市场的主要生产和业务活动，进行实时监控和历史分析调查，辅助监管人员对市场主体进行全景式分析、实时对市场总体情况进行监控监测，及时发现涉嫌内幕交易、市场操纵等违法违规行为，履行监管职责，维护市场交易秩序。

2. 监管科技在各国的发展特色

目前境外监管机构正在积极引入人工智能技术，提升发现违法违规交易的准确率，同时能够识别出新的违法违规行为。例如美国金融监管局正在开发智能监管系统，无须预先编程输入已知的知识或答案，就可以更快速、准确地理解哪些情况需要预警，通过自学判断何种交易模式下需要执法介入，从而正确标记违规行为，甚至包括此前从未发现的违规方式。美国证监会正引入机器学习的方法预测投资者行为，评估市场风险，发现潜在的欺诈和监管部门的渎职。

国内机构也正在积极借鉴境外的监管经验，尝试利用大数据对投资者和上市公司进行画像，便于进行更有效的行为分类监管。刻画金融机构间的网络拓扑结构，以掌握风险、传导路径，并进行压力测试。利用数据挖掘的方法，开发交易监察模型，提高对新型市场操作行为的识别效果。

从监管科技在全球主要国家的发展情况来看，由于不同地区的金融行业发展水平和监管需求存在差异，所以监管科技发展的侧重点也各具特色。

(1) 美国的监管科技技术创新能力突出，更侧重于研究和跟踪科技底层技术架构，并着重强调趋势前沿追踪。

(2) 英国侧重于"监管沙盒"的实践应用，鼓励并大力引导金融科技公司在监管科技领域创新，侧重建设"创新中心"和"监管沙盒"。

(3) 加拿大利用监管科技推动监管框架变革修订，成立专属科技实验室进行研究，侧重监管业务流程改造、监管框架修订和监管沙盒应用。

(4) 澳大利亚大力发展和推动监管科技应用实验，监管部门、独立的创新中心及监管科技创业公司联合组建行业协会，培育监管科技，开展监管科技应用实验。

(5) 新加坡成立了专业组织推动监管科技应用合作，新加坡金融管理局成立 FinTech 与创新组织(FTIG)来负责金融科技的政策、发展和监管。

相比于欧美国家，中国监管科技起步相对较晚，差距仍比较明显。目前还没有中国企业能够跻身于全球监管科技领域的主要公司名单。但是中国监管科技的发展积极性高，应用需求非常广阔。政策层面，国家给予监管科技发展的大力支持：2017 年 5 月，中国人民银行成立金融科技委员会，提出强化监管科技应用实践作为丰富金融监管的重要手段。2017 年 6 月，《中国金融业信息技术“十三五”发展规划》中提出，要加强金融科技(FinTech)和监管科技(RegTech)研究与应用。

同时，中国金融监管机构也在实践中不断探索监管科技的应用。比如，中国人民银行反洗钱监测中心正在建设反洗钱监测分析二代系统大数据综合分析平台；银保监会将分布式架构运用于 EAST 数据仓库，将现场检查方案与大数据相结合；证监会运用大数据分析打击内幕交易，使得线索来源大幅拓宽，线索分析处理精准度大幅提升。

11.6.3　应用场景

1. 监管科技的核心技术

监管科技的核心技术主要包括人工智能、区块链、云计算、大数据等，这些技术又有其对应的侧重点。

(1) 人工智能提升数据的智能分析能力以及客户交互能力。

(2) 区块链保证获取基础信息的真实性和效率，保证业务合规性，同时提高业务办理的效率。

(3) 云计算为监管科技提供廉价的计算和存储资源，通过数据集中汇聚提供大规模的数据资源，提升监管工具的共享程度。

(4) 大数据提供大规模数据的挖掘分析能力、高效实时的处理能力。

2. 监管科技的应用场景

监管科技的应用场景主要包括用户身份识别、市场交易行为监测、合规数据报送、法律法规跟踪、风险数据融合分析、金融机构压力测试六大方向，如表 11-1 所示。每个场景需要多种技术共同支撑，都会在金融监管机构和金融从业机构中进行广泛应用。

表 11-1　监管科技应用场景示例

应用场景	描　　述	备　　注
身份识别	(1) 利用人工智能技术和生物特征识别技术提升金融机构对用户身份识别的能力。 (2) 应用大数据技术，识别异常操作(如非常用地区转账、非常用设备转账等)，对账户异常违规操作进行拦截，要求再次验证身份	(1) 金融市场上，存在很多非客户本人操作的金融业务涉嫌违规违法现象，如信用卡盗刷、用虚假证件开户等。 (2) 监管机构对于金融机构在“了解你的客户”(KYC)和“客户尽职调查”(CDD)等方面，有着明确的监管要求
交易市场行为监测	利用大数据、人工智能技术对关联交易数据的多维度、高频率、全动态实时分析，进而有效识别诈骗、集资、多账户操纵、票据虚开等违规违法行为	为保护金融行业消费者和维持金融稳定，监管机构和金融机构需要采取有效措施，监控洗黑钱、内部交易等行为，打击市场上存在的“黑产”和“违约”等侵占金融机构利益的现象

续表

应用场景	描　述	备　注
合规数据报送	通过数据资产管理提升合规数据报送能力。 (1) 通过整合内部数据，提高数据质量，增加统计维度，实现合规数据报告快速生成。 (2) 报送规则以 API 的形式实现数字化，提升报送效率和真实度，并减少报送成本	(1) 合规报告是监管机构进行非现场监管的重要手段，高质量的数据报送可帮助监管机构及时发现和化解金融风险。 (2) 金融机构需要面向多个监管机构报送不同结构、不同统计维度的数据
法律法规跟踪	利用大数据和人工智能技术自动发现、识别、归档新发布的金融监管法律法规，对比新旧文件的异同，最终生成跟踪报告，在此基础上，法务人员可以利用工具从海量法律文档中快速找到需要的条文字段	(1) 在金融行业监管不断提升和细化的背景下，监管法律法规密集出台，金融机构需要追踪最新的法规，还要逐条对比新旧条文间的异同。 (2) 跨国金融机构还需要追踪所有业务所在国家的法律法规
风险数据融合分析	通过监管平台的建设运营，实现各个金融机构之间在成员认证、接入管理、数据查询、索引记录、流通规则等方面的互联互通，有效汇聚、及时分析风险数据，为宏观审慎监管提供有力支撑	监管的实现需要全面融合各个金融机构，对数据进行整体性风险分析管控，基于单个金融机构的数据很难及时识别系统性金融风险
金融机构压力测试	利用 IT 技术构建“监管沙盒”，在虚拟环境中模拟真实交易场景，通过大数据与人工智能技术持续记录金融机构运行数据，测试金融机构系统的稳定性、安全性等指标，从而评估系统风险防控能力	严格的金融监管条例在保证金融市场稳定性的同时，也在一定程度上限制了金融新业态的发展。金融创新既需要新技术的应用支撑，也需要有效的风险防控，创新发展与风险防控必须并重

3. 监管科技的未来发展

总体而言，监管科技的未来发展趋势大致有：

(1) 监管科技走向金融监管全链条运用。监管科技面向的对象将覆盖整个金融环节，比如：

① 事前将监管政策与合规性要求“翻译”成数字化监管协议，并搭建监管平台提供相关服务。

② 事中对监管数据的自动化采集和对风险态势的智能化分析运用。

③ 事后利用合规分析结果进行风险处置干预、合规情况可视化展示、风险信息共享、监管模型优化等。

(2) 监管机构与银行等金融机构、金融科技公司合作研发。这种模式能在一定程度上节省研发成本，同时由于金融监管机构运用监管科技的重要目的就是提升监管效率，因此在与被监管机构进行合作的过程中，也更容易发现其存在的问题并能有针对性、及时地进行相应指导，帮助其做好合规端的监管科技建设。

(3) 区块链技术成为监管科技的重要组成部分。区块链的重要作用之一是构建信任，因此区块链技术将在诸如智能合约、智能监管报告等金融监管领域得到进一步开发与运用。

(4) 监管科技运用中的数据治理有待加强。数据是监管科技的基础，因此数据治理是一切监管活动的基础，此处不再赘述。

(5) 监管科技在监管决策中的作用需要明确。监管科技收集数据、分析数据得出的相关监管报告在监管决策中究竟是以什么性质、什么作用呈现(仅是作为一种辅助性的参考材料，还是作为监管者做决策时必须考虑的必要因素，抑或是对其可信度采取一种什么样的判断方式)需要进一步明确，否则可能造成投入与产出不成正比，影响到监管科技究竟能够发挥多大作用、是否能够真正提高监管效率。

(6) 监管科技制度化进程加快。随着监管端运用的不断深化，监管科技的制度化进程也在推进。

11.7 小　结

随着信息技术的发展、金融业务和服务的多样化以及金融市场的整体扩张，金融行业的数据收集能力提高、数据存储量增大，大数据对金融的用途也变得更大。大数据决策对金融更有针对性，发展模式转型、金融创新、管理升级都需要大数据，同时金融业也具有大数据应用的基本条件(数据多、有经验、有投资能力)，因此逐渐出现金融交易电子化和数字化、支付电子化、渠道网络化、信用数字化、运营效率大幅度提高的现象和趋势，银行证券保险、期货、供应链金融等领域也在逐步智能化。

本章主要介绍了支付、投资顾问、智能投研、保险、监管科技的相关概念和大数据应用案例和思路。

参 考 文 献

[1] 《比较》研究部. 读懂 Libra[M]. 北京：中信出版社, 2019.

[2] ADOMAVICIUS G, TUZHILIN A. Toward the next generation of recommender systems: A survey of the state-of-the-art and possible extensions[J]. IEEE Trans on Knowledge and Data Engineering, 2005, 17(6): 734-749.

[3] REN P Z, CHANG X J, HUANG P Y, et al. A survey of deep active learning[J]. ACM Computing Surveys (CSUR), 2021, 54(9): 1-40.

[4] BARRET Z, VASUDEVAN V, SHLENS J, et al. Learning Transferable Architectures for Scalable Image Recognition[C]//2018 IEEE/CVF Conference on Computer Vision and Pattern Recognition, 2018: 8697-8710.

[5] BELKIN M, NIYOGI P, SINDWANI V. Manifold regularization: a geometric framework for learning from labeled and unlabeled examples[J]. Journal of Machine Learning Research, 2006, 7(11): 2399-2434.

[6] LIU C, ZOPH B, NEUMANN M, et al. Progressive neural architecture search[C]//Proceedings of the European conference on computer vision (ECCV), 2018: 19-34.

[7] ELKAHKY A M, SONG Y, HE X. A multi-view dep learning approach for cross domain user modeling in recommendation systems[C]//Proceedings of the 24th International Conference on World Wide Web(WWW), 2015: 278-288.

[8] GEIGER A, LENZ P, URTASUN R. Are we ready for autonomous driving? The KITTI vision benchmark suite[C]. 2012 IEEE Conference on Computer Vision and Pattern Recognition (CVPR), 2012: 3354-3361.

[9] GONG Y, ZHANG Q. Hashtag recommendation using attention-based convolutional neural network[C]. Proceedings of the 25th International Joint Conference on Artificial Inteligence (IJCAI), 2016: 2782-2788.

[10] HIEU P, GUAN M Y, ZOPH B, et al. Efficient neural architecture search via parameter sharing[C]//International Conference on Machine Learning(ICML), 2018: 2-12.

[11] LUKAS R, KAUFFMANN J, VANDERMEULEN R A, et al. A Unifying Review of Deep and Shallow Anomaly Detection[C]//Proceedings of the IEEE 109, 2021: 756-795.

[12] LI Y, LIU T, JIANG J, et al. Hashtag recommendation with topical attention-based LSTM[C]//Proceedings of the 26th International Conference on Computational Linguistics (ICCL), 2016: 3019-3029.

[13] NYGREN E, SITARAMAN R K, SUN J. The Akamai network: a platform for high-performance internet applications[J]. ACM SIGOPS Operating Systems Review,

2010: 44: 2-19.

[14] PENNOCK D M, HORVITZ E, GILES C L, et al. Social choice theory and recommender systems: Analysis of the axiomatic foundations of collaborative filtering[C] // Proceedings of the 17th National Conference on Artificial Intelligence (AAAI'00) and 12th Conference on Innovative Applications of Artificial Intelligence (IAAI'00), 2000: 729-734.

[15] DHAMIJA A R, GÜNTHER M, BOULT T. Reducing network agnostophobia[J]. Annual Conference on Neural Information Processing Systems (NeurIPS), 2018, 31: 9175-9186.

[16] RESINICK P, VARIAN H R. Recommender systems[J]. Communications of the ACM, 1997, 40 (3): 56-58.

[17] SENATOR T E, GOLDBERG H G, WOOTON J, et al. Financial crimes enforcement network AI system (FAIS) identifying potential money laundering from reports of large cash transactions[J]. AI magazine, 1995, 16(4): 21-21.

[18] SUNG H H. Helping online customers decide through Web personalization[J]. IEEE Intelligent Systems, 2002, 9: 34-43.

[19] HUANG X W, KROENING D, RUAN W J, et al. A survey of safety and trustworthiness of deep neural networks: Verification, testing, adversarial attack and defence, and interpretability[J]. Computer Science Review, 2020, 37.

[20] LECUN Y, BENGIO Y, HINTON G E. Deep learning[J]. Nature, 2015, 521(7553): 436-444.

[21] ZHOU D, BOUSQUET O, LAL T, et al. Learning with local and global consistency[J]. Annual Conference on Neural Information Processing Systems (NeurIPS), 2003: 321-328.

[22] ZHU X, GHAHRAMANI Z, LAFFERTY J. Semi supervised learning using Gaussian fields and harmonic functions[C] // Proceedings of the 20th International Conference on Machine Learning(ICML). Washington, 2003: 912-919.

[23] BALTRUŠAITIS T, AHUJA C, MORENCY L P, et al. Multimodal Machine Learning: A Survey and Taxonomy[J]. IEEE Transactions on Pattern Analysis and Machine Intelligence, 2019, 41 (2): 423-443.

[24] REN P Z, XIAO Y, CHANG X J, et al. A survey of deep active learning[J]. ACM Computing Surveys (CSUR), 2021, 54(9): 1-40.

[25] JING L, TIAN Y. Self-supervised visual feature learning with deep neural networks: A survey[J]. IEEE transactions on pattern analysis and machine intelligence, 2020, 43(11): 4037-4058.

[26] ZHOU Z H. A brief introduction to weakly supervised learning[J]. National Science Review, 2018, 5 (1): 44-53.

[27] VAN ENGELEN J E, HOOS H H. A survey on semi-supervised learning[J]. Machine Learning, 2019, 109 (2): 373-440.

[28] NIGAM N, DUTTA T, GUPTA H P. Impact of noisy labels in learning techniques: a survey[J]. Advances in data and information sciences. Springer, Singapore, 2020: 403-411.

[29] CARBONNEAU M A, CHEPLYGINA V, GRANGER E, et al. Multiple instance learning:

A survey of problem characteristics and applications[J]. Pattern Recognition, 2018, 77: 329-353.

[30] SHORTEN C, KHOSHGOFTAAR T M. A survey on Image Data Augmentation for Deep Learning[J]. Journal of Big Data, 2019, 6 (1): 1-48.

[31] FENG S Y, GANGAL V, WEI J, et al. Hovy: A Survey of Data Augmentation Approaches for NLP[J]. ACL/IJCNLP, 2021: 968-988.

[32] WANG Y, YAO Q M, KWOK J T, et al. Generalizing from a few examples: A survey on few-shot learning[J]. ACM computing surveys (csur), 2020, 53(3): 1-34.

[33] PAN S J, YANG Q. A Survey on Transfer Learning[J]. IEEE Transactions on Knowledge and Data Engineering, 2010, 22 (10): 1345-1359.

[34] JOHNSON J M, KHOSHGOFTAAR T M. Survey on deep learning with class imbalance[J]. Journal of Big Data, 2019, 6 (1): 1-54.

[35] GUO H X, LI Y J, SHANG J, et al. Learning from class-imbalanced data: Review of methods and applications[J]. Expert systems with applications, 2017, 73: 220-239.

[36] TAHIR M A, KITTLER J, MIKOLAJCZYK K, et al. A multiple expert approach to the class imbalance problem using inverse random under sampling[M]. International workshop on multiple classifier systems. Springer, Berlin, Heidelberg, 2009: 82-91.

[37] LANE P C R, CLARKE D, HENDER P. On developing robust models for favourability analysis: Model choice, feature sets and imbalanced data[J]. Decision Support Systems, 2012, 53 (4): 712-718.

[38] BENGIO Y, COURVILLE A, VINCENT P. Representation learning: A review and new perspectives[J]. IEEE transactions on pattern analysis and machine intelligence, 2013, 35 (8): 1798-1828.

[39] LECUN Y, BOTTOU L, BENGIO Y, et al. Gradient-based learning applied to document recognition[J]. Proceedings of the IEEE. 1998, 86 (11): 2278-2324.

[40] HOCHREITER S, SCHMIDHUBER J. Long short-term memory[J]. Neural computation. 1997, 9(8): 1735-1780.

[41] GOODFELLOW I, POUGET-ABADIE J, MIRZA M, et al. Generative adversarial nets[J]. Advances in neural information processing systems, 2014, 27: 2672-2680.

[42] HAMILTON W L. Graph representation learning[J]. Synthesis Lectures on Artifical Intelligence and Machine Learning. 2020, 14 (3): 1-159.

[43] MOODY J. Fast learning in multi-resolution hierarchies[J]. Advances in neural information processing systems, 1989, 1: 29-39.

[44] WEINBERGER K, DASGUPTA A, ATTENBERG J, et al. Feature hashing for large scale multitask learning[C] // Proceedings of the 26th annual international conference on machine learning, 2009: 1113-1120.

[45] VERBRAEKEN J, WOLTING M, KATZY J, et al. A survey on distributed machine learning[J]. ACM Computing Surveys (CSUR), 2020, 53 (2): 1-33.

[46] BUCILUǍ C, CARUANA R, NICULESCU-MIZIL A. Model compression[C] // Proceedings

of the 12th ACM SIGKDD international conference on Knowledge discovery and data mining, 2006: 535-541.

[47] CHENG Y, WANG D, ZHOU P, et al. Model compression and acceleration for deep neural networks: The principles, progress, and challenges[J]. IEEE Signal Processing Magazine, 2018, 35 (1): 126-136.

[48] YANG, Q, LIU Y, CHENG Y, et al. Federated learning[J]. Synthesis Lectures on Artificial Intelligence and Machine Learning, 2019, 13 (3): 1-207.

[49] LI T, SAHU A, TALWALKAR A, et al. Federated learning: Challenges, methods, and future directions[J]. IEEE Signal Processing Magazine, 2020, 37 (3): 50-60.

[50] CARUANA R. Multitask learning[J]. Machine learning, 1997, 28 (1): 41-75.

[51] ZHANG Y, YANG Q. An overview of multi-task learning[J]. National Science Review, 2018, 5 (1): 30-43.

[52] THUNG K H, WEE C Y. A brief review on multi-task learning[J]. Multimedia Tools and Applications, 2018, 77(22): 29705-29725.

[53] ADE R R, DESHMUKH P R. Methods for incremental learning: a survey[J]. International Journal of Data Mining & Knowledge Management Process. 2013, 3 (4): 119-125.

[54] SAPUTRI T R D, LEE S W. The application of machine learning in self-adaptive systems: A systematic literature review[J]. IEEE Access, 2020, 8: 205948-205967.

[55] BALCAN M F, BEYGELZIMER A, LANGFORD J. Agnostic active learning[J]. Journal of Computer and System Sciences, 2009, 75 (1): 78-89.

[56] BULUSU S, KAILKHURA B, LI B, et al. Anomalous example detection in deep learning: A survey[J]. IEEE Access, 2020, 8: 132330-132347.

[57] GENG C X, HUANG S J, CHEN S. Recent advances in open set recognition: A survey[J]. IEEE transactions on pattern analysis and machine intelligence, 2020, 43 (10): 3614-3631.

[58] HUSSEIN A, GABER M M, ELYAN E, et al. Imitation learning: A survey of learning methods[J]. ACM Computing Surveys (CSUR), 2017, 50 (2): 1-35.

[59] CARVALHO D V, PEREIRA E M, CARDOSO J S. Machine learning interpretability: A survey on methods and metrics[J]. Electronics, 2019, 8 (8): 832-866.

[60] VARSHNEY K R. Trustworthy machine learning and artificial intelligence[J]. XRDS: Crossroads, The ACM Magazine for Students, 2019, 25 (3): 26-29.

[61] BOLUKBASI T, CHANG K W, ZOU J Y, et al. Man is to computer programmer as woman is to homemaker? debiasing word embeddings[J]. Advances in neural information processing systems, 2016: 4349-4357.

[62] CHERNOZHUKOV V, CHETVERIKOV D, DEMIRER M, et al. Double/debiased/neyman machine learning of treatment effects[J]. American Economic Review, 2017, 107(5): 261-65.

[63] MATTHIAS F, KLEIN A, EGGENSPERGER K, et al. Efficient and Robust Automated Machine Learning. Advances in neural information processing systems(NIPS), 2015: 2962-2970.

[64] ELSKEN T, METZEN J H, HUTTER F. Neural architecture search: A survey[J]. The Journal of Machine Learning Research, 2019, 20(1): 1997-2017.

[65] MACLIN R, OPITZ D W. Popular Ensemble Methods: An Empirical Study[J]. Journal of artificial intelligence research, 1999, 11: 169-198.

[66] SOLLICH P, KROGH A. Learning with ensembles: How overfitting can be useful[J]. Advances in neural information processing systems (NIPS), 1995: 190-196.

[67] BRAZDIL P, CARRIER C G, SOARES C, et al. Metalearning: Applications to data mining[M]. Springer Science & Business Media, 2008.

[68] VILALTA R, DRISSI Y. A perspective view and survey of meta-learning[J]. Artificial intelligence review, 2002, 18(2): 77-95.

[69] DI H, XIA Y C, QIN T, et al. Dual Learning for Machine Translation[J]. Advances in neural information processing systems (NIPS), 2016: 820-828.

[70] XIA Y, TAN X, TIAN F, et al. Model-level dual learning[C] // International Conference on Machine Learning. PMLR, 2018: 5383-5392.

[71] 巴曙松，刘晓依，朱元倩. 巴塞尔III：金融监管的十年重构[M]. 北京：中国金融出版社, 2019.

[72] 毕夫. 全球金融科技与监管科技的新革命[J]. 对外经贸实务, 2017, 9: 92-95.

[73] 陈建增. 第三方支付业务的反欺诈措施与技术探析[J]. 时代金融旬刊，2012(21): 294-294.

[74] 陈先昌. 基于卷积神经网络的深度学习算法与应用研究[D]. 杭州：浙江工商大学, 2014.

[75] 陈云. 金融大数据[M]. 上海：上海科学出版社, 2016.

[76] 陈云. 金融大数据[M]. 上海：上海科学技术出版社, 2015.

[77] 陈志. 我国大数据征信发展现状及对征信监管体系的影响[J]. 征信，2016, 34(08): 47-50.

[78] GEERTS T. 数字帝国：人工智能时代的九大未来图景[M]. 叶龙，译. 上海：文汇出版社, 2020.

[79] 丁春涛，曹建农，杨磊，等. 边缘计算综述：应用、现状及挑战[J]. 中兴通讯技术, 2019, 25 (3): 2-7.

[80] 付登坡，江敏，任寅姿，等. 数据中台：让数据用起来[M]. 北京：机械工业出版社, 2020.

[81] 耿得科. 征信体制建设及其对金融的影响[D]. 杭州：浙江大学, 2012.

[82] 顾建党，俞文勤，李祖滨. 数商：工业数字化转型之道[M]. 北京：机械工业出版社, 2020.

[83] 郭宪，方勇纯. 深入浅出强化学习原理入门[M]. 北京：电子工业出版社, 2018.

[84] 韩鹏. 我国个人征信体系构建研究[J]. 河北经贸大学学报, 2016, 37(06): 53-58.

[85] 何飞. 国内外数字金融模式研究[J]. 农村金融研究, 2019 (6): 23-29.

[86] 贺娟，肖小勇，谭偲凤，等. 大数据背景下的农险反欺诈检测：国际经验与技术选择[J]. 保险研究, 2019(07): 53-66.

[87] 黄庆华. 基于互联网金融平台的大数据征信应用研究: 以蚂蚁金服为例[D]. 昆明: 昆明理工大学, 2017.

[88] 黄仁, 孟婷婷. 个性化推荐算法综述[J]. 中小企业管理与科技(中旬刊), 2015(03): 271-273.

[89] 姜俊琳. 大数据时代的征信创新与发展研究[D]. 杭州: 浙江大学, 2016.

[90] 金学禹, 聂文婷. 大数据技术在证券行业数字化转型中的应用[R]. 恒泰证券股份有限公司, 2020.

[91] 李崇纲, 许会泉. 冒烟指数: 大数据监测互联网金融风险[J]. 大数据, 2018, 4(4): 76-84.

[92] 李礼辉, 王忠民. 金融科技前沿[M]. 北京: 中国金融出版社, 2019.

[93] 李强强. 互联网时代我国个人征信系统创新模式研究[D]. 石家庄: 河北经贸大学, 2017.

[94] 李晓刚. 互联网金融个人征信体系建设研究: 以芝麻信用征信为例[D]. 杭州: 浙江大学, 2017.

[95] 李仪坤. 金融科技颠覆金融业的游戏规则[M]. 广州: 广东人民出版社, 2017.

[96] 李映坤. 大数据背景下用户画像的统计方法实践研究[D]. 北京: 首都经济贸易大学, 2016.

[97] 刘斌, 赵云德. 金融科技: 人工智能与机器学习卷[M]. 北京: 机械工业出版社, 2019.

[98] 刘大有, 齐红, 孙舒杨, 等. 统计关系学习综述[C]∥2007 年第十一届中国人工智能学术年会, 2007: 241-253.

[99] 刘新海, 丁伟. 美国 ZestFinance 公司大数据征信实践[J]. 征信, 2015, 8: 27-32.

[100] 刘志坚. 2017 金融科技报告: 行业发展与法律前沿 [M]. 北京: 法律出版社, 2017.

[101] 马骋乾, 谢伟, 孙伟杰. 强化学习研究综述[J]. 指挥控制与仿真, 2018, 40(06): 68-72.

[102] 马冬梅. 基于深度学习的图像检索研究[D]. 呼和浩特: 内蒙古大学, 2014.

[103] MELANIE M. AI3.0[M]. 王飞跃, 李玉珂, 王晓, 等译. 成都: 四川科学技术出版社, 2021.

[104] 牛温佳, 刘吉强, 石川. 用户网络行为画像[M]. 北京: 电子工业出版社, 2016.

[105] 任泽平, 马家进, 连一席. 新基建: 全球大变革下的中国经济新引擎[M]. 北京:中信出版社, 2020.

[106] 日本日立东大实验室. 社会 5.0: 以人为中心的超级智能社会[M]. 沈丁心, 译. 北京: 机械工业出版社, 2020.

[107] 史蒂芬·戈德史密斯, 苏珊·克劳福德. 数据驱动的智能城市[M].车品觉, 译. 杭州: 浙江人民出版社, 2019.

[108] 宋琴. 基于巴塞尔协议的中小银行风险偏好和容忍度研究[M]. 北京: 经济科学出版社, 2017.

[109] 孙国峰. 金融科技时代的地方金融监管[M]. 北京: 中国金融出版社, 2020.

[110] 孙文娜, 郭幼佳, 王小彩. 大数据背景下中小企业征信模式研究[J]. 智库时代, 2019, 37: 57-58.

[111] 孙晓芳. 机动车辆保险反欺诈的大数据智能化研究[D]. 杭州: 浙江大学, 2019.

[112] 特雷莎 · M.佩顿, 西奥多 · 克莱普尔. 大数据时代的隐私[M]. 郑淑红, 译. 上海:上海科学技术出版社, 2018.
[113] 涂子沛. 数商[M]. 北京: 中信出版集团, 2020.
[114] 汪娟. 地方金融风险预警系统研究[D]. 杭州: 浙江大学, 2007.
[115] 王崇骏. 大数据思维与应用攻略[M]. 北京: 机械工业出版社, 2016.
[116] 王聪. 网络第三方支付的欺诈成因及反欺诈对策案例研究[D]. 杭州: 浙江大学, 2017.
[117] 王昊奋, 漆桂林, 陈华钧. 知识图谱方法、实践与应用[M]. 北京: 电子工业出版社, 2019.
[118] 王焕然, 本力. 智能时代的新金融[M]. 北京: 机械工业出版社, 2020.
[119] 王姣. 芝麻信用发展状况分析[J]. 现代营销(信息版), 2019(02): 40-42.
[120] 王军伟. 风控: 大数据时代下的信贷风险管理和实践[M]. 北京: 电子工业出版社, 2017.
[121] 王璐. 大数据背景下的反洗钱监管问题研究[J]. 南方金融, 2014(12): 43-47.
[122] 王融. 数据要素(数据治理: 数据政策发展与趋势)[M]. 北京: 电子工业出版社, 2020.
[123] 王希军, 李士涛互联网金融推动征信业发展[J]. 中国金融, 2013(24) : 60-61.
[124] 王晓梅. AI3.0: 人工智能落地的商业逻辑[M]. 北京: 中国友谊出版公司, 2020.
[125] 王勇, 隋鹏达, 关晶奇. 金融风险监管[M]. 北京: 机械工业出版社, 2017.
[126] 吴绪亮, 闫德利, 陈维宣. 产业互联网[M]. 北京: 电子工业出版社, 2020.
[127] 夏义鑫, 武诗雨. 芝麻信用体系创新模式研究[J]. 现代商贸工业, 2018, 39(21): 54-56.
[128] 谢智敏, 揭寒妮, 王涛. 基于区块链技术的国内企业征信系统改进研究[J]. 北方经贸, 2019, 412(3): 110-111.
[129] 新华三大学. 数字化转型之路[M]. 北京: 机械工业出版社, 2020.
[130] 徐忠, 孙国峰, 姚前. 金融科技: 发展趋势与监管[M]. 北京: 中国金融出版社, 2017.
[131] 徐宗本, 姚新. 数据智能研究前沿[M]. 上海: 上海交通大学出版社, 2021.
[132] 闫德利, 吴绪亮, 等. 产业互联网[M]. 北京: 电子工业出版社, 2020.
[133] 杨正平, 王淼, 华秀萍. 科技金融创新与发展[M]. 北京: 北京大学出版社, 2017.
[134] 用友网络科技股份有限公司. 企业数字化目标、路径与实践[M]. 北京: 中信出版集团, 2020.
[135] 于斌, 陈晓华. 金融科技概论[M]. 北京:人民邮电出版社, 2017.
[136] 余丰慧. 金融科技: 大数据、区块链和人工智能的应用与未来[M]. 杭州: 浙江大学出版社, 2018.
[137] 袁国宝. 新基建: 数字经济重构经济增长新格局[M]. 北京: 中国经济出版社, 2020.
[138] 张广彬, 盘骏, 曾智强. 数据中心 2013 硬件重构和软件定义[R]. ZDNet, 2014.
[139] 张新红. 数变: 数字时代的企业生存法则[M]. 北京: 经济日报出版社, 2021.
[140] 赵宏田. 用户画像方法论与工程化解决方案[M]. 北京: 机械工业出版社, 2020.
[141] 赵克非. 大数据下的个人征信体系研究[D]. 杭州: 浙江大学, 2017.
[142] 赵志勇. 企业大数据征信: 困境与超越[J]. 上海金融, 2018(2): 92-95.

[143] 中国人民银行金融科技委员会. 金融科技研究成果报告(2018)[M]. 北京: 中国金融出版社, 2019.

[144] 中国人民银行金融消费权益保护局. 金融知识普及读本[M]. 北京: 中国金融出版社, 2017.

[145] 周文静. 腾讯征信总经理吴丹: 充分挖掘海量数据[J]. 中国证券报, 2015-08-14 (A05).

[146] 邹可义. 我国个人征信档案管理状况调研分析[D]. 哈尔滨: 黑龙江大学, 2018.

[147] 邹小芃, 林竹, 汪娟. 地方金融风险预警模型构建[J]. 浙江经济, 2008(06): 61.

跋

无才可去补苍天，已入教职若许年。

此系其间多少事，倩谁记去做奇传？

博士毕业后，在导师陈世福先生的鼓励和支持下，我很荣幸地成为南京大学的一名全职教师并任教至今。

我任教的第一门课程是“电子商务”，正因为这门课程，我开始关注支付、基于支付的画像以及相关应用；后来开始承担面向跨境电商大数据项目研发，对跨境支付及风控做了更加系统的研究；再后来陆续承担企业征信、信用卡欺诈检测、地方金融风险预警等研究项目。现在想来，所有涉及金融大数据的项目研究，多是起步于“电子商务”教学的。

现在每每想起当时教授这门课程时的情景，我都由衷感谢当时听课的那些学生们，是他们的不挑剔和包容，让当时还很青涩的我有机会站在讲台上。教学相长的意思或许在于看起来是我在为学生们讲课，事实上是我因为教学本身以及与学生的互动而成长甚多。

我的研究兴趣集中在自主智能与群体智能、复杂网络分析、大数据分析及智能系统。留校至今，有幸得到了国家及省部级各级政府基金和各级企事业单位的资助，我的科研才能够持续滚动至今，在此表示深深的谢意。当然，我还要感谢匿名评审专家对列次申请的认可，也感谢各级企事业单位领导对我的信任，让我有机会负责和承担各类项目并在这些项目的研发和执行过程中不断成长。在开展各类科研活动中，数据驱动、逻辑驱动及两者相结合已经成为本人一直坚持的行动范式，并力争做到理论与应用相结合。

在本书的写作过程中，除了参阅各类论文、书籍以及通过互联网获得各类电子文档和资料外，我也与很多同事、同行以及项目合作单位的朋友进行了交流。从各种渠道富集的原始材料都为本书的成文和丰满奠定了最扎实的基础，在此对所有给予帮助、协同、陪伴的朋友表示感谢。

毋庸置疑，全书的写作过程也是我重新梳理知识结构的过程，因此我也在不断回忆和复盘在课堂教学、学术研讨、头脑风暴以及项目研发中的种种过往，包括其间试错成功的经验以及尝试失败的教训，并思考更加合理的迭代演进。在本书成文过程中，我一直谨小慎微，努力行事。若本书能够给读者一些提示和借鉴，我将倍感荣幸。

在本书的行文过程中，我参阅了大量不同来源的参考文献，在此向这些参考文献的作者表示感谢，因为许多原因，文献标注可能有所遗漏，在此向这些作者表示歉意，请将遗漏之处及时知会我，我将在下一版本中予以修正。最后再次感谢南京大学谢俊元教授、李宁副教授、张雷博士以及南京财经大学吴骏博士在平时科研合作以及本书成文伊始至今的全程关心和协助。

2022 年 6 月于南京九乡河